U0866554

马克思主义理论研究和建设工程重点教材

# 世界现代史

## （第二版）下册

《世界现代史》编写组

高等教育出版社
人民出版社

**二维码资源访问**

使用微信扫描本书内的二维码，输入封底防伪二维码下的20位数字，进行微信绑定，即可免费访问相关资源。注意：微信绑定只可操作一次，为避免不必要的损失，请您刮开防伪码后立即进行绑定操作！

**教学课件下载**

本书有配套教学课件，供教师免费下载使用，请访问 xuanshu.hep.com.cn，经注册认证后，搜索书名进入具体图书页面，即可下载。

**图书在版编目(CIP)数据**

世界现代史．下册／《世界现代史》编写组编．--2版．--北京：高等教育出版社，2020.9（2023.5重印）
马克思主义理论研究和建设工程重点教材
ISBN 978-7-04-053739-0

Ⅰ．①世… Ⅱ．①世… Ⅲ．①世界史-现代史-高等学校-教材 Ⅳ．①K15

中国版本图书馆CIP数据核字(2020)第028722号

责任编辑　王　羽　　封面设计　王　洋　　版式设计　于　婕
责任校对　王　雨　　责任印制　赵义民

| | | | |
|---|---|---|---|
| 出版发行 | 高等教育出版社 | 网　　址 | http://www.hep.edu.cn |
| 社　　址 | 北京市西城区德外大街4号 | | http://www.hep.com.cn |
| 邮政编码 | 100120 | 网上订购 | http://www.hepmall.com.cn |
| 印　　刷 | 北京中科印刷有限公司 | | http://www.hepmall.com |
| 开　　本 | 787mm×1092mm　1/16 | | http://www.hepmall.cn |
| 印　　张 | 22.5 | 版　　次 | 2013年8月第1版 |
| 字　　数 | 370千字 | | 2020年9月第2版 |
| 购书热线 | 010-58581118 | 印　　次 | 2023年5月第10次印刷 |
| 咨询电话 | 400-810-0598 | 定　　价 | 43.50元 |

本书如有缺页、倒页、脱页等质量问题，请到所购图书销售部门联系调换



物 料 号　53739-00

# 目　录

# 第十一章　雅尔塔体系与冷战的开始

第二次世界大战爆发后，凡尔赛—华盛顿体系彻底崩溃。从第二次世界大战（也称“二战”）中期开始，主要盟国即开始就战后建立新的国际体系进行磋商和筹划。“二战”结束后，新的国际体系——雅尔塔体系形成。雅尔塔体系是大国政治的产物，它虽然维持了战后大致稳定的世界基本格局，但也成为许多矛盾和冲突的主要根源。战后大国之间矛盾、斗争和冲突不断，世界并没有实现和平与安宁。以美苏为首的两大阵营的冷战，导致了两极格局的形成。

## 第一节　雅尔塔体系与战后国际秩序的建立

1945 年 10 月 24 日，联合国成立；12 月 27 日，国际货币基金组织和世界银行同时成立；1947 年 10 月 30 日，“关税及贸易总协定”签订。联合国是战后世界政治秩序的基石，而布雷顿森林体系的三大组织——国际货币基金组织、世界银行和关税及贸易总协定则形成了战后世界经济秩序的格局。这些组织和机构的成立，标志着雅尔塔体系的确立和战后国际秩序的构建。

### 一、雅尔塔体系

雅尔塔体系是“二战”结束前夕，美、苏等主要战胜国通过一系列决议、宣言、协定、和约等建立起来的战后国际体系。战争即将结束时，几大战胜国的首脑在德黑兰、雅尔塔、波茨坦举行了数次战略性国际会议，达成了关于重新安排战后世界秩序的一系列协议，其中最为重要的是 1945 年 2 月的雅尔塔会议通过的雅尔塔协定，故战后国际体系后被称为雅尔塔体系。雅尔塔体系包括以下几点内容：

第一，重新确定了战后欧亚地区的国家版图，特别是重新划定了东欧国家、德国、日本、意大利等国的疆界及其被占领地区的边界。

在欧洲，根据雅尔塔协定，1945 年 6 月 5 日，美、英、法、苏四国驻德占领军共同接管了德国的最高权力。四国分区占领德国：东区由苏联占领，西北区由英国占领，西南区由美国占领，西区由英美占领区划出一小块土地，由法国占领。柏林市虽处于苏联占领区，但也根据分区占领原则处置，由英、美、法占领西柏林，苏联占领东柏林。

根据雅尔塔协定和波茨坦会议精神，波兰边界被重新划分：东部一部分领土划归苏联，其领土从德国得到补偿，西部边界移至奥得河—尼斯河一线。

根据 1947 年 2 月 10 日有关国家在巴黎签署的对意、罗、保、匈、芬五国和约，东欧一些国家的边界也被重新划分。

在对意和约中，将意大利西北部法意边境地区做了有利于法国的割让；将意南边界做出有利于南斯拉夫的变动，将伊斯特拉半岛和尤利亚纳伊纳的一部分、阜姆（里耶卡）城、扎腊及其附近岛屿、帕里萨岛及其附近各岛屿划归南斯拉夫；的里雅斯特及其周边地区作为自由区①；多德卡尼斯群岛划归希腊。

在对芬和约中，恢复 1940 年 3 月 12 日苏芬和约的规定，并维持 1941 年 1 月 1 日的芬兰疆界。芬兰将贝柴摩地区（包括巴伦支海的不冻港贝柴摩）割让给苏联。

在对罗和约中，宣布恢复 1940 年 6 月的苏罗协定，将罗马尼亚的比萨拉比亚和北布科维纳割让给苏联。罗马尼亚则从匈牙利收回特兰西瓦尼亚。

在对匈和约中，匈牙利将外喀尔巴阡乌克兰归还捷克斯洛伐克，并承认 1945 年 6 月签订的《苏捷条约》和该条约所规定的苏匈边界。匈捷边界在匈、捷、奥三国交界处作少许有利于捷的变动。这样，苏联与捷克斯洛伐克和匈牙利就有了共同边界。同时，在布拉迪斯拉发以东对捷克斯洛伐克的边界做了少许变动。

在亚洲及太平洋地区，日本被美军单独占领。朝鲜以“三八线”为界，北、南分别由苏、美占领。根据《开罗宣言》，日本自 1914 年第一次世界大战开始后在太平洋所夺得的或占领之一切岛屿被剥夺，全部由美国托管；日本所窃取于中国之领土，例如东北、台湾、澎湖群岛等，归还中国。雅尔塔协定规定：“外蒙古（蒙古人民共和国）的现状须予维持”，实际上就是承认外蒙古独立。根据雅尔塔协定关于“库页岛南部及其全部毗连岛屿归还苏联”和“千岛群岛交给苏联”的规定，苏军占领了日本北方的色丹、齿舞、国后和择捉四岛。②

---

① 的里雅斯特自由区分为甲乙两区。甲区（包括城市与港口）由美英管辖，乙区（郊区）由南斯拉夫管辖。1954 年，美英将甲区转交意大利管辖，乙区仍由南斯拉夫管辖。

② 苏联及后来的俄罗斯称之为“南千岛群岛”，而日本称之为北方四岛。

第二，划分势力范围。根据有关协定，在 1943 年 11—12 月召开的德黑兰会议上，美、英、苏三国取得了由美、英、苏、中四国维持战后世界和平的共识，并在许多问题上达成了妥协，实际上划分了战后大国的势力范围。1944 年 10 月，英国和苏联又达成百分比协定，划分了在东南欧的势力范围。按照此协定，苏联在罗马尼亚的优势是 90%，英国在希腊占 90%；苏联在匈牙利和保加利亚占 80%，英国占 20%；在南斯拉夫，双方各占 50%。在雅尔塔会议上，为了换取苏联同意早日参加对日作战，美英把中国的大连商港、旅顺海军基地和中东铁路、南满铁路私相授予苏联，实际上将中国东北划归苏联势力范围。

第三，建立联合国、国际货币基金组织、世界银行和关税及贸易总协定等国际组织。这些国际组织的成立，为战后国际体系即雅尔塔体系的形成和战后国际秩序的建立，奠定了基础。

第四，对德、日、意的殖民地以及国际联盟的委任统治地实行托管，原则上承认被压迫民族的独立权利。1945 年 6 月 26 日，联合国成立托管理事会，负责对置于国际托管制度下的领土实行管理，行使联合国关于除指定为战略地区之外的托管领土的职能。适用于国际托管的土地，是“二战”结束时尚未独立的前国际联盟的委任统治地和盟国所占领的战败国土地。它们是非洲的多哥、喀麦隆、卢旺达、布隆迪、索马里，太平洋地区的萨摩亚、巴布亚新几内亚和马绍尔群岛等太平洋岛屿，共 11 个区域。

第五，审判战犯，肃清法西斯主义和军国主义，防止其死灰复燃。

为了从组织上肃清德国法西斯主义和军国主义分子，美、英、法、苏四国于 1945 年 11 月 20 日在纽伦堡国际军事法庭对赫斯、戈林、里宾特洛甫等 24 名纳粹战犯进行了审判。1946 年 9 月 30 日，戈林和里宾特洛甫等 12 人被判处绞刑。赫斯等 7 人则分别被判处无期徒刑或 10—20 年徒刑，其余战犯也都受到应有惩罚。

在亚洲，美、中、苏、英、澳等 11 国设立了远东国际军事法庭，于 1946 年 5 月开始对东条英机、广田弘毅、土肥原贤二等 28 名日本甲级战犯进行审判。1948 年 11 月 12 日宣判，东条英机等 7 人被判处绞刑，18 人被判处无期徒刑。中国政府在南京、上海、北平等地设立了军事法庭，对 2000 余名日本侵华战犯进行了审判，判处指挥南京大屠杀的主犯谷寿夫死刑。此外，盟国还在马尼拉、新加坡、仰光、西贡、哈巴罗夫斯克（伯力）等地，对日本乙、丙级战犯进行了审判。

纽伦堡审判、东京审判和中国南京、上海和北平等法庭的审判，惩处了犯有严重罪行的战犯，沉重打击了德国法西斯主义和日本军国主义，对于世界人民正确认识法西斯主义的罪恶和保卫世界和平，做出了重要贡献。

在思想上，美、英、法、苏在其占领区以各自的方式整肃法西斯主义和军国主义的影响，对德国人民和日本人民进行民主思想教育。在盟国对德国占领区实施“非纳粹化”（苏联的提法是“根除法西斯残余”）的过程中，各占领区的做法和效果差异很大。在西占区，非纳粹化是一个宽严不等的人事清理过程，特别是到1948年末，随着冷战在欧洲的不断升级，西占区的非纳粹化任务就交由联邦德国（德意志联邦共和国，也称西德）政府处理了，运动的规模与效果大大压缩。在苏占区，“根除法西斯残余”被作为改革德国社会结构进程的一部分，通过限制与消灭生产资料私有制、土地改革、在公共机构中清除纳粹党及其外围组织成员，以彻底铲除法西斯主义的社会经济基础。在日本，美国领导下的盟军总部主导的“民主化”改革在教育领域要求排除法西斯军国主义，禁止用神道进行宣传和教育；在公共机关里开展公职人员整肃，将战犯、职业军人、极端国家主义分子和军国主义分子的公职予以剥夺，解散了“玄洋社”等右翼团体。但随着冷战的开始，美国调整了原来的非军事化、民主化对日政策，转而实行扶植日本复兴的策略，故美国对日本的“民主化”改造未能进行彻底，许多被整肃对象在占领后期陆续复出，重返政界，只有不到1%的应清洗人员真正受到清洗。

雅尔塔体系与凡尔赛—华盛顿体系不同，它为战后世界的和平、安全与发展提供了结构框架和制度基础。首先，雅尔塔体系建立的一个历史背景是，“二战”末期，在苏联直接、间接帮助下，东欧一系列国家从德意法西斯侵占下获得解放，并先后建立了人民民主政权，从而使“二战”后新建立的国际体系打破了帝国主义列强的一统天下，也遏制了美国在“二战”后称霸世界的图谋；其次，在雅尔塔体系中，联合国的建立使战后国际社会有了一个调解国际争端、解决全球问题的平台。国际货币基金组织、世界银行和关贸总协定等国际组织，对战后世界经济的恢复与发展发挥了积极作用。但雅尔塔体系带有明显的强权政治和西方殖民主义色彩，存在很多弊端。

第一，在重划世界政治版图上，雅尔塔体系包含的一些协定和秘密条款，是美、英、苏三国私相授受的结果，严重损害了一些当事国的权益，对战后国际关系的健康发展产生了不利影响。战后美、英、苏等国与战败国签订的条约，也存在一些损害后者领土主权的内容。重划世界政治版图引起了美、英、苏与那些损失了领土的国家的矛盾，特别是给苏联与其邻国的关系蒙上了阴影。

第二，势力范围的划分，加剧了大国之间的争斗，损害了处于大国势力范围内的国家和地区人民的利益，成为战后世界动荡不安的重要原因之一。

第三，构建了不平等的国际政治、经济秩序，未能有效地维护世界和平、促进各国经济与社会发展。“二战”后美国以“世界警察”自居，拉拢、控制了一大批“盟国”和“小兄弟”。苏联在抵制美国的霸权主义、维护世界和平方面做出了重要贡献，但在社会主义阵营里也屡犯大国沙文主义错误。广大的“中间地带”国家、发展中国家处于不平等的依附地位。这些都成为雅尔塔体系基石不稳固的重要原因。

第四，对德、日、意之殖民地以及国际联盟的委任统治地实行托管方面，存在许多问题。这些托管地都由美、英、法、澳大利亚和新西兰等国托管，它们在其托管的国家和地区推行西方民主，力图影响这些国家和地区的社会发展。

第五，在处理战犯问题上做得不彻底。例如，在德国，大批犯有战争罪行的纳粹分子量刑较轻，有的甚至被无罪释放，没有受到应有的处罚。在日本，天皇制予以保留，美国还出于冷战需要释放了大批军国主义分子，这些做法给日本军国主义的复活和右翼势力的活动埋下了隐患。

雅尔塔体系是在美、英、苏、中，特别是在美苏之间的矛盾、斗争和妥协中建立起来的。而且，苏联当时的对外政策又具有两重性，既有保卫世界社会主义成果的一面，又有大国沙文主义的一面。因此，雅尔塔体系既打上了社会主义与资本主义斗争的烙印，又打上了美苏争夺的烙印；作为第二次世界大战暨世界反法西斯战争的产物，既具有一定的历史进步性，又明显具有大国争夺和强权政治的特征。美苏间的矛盾、斗争和妥协，在建立战后国际政治经济秩序的过程中表现得最为明显。

### 二、战后国际政治秩序的建立

盟国建立战后国际政治秩序的工作，早在“二战”中就已开始。1941 年 8 月，美国总统罗斯福与英国首相丘吉尔在大西洋北部纽芬兰阿金夏湾内的美国重巡洋舰“奥古斯塔号”上举行会谈，签署了《大西洋宪章》，明确宣布战后要建立一种“广泛而永久的普遍安全制度”，以维护世界和平与安全。

苏联对《大西洋宪章》中关于建立“广泛而永久的普遍安全制度”的提议表示支持，但提出了前提条件：在建立“普遍安全制度”的实际操作中，必须与各国的状况、需要和历史特点相适应，等等。美国总统罗斯福看到苏联的建议后，提议把战后建立的新国际组织称为“联合国家组织”。

1942 年 1 月 1 日，美、英、苏、中等 26 个国家的代表齐聚华盛顿，签署了《联合国家宣言》，重申了《大西洋宪章》的宗旨与原则，战后创建联合国家组织成为盟国的共识。

在 1943 年 10 月美、苏、英三国莫斯科外长会议上，美国正式提出战后建立联合国家组织，苏联表示同意。在美国国务卿赫尔的坚持下，会议决定邀请中国代表参加。会议发表了《关于普遍安全的宣言》，即《四国宣言》①。宣言强调：为了维护国际和平与安全，有必要建立一个普遍性的国际组织，根据主权平等原则，所有国家无论大小均得加入为会员国；联合国的宗旨是维护国际和平与安全。宣言肯定了四大国在建立国际组织中的特殊地位，为未来联合国家组织的建立拟定了基本原则。

1943 年 11 月开罗会议期间，中、美、英三国进一步讨论了关于联合国家组织的机制和管理问题。中国代表团在与会前拟订了一项“关于设立四国机构或联合国机构问题”的草案。其内容是在联合国总机构未能设置前，应由四大国及早成立四国机构，四国机构之经常机关设于华盛顿，负筹设联合国之责。中国也赞同美国提出的联合国家组织应成立一个执行机构，该机构由 11 个国家组成，并设立主席团，由美、英、苏、中四大国担任主席团成员。

开始时，美英在建立什么样的“联合国家组织”问题上有不同看法。美国主张建立全球性的国际组织，而英国主张只在欧洲、东方（亚洲、太平洋）和西半球建立区域性国际组织，在区域理事会之上设一个小规模的、只负责协调各区域组织工作的“世界理事会”。中国反对英国的方案，坚决主张成立联合国家组织。美国支持中国的立场，英国不得不同意成立全球性国际组织。

苏联和美英在建立联合国家组织问题上也有不同意见。在开罗会议后不久举行的德黑兰会议上，斯大林曾建议成立两个国际组织：一个是欧洲组织，另

① 美国坚持中国参会，苏联起初因《苏日互不侵犯条约》坚持反对，后被迫同意让中国参加。中国外长未得参会，由中国驻苏大使代表在《四国宣言》上签字。

一个是远东组织或世界组织。由于美国的反对，斯大林改变了态度，同意建立一个全球性国际组织。

1944 年 8—10 月，美、英、中、苏四国在美国华盛顿举行了敦巴顿橡树园会议，讨论建立联合国家组织问题。在苏联坚持下，会议分为美、苏、英阶段（8 月 21 日至 9 月 28 日）和中、美、英阶段（9 月 29 日至 10 月 7 日）。会上，中国政府提出了七项建议，其中有三项建议被采纳：第一，处理国际争端应注重国际正义与国际公法原则；第二，国际公法之发表与修改，应由联合国大会进行研究并提出建议；第三，经济社会委员会应促进教育及其他文化合作事业。这些建议被称为“中国建议”，后被列入联合国宪章。

关于联合国家组织的宗旨和运行机制是在美苏英阶段达成的，形成六点决议：第一，战后国际组织的宗旨是维护世界和平与安全，其原则是国家主权平等、不干涉内政等；第二，战后国际组织机构由国际组织大会、安全理事会、秘书处和国际法院四个部分组成；第三，战后国际组织大会的重要决议，须有与会会员国 2/3 以上票数赞成方可通过，其他决议应以简单多数决定，大会决议属建议性；第四，一切权力在安理会，安理会由 11 个成员国组成，其中美、英、苏、中和法国在安理会拥有常任席位，并拥有否决权。安理会决议对所有会员国均有约束力；第五，联合国家组织应专门成立经济与社会理事会，军事问题则应交安理会成立的专门军事机构军事参谋团处理；第六，将这个国际组织定名为联合国。

随后，这次会议制订了联合国宪章草案，确定了联合国的主要机构，解决了建立联合国的基本问题。但是，在安理会否决权和安理会创始国两个问题上，美、英、苏未能达成一致。美英认为在发生国际争端时，当事国不能拥有否决权，而苏联则坚持在安理会中的绝对否决权，要求安理会在否决权上实行“大国一致”原则。在关于安理会创始国问题上，苏联与美国也发生了分歧。苏联希望只有参加“二战”的反法西斯国家才有资格成为联合国创始国；美国则主张不论是参战国还是非参战国，都有资格成为联合国创始会员国。会后，盟国发表了《关于建立普遍性国际组织的建议案》，描绘了建立联合国的蓝图和具体方案，为联合国的建立奠定了坚实基础。

在 1945 年 2 月的雅尔塔会议上，美、苏、英三国又就组织联合国的其他未尽事宜进行了讨论，重点是联合国安理会的否决权问题。盟国对联合国安理会的表决程序达成一致意见，并规定：在重大国际性问题上，联合国的决议须经所有大国一致同意方能生效。这就是所谓“大国一致原则”，即大国在实质性问题上享有否决权。美苏还就联合国创始国资格问题达成了妥协，规定凡是在《联合国家宣言》上签字和在 1945 年 3 月 1 日前向共同敌人宣战的国家，均是联合国创始会员国。在大国达成一致的基础上，雅尔塔会议做出了召开旧金山制宪会议的决定。

根据雅尔塔会议的决议，1945 年 3 月 5 日，美国代表美、英、苏、中四国，向有关国家发出了《召开联合国家组织会议邀请书》。4 月 25 日，联合国制宪会议在旧金山隆重召开。中国对召开联合国制宪会议非常重视，派出了以国民政府代理行政院长兼外交部长宋子文为首席代表的十人代表团，其中有解放区的代表董必武。6 月 25 日，旧金山制宪会议通过了《联合国宪章》和国际法院规约。根据《联合国宪章》的规定，联合国的主要机构有六个：联合国大会、安全理事会、经济及社会理事会、托管理事会、国际法院和秘书处。

联合国大会是联合国的审议机构，每年召开一次，为期三个月。安理会是联合国的权力机构，对国际和平与安全负有主要责任，由 11 个会员国组成（1965 年后改为 15 个）。美国、英国、法国、苏联和中国为常任理事国；其余 6 个为非常任理事国，由大会选举产生，任期两年，不得连选连任。

经济及社会理事会负责有关国际经济、社会、文化、教育、卫生及其他事项，主持有关大会，并按照安理会的要求，向其提供有关情报和建议案等。托管理事会的职责，是协助联合国大会和安理会，负责国际托管制度方面的问题。国际法院是为解决国际争端而设立的联合国主要司法机关，地点设在荷兰海牙。秘书处负责联合国的行政管理，秘书长为联合国的行政首脑，任期五年，可连选连任。1945 年 10 月 24 日，《联合国宪章》正式生效，联合国诞生，标志着战后国际政治秩序的形成。

联合国的宗旨是维护世界和平与安全，但各会员国也关心全世界的社会问题、经济问题和其他各种问题。为了处理这些问题，联合国于 1946 年成立了联合国教育、科学及文化组织（UNESCO），1948 年 4 月成立世界卫生组织（WHO），并把 1919 年成立的国际劳工组织（ILO）和 1945 年 10 月组建的粮食及农业组织（FAO）接纳为其附属机构。这些机构的成立，使联合国的功能大大增加。

### 三、战后国际经济秩序的建立

战后国际经济秩序的建立是一个过程，是通过建立国际货币基金组织

(IMF)、世界银行（WBG）和关税及贸易总协定（GATT）来实现的。建立战后国际经济秩序的关键之一，是建立稳定的国际货币体系。在这个问题上，英、美进行了激烈争斗。为了建立有利于自己的国际货币体系，英国提出了“凯恩斯计划”，美国则提出了“怀特方案”。

“凯恩斯计划”由英国财政部顾问、著名经济学家约翰·梅纳德·凯恩斯于1941年9月提出。其目的是恢复英镑区，核心是建立一个类似于国际中央银行的“国际清算同盟”，同盟将使用一种新的国际货币单位——班科(Bancor)。各国拥有的班科的份额，按照“二战”前三年成员国进出口贸易的平均值来进行分配。成员国以班科为单位在同盟中开设账户，各国的债权、债务，通过其存款账户转账进行清算。逆差国可按份额向同盟借款，顺差国则应将顺差款存入账户，或购买逆差国的商品。这样，英国就可以通过国际清算同盟，不费分文而获得急需的进口商品。

针对“凯恩斯计划”，美国财政部长助理哈里·怀特（1893—1948）在1942年3月提出了“联合国家平准基金计划”（又称“怀特方案”），主张战后建立一种国际货币稳定基金，其资本总额为50亿美元。基金由各会员国以黄金、本国货币和政府债券认缴，认缴份额取决于各会员国的黄金储备、国民收入和国际收支差额等。方案拟建立一种与美元发生联系并有固定含金量的国际货币单位——尤尼它（Unita)，可以与黄金兑换，在成员国之间自由转移，并可用来向“基金”购买外汇，以弥补国际收支逆差。会员国应固定其货币汇价；若会员国出现临时性国际收支逆差，可用本国货币向“基金”申请所需外汇，但数额不得超过该国认购的基金份额。方案规定，债权国可自行处理国际收支顺差，债务国则应对国际收支逆差进行单方面调节；“基金”有监督和干预会员国内部经济事务的权力；对重大问题的表决，需经4/5以上票数通过。“基金”总部设在认缴份额最多的国家。

美国方案与英国计划针锋相对。为了协调双方立场，1943年9月15日至10月5日，美英两国在华盛顿举行了讨论建立战后国际货币体系的会议。会议一开始，怀特就否定了凯恩斯的“国际清算同盟”计划，理由主要有三点：

第一，该计划以透支为原则。如果这样做，其他成员国就会利用从同盟取得的透支特权，来支付从美国进口的战后重建所需的商品，而美国只会在同盟中拥有巨大的、但不能兑换成黄金或现金的“存款”。这种结果是美国绝对不能接受的。

第二，该计划要求在国际收支不平衡时，由债权国承担调节本国经济的任务。美国作为债权国和拥有大量贸易顺差的国家，就要单方面在国内采取措施加以调节，并压缩出口。这会影响美国的就业和经济繁荣。

第三，建立英镑区不符合美国的利益。美国为了实现国际经济自由化，绝对不允许战后再出现一个支付同盟式的英镑区。

面对美国的反对，凯恩斯不得不妥协，同意在美国方案的框架中谈判。经过谈判，双方达成四点协议：

第一，战后五年内有一个过渡期。在此期间内，成员国有权根据自己的国情，控制资金交易或实行外汇管制。成员国有权在10%的限度内改变其外汇汇率。这实际上允许在这五年内，对已经固定下来的汇率做适度调整。

第二，美国同意会员国有权暂时限制对美元的自由兑换，并有权不购买美国的出口商品。

第三，顺差国与逆差国同样有责任采取调节措施，纠正国际收支不平衡状态。

第四，"基金"对会员国的监督和干涉之责只有被动性，即只有在当事国提出要求的前提下，"基金"才能根据该会员国所提出的要求进行监督和干涉。否则，"基金"不得主动干涉会员国的内部经济事务。

华盛顿会议结束后，美英双方签订了一份"试行协议"。接着，两国成立了联合专家组，于1944年4月拟订了《专家关于建立国际货币基金的联合声明》，供各国政府考虑。

1944年7月1—22日，44个国家的代表730人，在美国新罕布什尔州布雷顿森林举行了联合国家货币与金融会议，讨论建立战后国际货币体系问题。各国确认每盎司①黄金为35美元，并在此基础上确定其他国家货币与美元的比价，各国货币与美元的汇率在固定汇率上下各1%的幅度内波动。美国则同意随时按该价格购买黄金。此外各会员国还需交纳黄金和本国货币充当准备金，该项基金可用于短期贷款。这样，就形成了美元与黄金挂钩，而各国货币与美元挂钩的"双挂钩"国际货币体系。

会议结束时通过了《联合国家货币金融会议最后决议书》及两个附件，即《国际货币基金组织协定》和《国际复兴开发银行协定》，总称"布雷顿森林

① 1盎司约合28.35克。

体系”。国际货币基金组织和世界银行（即国际复兴开发银行和国际开发协会）于 1945 年 12 月 27 日同时成立，总部都设在华盛顿。国际货币基金组织和世界银行的成立，确立了战后国际货币体系。

战后国际经济秩序的另一项重要内容，是建立一个国际贸易体系，消除各种阻碍国际贸易发展的经济壁垒，进而建立多边自由贸易体系，保证世界经济有序发展。

1946 年 2 月，在美国的提议下，联合国经社理事会举行第一次会议，呼吁召开联合国贸易和就业问题会议，成立国际贸易组织。会后，成立了由美、英等 19 国组成的筹委会并由其起草章程。1947 年 11 月在古巴哈瓦那举行的联合国贸易和就业会议，审议并通过了筹委会起草的《国际贸易组织宪章》，决定建立“国际贸易组织”（ITO），史称《哈瓦那宪章》。会议还成立了新的筹委会，筹备建立国际贸易组织。但由于在有关规则上，《哈瓦那宪章》未能满足美国的需要，美国总统杜鲁门没有把这个宪章提交国会批准，再加上该宪章短期内难以被所有国家都接受，美国便邀请中国等 23 国，根据布雷顿森林会议精神的原则和《哈瓦那宪章》中有关国际贸易政策的内容，签订了临时议定书，即《关税及贸易总协定》，简称关贸总协定。

关贸总协定的主要精神，是各缔约国都要致力于降低关税，消除关税壁垒。关贸总协定是一种国际机制，是为一些国家所共同接受的一系列相互预期、原则、规则以及决策程序的总和，属于国际秩序的一个部分。关贸总协定的诞生，标志着战后国际经济秩序的最终形成。1948 年 1 月 1 日，关贸总协定开始生效，直到 1995 年 1 月被世界贸易组织（WTO）取代，存在了近半个世纪。

国际货币基金组织、世界银行和关贸总协定建立了一套国际金融制度和国际贸易制度，确定了战后的国际经济秩序，对战后世界经济的恢复和发展起了重要作用。但战后国际经济秩序是美、英为争夺世界经济发展领导权进行斗争和达成妥协的产物，存在严重弊端：

第一，这种秩序是由美国等西方国家控制的国际经济秩序，广大发展中国家在国际货币基金组织、世界银行和关贸总协定等国际组织中缺乏代表权和发言权。苏联虽曾应美国之邀参加了布雷顿森林会议的谈判，但认为该会议是由美国控制的，它要建立的世界经济秩序只适合资本主义世界的经济，而不适合苏联经济的发展，因此没有在布雷顿森林会议的决议上签字，也没有参加国际货币基金组织、世界银行和关贸总协定等国际组织。

第二，国际货币基金组织、世界银行和关贸总协定一直为美国所控制（只是近年来美国在关贸总协定中的影响力明显下降）。美国在国际货币基金组织、世界银行中拥有否决权，发展中国家在这两个机构中的代表权和发言权非常微小。布雷顿森林体系建立了一个以美元为中心的国际货币体系，使美元在战后初期的世界经济中成为几乎唯一的硬通货，其地位远超黄金。

第三，20 世纪 40 年代和 50 年代前期，基金的贷款对象主要是欧洲。虽然从 50 年代中期开始，国际货币基金组织和世界银行的贷款范围开始包括亚非拉，但贷款对象却仅限于亲西方的亚非拉国家。关贸总协定框架下的世界自由贸易，也是美国主导下的西方世界贸易。至于东西方贸易，美国则通过 1949 年 11 月成立的巴黎统筹委员会（简称“巴统组织”）对苏联、中国等社会主义国家实行禁运和贸易限制。

第四，发达资本主义国家之间矛盾重重，斗争激烈。虽然英国议会批准了布雷顿森林体系，但英国却并不认真履行相关义务，在它认为需要时就进行外汇管制，根本不理会布雷顿森林体系的有关规定，1947 年 7 月甚至停止了英镑与美元的自由兑换。20 世纪 50 年代，西德、法、日等国经济迅速发展，与美国的贸易摩擦不断激化。法国和西德为了稳定本国货币，都对货币进行了控制，70 年代至 90 年代，日本与美国的贸易摩擦甚至激化为贸易战。战后国际经济秩序的建立，没有消除资本主义国家之间的货币战和贸易战。

## 第二节 冷战的开始与两极格局的形成

战后初期，美苏矛盾日趋尖锐。为了消除苏联对其世界霸权的威胁，美国打着反对“共产主义扩张”的旗号，在政治、经济、军事、文化等各方面对苏联进行遏制。苏联则针锋相对，坚决还击。冷战开始后，美苏之间遏制与反遏制的斗争不断升级，导致了两大阵营和两极格局的形成。

### 一、冷战的开始

1946 年 3 月 5 日，英国前首相丘吉尔在美国富尔敦发表“铁幕演说”，正式拉开了冷战序幕。1947 年 3 月 12 日，杜鲁门在美国国会宣读了一篇关于遏制苏联和“共产主义扩张”的咨文，标志着冷战开始。由于美苏之间的斗争并没有发展为双方的直接战争行动或世界大战，因此被称为“冷战”①。

冷战的发生有着深刻的历史背景。美国之所以要遏制苏联和“共产主义扩张”，是为了实施其对外战略目标，即把美国的社会制度和价值观推广到全球，实现美国主导下的世界霸权，以形成一个有利于美国发展的国际政治经济环境。为此，杜鲁门要求全世界“采取美国制度”，并声称：“不管我们喜欢与否，未来的（国际）经济格局将取决于我们。”

苏联国内外政策的目标与美国不同，最主要的是坚持社会主义制度。虽然它在战后初期参与了势力范围的划分，在与兄弟党和兄弟国家的关系上犯有大党大国沙文主义的错误，但其战后对外政策的主要目标还是巩固“二战”的成果，确保国家安全，营造和平的国际环境，以利于医治战争创伤，恢复和发展国民经济。

苏联为了实现上述外交政策目标，甚至在一些重大国际问题上向美国做出了妥协和退让。例如，“二战”结束后，意大利共产党和法国共产党领导的游击队和武装力量颇具实力，影响很大，但苏联并没有支持意共和法共去夺取全国政权，而是要它们放下武器，参加资产阶级政府。在的里雅斯特归属问题上，苏联不顾将会恶化苏南关系的后果，不支持南斯拉夫的领土要求。在亚洲，苏联履行雅尔塔会议的有关规定，并同意美国提出的以北纬 38 度线为界分区占领朝鲜的方案。

“二战”后，苏联成为足以与美国抗衡的政治军事大国。美国把社会主义在东欧的出现，看成是苏联势力和共产主义的“扩张”。而战后西欧经济凋敝，物资匮乏，人民生活困难。意、法等国的共产党在议会中很有影响，意大利和法国的一些共产党人甚至出任内阁部长。

美国担心西欧国家的共产党在选举中获胜掌权，更担心西欧会受到苏联影响发生革命，成为社会主义国家。殖民地半殖民地国家的民族独立和民族解放运动的高涨，也猛烈冲击着殖民主义体系，沉重打击了老牌殖民国家。美国认

① 美苏之间的斗争并没有发展为双方的直接战争行动，因此被为“冷战”。关于“冷战”概念在国外有多种表述方式，较有代表性的有两种：一种是《美国外交政策百科全书》第一卷（英文版）的提法，冷战是美国和苏联之间在“二战”后出现的既非战争又非和平的冲突状态；另一种是俄国学者在《“冷战”年代苏联的对外政策（1945—1995）》中的提法，冷战是自战后初期开始直到 20 世纪 80 年代末两种对立制度——资本主义与社会主义，首先是美国和苏联之间，政治的、意识形态的、经济的以及包括局部军事冲突在内的对抗。

定，这一切发展都直接或间接地与苏联有关。为了实现其全球战略，美国政府决定，必须把苏联和国际共产主义运动的影响，遏制在东欧范围之内。

同时，在没有划分势力范围的地区，如中东北部地区，美国的政策是把苏联势力遏制在其国界之内。而战后初期，苏联在处理与邻国土耳其和伊朗的关系上表现出的民族利己主义和大国沙文主义，造成了苏联与这两个国家之间的矛盾。美国则以此为借口遏制苏联，并趁机加紧渗透，企图控制土耳其与伊朗。

苏土在黑海海峡控制权问题上矛盾非常尖锐。黑海海峡是中东地区的一个重要入海口，也是黑海沿岸国家走向外部世界的重要通道。历史上黑海海峡长期被英国控制。1921 年 3 月，土耳其与苏联签订了《苏土友好条约》，双方同意此后将由黑海沿岸国家的代表召开会议来制定关于国际共管黑海海峡的协定。

1936 年 7 月，英、苏、土等 11 国签订了《蒙特勒公约》，规定土耳其拥有对黑海海峡的控制权，其他黑海国家可以在该海峡自由航行，任何国家不得利用该海峡反对黑海沿岸国家。然而，在“二战”中，土耳其一再违反该条约的有关规定，允许德意两国的军舰和快艇通过海峡去进攻苏联，这就恶化了苏土关系。

鉴于此，苏联多次提出国际共管黑海海峡的要求。在 1945 年 7 月的波茨坦会议上，苏联再次提出，由于战时土耳其允许德国军舰通过黑海海峡进攻苏联，故要求修改 1936 年《蒙特勒公约》，以保证不再让他国利用海峡进攻苏联。同时，苏联希望美英同意它在海峡或土耳其其他领土上建立军事基地，以便能以武力保卫海峡及其自由通航。美英不同意苏联的要求。美、英、苏三方经过谈判，决定把这一问题留待战后由美、英、苏三国与土耳其谈判解决。

战后，苏联公布了缴获的大量德国外交部档案文件，揭露了土耳其在战时让德意军舰通过黑海海峡进攻苏联的事实。它重申，为了防止海峡被敌对国家利用来反对苏联，海峡应由土耳其和其他海峡国家共管。苏联还要求允许它在达达尼尔海峡地区建立陆海军基地。这些要求遭到美、英、土等国的断然拒绝。

苏联与土耳其除了在黑海海峡控制权问题上存在矛盾外，两国还存在由于历史原因造成的领土之争。沙俄时代，俄国强占了土耳其的卡尔斯、阿尔达汉和阿尔特温三个州。根据 1921 年的《苏土友好条约》，苏俄宣布放弃沙俄时代强加给土耳其的一切不平等条约，并把这三个州归还给土耳其。

但在“二战”中，土耳其倾向德国。苏联认为土耳其没有履行 1921 年苏土条约中对苏联的承诺，多次要求重新订约，但都被土耳其拒绝。有鉴于此，1945 年 3 月，苏联单方面宣布 1921 年的《苏土友好条约》将在期满后失效。6 月 7 日，苏联通知土耳其，表示愿同土缔结新的友好条约，但土耳其应归还卡尔斯和阿尔达汉两个边境地区。土耳其坚决反对苏联的这一要求，并寻求美国支持。

苏土矛盾为美国遏制苏联、加紧向该地区渗透提供了机会。美国利用黑海海峡问题和苏土领土之争，攻击苏联“向中东扩张”，同时以“抵御苏联势力渗透”为名，派遣军事力量进入黑海海峡地区。1946 年 3 月，包括当时世界上威力最大的主力舰之一“密苏里号”在内的一支美国特遣舰队开往东地中海示威。英国则在海峡附近建立了军事基地和雷达站等。这样，美英就借机把土耳其纳入了对苏包围圈。

美国在利用苏土矛盾遏制苏联的同时，还利用苏军未按约从伊朗撤军一事攻击苏联，制造危机，借机向伊朗渗透。苏联与伊朗也是邻国。“二战”期间，为了防止德国控制伊朗，美、英、苏三国与伊朗议定，由三国分别出兵伊朗，并在战争结束后半年内全部撤军。但当战争结束前夕伊朗照会美、英、苏三国要求按协议撤军时，三国都未予理睬。后来还是苏联首先提出各国均应按时撤军。在 1945 年 9 月的伦敦外长会议上，苏联提议在对日战争胜利结束后 6 个月内、1946 年 3 月 2 日之前，三国军队全部撤出伊朗。美英表示同意。

由于美苏矛盾日益尖锐，特别是美国向伊朗宪兵队等机构派遣“顾问”，苏联在伊朗撤军问题上按兵不动，还在苏军驻扎地区支持当地少数民族建立了亲苏的“阿塞拜疆自治共和国政府”和“库尔德人民政府”两个政权。伊朗中央政府派军队前往镇压，遭到苏军阻拦。另外，苏联坚持石油租让权，要求建立苏伊（朗）石油合营公司，苏联占 51%的股份。

1946 年元旦，美国从伊朗全部撤军，旋即怂恿、支持伊朗向安理会控告苏联。1 月 19 日，伊朗以“干涉内政”为名向安理会指控苏联，苏联予以否认。然而，伊朗并不愿意与苏联公开对抗。它在控告苏联的同时，也呼吁直接与苏联谈判解决撤军问题。安理会于是通过决议，建议伊苏双方通过直接谈判和平解决争端。2 月 18 日，苏伊开始撤军谈判。

在谈判过程中，美国大肆渲染所谓苏联扩张的威胁，制造紧张气氛。如

1946年3月，《纽约时报》发表《俄国重兵向伊朗西部进军》的文章。杜鲁门则威胁安理会，声称如果安理会不把伊朗问题列入议程，美国将采取行动，甚至“同俄国人发生战争”。经过两个月的谈判，4月4日，伊苏在莫斯科达成协议，苏联答应在半个月内撤军，不再支持“阿塞拜疆自治共和国政府”和“库尔德人民政府”；伊朗则同意成立苏伊石油公司。5月9日，苏军全部撤出伊朗，伊朗危机宣告结束。苏联在西南边境地区的强势，加深了西方国家的猜疑和敌视，并为美国推行对苏强硬政策、填补中东地缘政治真空提供了借口。

苏军撤出伊朗，美国在达到遏制苏联的目的的同时，加紧了向伊朗的渗透。美军“顾问”立即参与指挥伊军占领阿塞拜疆的行动。在把苏联挤出伊朗之后，美国又支持伊朗废除了伊苏谈判达成的关于建立苏伊石油公司的协议，并通过“贷款”“技术咨询”、经济和军事援助等手段大举进入伊朗。

为了全面遏制苏联和“共产主义扩张”，扩大美国的势力和影响，杜鲁门政府决定对苏联采取强硬政策。1946年1月5日，杜鲁门指责国务卿贝尔纳斯对苏软弱，说：“除非俄国碰到铁拳和强硬的抗议，否则另一次大战就可能发生。”这引起苏联强烈反应。2月9日，斯大林对资本主义制度提出严厉批评：“苏维埃社会制度比非苏维埃社会制度更有生命力，更稳固，苏维埃社会制度是比任何一种非苏维埃社会制度更优越的社会组织形式。”① 在谈到“二战”的起因时，斯大林认为资本主义世界经济体系包藏着总危机和军事冲突的因素，使得战争不可避免。为此，他要求苏联在二到三个五年计划中，大大提高工业水平，作为防止不测事件的保障。

斯大林2月9日的演讲在西方世界掀起轩然大波。美国《时代》杂志称之为“自对日作战胜利以来一个高级政治家所发出的最好战的声明”。杜鲁门立即指示美国驻苏使馆就斯大林讲话一事进行“调查”。同时，国务院指示美驻苏使馆临时代办乔治·凯南对苏联的对外政策进行仔细分析。2月22日，凯南向国务院发回一封8000字的长电报，夸大事实，要求美国不能把苏联作为盟友而是作为敌人来对待，并要求使用强大力量来阻止苏联的“扩张”，对其进行遏制。这封“长电”为杜鲁门政府制订对苏强硬政策提供了一个“完美的逻辑依据”，是美国冷战政策形成的重要文件之一。

3月初，英国前首相丘吉尔到美国密苏里州富尔敦城威斯敏斯特学院接受

---

① 《斯大林文集》，人民出版社1985年版，第475页。

荣誉博士学位，美国务院接待了丘吉尔，并进行了三天谈话，向他充分说明了美国的反苏政策，希望他予以配合。3 月 4 日，在杜鲁门的精心安排下，丘吉尔在威斯敏斯特学院发表了著名的《和平砥柱》演讲，大肆攻击苏联，号召世界上讲英语的国家与美英结成联盟，反对来自苏联和国际共产主义的威胁。他还耸人听闻地说，从波罗的海的什切青到亚得里亚海的的里雅斯特，苏联已降下一重“铁幕”。

但是，丘吉尔的讲话并没有取得预想的效果。西方公众认为，“二战”后苏联的所作所为并非如丘吉尔所言，苏联并没有威胁世界和平。他们对丘吉尔的讲话进行了批评。英国官方也不赞同丘吉尔的论调。外交大臣欧内斯特·贝文（1881—1951）发表讲话，声明丘吉尔的“铁幕”讲话只是他本人的看法，并不代表英国政府的观点。英国许多议员对丘吉尔非常不满，还提出了批评丘吉尔“铁幕”讲话的动议。面对舆论压力，杜鲁门不得不出面，说他事先并不知道丘吉尔“铁幕”讲话的内容，并否认美国同丘吉尔的讲话有牵连。

尽管美国不断推行反苏政策，但苏联仍不想与美国发生激烈对抗。斯大林对丘吉尔的讲话予以尖锐批评：“毫无疑问，丘吉尔先生的方针是进行战争的方针，即号召同苏联开战。”① 斯大林没有针锋相对，而是表示苏联仍愿改善同美国的关系。他对美驻苏大使史密斯说，美苏达成谅解的基础并没有完全消除，苏联希望得到美国贷款。他强调指出，苏联在一国建设社会主义，希望同外部世界和平合作；美苏两个不同社会制度的国家互不干涉内政，和平共处，是“完全可以实现的”②。

然而，杜鲁门非但没有改变其遏制苏联的既定政策，反而加紧了遏制的步伐。他指责主张对苏采取友好政策的前副总统、时任商务部长亨利·华莱士（1888—1965）是为斯大林服务的“捣乱分子”，并迫使他辞职。1946 年 7 月，杜鲁门指示其特别顾问克利福德主持起草了一份美苏关系报告，即《克利福德报告》。报告提出，美国须以强大的军事力量，将苏联的“扩张”抑制在它目前的控制区内，对尚不在苏联势力控制范围的国家和地区，则给予政治、经济援助，支持其反苏斗争。该报告的内容是后来出台的杜鲁门主义的基本精神。

苏联对美国的反苏政策非常清楚。1946 年 9 月下旬，苏驻美大使诺维科夫

① 《斯大林文集》，人民出版社 1985 年版，第 498 页。
② 《斯大林文集》，人民出版社 1985 年版，第 516 页。

撰写了题为《战后美国对外政策》的长篇报告，指出战后美国对外政策的特征是“谋求世界霸权”。美国把苏联视为“其通往世界霸权道路上的主要障碍”，因此美国正在以其为“战争对象”，来准备针对它的“第三次大战”。该报告对美国对外政策进行了全面批判，对苏美关系的未来发展不抱幻想。与凯南的“长电”成为美国遏制苏联政策的理论依据一样，诺维科夫报告也成为苏联对美强硬政策的依据。在某种程度上，诺维科夫报告堪称苏联版的凯南电文。希腊危机爆发后，美国立即把其遏制苏联的政策公之于世。

所谓希腊危机，就是指希腊内战引发的危机。希腊是英国的势力范围。1946 年冬至 1947 年春，希腊共产党游击队与政府军发生激战。由于政府腐败，失去民心，政府军在战场上节节败退。英国由于经济形势空前恶化，无力继续支持希腊政府进行内战。1947 年 2 月 21 日，英国通知美国政府：1947 年 3 月 31 日后，英国将不再承担对希腊的政治经济责任，同时停止援助土耳其。

接到英国的通知后，杜鲁门认为宣布其遏制政策、反对苏联和“共产主义扩张”的时机已经成熟。3 月 12 日，杜鲁门在国会两院联席会议上宣读了一篇国情咨文，其要旨是：希腊受到了共产党领导的“恐怖主义”威胁，一旦希腊由共产党控制，其邻国土耳其及整个中东甚至全世界都会受到共产主义的威胁。他大肆渲染“敌人”对美国和自由的威胁。所谓“敌人”，人人都清楚就是苏联。他宣布，不论什么地方，不论直接或间接侵略威胁了和平，都与美国的安全有关。因此，美国的政策是支持反对苏联和所谓共产主义扩张的政府和力量，“帮助自由独立的国家保持独立”。他要求国会批准给希腊和土耳其提供财政援助。这篇被称为“杜鲁门主义”的国情咨文是美国外交政策的转折点，是对苏联进行冷战的重要标志。美国遏制苏联政策的公开化，也被认为是冷战的开始。

杜鲁门的国情咨文发表后，受到国内反苏反共势力的热烈欢迎。1947 年 5 月 22 日，援助希腊、土耳其法案经参众两院通过，经杜鲁门签署成为法律后立即实施。到 1949 年年中，美国援助希腊的费用已达 6 亿多美元。美国还派出军事顾问，帮助希腊政府镇压游击队。不久，美国控制了希腊。

为了从经济上援助欧洲，反对苏联，同时输出过剩产能，美国实施了“马歇尔计划”。美国政府认为，战后欧洲的重建非常缓慢，效果不佳，经济萧条和人民生活困难将会引起革命。在国务卿乔治·马歇尔（1880—1959）主持下，美国政府制定了对欧洲进行经济援助的计划。1947 年 6 月 5 日，马歇尔在哈佛大学宣布了这个计划。

为了控制受援国，美国提出了援助条件，即所有受援国必须公开其经济资料和信息，以制定统一的复兴计划。美国认为，如果苏联参加马歇尔计划，就会受到各种约束，从而失去经济发展的自主权，被纳入美国控制的世界经济发展体系，从根本上消除苏联社会主义经济对美国的威胁；如果苏联不参加该计划，就不能得到援助，美国就能实现援助欧洲复兴以对抗苏联的目的。

马歇尔计划公布后得到了英国的支持。法国出于对德国复兴的担忧，坚持必须邀请苏联参加谈判。苏联外长莫洛托夫应邀出席了6月27日在巴黎举行的英、法、苏三国外长会议。会上，英法坚持满足美国提出的所有受援国必须公开其经济资料和信息的条件，遭到苏联坚决反对。苏联要求美国对欧洲人民的援助应是真诚的，而不要利用经济援助来达到其他目的。它认为，如果美国和西欧国家坚持这种先决条件，就会把欧洲分裂为两个集团。由于英法坚持经济援助要先满足美国提出的条件，苏联代表于7月2日退席，三国外长会议破裂。

7月12日，英国、法国、奥地利、比利时、意大利、瑞士、丹麦、希腊、冰岛、爱尔兰、土耳其、卢森堡、荷兰、挪威、葡萄牙、瑞典16国在巴黎举行了欧洲经济会议，通过了建立由16国代表组成的常设联合国机构欧洲经济合作委员会的决定。9月22日，16国代表共同签署了欧洲经济合作委员会的总报告，向美国提出了在今后4年内援助224亿美元的要求。

通过马歇尔计划，英、法、意、奥、荷、卢、比、葡、爱尔兰、瑞典、瑞士、丹麦、冰岛和德国西占区以及土耳其等国，共接受了总额为131.5亿美元的援助。马歇尔计划的实施，缓解了西欧各国的燃眉之急，帮助西欧度过了战后最困难时期，缓解了社会矛盾。马歇尔计划由此被西方形容为“如同抛给正在下沉的人们的救生圈”。据统计，到1950年，西欧各国生产已恢复到战前水平。到1952年，英、法、意工业生产分别比战前增长13%、29%和48%，联邦德国的工业生产，到1952年增长到战前水平的115%。马歇尔计划期限为五年，由于西欧经济恢复较快，到1951年年底就提前结束了。

美国在实施马歇尔计划的同时，还在全球范围内进行反苏反共的军事、经济和技术援助。从1949年1月20日到1951年10月10日，美国先后通过“第四点计划”①“军援法”和“共同安全法”，向亚非拉共产党执政的国家提供统

① 该计划是杜鲁门政府提出的、对亚非拉国家进行开发援助的政策，是美国冷战战略的组成部分。目的是通过经济、技术援助稳定这些国家的政权，遏制共产主义的“渗透”。因该计划最早是杜鲁门在1949年1月就职演说中提出的“第四点”行动原则，故得名。

一的经济、技术和军事援助。

## 二、两大阵营与两极格局的形成

冷战开始后，美国的遏制使苏联和东欧国家的安全受到威胁，苏联和东欧国家感到有必要更加紧密地团结起来，应对美国的挑战。东西方之间的紧张关系不断加剧。

1947 年 9 月 22—28 日，波兰共产党领导人哥穆尔卡在苏共中央授意下，邀请苏、南、波、罗、捷、匈、保、法、意九个国家的共产党和工人党代表，在波兰什克拉尔斯卡—波伦巴的小温泉场举行会议。在这次会议上，成立了共产党和工人党情报局。会议宣布，成立共产党和工人党情报局的主要目的，是加强各党之间的联系和交流，并于必要时在相互协议的基础上协调各党的行动。但毋庸讳言，苏共的另一目的，是企图通过情报局控制东欧各国。苏联甚至在东欧各国进行大清洗，把包括共产党著名领导人在内的几十万人清除出党，以确保苏联的政治线路和外交政策得以贯彻落实。

在会议进行过程中，联共（布）中央政治局委员、中央书记安德烈·日丹诺夫（1896—1948）在会上作了关于国际形势的报告。会议在此报告基础上发表了《关于国际形势的宣言》，明确宣布世界已分裂为两个阵营：一个是帝国主义反民主阵营，另一个是反帝国主义民主阵营。共产党和工人党情报局由与会各党分别派两名代表组成，总部设在贝尔格莱德，机关刊物是《争取持久和平，争取人民民主!》。

针对马歇尔计划，苏联在 1947 年 7—8 月先后与保、匈、波、南、罗等国签订了一系列双边经济协定，加强与它们的经济联系。这些协定包括苏联对东欧国家的经济援助和发展东欧国家的对苏贸易，如换货、支付、贸易、科技合作、航海、贷款、相互给予最惠国待遇等。与此同时，东欧各国之间也相继签订了多种经济协定。

在此基础上，1949 年 1 月 5—8 日，苏、保、匈、波、罗、捷六国在莫斯科举行会议，决定成立“经济互助委员会”（简称“经互会”），宗旨是“实现人民民主国家和苏联更广泛的经济合作”，在平等的基础上交流经济经验，相互给予技术援助，并在原料、粮食、机器、装备等方面提供协助。经互会总部设在莫斯科，定期召开会议。4 月，在莫斯科召开了经互会第一次会议，正式宣布经互会成立。

经互会成立后不断扩大。1950 年 2 月，阿尔巴尼亚加入经互会（1961 年年底实际退出）。9 月，德意志民主共和国成为经互会成员。后来，蒙古、古巴和越南等社会主义国家也先后加入经互会。1964 年起，南斯拉夫与该组织合作，参加部分活动，其他社会主义国家以观察员身份参加经互会的活动。经互会逐步成为社会主义国家之间的经济组织。

经互会成立后，美国加大了对苏联和社会主义阵营其他国家经济遏制的力度。1949 年 11 月，美、英、法、意、比、荷等国在巴黎成立了旨在对苏联和其他社会主义国家进行禁运和贸易管制的“输出管制统筹委员会”，即“巴黎统筹委员会”。

冷战作为以军事实力为后盾、争夺地缘政治优势的斗争，美苏两国在军事领域的竞争与对抗分外激烈。美国遏制社会主义阵营的重要举措之一，是建立针对苏联、东欧社会主义国家的军事同盟，其中最重要的是组建“北大西洋公约组织”。

1948 年 3 月 17 日，英、法、比、荷、卢五国签订了《布鲁塞尔条约》。该条约是一个以军事同盟为核心的政治、经济、文化合作条约，具有反苏性质。此时，美国认为组织大西洋反苏军事同盟的时机已经成熟，于是杜鲁门在签订条约的当天表示，美国将对西欧的此种发展予以全力支持，“协助欧洲自由国家”保卫欧洲，为此会“做更多的事情”，如建立美国“参加或支持”的欧洲防务体系等。随后，美国国务院欧洲司司长希克森向国务卿马歇尔提交了题为《除马歇尔计划外，美国政府对于制止共产主义在欧洲发展的办法和途径》的备忘录，强调美国必须支持和参加欧洲防务。美国政府采纳了希克森的建议，决定立即开始与英法等国讨论建立北大西洋防务体系事宜。

1948 年 3 月 2 日至 4 月 1 日，美、英、加三国代表在华盛顿进行谈判，并通过了美国起草的“五角大楼文件”。会议决定立即开始筹建北大西洋防务体系。美国把即将建立的军事同盟命名为“北大西洋公约组织”。在这次谈判前后，美、英、法、荷、比、卢六国还开会协调对德政策，筹划合并西占区、建立联邦德国，引起苏联强烈抗议，双方关系趋于紧张。6 月中下旬，西占区又进行货币改革、发行新货币，导致美苏在柏林的直接对峙——第一次柏林危机。6 月到 8 月间，苏联先后关闭了西占区通往西柏林的铁路、公路和水路交通，而美英等国则通过空中走廊向西柏林空运各类物资。苏占区也进行了货币改革，发行新货币，并加大对人员、物资的封锁力度。美英法则限制同苏占区的贸易，对苏占区匮乏的煤、钢、电力进行反封锁。但是美苏竭力避免发生直接军事对抗。经过秘密谈判，双方于 1949 年 5 月 4 日达成协议，决定在 5 月 12 日取消一切封锁，23 日在巴黎召开四国外长会议讨论德国问题。第一次柏林危机虽得以平息，但加快了建立北大西洋公约组织和分裂德国的步伐。

1949 年 4 月 4 日，《北大西洋公约》在华盛顿签署，8 月 24 日生效，北大西洋公约组织（简称“北约”）成立，成员包括美、英、法、比、荷、卢、加、意和冰岛。挪威、丹麦和葡萄牙不久也加入进来，希腊与土耳其于 1952 年加入。北约的“防御”范围包括西欧、北非和南欧。《北大西洋公约》第五条规定，如果缔约国中任何一国受到“侵犯”，所有其他国家均应援助该国。依此规定，美国通过北约加强了对缔约国的控制，在具有战略位置的国家设立军事基地，干预其防务计划，向它们发号施令，以巩固美国在欧洲和世界的霸主地位。因此，北约不仅成为美国反苏反共的工具，也是它借以干涉别国、进行全球扩张的军事组织。

此外，从 1947 年 9 月到 1955 年 11 月，美国先后签订了《美洲国家间互助条约》（也称《里约热内卢条约》，1947 年 9 月）、《美洲国家组织宪章》（1948 年 9 月）、美菲《共同防御条约》（1951 年 8 月）、《旧金山对日和约》和《美日安全条约》（两个条约在 1951 年 9 月同日签订）、《美澳新安全条约》（即《太平洋安全保障条约》，1951 年 9 月）、美韩《共同防御条约》（1953 年 10 月）以及美、英、法、澳、新西兰、菲、泰和巴基斯坦《东南亚集体防御条约》（即《马尼拉条约》，1954 年 9 月）。美国还与逃到台湾的蒋介石集团签订了“共同防御条约”（1954 年 12 月），以观察员身份参加了由英国与伊朗、伊拉克、土耳其和巴基斯坦等国组成的巴格达条约组织（1955 年 11 月）。通过这些条约，美国在世界各地组织起反苏反共军事同盟。

对美国组织北约和地区性反苏反共军事同盟的活动，苏联给予了坚决反击。它一方面强烈抗议北约的建立，认为建立北约违背了联合国宪章的精神，同时加强了与东欧社会主义国家的军事合作。从 1949 年开始，苏联大力扩充其武装力量，在继续驻军东欧国家并不断向其提供军事装备的同时，还派去大批军事顾问，苏联和东欧国家军事上的一体化也由此开始。中华人民共和国成立后，中苏在 1950 年 2 月 14 日签订了《中苏友好同盟互助条约》，苏联全面发展与新中国的关系。

1949 年 5 月 23 日，在美、英、法三国代表参加下，德国西占区通过了

《德意志联邦共和国基本法》。9 月 20 日，德意志联邦共和国宣告成立。10 月 7 日，德意志民主共和国在苏占区成立。德国正式分裂，成为美苏遏制与反遏制的主战场。为了进一步加强北约的实力，美国决定允许联邦德国加入，把后者变为反苏前哨阵地。在美国主导下，1954 年 10 月 23 日，美、英、法等西方国家签订了《巴黎协定》。根据此协定，联邦德国可加入北约。苏联政府于 11 月 13 日向美、英、法及其他欧洲国家发出照会，建议就德国统一问题、自由选举问题、撤走占领军问题和集体安全问题，举行有美国参加的全欧会议，但被美国拒绝。

为应对联邦德国加入北约后可能出现的局面，1954 年 11 月 29 日至 12 月 2 日，苏联和阿、保、波、民主德国（德意志民主共和国，也称东德）、捷、罗、匈八国在莫斯科举行了保障欧洲和平与安全会议（中国以观察员身份参会）。会议警告西方国家，如批准《巴黎协定》，苏联和东欧国家将在组织武装力量和联合司令部方面采取共同措施。1955 年 3 月，八国又就上述问题取得一致意见。

但是，西方国家对苏联的警告置之不理。5 月 5 日，西方国家正式批准《巴黎协定》，联邦德国加入北约。苏东八国针锋相对，于 11—14 日在华沙召开第二次保障欧洲和平与安全会议。中国政府应邀派副总理兼国防部长彭德怀作为观察员出席会议。14 日，八国在华沙签署友好合作互助条约，即“华沙条约”，还签订了成立武装部队联合司令部的决议。

“华沙条约”具有军事盟约的性质。条约规定：缔约国准备参加保障国际和平与安全的国际行动，任何缔约国遭到武装进攻时，其他缔约国应以一切必要方式给予援助；设立统一的武装部队司令部和政治协商委员会；华沙条约有效期为 20 年（到期可顺延 10 年）。总部设在莫斯科，武装部队总司令和总参谋长均由苏联人担任。1955 年 6 月 4 日条约生效，华沙条约组织（简称“华约”）成立。亚洲的社会主义国家越南、蒙古与老挝作为观察员国参与其活动，中国曾在 1955 年至 1961 年作为观察员国与会，朝鲜、南斯拉夫未参与华约的活动。北约和华约两大政治军事集团的形成，标志着战后东西方对峙的两大阵营与两极国际格局正式形成。

**思考题：**

1. 雅尔塔体系的主要内容是什么？

2. 第二次世界大战后的国际政治秩序是如何建立的?
3. 第二次世界大战后的国际经济秩序是如何建立的?
4. 冷战格局形成的原因是什么？其影响有哪些?

# 第十二章 “二战”后初期至50年代中期的社会主义国家

20世纪40年代中期至50年代中期，苏联进行了国民经济的恢复与重建，发展成为世界强国；东欧和亚洲的一些国家，在共产党领导下获得了民族解放和国家独立，并建立了社会主义制度，社会主义从一国走向多国。中国革命的胜利极大地改变了国际政治力量的对比，使社会主义阵营空前强大。古巴革命胜利后，美洲出现了第一个社会主义国家。在这一时期，苏联和其他社会主义国家都开始了发展道路的曲折探索。

## 第一节 “二战”后苏联的经济和政治

1945年“二战”结束到1953年斯大林逝世，是苏联历史发展的重要阶段。这一时期，苏联党和政府在复杂的国内外形势下，领导人民为恢复“二战”期间遭受严重破坏的国民经济进行了艰苦的努力，并在上层建筑各个领域中展开了错综复杂的斗争。到斯大林逝世前夕，苏联一方面取得了社会主义建设的重大成就；另一方面在政治经济文化生活中也充满矛盾，30年代形成的社会主义模式开始出现与发展要求不相适应的情况，社会主义革命和建设中的缺陷和弊端日益暴露。

### 一、苏联国民经济的恢复和发展

反法西斯卫国战争使苏联的国民经济遭受巨大破坏，损失惨重。在这场战争中，苏联有2660万人被夺走了生命；物质损失估计达2.5万亿卢布，超过苏联1940年国民总收入的4.5倍；1710多座城市和70000多个村庄毁于战火，许多工业中心被夷为废墟，工业总产值下降到战前水平的50%；农村劳动力从1940年的1690万人减少到1945年的650万人，播种面积减少25%，农业总产量下降到战前水平的60%，1946年又遇到特大干旱，粮食产量只相当于“二战”前的41%。如何迅速医治战争创伤，尽快恢复和发展国民经济，改善人民生活，成为战后初期苏联政府面临的首要任务。

为了完成这一任务，苏联政府采取了一系列重大措施。

在工业方面：第一，苏联政府废除战时管理体制，把军事工业转变为民用工业，实现经济的转轨，并鼓励采用先进的科学技术。从1945年6月开始，大批复员转业军人投身国民经济建设。第二，1946年3月，苏联制定和实施了以恢复和发展国民经济为主要内容的第四个五年计划（1946—1950）。这一阶段正是“二战”时的同盟国之间由合作转向“冷战”的关键时期，这使斯大林等苏联领导人又开始强调新的战争威胁，因此，“四五”计划的指导思想仍然是优先发展重工业，尤其是把军事国防工业继续置于突出的地位，这表明战时的管理体制并没能彻底取消。计划规定，到1950年，国民收入、工业生产和农业生产，将分别比战前的1940年提高38%、48%和27%。计划要求首先恢复、发展重工业和铁路运输业，同时大量生产主要消费品，并使国民经济各部门的技术不断取得进步等。随着第四个五年计划的顺利实施，苏联不仅恢复了战前的实力，而且经济得到很大发展。从1949年开始，一系列新的建设项目相继开工，绝大部分工厂企业陆续恢复运营生产。据苏联政府的统计数字，1950年“四五”计划结束时，苏联恢复和新建了6200个大企业，工业总产值比1940年增加73%，其中重工业产值增加了一倍多，国民收入比战前提高64%。国防工业取得重大突破，1946年建成世界上第一座原子能反应堆，1949年成功试爆第一颗原子弹，打破了美国的核垄断。1950年苏联国民经济总产值（以1966年的美元计算）达到1570亿美元，仅次于美国（国民经济总产值是3930亿美元），跃居世界第二位。

第四个五年计划完成后，1952年10月，联共（布）第十九次代表大会通过了苏联发展国民经济的第五个五年计划（1951—1955），规定到1955年，工业生产水平比1950年提高70%左右，其中生产资料的生产约增加80%，消费品的生产约增加65%。该计划执行的实际结果是，工业产值和主要指标达到或超过战前水平，农业有一定恢复，人民生活水平也有所提高。1947—1952年，苏联政府连续三次降低食品和日用品价格；在城市和工人区修建住房1亿多平方米，农村建房270多万所；城乡居民从国家得到的各类补助和优惠总额比1940年几乎多两倍，职工的实际工资和农民的收入均有所增加。

在农业方面：1946年9月和1947年2月，联共（布）中央先后通过《关于消除集体农庄中违反农业劳动组合章程的现象的措施》和《关于战后时期大力发展农业的措施》等决议，决定纠正和解决侵占集体农庄公有土地、盗窃集体农庄财产、非生产人员过多、劳动报酬贬值等问题。到1947年，归还集体农庄的土地达470万公顷，牲畜14万余头，有45万多非生产人员转入生产第一线。

“二战”结束初期，为了摆脱农业困境，乌克兰地区的农村干部曾在调整农业生产关系、改革管理制度方面进行了探索。1947年，在乌克兰，不少地区缩小了集体农庄基本劳动组织的规模，取消作业队，成立劳动组，并实行“包产到组”的制度。库尔斯克州党委决定，集体农庄把耕地、农具和牲畜在一年或一个轮作期内固定承包给劳动组。每个小组负责承包土地上的成套农活，单独向国家采购站交售粮食，独立经营核算，自负盈亏。当时苏联的集体农庄一般是由10—20户组成的，劳动小组则是由几户人家组成的。劳动和经济核算单位的缩小符合当时苏联农业生产力的实际水平，有利于体现按劳分配的原则，激发了广大农民的生产积极性。

在战后苏联国民经济的恢复过程中，苏联始终优先发展重工业，军事工业是重中之重。轻工业和农业尽管也有所发展，但无论投入的规模还是发展的结果都远不及重工业，导致重工业与轻工业、工业与农业的发展比例失调更加严重。从“四五”计划执行结果看，工业投资额的88%用于机器制造业，只有12%投到了轻工业。轻工业生产非但没有达到计划目标，甚至还低于战前水平。此外，公路铁路交通、水路和海路运输业等，也都因片面发展重工业而受到损害。农业的恢复和发展也受到了严重影响。“四五”计划预定农业生产增长27%，但由于战后对农业投资较少、自然灾害和行政命令等原因，农业发展也比较缓慢，到1950年时仅达到1940年水平的99%，还没有超过十月革命前的水平，谷物总收获量仅为战前水平的78%。到1953年，全苏人均粮食为432公斤，仍低于1913年540公斤的水平。农业依然是苏联经济中最落后的产业。

## 二、战后初期苏联的经济政治和社会状况

第二次世界大战结束后，苏联进入和平建设时期，继续进行因战争而中断的经济社会建设。以第四个五年计划启动为标志，苏联逐步出现了经济建设的新高潮。1946—1947年，坦克工业、迫击炮和弹药制造等人民委员部相继撤销，新成立了农业、运输机器制造工业、机器制造工业和仪器制造工业人民委员部。不仅在工业部门，而且在农村，普遍开展社会主义竞赛。在五年计划期

间，有5500余名农业劳动者荣获社会主义劳动英雄的称号，16万多人获得勋章和奖章。

在第四个五年计划期间，苏联城乡劳动人民的物质文化生活水平有所提高。苏联不仅避免了许多资本主义国家在战后出现的失业和经济危机，而且在人民群众的教育、卫生、住房等方面，都有一定改善。苏维埃、工会、共青团和其他社会团体在国家社会生活中也开始活跃起来。

在战后初期，斯大林一方面认为资本主义体系已陷入全面危机，同时又认为苏联的政治、经济体制十分完善，因而故步自封，对任何主张变革的人都予以打击。针对苏联国民经济恢复和建设中存在的种种弊病，以联共（布）中央政治局委员、部长会议第一副主席和国家计委主席沃兹涅辛斯基和列宁格勒党政领导人库兹涅佐夫为首的一部分党政干部和经济学家，积极主张要重视价值规律的作用，利用20年代新经济政策时期的某些措施促进经济发展。但就是这种主张，也被视为离经叛道。沃兹涅辛斯基和库兹涅佐夫等人被打成“列宁格勒反党集团”，沃兹涅辛斯基本人在1950年9月30日被枪决，一大批有创见的理论工作者受到株连。

在农村，针对当时库尔斯克州所进行的“包产到组”的改革试验也进行了批判，因为它违背了30年代以来所形成的集体化理论。按照这个理论的观点，社会主义农业集体经济不仅要实现生产资料公有制，而且劳动组织和分配单位越大越好，凡是违背这一理论的就是破坏集体化。1950年2月19日，《真理报》发表文章点名批判了支持“包产到组”措施的当时负责领导农业工作的政治局委员安德烈耶夫。联共（布）中央撤去了安德烈耶夫的职务，任命赫鲁晓夫领导全国农业工作。赫鲁晓夫上任后，按照僵化的集体化理论，于1950年在全国掀起集体农庄合并运动。到1952年，原有的25.2万个集体农庄合并成9.7万个。同时大搞所谓的“集体农庄镇”和农业城，宣称以此缩小城乡差别，为向共产主义过渡创造条件。批判包产到组和合并集体农庄，使农业管理体制改革的初步尝试以失败告终。

为了加强对广大党员和干部进行马列主义经济理论的教育，在斯大林亲自关注下，1951年苏联科学院经济研究所编写完成了《政治经济学教科书》初稿。书稿引起经济学界的激烈争论。针对争论的主要问题，斯大林做出书面回答，并在1952年10月3日和4日的《真理报》上发表，随后汇集成书出版，这就是产生广泛影响的《苏联社会主义经济问题》一书。这本书是斯大林根据

“二战”后出现的国内外新形势，从政治经济学的角度对苏联社会主义建设经验的理论总结，主要涉及社会主义制度下经济规律的客观性问题；关于社会主义制度下的商品经济和价值规律问题；关于社会主义社会的生产关系和生产力的矛盾问题等。斯大林认为，第二次世界大战后，世界资本主义体系陷入了经济和政治的全面危机，统一的无所不包的世界市场瓦解，世界资本主义体系总危机进一步加深。他还认为，各主要资本主义国家（美、英、法）夺取世界资源的范围，将不会扩大而会缩小，资本主义国家之间的战争是不可避免的。该书对苏联社会主义实践进行了理论概括和经验总结，提出了一些重要思想，是社会主义探索的一个成果。但由于实践本身的失误和理论上的缺陷，这本书在很多方面是不完善的和片面的。而这种不完善和片面性，对战后一个时期（1945 年至 1953 年斯大林去世）苏联的政治、经济、军事、外交和文化政策及具体措施，产生了消极的影响。

战后一个时期，苏联领导人把 30 年代形成的苏联社会主义建设模式进一步理论化和固定化，并认为这一模式是唯一正确的模式，是社会主义各国必须遵循的普遍规律。苏联在社会主义建设过程中形成的实践成果和理论成果，对社会主义各国产生了正反两方面的影响。一方面，各国确实从苏联学到了建设社会主义的初步经验和一些理论，为探索自己的社会主义建设道路开了头；另一方面，苏联的社会主义建设实践和理论存在着脱离现实国情的严重缺陷，这一模式形成于苏联，与各国的实际相差很远，学习苏联模式，对各国的社会主义建设也产生了严重的负面影响。

在意识形态领域，在美苏对抗、冷战不断加剧的大背景下，苏联党和政府进一步加强了思想理论建设和社会主义意识形态建设，为巩固社会主义制度，凝聚全党和各族人民发挥了重要作用。但是因将阶级斗争绝对化，加之在对马列主义的认识上教条主义盛行，形而上学猖獗，导致发生了一系列过火的思想批判运动。

这些批判运动首先从文艺界开始。1946 年，苏联先后召开了全苏作家、戏剧家、音乐家和美术家等会议，揭露和批判文艺界的“崇洋媚外”“无思想性和非政治倾向”等问题，片面强调阶级斗争和阶级分析，强调艺术要为当代政治服务。在思想批判运动中，把来自西方的知识都视作腐朽的资本主义思想加以批判，不加分析地否定西方的一切科学成果。从 1947 年开始，批判运动扩展到苏联哲学、经济学、语言学等社会科学和生物学等自然科学领域。在哲学界，1947年6月开展对以亚历山大洛夫为代表的“资产阶级思潮”的批判，指责其所著的《西欧哲学史》反对辩证法，否认哲学的党性原则。在经济学界，重点批判时任苏联科学院世界经济与世界政治研究所所长瓦尔加所著的《第二次世界大战所引起的资本主义经济的变动》一书，指责该书宣扬资产阶级“错误观点”。在语言学界，1950年开展了对以马尔为代表的“反马克思主义观点”的批判。在生物学界，对遗传学中的摩尔根学派进行批判，该学派被视为美帝国主义的思想工具，遗传学也被作为伪科学加以禁止。这些批判运动自始至终带有强烈的政治色彩，用政治斗争和行政高压手段取代学术争鸣。在艺术上不允许不同形式和风格自由发展；把自然科学意识形态化，扼杀学术自由，阻碍科学的发展；在社会科学领域，把领袖的观点神圣化、教条化，阻塞了人们探索真理的道路。

1952年10月5日，联共（布）举行了第十九次代表大会。大会改选了中央委员和政治局，将政治局改组为主席团。中央书记处成员由五名增加到十名，除斯大林、马林科夫和赫鲁晓夫之外，其余都是新人，其中包括勃列日涅夫和苏斯洛夫。这次会议还决定把联共（布）即苏联共产党（布尔什维克），改名为苏联共产党。

十九大后，苏联在理论战线上再次掀起批判运动。1952年12月24日，《真理报》发表苏斯洛夫的文章，批判已在1950年9月以“叛国罪”被处决的原联共（布）中央政治局委员、国家计划委员会主席沃兹涅辛斯基，指责其宣扬主观唯心主义和唯意志论等错误观点。此后，全国各种重要报刊纷纷发表文章批判沃兹涅辛斯基的“错误”观点。全苏上千名经济学家和科学家被迫公开检查，称自己犯了“吹捧”沃兹涅辛斯基的错误。苏联的思想文化领域再次受到严重冲击。

## 第二节　东欧人民民主国家的建立

“二战”胜利前后，东欧各国人民利用苏联军队挺进东欧的有利条件，经过自身的艰苦奋斗，在苏联的影响或帮助下，建立了一系列人民民主政权和社会主义制度。这些国家包括南斯拉夫、阿尔巴尼亚、罗马尼亚、捷克斯洛伐克、保加利亚、波兰、匈牙利和德国东部苏占区（德意志民主共和国）。东欧社会主义国家的建立，对世界政治格局产生了重大影响。

## 一、南斯拉夫联邦人民共和国、阿尔巴尼亚人民共和国成立

南斯拉夫和阿尔巴尼亚都是在反法西斯战争中，主要依靠本国共产党领导人民通过武装斗争取得了胜利，并在苏军的帮助和配合下解放了全部国土。

1941 年，南斯拉夫被德意等法西斯军队占领，国王及其政府流亡国外。以铁托（1892—1980）为首的南斯拉夫共产党领导人民开展了反法西斯斗争。1941 年 6 月底，成立了铁托任总司令的南斯拉夫人民解放游击队总部（后改称最高司令部）。游击队很快解放了 1/5 以上的国土。在解放区，相继建立了人民政权组织——人民解放委员会。1943 年 11 月 29 日，成立了铁托任主席的“南斯拉夫民族解放委员会”，即临时政府。到 1944 年年底，南斯拉夫解放军已解放了塞尔维亚、马其顿、黑山等。与此同时，苏军也深入南斯拉夫领土。在苏军到达前，南解放军解放了贝尔格莱德。1945 年 3 月，南斯拉夫民族解放委员会同流亡政府成立联合临时政府，铁托任总理兼国防部长。5 月 15 日，南全境获得解放。11 月 29 日，南斯拉夫正式宣布废除君主制，成立南斯拉夫联邦人民共和国。1946 年 1 月 31 日，立宪会议通过南斯拉夫联邦人民共和国宪法，规定国家实行国家所有制、合作社所有制和私有制三种所有制形式，宣布南斯拉夫“是共和制的联邦人民国家，是建立在有自决权包括分立权基础上、自愿在联邦国家共同生活的各平等民族的共同体”。宪法还正式认定，伏伊伏丁那和科索沃为塞尔维亚的组成部分，二者分别于 1945 年 3 月 6 日和 6 月 10 日成为塞尔维亚人民共和国的组成部分。1946 年 2 月，组成了以铁托为首的新政府。

在恢复国民经济的基础上，南斯拉夫按照苏联模式，开始在全国实行计划经济。国家计划委员会统管国民经济的生产、交换和分配，将联邦一级的大企业和 70%以上的地方企业收归国有，并制定通过了第一个五年计划（1947—1951）。该计划实施过程中，出现了工农业之间和工业内部结构比例的严重失调。与此同时，苏南关系开始恶化。苏联粗暴干涉南内政，要南服从苏联利益。1947 年年底至 1948 年年初，南斯拉夫、保加利亚、罗马尼亚等国开始酝酿建立巴尔干—多瑙河联邦或邦联的计划。1948 年 1—2 月，苏联声明不赞成这一计划，要求南在外交上与苏保持一致。2 月底到 3 月中，苏联突然中断与南斯拉夫的贸易谈判，撤走全部驻南军事顾问和文职专家。此后，双方交换信

件，阐述各自观点。斯大林对南的不妥协立场非常不满，决定对南采取严厉的高压措施，以儆效尤。南共在1948年被开除出共产党情报局，之后苏联和其他东欧国家断绝了与南的外交关系，对南实行经济封锁并施加政治压力、军事威胁，南被迫加强国防建设，扩大军费开支。1949—1953年，南斯拉夫同资本主义国家的关系迅速发展，但并没有因此放弃社会主义原则和独立自主的对外政策。50年代初，南斯拉夫在批判苏联大国沙文主义的同时，对苏联模式中的中央集权、行政命令式的管理体制进行了审视和批判，在东欧国家中率先进行体制改革，摸索实行不同于苏联模式的建设社会主义的“自治”制度。

“二战”中，阿尔巴尼亚先后被意军和德军占领。以恩威尔·霍查（1908—1985）为首的阿尔巴尼亚共产党领导民族解放军与法西斯军队进行了艰苦战斗。1944年5月，阿尔巴尼亚反法西斯民族解放代表大会选出反法西斯民族解放委员会，作为阿最高立法机关和人民主权的执行机关。10月，民族解放委员会改称临时民主政府，共产党和其他党派及无党派人士共同组成议会和政府。11月29日，阿全境解放。1945年12月2日，举行了立宪会议选举。1946年1月11日，立宪会议正式宣布建立阿尔巴尼亚人民共和国（1976年改称阿尔巴尼亚社会主义人民共和国），选举产生了完全由共产党人组成的新政府，共产党总书记霍查任部长会议主席。两个月后颁布了阿解放后第一部新宪法，立宪会议改称人民会议，国家政权的性质由工农民主革命政权变为无产阶级专政政权。

新政权建立后，立即着手进行经济改革。1945—1946年进行了土地改革，消灭了大土地所有制，将一部分没收的土地建成国有农场，并号召和动员农民成立农业合作社。至1947年年底，在工业总产值中，社会主义经济成分已占97%。1948年11月举行了阿尔巴尼亚共产党第一次代表大会，阿共改名为阿尔巴尼亚劳动党。1949年，开始实行发展国民经济的两年计划，1951年又开始实施第一个五年计划，提出经济方面的主要任务是加速建设社会主义基础，把阿尔巴尼亚从落后的农业国变成工业国。1953年3月，通过了发展国民经济的第一个五年计划（1951—1955）。

### 二、波、捷、匈、保、罗民主政权的建立

波兰、捷克斯洛伐克和匈牙利的民主政权是在苏联的直接支持和帮助下建立起来的，而保加利亚和罗马尼亚是本国共产党领导武装起义、配合苏军进攻

取得胜利后建立起国家政权的。苏联社会主义建设的模式移植到这些国家后，各国形成了高度集中的政治体制和高度集中的中央计划经济。片面强调重工业的发展，忽视轻工业和消费品的生产，使经济结构失调，消费品长期短缺，人民生活受到影响。

1943 年 12 月，波兰工人党联合社会党左派和农民党等，成立了全国人民代表会议，作为波兰的最高立法机关，波兰工人党领导人贝鲁特（1892—1956）任主席。1944 年 7 月，苏军攻入波兰境内。7 月 22 日，波兰民族解放委员会宣布成立，作为临时行政权力机构。1945 年 5 月 9 日，波兰全境解放。此后不久，波兰民族解放委员会改组为临时政府。6 月 28 日，根据雅尔塔会议决议，以临时政府为基础，吸收农民党、社会党、民主党和基督教劳工党与部分流亡政府的代表参加，组成“波兰全国统一的临时政府”。8 月 16 日，波兰与苏联签订疆界条约。1947 年 1 月 19 日，波兰举行议会选举，以工人党为首组成的选举联盟获胜。2 月，正式成立波兰人民共和国政府，贝鲁特当选为总统，社会党人西伦凯维兹（1911—1989）组织政府。1948 年 12 月，波兰工人党和社会党合并为波兰统一工人党。政府把大中型工业、交通运输、银行收归国有，实行土地改革，完成了恢复国民经济的三年计划（1947—1949），国家经济状况和人民生活有了改善。1950 年制定了发展经济和建设社会主义基础的六年计划（1950—1955），之后改为五年计划，在全国实行计划经济。实行高度集权的工业管理体制，并采取优先发展重工业的方针，致使国民经济比例严重失调，轻工业和农业发展受到严重影响。1952 年 7 月 22 日，议会通过波兰人民共和国宪法，明确规定波兰人民共和国是社会主义类型的人民民主国家。

“二战”爆发前，捷克斯洛伐克被德国吞并，前总统爱德华·贝奈斯（1884—1948）在法国巴黎成立流亡政府（“捷克斯洛伐克临时政府”，1940 年撤退到伦敦）。1944 年 8 月，斯洛伐克地区爆发武装起义，解放了 2/3 的国土。10 月，苏捷联军进入斯洛伐克。1945 年 4 月 4 日，捷共与贝奈斯流亡政府合作，组成有捷共等六个政党的代表参加的民族阵线政府。5 月 9 日，苏军攻占布拉格，不久，捷全境解放。6—10 月，捷政府先后发布了无偿剥夺日耳曼人、马扎尔人及捷通敌分子和卖国贼的土地，将银行、保险公司、矿山、电厂、冶金厂、兵工厂等工业企业收归国有的法令。

1946 年 5 月 28 日，在战后第一次国民议会选举中，捷共成为第一大党。捷共领导人安·萨波托斯基当选为立宪会议主席，贝奈斯当选为总统，哥特瓦尔德（1896—1953）出任总理。在新政府中，捷共掌握了关键部门的职务，但资产阶级政党占据部长席位的多数。随着“冷战”开始，加上1947年严重旱灾引起的农业歉收，政府中资产阶级政党的代表在1948年2月20日提出辞职，企图制造政府危机，把共产党排挤出政府。在广大人民多次举行大规模示威游行等行动的支持下，捷共粉碎了资产阶级政党的夺权阴谋。25日，新政府宣告成立。这就是著名的“二月事件”。5月9日，立宪会议通过新宪法，定国名为捷克斯洛伐克共和国，宣布要把捷克斯洛伐克建设成为人民民主国家，并确定了通过和平途径走向社会主义的道路。6月，捷共和社会民主党正式合并，成为国家唯一的领导力量。6月7日，贝奈斯辞去总统之职，哥特瓦尔德于14日被议会一致选举为总统。

捷共逐渐掌握领导权后，也开始按照苏联模式建立经济体制。1947—1948年，捷完成了恢复国民经济的两年计划。1948年3月11日，政府颁布施政纲领，提出将50人以上的私人企业收归国有，征购超过50公顷的大地产与用于投机和租佃的土地。4月底至5月初，颁布了一系列国有化法令，对外贸实行垄断，到5月底宣布工业国有化比重达到95%。9月，国民议会通过第一个五年计划（1949—1953），基本目标是通过优先发展重工业来改变工业结构，实现工业化；通过农业生产合作社形式实现农业集体化；提高劳动生产率，提高人民的物质和文化生活水平。1949年5月，捷共召开了第九次代表大会，正式提出了社会主义建设的总路线。此后，捷克斯洛伐克全面进入了社会主义的改造和建设时期。

匈牙利在“二战”中最初站在德国法西斯方面与盟国作战。1944年9月，苏军攻入匈牙利境内，投靠法西斯集团的旧政权随即瓦解，匈牙利共产党重新建立。12月，匈牙利共产党与社会民主党、民族农民党、独立小农党等组成匈牙利民族独立阵线，成立了国家政权的中央组织——临时国民大会和临时国民政府。1945年1月20日，临时国民政府代表在莫斯科签署停战协定，此后着手改组国内政治经济生活。此时虽然还没有正式宣布成立共和国，但匈牙利王国的摄政制度已经废除。2月26日，政府下令解散25个法西斯组织及王国的宪兵和警察。3月17日，政府颁布了土地法令。4月4日，匈牙利全境获得解放。11月召开国民议会，组成独立小农党人为主的联合政府。1946年2月1日，国民议会通过决议废除帝制，宣告匈牙利为共和国，选举独立小农党的佐尔坦（1889—1961）为总统。3月5日，根据共产党人的倡议成立了左翼联盟。11 月，政府把最重要的重工业企业收归国家经营。在 1947 年 8 月 31 日的选举中，共产党成为议会第一大党，9 月 23 日组成新政府。1948 年 6 月，共产党与社会民主党合并，成立了匈牙利劳动人民党，拉科西任总书记。拉科西在 1949 年年初提出人民民主制度应转向无产阶级专政，消灭多党制。之后，除劳动人民党外，其他各党陆续停止活动或被迫解散。到 1949 年 5 月议会选举时，其他各党派已不再参加选举，匈牙利成为一党领导下的社会主义国家。8 月 18 日，国民议会通过宪法，宣称匈牙利人民共和国是工人和劳动人民的国家。

劳动人民党成为执政党后，仿效苏联，在经济方面优先发展重工业，建立高度集权的计划经济体制。1947 年新政府通过了施政纲领，对工业企业实施国有化，对农业实行集体化。1947 年和 1948 年颁布实施两个国有化法令，工业中的国有成分达到了 82%，国有工业产值占到工业总产值的 91%。同时开始执行恢复国民经济三年（1947—1950）计划。1950 年又开始执行第一个五年计划，目标是实现社会主义工业化和消灭农业的落后状态。计划执行的第一年取得了重大成就，重工业得到了一定程度的发展。但后来修改了计划指标，因对本国资源的估计脱离现实，致使工业的发展过分依靠原料进口。轻工业和农业生产遭受严重挫折，致使国民经济比例严重失调，国民收入下降。

此间，匈牙利的政治生活中发生了清洗“铁托分子”的重大事件。1949 年 6 月 16 日，独立人民阵线总书记、内务部长、匈南友好协会主席拉伊克（1906—1949）和党中央副书记蒂博尔被开除出党，三天后两人被捕。拉伊克被指控为德国法西斯和南斯拉夫的间谍，并勾结南蓄意推翻匈人民政权，于 10 月被处决。此次清洗中，有大批干部和党员被当作“铁托分子”“拉伊克分子”蒙冤受害。此外，党的领导脱离群众，个人崇拜和迷信日益盛行。这些政治和经济上的失误成为导致 1956 年 10 月“匈牙利事件”的主要国内因素。

“二战”中，保加利亚于 1941 年加入轴心国，成为德国的附庸国。1944 年 9 月 8 日，苏军攻入保加利亚境内。9 日，在苏军配合下，保加利亚工人党联合其他爱国民主力量发动起义，推翻了反动政权，建立了祖国阵线政府。1945 年 11 月，举行了新的议会选举，祖国阵线获得胜利，于 1946 年 3 月组成新政府。1946 年 9 月 8 日，举行公民投票，废除了君主政体。15 日，国民议会宣布保加利亚为人民共和国。10 月 27 日，举行国民议会选举。科拉罗夫（1877—1950）当选为议会主席，季米特洛夫（1882—1949）就任新政府的部长会议主席。

1947年12月，国民议会通过了保加利亚人民共和国宪法，确立了人民民主专政的国家制度。1948年8月，保加利亚工人党与社会民主党合并。不久，农民联盟在11月初宣布接受工人党的领导。12月，保工人党改名为保加利亚共产党。

在经济体制方面，保加利亚几乎完全照搬苏联的模式。1946年和1947年先后通过了工矿企业国有化法令和银行国有化法令，取消了对外贸易和批发商业中的私营成分，从而实现了工业企业和银行业的所有制改造。1947年12月颁布的宪法肯定了全民所有制和合作社所有制的发展，提出国家经济要实行计划管理，重要农产品的生产和贸易要由国家控制。1948年12月，保加利亚工人党召开了第五次代表大会，决定改名为共产党，并通过了党的总路线和关于第一个五年计划（1949—1953）的决议。此后，保加利亚开始了社会主义建设时期。

罗马尼亚在“二战”中是纳粹德国的仆从国。1944年8月22日，苏军进入罗马尼亚境内。23日，国王米哈伊一世在罗共协助下发动政变，在王宫中逮捕了总理兼国防大臣安东尼斯库，接着罗共组织武装起义，推翻了安东尼斯库独裁政权，成立了新政府。10月，罗全境解放，但当时仍保留着君主立宪制。1945年3月6日，国王批准成立了以格罗查（1884—1958）为首的民族民主阵线政府。民主政府建立后立即颁布了土地改革法，规定没收拥有50公顷以上土地的地主的土地及离家在外的地主的土地，将其分给无地或少地的农民。10月召开的罗共全国代表会议选举乔治乌-德治（1901—1965）为中央委员会总书记。在1946年11月19日举行的议会选举中，罗共和民族民主阵线各党派大胜。12月，议会决议把国民银行收归国有。1947年2月，罗与交战国签订了和约，特兰西瓦尼亚北部重归罗马尼亚。冷战开始后，罗在11月把亲西方的资产阶级政治势力全部清除出政府。12月30日，议会通过法律，宣布废除君主制，成立罗马尼亚人民共和国（1965年改称罗马尼亚社会主义共和国）。1948年2月，罗共与社会党合并为工人党，成为罗马尼亚政权中的主导力量。4月，议会通过了罗马尼亚人民共和国新宪法，从法律上确认了罗马尼亚人民民主政权。6月，议会通过法律，将工业、矿山、银行、保险和运输业等主要生产资料收归国有。通过一系列国有化措施，到1948年，罗90%的工业企业都实现了国有。1951年，罗开始实行第一个五年计划（1951—1955），经济上完全按照苏联模式实行严格的中央集权，并实施优先发展机器制造业的战略方针，开展工业化和农业合作化运动，实行社会主义改造。

### 三、德意志民主共和国成立

1945 年 5 月德国投降后，根据雅尔塔协定和波茨坦协定，苏、美、英、法对德实行分区占领。四国驻德占领军司令组成盟国管制委员会，在共同一致的原则下处理有关德国的主要问题。占领国由于社会制度各有不同，各有各的打算，在各自占领区内实行独立的政治经济政策，并只根据本国政府的指令行事，各占领区实际上成为“国中之国”，四国在重大问题上很难达成一致。

随着美苏矛盾的尖锐，西方三国策划在西占区成立西德国家，以对抗苏联。在西占区，三国占领当局通过不同形式保存了垄断组织和德国原有的工业结构。“冷战”开始后，美国加快了分裂德国的步伐。1947 年 1 月 1 日，美、英占领区正式合并。1948 年 6 月，法国同意将法占领区与美英占领区合并成一个统一的西占区。1948 年 6 月 18 日，三国宣布在西占区实行单独的币制改革，1949 年 5 月 23 日美、英、法控制区的制宪会议颁布根本法，8 月 14 日举行联邦议会选举，9 月 20 日宣布成立德意志联邦共和国（联邦德国）。

面对西方的咄咄攻势，苏联采取积极措施进行反击，很快在苏占区成立了苏联驻德军政府。1946 年 4 月，德国共产党和社会民主党合并成德国统一社会党。1947 年 6 月，苏占区成立 12 人德国经济委员会，管理苏占区的经济事务。12 月 6 日，苏占区召开第一届德国人民代表大会，选出以威廉・皮克（1876—1960）为主席的常务委员会。在西方三国筹建联邦德国的同时，苏占区也积极筹建民主德国。1949 年 5 月举行了普选，并由人民代表大会通过了宪法。10 月 7 日，宣布成立德意志民主共和国（民主德国）。1950 年，民主德国举行了战后第一次选举，德国统一社会党两主席威廉・皮克和格罗提渥分别当选为总统和总理，逐渐建立起中央集权的政治体制。

在经济上，苏联驻德军政府成立后即进行了土地改革，没收了纳粹战犯和拥有 100 公顷以上土地的地主的土地，把没收土地的 2/3 分配给无地或少地的农民，将 1/3 的土地转归国家，建立了国营农场。陆续解散了卡特尔等垄断组织，对大企业实行国有化。民主德国成立后，继续执行 1949—1950 年恢复国民经济的两年计划。到 1950 年年底时，生产已达到 1936 年水平的 103. 1%。1951 年开始实行旨在进一步发展国民经济的第一个五年计划。该计划也是按照苏联模式制定的，形成的也是高度集权的经济体制。1952 年 7 月召开的德国统一社会党第二次党代表大会，标志着党的工作重心已转移到社会主义建设上来。

## 第三节 中华人民共和国的成立与社会主义制度的确立

1949年，中国人民在中国共产党领导下取得了新民主主义革命的伟大胜利，建立了中华人民共和国。新中国成立后，克服了面临的国内外许多困难，迅速恢复了国民经济，巩固了人民政权，通过“过渡时期总路线”，完成了从新民主主义社会向社会主义社会的过渡。

### 一、中华人民共和国的成立及其伟大意义

1945年8月15日，日本帝国主义宣布投降，中国人民艰苦卓绝的14年抗战取得最后胜利。但是饱受外来侵略与国内军阀混战蹂躏的中国并未迎来一个和平与民主的新时期，国民党在美国的支持下坚持独裁，并很快挑起了全国内战。中国共产党将保卫解放区的自卫战争发展为解放全中国的战争。1948年12月30日，毛泽东发表了《将革命进行到底》的新年献词，明确提出“在全国范围内建立无产阶级领导的以工农联盟为主体的人民民主专政的共和国”①。

经过人民解放军发动的辽沈、淮海、平津三大战役与渡江战役，蒋介石集团的统治被推翻。1949年9月21日至9月30日，中国人民政治协商会议第一届全体会议在北京举行。这次会议通过了具有临时宪法性质的《中国人民政治协商会议共同纲领》；决定了新中国的名称为中华人民共和国，国都定于北京，中华人民共和国国旗为五星红旗，代国歌为《义勇军进行曲》。会议选出毛泽东为中央人民政府主席，朱德、刘少奇、宋庆龄、李济深、张澜、高岗为副主席。1949年10月1日，中华人民共和国中央人民政府在天安门广场举行成立典礼，毛泽东庄严宣告中华人民共和国中央人民政府成立。到1951年5月，全国解放战争的大规模作战行动结束，除台湾、香港和澳门②外，中国的全部领土获得解放。

① 《毛泽东选集》第4卷，人民出版社1991年版，第1375页。

② 香港和澳门自古以来就是中国领土，因遭殖民主义者侵略而成为历史遗留问题，解决起来情况较为复杂。中共中央在新中国成立之初确定了“暂时维持现状”“长期打算，充分利用”的政策，以利于新中国的经济恢复和工业化建设。

中华人民共和国的成立，标志着中国新民主主义革命取得了伟大胜利，标志着一百多年来殖民主义、帝国主义同封建统治者相互勾结奴役、压迫中国人民的半殖民地半封建时代已经过去，中国人民当家作主的时代已经到来。“占人类总数四分之一的中国人从此站立起来了”①。从 1840 年的鸦片战争到国民党政权统治期间，外国侵略者多次对中国发动侵略战争，强迫中国签订不平等条约，割去中国大片领土，掠取中国巨额财富，肆意干涉控制中国的内政外交。中华人民共和国的成立，终于结束了中国一百多年来的屈辱史，迎来了人民当家作主的崭新时代，中华民族在世界上从此扬眉吐气，自立于世界民族之林。

新中国的诞生是 20 世纪具有世界历史意义和重大影响的事件，不但改变了中国的历史进程，也对世界历史的发展产生了深远影响。它在一个人口占全人类近 1/4 的东方大国里扫荡了帝国主义及其代理人的势力，沉重打击了世界殖民体系，壮大了世界和平、民主和社会主义阵营的力量，极大地改变了世界政治力量的对比，有力推动和鼓舞了亚非拉地区被压迫民族和被压迫人民争取解放的斗争。

中华人民共和国的成立，实现了中国向人民民主制度的伟大跨越，中华民族的发展从此开启了新的历史纪元。中国共产党人创造性地把马克思列宁主义的普遍真理与中国革命的具体实践相结合，形成了中国化的马克思主义——毛泽东思想，并逐步形成了一整套适合中国国情的新民主主义革命和社会主义革命的路线、方针与政策。

## 二、人民民主政权的巩固

新中国成立之初，中国共产党和新生的人民政府面临着国内外的诸多矛盾和困难：一方面是要继续完成新民主主义革命的遗留任务，另一方面是要动员全国人民迅速医治战争创伤，恢复国民经济，巩固人民政权。在军事和国内安全方面，新中国成立后进行了大规模的剿匪作战与镇压反革命运动。人民解放军先后抽调了约 150 万人展开剿匪斗争，到 1952 年年底大规模剿匪工作结束时，共歼灭武装匪特和争取匪特投降自新 260 余万人，同时对反革命分子的破坏活动进行了坚决镇压。剿匪与镇反运动彻底清除了国民党在大陆的残余势

① 《毛泽东文集》第 5 卷，人民出版社 1996 年版，第 343 页。

力，巩固了新生的人民民主政权。与此同时，新中国迅速组建各级地方人民政权。到1952年年底，除台湾、香港、澳门外，全国所有省、市、县、区、乡都召开了人民代表会议，大部分的人民代表会议代行了人民代表大会的职权。在少数民族聚居区逐步实行民族区域自治，到1953年3月，已建立县级及县级以上民族自治区47个，覆盖的少数民族人口约1000万人。

没收官僚资本，建立社会主义国营经济。至1949年年底，国家接收的企业和产业有：国民政府的“四行两局一库”① 系统和地方银行系统的2400多家银行及官商合办银行中的官股；招商局、交通部所属的全部交通运输业及其资产；十几家垄断性质的贸易公司；2858个官营工矿企业。到1951年年初，没收官僚资本建立国营经济的工作全部完成，旧中国官僚资本在国民经济中的地位被社会主义经济所代替，国家掌握了经济命脉，奠定了人民民主专政的经济基础，确定了中国经济发展的社会主义方向。

在农村地区，党和政府领导亿万农民有步骤地进行了废除封建土地制度的土地改革运动。1950年6月30日，中央人民政府正式颁布了《中华人民共和国土地改革法》，作为在新解放区实行土改的法律依据，新解放区的土改运动于同年冬天轰轰烈烈地展开。到1953年春，除部分少数民族地区外，土改工作全部完成，全国3亿多无地少地的农民无偿分得4660多万公顷土地和大量生产资料，每年免交地租达350亿斤粮食；更为重要的是它彻底摧毁了封建土地所有制，解放了农村生产力，巩固了工农联盟与人民民主专政，为全面开展社会主义建设扫清了障碍。

此外，新中国通过打击不法投机资本活动、稳定物价、统一全国财经工作等一系列措施，结束了国民党统治时代长期的通货膨胀和物价飞涨的局面，为安定人民生活、恢复和发展工农业生产创造了必要条件。从1949年10月到1952年年底，经过三年多的艰苦奋斗，新中国成立前遭到严重破坏的国民经济获得全面恢复，并有较大发展。1952年，按可比价格计算，工农业总产值比1949年增长77.6%。国家财政经济状况有了根本好转。从世界范围来看，与欧亚各国的战后经济恢复情况相比，新中国经济恢复之快、增长幅度之大，举世瞩目。

---

① 国民政府时期垄断全国金融的中央银行、中国银行、中国农民银行、交通银行、中央信托局、邮政储金汇业局和中央合作金库七大金融机构的合称。

新中国还在教育、文化、社会生活各个领域进行了翻天覆地的改革。对旧中国文化教育事业的改革和对知识分子的思想改造，从根本上改变了半殖民地半封建的教育制度，清除了帝国主义、封建买办势力在教育文化领域的影响，培养了国家急需的建设人才。在禁止贩毒吸毒、废除娼妓制度和取缔聚众赌博等整治社会丑恶现象方面，新政权的措施也卓有成效。1950 年 4 月颁布的《中华人民共和国婚姻法》废除了封建主义的婚姻制度，建立了新民主主义的婚姻制度，实现妇女解放，这是几千年来中国社会家庭生活的一个伟大变革，是反封建斗争的深入发展，也是新中国政府为改善人权所作的努力。

### 三、社会主义改造与国家工业化的开展

中国共产党在 1952 年下半年开始酝酿与提出过渡时期总路线，以逐步实现国家的社会主义工业化，逐步实现国家对农业、手工业和资本主义工商业的社会主义改造（史称“一化三改”）。从 1953 年起，中国开始了以实施发展国民经济第一个五年计划（1953—1957）为中心的大规模经济建设，由此进入了有计划的经济建设和全面实行社会主义改造的时期。

1953 年 12 月 13 日，毛泽东对过渡时期总路线作了详细、完整的表述：“从中华人民共和国成立，到社会主义改造基本完成，这是一个过渡时期。党在这个过渡时期的总路线和总任务，是要在一个相当长的时期内，逐步实现国家的社会主义工业化，并逐步实现国家对农业、对手工业和对资本主义工商业的社会主义改造。这条总路线是照耀我们各项工作的灯塔，各项工作离开它，就要犯右倾或‘左’倾的错误。”① 1954 年 2 月，中共七届四中全会正式批准中央政治局确认的这条总路线。

土改完成以后，中共中央就及时号召农民组织开展农业互助合作运动，亦即开始了中国农业的社会主义改造。在早期阶段（1949—1953）是以发展互助组为中心同时试办初级社。1954 年到 1955 年春是初级社在全国普及的阶段，1955 年 4 月，全国初级社发展到 67 万个。1955 年下半年到 1956 年，全国进入农业合作化运动的高潮期。1956 年年底，入社农户达 11783 万户，占农户总数的 96.3%，其中参加高级社的农户 10742 万户，占农户总数的 87.7%，基本完成了对农业的社会主义改造任务，5 亿多农民走上了社会主义道路。

---

① 《毛泽东文集》第 6 卷，人民出版社 1999 年版，第 316 页。

在农业合作化运动急速发展之际，对手工业改造的步伐也同时加快。手工业合作化的组织形式是从手工业生产合作小组、手工业供销合作社发展到手工业生产合作社，步骤是从供销合作入手，由小到大，由低级到高级，逐步实行社会主义改造。到1956年年底，全国手工业生产合作社（组）发展到10万多个，入社人员占全体手工业从业者的91.7%，基本完成了对手工业的社会主义改造。

新中国对资本主义工商业的改造采取和平方式，通过多种形式的国家资本主义，把资本家私有制逐步改造为社会主义的全民所有制。从新中国成立到1953年，主要对私营工商业实行委托加工、计划订货、统购包销、经销代销等形式；从1954年至1955年夏，进入了实行个别企业公私合营的阶段，把国家同资本家的合作从企业外部深入企业内部。从1955年秋到1956年，实行全行业公私合营。到1956年年底，全国私营工业户数的99%、私营商业户数的82.2%实现了公私合营，原定用三个五年计划基本完成资本主义工商业的社会主义改造规划提早实现。中国在世界社会主义的历史上第一次有效地实行了对资产阶级的和平赎买，这是国际共产主义运动史上的一个创举，也是中国共产党人对马克思主义的一个重要贡献。

随着这三大改造的完成，全部农业、手工业、私营工商业的生产经营活动全部纳入国家计划轨道，原来在一定范围内发挥作用的市场调节因素退出了经济生活领域，中国变成了单一的计划经济体制国家。

旧中国的重工业非常落后，不仅远远落后于工业发达国家，也落后于与中国命运相似的邻国印度，以1950年的数字为例：人均钢产量，中国为1.1公斤，印度为4.1公斤，美国为577公斤；人均发电量，中国为8.2千瓦小时，印度为14.3千瓦小时，美国为2153千瓦小时。毛泽东在新中国成立之初曾痛切地说：“现在我们能造什么？能造桌子椅子，能造茶碗茶壶，能种粮食，还能磨成面粉，还能造纸，但是，一辆汽车、一架飞机、一辆坦克、一辆拖拉机都不能造。”[①] 特别是朝鲜战争爆发后严酷的国际形势与帝国主义的武力威胁，迫使党和国家将发展重工业摆到突出的战略地位。党在过渡时期的总路线提出，“实现国家的社会主义工业化的中心环节是发展国家的重工业，以建立国

① 《毛泽东文集》第6卷，人民出版社1999年版，第329页。

家工业化和国防现代化的基础”，“苏联过去所走的道路正是我们今天要学习的榜样”①。这就确立了新中国成立之初优先发展重工业的道路。

编制和执行发展国民经济的第一个五年计划是中国由新民主主义向社会主义过渡、实现过渡时期总路线和总任务的重大步骤。“一五”计划的基本任务是为国家工业化打下基础，其主要指标是：工业总产值年均增长 20.4%，农业总产值年均增长 7%，五年基本建设投资 505 亿元，军事工业以平时 100 个步兵师、战时 300 个步兵师的装备和弹药为基础。

从 1953 年起，中国开始实施“一五”计划。“一五”计划的制定和实施，得到了苏联的大力帮助，在苏联帮助兴建的 156 个建设项目中，苏方在资源勘探、厂址选择、技术设计、设备安装、人员培训等方面都给予了具体的指导与帮助。“一五”期间，苏联派到中国的专家达 3000 人，中国派往苏联的留学生达 7000 多人，实习生 5000 人。但是，“一五”计划的实施主要还是以自力更生为主，在“一五”计划期间，国家财政中来自国外的贷款仅占国家总收入的 2.7%，并且这些贷款从 1955 年开始就分年偿还。在苏联帮助建设的项目中，仍有 20%—30%的设计工作与 30%—50%的机器设备由中国自己负担。到 1957 年，“一五”计划的各项指标都大幅度地超额完成，汽车、飞机、发电、冶金、重型机械、化学工业等新兴工业部门建立起来，初步建成了中国工业布局的骨架；重工业在工业总产值中的比重提高到 1957 年的 45%。“一五”期间，农业、交通运输、教育科研事业也有较大发展，人民的生活也有明显改善。“一五”计划的超额完成，奠定了社会主义工业化的初步基础，开始改变中国经济、文化落后的面貌。

在对外政策方面，“另起炉灶”“打扫干净屋子再请客”“一边倒”构成了新中国成立初期的三大外交方针。这些方针把旧中国的屈辱外交改造为新中国独立自主的外交。所谓“一边倒”，是倒向社会主义阵营一边，但并非“投靠”苏联、听命于苏联，而是在坚持独立自主的原则方针下，承认苏联在社会主义阵营中的领导地位，与苏联站在社会主义的同一阵线上，坚持主张两国之间关系平等；向苏联学习，但并不盲目照搬苏联经验，而是在争取苏联援助的同时，探索符合自己国情、具有自己特色的社会主义道路。1949 年 12 月至 1950 年 2 月，毛泽东应邀访问苏联，经多次会谈，双方签订了《中苏友好同盟互助

① 《关于党在过渡时期总路线的学习和宣传提纲》，1953 年 12 月。

条约》及《中苏关于中国长春铁路、旅顺口及大连的协定》《关于苏联贷款给中华人民共和国的协定》，这些条约和协定对于加快中国经济的恢复和建设，具有积极的作用。

1950年10月至1953年7月，中国又被迫进行了抗美援朝战争。这是第二次世界大战结束后，第一场大规模的国际性局部战争，也是中华人民共和国成立后，中国人民同世界上最强大的敌人进行军事较量，并取得胜利的保家卫国战争。在两年多的战争中，中国先后投入兵力200多万人，粉碎了美国吞并朝鲜、扼杀新中国的美梦。抗美援朝战争是中国人民反对帝国主义的长期斗争在新中国成立后的继续，是新中国同世界上最强大的国家的第一次殊死较量。这场战争的胜利极大地激发了中国人民的民族自豪感，提高了新中国的国际威望，支持了朝鲜的独立，维持了东北亚的稳定，为中国的社会主义建设赢得了一个相对持久的和平环境。

1954年4—7月，中国参加了英、美、苏、法、中五大国及朝鲜战争与印度支那战争参战各方参加的日内瓦会议，会议的主题是讨论朝鲜问题和恢复印度支那和平问题。这是新中国成立以来首次参加的政府间多边国际会议，中国以其独立自主的和平外交特色为促成印支停战协定的签订做出了突出贡献，赢得了国际赞誉。与此同时，中国领导人在处理中印、中缅等双边关系中创造性地提出了和平共处五项原则，在1955年的第一次亚非首脑会议（万隆会议）上，该原则得到与会各国的认可并发展为万隆会议十项原则，中国在国际事务中的地位与影响日益扩大。

随着国民经济的恢复与社会主义改造取得全面和决定性的胜利，社会主义制度在中国基本建立起来。

## 第四节 蒙古、越南、朝鲜人民民主政权的建立和古巴革命

“二战”后，蒙古、越南、朝鲜建立了人民民主政权和社会主义制度。古巴革命取得胜利，在拉丁美洲建立了第一个社会主义国家。

### 一、蒙古人民共和国的成立与发展

蒙古人民共和国历史上称外蒙古或喀尔喀蒙古，属于中国的一部分。1911

年中国辛亥革命爆发后，蒙古王公在沙俄支持下，于12月宣布“自治”，后于1919年11月宣布撤销“自治”。苏赫巴托（1893—1923）、乔巴山（1895—1952）等人于1921年3月1日在苏俄的恰克图成立蒙古人民党（1925年改称蒙古人民革命党），并组织以苏赫巴托为总司令的人民军司令部，13日在恰克图成立临时人民政府。7月11日，在苏俄红军的援助下，人民革命政府在库伦（今乌兰巴托）正式宣布成立。人民革命政府保留了以博克多格根（1869—1924）为“国王”的君主政体，但其权力受到很大限制。苏俄立即宣布承认并与之“建交”。1924年6月，人民革命政府废除了君主政体。11月26日，通过蒙古第一部宪法，宣布“蒙古人民共和国”成立。中华民国政府拒绝承认外蒙古独立。

1945年2月，在没有中国代表参加的苏、美、英三国首脑雅尔塔会议上，斯大林把“外蒙古（蒙古人民共和国）的现状须予维持”作为苏联参加对日作战的条件之一，罗斯福表示同意。雅尔塔会议后，美国将协定的有关内容通知了中国国民政府，遭到拒绝。最终，迫于苏联和美国的压力，蒋介石在得到苏联不支持中国共产党等许诺后，8月与苏联签订了《中苏友好同盟条约》，并于当日发表外交照会：“如外蒙古之公民投票证实此项愿望，中国政府当承认外蒙古之独立，即以其现在之边界为边界”。10月20日，外蒙古地区举行“公民投票”，投票在政府官员监督下，以签名方式进行，结果“一致赞成独立”。中华民国政府于1946年1月5日宣布接受投票结果，正式承认外蒙古独立。

蒙古的整个国民经济原建立在游牧业基础上。从20世纪30年代起，在苏联帮助下开始建立现代工业部门。1948年开始实施第一个五年计划（1948—1952），接着又实施了三年计划（1953—1956）。到1957年，工业产值占国民经济的比重增加到41%，全国99.3%的牧民参加了合作社，社会主义公有制在国民经济中已占统治地位。但这一时期农业生产发展十分缓慢，粮食主要依靠进口，总体经济发展水平仍然很低。

1949年10月6日，中华人民共和国与蒙古正式建交。两国随即开始了多方面的合作。1956年8月，两国签订技术援助协定，中国在财力极其有限的情况下，向蒙古提供了力所能及的援助。1960年5月，两国签订《中蒙友好互助条约》。1962年12月26日，两国签订边界协定，解决了领土划分问题。

## 二、越南民主共和国成立与抗法战争

越南在1885年后完全沦为法国的殖民地，太平洋战争爆发后被日本夺占。

1941年2月，印度支那共产党领导人胡志明从中国返回越南，直接领导越南革命运动。5月，成立“越南独立同盟”（“越盟”），提出“抗法驱日”“争取完全独立”的口号。1945年4月，日本扶植建立了保大（1913—1997）傀儡政权。8月，日本投降后，越南人民纷纷举行武装示威游行，很快发展为攻占日本军营的军事行动，河内、顺化、西贡等地的起义相继取得胜利。“八月革命”胜利后，选出胡志明为主席的民族解放委员会作为临时政府，并迫使保大于8月24日退位。9月2日，胡志明在河内巴亭广场代表临时政府宣读了《独立宣言》，宣布越南民主共和国成立。

越南民主共和国成立后，法国拒绝承认，并试图在英美支持下恢复对越南的殖民统治。9月23日，法军随受降的英军开进西贡，建立了殖民统治机构。11月25日，印度支那共产党发出“抗战建国”的指示。1946年3月，正式成立了以胡志明为主席兼政府总理的共和国政府。为了巩固人民政权，印度支那共产党提出“以和求进”的方针，在3月同法国签订《越法初步协定》，规定法国承认越南独立，越南成为法兰西联邦成员。然而在3—4月间英军和中国国民党军队撤离越南前后，法国调来大批军队接防，并同时重返老挝，占领柬埔寨，而后公然撕毁协定，于12月19日再次向河内发动全面进攻。越南人民被迫进行抗法民族战争。

战争初期，法国投入10万兵力，力图速战速决。越南人民军建立之初只有2万人，但越战越强，抗战一年后发展到十多万人。1947年春，法国增派15万兵力到越南，1949年6月又扶植保大建立傀儡“君主立宪国”。随后，美国向法国提供军事和财政援助，极力支持法国扩大印支战争。1948—1949年，越南人民军解放了东北、西北地区的大片国土。新中国成立后，中、苏等国相继与越建交。1950年1月，应越请求，中国决定全面援越。9月，越南人民军发动北部“边界战役”，打通了近千公里的中越边界线，取得了北方战场的主动权，人民军发展到30万人。

1951—1953年，越南人民军不断大量歼灭敌人的有生力量。1954年3月13日至5月7日，越南人民军在中方协助下，发动了在抗法战争中具有决定性影响的奠边府战役，整个战局迅速朝着有利于越南的方向发展，并对正在召开的日内瓦会议产生了积极影响。7月21日，日内瓦会议就恢复印度支那和平问题达成协议，通过了《日内瓦会议最后宣言》，该宣言与会议通过的关于在越、老、柬停止军事行动的三个协定及其他有关文件，统称为《日内瓦协议》，主要内容包括：法国承认印支三国的独立、主权、统一和领土完整，停止对三国的敌对行动，法军在规定时间内从三国领土上撤走等。至此，越南抗法战争基本结束，北纬17度线成为临时军事分界线，越军向分界线以北集结，法军向分界线以南集结，并逐步撤出越南。未在《日内瓦协议》上签字的美国利用法军撤出越南之机，迅速填补真空，在越南南部扶植吴庭艳成立傀儡政府越南共和国，越南出现了南北分裂局面。越南劳动党领导下的越南民主共和国在北方继续完成民主革命任务，着手进行社会主义革命和建设，同时进行抗美斗争。

### 三、朝鲜民主主义人民共和国成立与抗美战争

朝鲜1910年8月遭日本吞并后，一直处于日本的殖民统治之下。朝鲜人民为争取民族独立和解放进行了长期的英勇斗争。根据波茨坦协定，苏联于1945年8月对日宣战，朝鲜人民军在苏军帮助下解放了朝鲜北部。日本投降后，美、苏商定，以北纬38度线（“三八线”）为界，分别在朝鲜南部和北部接受日军投降。12月举行的苏、美、英三国外长会议商定，由苏、美、英、中四国托管朝鲜五年，帮助其发展工业、农业、运输业及民族文化，尽快建成独立统一的国家。

朝鲜半岛要求建立独立统一国家的呼声很高。1945年8月，朝鲜各界爱国人士在汉城（今首尔）成立了朝鲜独立筹备委员会。9月6日，独立筹备委员会决定建立全国性民主政权，定名为“朝鲜人民共和国”。

1945年10月，李承晚（1875—1965）回国。11月，流亡重庆的朝鲜临时政府成员到达汉城。1946年2月，在汉城召开的“国民非常会议”选举李承晚为主席。李承晚在第二次世界大战前，长期生活在美国，是美国一手扶植起来的工具。美国在南部成立了军政府，取消了在抗日期间建立起来的地方自治机关各级人民委员会。1948年5月，南朝鲜举行国民议会选举，李承晚当选为议会主席。8月15日，大韩民国政府成立，李承晚任总统。由于美国在南部擅自行动，朝鲜形势发生了重大变化。

美国在南方采取行动后，朝鲜北方也开始建立人民政权。1945年10月10日，在金日成主持下成立了北朝鲜共产党中央组织委员会（1946年8月与新民党合并，改称北朝鲜劳动党，1949年同南朝鲜劳动党合并，改称朝鲜共产党），并立即着手进行政权建设和民主改革。1946年2月8日，北朝鲜各民主政党、社会团体、行政局和人民委员会的代表在平壤成立了由金日成任委员长的北朝

鲜临时人民委员会，3月和8月分别颁布了土地改革法和有关重要产业部门国有化的法令。1947年2月，经选举正式产生了最高立宪机关——北朝鲜人民会议，同时成立了北朝鲜人民委员会，金日成当选为委员长。

1948年8月，根据南北朝鲜各政党和社会团体的倡议，举行了朝鲜中央机关——朝鲜最高人民会议的选举。9月2日，朝鲜最高人民会议在平壤举行第一次会议，选举产生了最高人民会议常务委员会。9日，朝鲜民主主义人民共和国正式成立，金日成为首相。10月，苏联把朝鲜北半部的行政权移交给朝鲜政府。1948年12月和1949年6月，苏、美军队先后撤离朝鲜，但美、苏仍然分别支持半岛南北双方。南北朝鲜都为统一全国进行了一系列准备，战争处于一触即发状态。自1950年春开始，南北双方在“三八线”附近严重对峙，摩擦和冲突不断。

1950年6月25日凌晨，朝鲜内战爆发。为防止南朝鲜溃败，美国总统杜鲁门于26日命令驻日美军协助韩国作战，27日又命令美海空军入朝作战。7月7日，美国操纵安理会通过决议组织“联合国军”，美驻远东军总司令麦克阿瑟任“联合国军”总司令。战争初期，朝鲜军队节节胜利。6月28日，朝鲜人民军攻占汉城。7月18—20日大田一役，重创美军第24师，俘虏师长迪安。至8月中旬，朝鲜人民军已占据半岛南部90%的土地。为扭转不利局面，麦克阿瑟指挥美军在9月15日实施仁川登陆，截断了朝鲜人民军南进部队的后路并乘势反击，战局发生了不利于人民军的逆转。10月，南朝鲜军队和美军先后越过“三八线”，继而把战火烧至中朝边境，轰炸安东市区，炮击中国领土，严重威胁中国的安全。

朝鲜战争爆发后，杜鲁门在6月27日下令美第七舰队侵入台湾海峡，扬言“台湾未来地位的决定必须等待太平洋安全的恢复”，公然干涉中国内政，阻止中国人民解放台湾。

应朝鲜的请求，10月19日，中国人民志愿军为抗美援朝，保家卫国，渡过鸭绿江，入朝参战。志愿军和朝鲜人民军协同作战，连续发动五次战役，很快扭转了战局。1951年7月10日，交战双方开始在开城举行（10月8日起移至板门店）停战谈判。在持续两年的打打谈谈中，美国不断向中朝方面施加军事压力。中朝军队针锋相对，以打促谈。经过两年多的军事、外交和政治斗争，1953年7月27日，双方签订了停战协定。协定确定：双方以北纬38度附近的实际接触线为军事分界线，各自后退2公里，建立非军事区。

在整个朝鲜战争中，志愿军毙、伤、俘“联合国军”71万余人，美军消耗各种作战物资7300余万吨，战争经费达400亿美元。志愿军自身作战减员36.6万余人（另，非作战死亡2.5万余人），消耗各种作战物资560余万吨，战争经费62.5亿元。

朝鲜战争打破了世界头号帝国主义强国美国“不可战胜”的神话，使朝鲜民主主义人民共和国的安全得以巩固，朝鲜战争显示了中国人民的伟大力量，中国作为世界大国的地位得到进一步确立。

## 四、古巴革命和革命政权建立

1898年美西战争后，古巴成为美国殖民掠夺的主要目标之一。1940年，美国扶持巴蒂斯塔-萨尔迪瓦（1901—1973）上台执政。巴蒂斯塔执行亲美政策，对内镇压人民，在1944年大选中失败下台，1952年3月又在美国支持下发动军事政变上台，在古巴建立起亲美独裁统治，让美国控制了古巴经济，激起古巴人民的强烈反对。从1953年起，律师菲德尔·卡斯特罗（1926—2016）就开始联络一些进步青年准备进行武装斗争。1953年7月26日晨，147名青年在卡斯特罗带领下，武装袭击了位于奥连特省圣地亚哥东北的蒙卡达兵营，因寡不敌众失败，卡斯特罗被捕并被判处15年徒刑。他出庭受审时发表了著名的《历史将宣判我无罪》的辩护词，成为推翻巴蒂斯塔政权、争取民主自由的革命宣言。1955年5月获释后，卡斯特罗于7月建立了七二六运动革命组织，准备发动新的起义，不久因消息泄露被迫流亡墨西哥，在那里建立了军训营地。

1956年11月25日，卡斯特罗和切·格瓦拉（1928—1967）、劳尔·卡斯特罗（1931—　）等83名青年从墨西哥乘“格拉玛号”小游艇返回古巴，12月2日在古巴科罗拉多斯海滩登陆后即遭到巴蒂斯塔军队包围，只有12人突围，在卡斯特罗率领下进入马埃斯特腊山区开展游击战。随后起义队伍迅速扩大，多次粉碎政府军的包围。1958年3月，劳尔·卡斯特罗在克里斯托山区开辟了新的根据地。5月，万余政府军“围剿”马埃斯特腊根据地失败。起义军从防御转入进攻，包围城市。

此间，1957年3月13日，哈瓦那大学生联合会主席安东尼奥·埃切维利亚率一批青年攻打总统府，失败后建立“三一三革命指导委员会”。该组织另一领导人福雷·乔蒙领导的远征军进入埃斯坎布拉山区开辟新战线。9月，巴蒂斯塔的海军在西恩富戈斯港发动兵变。1958年7月，七二六运动、三一三革命指导委员会和公民抵抗运动等反独裁政治力量建立了革命民主公民阵线。12月，起义军控制了全国大部分地区。1959年1月1日，在哈瓦那工人、学生发动总罢工和武装起义的配合下，起义军进入首都，巴蒂斯塔仓皇逃亡国外，美国对古巴半个多世纪的殖民统治宣告结束，古巴革命取得胜利。随后，古巴建立了以七二六运动为核心的革命临时政府。卡斯特罗于1959年2月出任政府总理兼武装部队总司令。新政府宣布摧毁旧的国家机器，在全国进行土地改革，对大中型资本、私人商业和私人银行实行国有化，直接控制对外贸易。1961年4月，七二六运动、古巴人民社会党和三一三革命指导委员会合并，成立了古巴统一革命组织（1963年改称社会主义革命统一党，1965年改名古巴共产党），卡斯特罗出任中央第一书记。之后，古巴宣布实行计划经济管理体制，把全部大中型私营工商业收归国有，在农村采取了消灭一切富农阶级的措施，大力发展集体经济，兴办国营农场，引导农民向社会主义过渡。古巴革命成功后，美国一直没停止对新政权的颠覆和破坏。1961年4月，美国支持古巴流亡分子入侵古巴，制造了“猪湾事件”，被卡斯特罗领导的人民武装击败和消灭。随后，古巴正式宣布成为社会主义国家。

**思考题：**

1. “二战”后初期苏联的政治经济有什么特点？
2. 东欧人民民主国家是如何建立的？
3. 中华人民共和国成立的世界历史意义是什么？
4. 蒙古、越南、朝鲜人民民主政权是如何建立的？

# 第十三章 “二战”后初期至50年代的主要资本主义国家

从“二战”结束至20世纪50年代，欧美等西方主要资本主义国家相继出现了较为严重的经济和社会危机，加上社会主义阵营的兴起及战后民族解放运动的发展，资本主义世界面临巨大的经济政治压力。为了稳定资本主义制度，战后主要资本主义国家相继进行了局部的调整和改革，主要是扩大政府权力、加强国家对经济的干预和建立福利制度等。联邦德国、日本也在占领国的干预下进行了政治、经济等方面的改造。这一时期，资本主义各国的改革和调整，在一定程度上缓和了社会矛盾，使资本主义经济得到恢复与发展。

## 第一节 美 国

从战后初期到50年代，美国作为“二战”中获益最多的国家，在经济和军事上具有远超于其他资本主义国家的实力。为了适应战后资本主义经济社会发展的新形势，美国政府对社会经济政策进行了调整。这一时期，美国的反苏反共反民主思潮相继兴起，“忠诚调查法令”、“麦卡锡主义”、限制工人运动的“劳资关系法”，对黑人的种族歧视政策等，是这一时期美国历史上的黑暗记录。但在这种形势下，美国工人运动继续发展，美国共产党依然奋斗，美国黑人也展开了废除种族隔离制度的斗争。

### 一、美国社会经济政策的调整

战后初期，美国面临一系列社会经济问题。其中最重要的有两个：一是经济转轨。由于大规模战事结束，战时经济体制需要转化为和平时期的经济体制。同时，战时工资管制使得劳资关系不断恶化，民众要求放弃战时经济体制的呼声日益高涨。二是失业问题严重，住房短缺。为争取改善生活条件，工人进行了持续不断的罢工斗争。随着“二战”的结束，原来就很严重的社会问题在此时更为突出。杜鲁门政府为了恢复经济和稳定社会，不得不进行一系列政策调整。

1945年9月6日，杜鲁门向国会提交了一份国情咨文，即“公平施政纲领”。该纲领有两个主要原则：一是解决失业问题，二是扩大社会福利。具体措施包括：扩大失业补助，保障充分就业；取消工资管制，提高最低工资限额；扩大联邦住宅建设规模，为低收入家庭建立“廉租房”；扩大社会保险范围，建立国民医疗保险制度；由国家提供贷款与津贴，以稳定农产品价格；力争废除种族隔离制度等。

杜鲁门的社会经济改革政策调整分为两个阶段。1945年9月至1947年6月为第一阶段，重点是把军事工业转变为民用工业。到1945年11月底，93%的军事工业已转为民用企业，同时通过减税鼓励私有企业的发展。为了解决战后大批军事人员退役所带来的失业问题，1946年2月20日，杜鲁门签署了《1946年就业法》，将实现充分就业作为美国政府的工作重点之一。政府还取消战时物价和工资管制，稳定币值，克服通货膨胀。这些措施取得了明显成效，失业率随之降低。1947年，联邦政府消灭了财政赤字，并有66亿美元的盈余。

此外，杜鲁门政府还进行了联邦政府机构改革，提高政府干预社会经济的能力，精简机构，提高办事效率。杜鲁门政府成立了由前总统胡佛任主席的“政府行政部门委员会”，整顿政府机构，改革人事制度，实行行政部门首长负责制，废除了委员会制。各州也进行了相应的政府机构改革，重点是加强州长的权力，如规定州长有权任免所有下级官员，有权控制预算编制、审计、财务报告、采购、人事和计划等。

1947年年中至1950年年底为第二阶段，重点是进行社会福利改革。1949年1月5日，杜鲁门发表国情咨文，提出要扩大社会保障范围，提高最低工资限额，提倡国民医疗卫生保险，建造廉价公共住房，继续执行维持农产品价格的支持计划，制定民权保障法案，扩大联邦政府对教育的援助，保护和开发自然资源等。

这些改革建议部分得到落实。如1949年通过了“住房法”，根据这项法令，联邦政府支持清除贫民窟和社区发展计划。1950年，国会通过了《社会保障法修正案》，使1000多万美国人受益。同年通过的《公平劳动标准法修正案》，把工人最低工资从每小时45美分提高到75美分。由于继续执行维持农产品价格政策，到1950年年底，美国农产品价格基本稳定，市场繁荣，民众生活水平有所提高。

但杜鲁门“公平施政”纲领中的一些重要内容未能实现。例如，因共和党人的反对，国民医疗保险计划未能出台，保护和开发自然资源的政策也得不到贯彻执行。因此，杜鲁门的社会经济政策调整未能达到预期效果。

冷战开始后，杜鲁门致力于推行反共、反工人运动的政策，“公平施政”偃旗息鼓。1952 年的美国大选中，艾森豪威尔受共和党推举，击败杜鲁门所代表的民主党，当选为新一任美国总统。

艾森豪威尔上台后，没有完全实施共和党传统的保守主义社会经济政策，而是部分采用了凯恩斯的理论，特别是关于财政赤字的理论。一方面，他反对国家对经济的过多干预，把战时急剧增加的大批国有企业和国有资产出售给私人垄断企业；另一方面又大力推动公共工程投资，政府出资修建了科罗拉多河上游灌溉工程、修建联邦公路，并与州政府共同出资修建州际高速公路。

艾森豪威尔的社会福利政策也从保守主义转向凯恩斯主义，努力维护和完善社会保障体系。1954 年和 1956 年，艾森豪威尔政府两次对《社会保险法》进行修改，使数百万人受益。他还增加了国家在公共医疗、医学研究和医院建筑等方面的投资，提高了美国人民的医疗卫生水平，同时提高了工人的最低工资限额。1958 年，艾森豪威尔政府又通过了《国防教育法》，拨款资助贫困学生，并给大学生和研究生贷款。艾森豪威尔的社会经济政策在一定程度上缓解了社会矛盾，但由于过分强调预算平衡，没有制定出有效刺激经济发展的计划，因此美国经济发展相对缓慢。

### 二、反共、反工人运动立法和麦卡锡主义

战后不久，美国发动了遏制苏联和“共产主义扩张”的冷战，在国内清除“共产主义意识形态”，迫害共产党员，打击进步势力。

美国政府大肆逮捕和关押共产党人。1947 年 6 月，美国政府以“藐视国会”罪逮捕了美国共产党总书记尤金·丹尼斯，并判处其 1 年徒刑，罚款 1000 美元。司法部和“非美活动调查委员会”等部门和组织，把大批进步人士列为“危害国家的嫌疑分子”加以逮捕。在反共的气氛下，许多美共党员被迫退党，党员人数从 1946 年的 7.5 万减至 1947 年 3 月的 4 万。

杜鲁门政府还设立了专门机构，进一步肃清政府部门中的美共成员或同情美共的雇员。1946 年 11 月 25 日，杜鲁门发布行政命令，设立了“总统临时雇员忠诚调查委员会”。1947 年 3 月，颁布“忠诚调查令”，规定政府机关职员、高等学校教师和研究人员，都必须对政府进行效忠宣誓。政府则要对他们进行

忠诚调查。

“忠诚调查令”执行了五年。联邦调查局对400万左右的联邦政府雇员、高等学校教师和研究人员进行“忠诚调查”，9077人被起诉，不少人被解职。“忠诚调查”在美国国内制造了一种反共气氛，极端反共反民主的势力进一步发展。在这种情况下出现了麦卡锡主义。

麦卡锡主义是1950年至1954年间美国国内反共反民主的一股逆流，因其鼓吹者为威斯康星州共和党国会参议员约瑟夫·雷蒙德·麦卡锡（1908—1957）而得名。

1949年新中国成立后，美国出现了反共新高潮。在一片“谁失掉中国”的质问声中，美国反共人士和保守派开始设法清除政府中的“亲共”官员。1950年2月9日，麦卡锡发表了题为《国务院里的共产党》的演讲，“炮轰国务院”，开列了国务院官员中的“共产党员”名单，并对他们进行污蔑。随后，他利用自己担任的“美国参议院政府活动委员会”及其常设调查小组委员会主席职位，对政府机构进行反“共产主义渗透”调查，煽起了美国全国性反共“十字军运动”。

朝鲜战争爆发后，麦卡锡主义进一步泛滥。麦卡锡散布美国政府中有人暗中“私通苏联”，“出卖了蒋介石”，“帮了共产主义的忙”，矛头直指美国政府中的进步人士。9月23日，美国国会通过了《1950年国内安全法》（即《麦卡伦法》或《麦卡伦—伍德法》），旨在镇压共产党和进步工会。在麦卡锡主义盛行时期，大批进步人士、持不同意见者和无辜的美国人受到迫害。

1952年6月27日，美国国会又通过了《1952年外来移民与国籍法》（即《麦卡伦—沃尔特移民和归化法》），对移民问题做了详细的补充规定，其中对移民美国的外国人在政治上加以各种限制，并排斥和迫害在美国以外出生的美国公民。该法令综合了美国建国以来的各项移民法和归化法，成为此后美国移民政策的基本原则和框架，至今仍有影响。

麦卡锡主义代表了美国社会反共、保守和排外团体的利益，其打击面之宽、影响之恶劣是空前的。麦卡锡分子不仅凭空污蔑和捏造事实，对美共和进步人士进行迫害，而且攻击美国政要；不仅攻击发动冷战的总统杜鲁门，还指责国务卿兼国防部长马歇尔，迫使其辞职。在麦卡锡主义最猖獗的时期，美国国务院、国防部、重要的国防工厂、美国之音、美国政府印刷局等要害部门，都未能逃脱麦卡锡的调查，引起了美国朝野的不满。

麦卡锡主义在国际上也受到广泛批评。在欧洲，人们将麦卡锡比作希特勒。许多欧洲领导人认为，美国正在麦卡锡的领导下走向美国式的法西斯主义。

1953 年 7 月，麦卡锡的助手马修斯在《美国信使》杂志上撰文，指责美国耶稣教会已“受到了共产党的严重渗透”，引起了美国耶稣教会的强烈不满，他们打电话给白宫，抗议马修斯的诽谤。艾森豪威尔立即回信，并通过电台向全国广播，谴责马修斯“不负责任的攻击”，并迫使麦卡锡解除了马修斯的职务，麦卡锡主义受到沉重打击。在 1954 年 4—6 月举行的“陆军—麦卡锡听证会”上，陆军部当场公布了麦卡锡的种种越权和违法行为，美国有线电视网对这一系列影响重大的听证会进行了现场直播。12 月 1 日，美国参议院通过决议，对麦卡锡进行谴责，麦卡锡主义偃旗息鼓。但是，由于麦卡锡主义植根于美国反共反社会主义的内外政策，植根于美国的全球霸权主义，无论麦卡锡和其他人的行为受到何种限制，麦卡锡主义的阴影都不可能彻底消除。

美国政府还加强了反对工人运动的立法。从 1945 年下半年到 1946 年，美国出现了战后初期的第一次罢工高潮，仅在 1946 年美国工人就举行了 4985 次罢工。虽然美国政府对罢工进行镇压，但罢工最终迫使美国政府和资本家答应了工人们增加工资的要求。

为了限制工人罢工，美国政府延续了《1943 年战时劳资纠纷法》，1946 年国会通过了《李亚法》《霍布斯反敲诈法》《凯斯法》，1947 年通过了《1947 年劳资关系法》（即《塔夫脱—哈特莱法》），扩大了限制工人运动的范围。《塔夫脱—哈特莱法》取消了美国历史上所有有利于工会和工人的法令。该法颁布后，受到美国资产阶级的欢迎。仅在 1947 年，美国就有 30 多个州相继制定了反劳工法律，这些法律通常被称为“小塔夫脱—哈特莱法”。

有了《塔夫脱—哈特莱法》作法律依据，美国政府与资产阶级集中力量破坏和摧毁进步工会，不允许共产党员参加工会，把有共产党员参加的工会开除出产业工会联合会（产联），使产联逐步变成与劳工联合会（劳联）一样的右翼工会。

尽管遭遇种种阻力，但是美国工人运动仍然没有被压制住，1947 年和 1948 年连续出现要求增加工资的罢工高潮，各行各业的工人都参加了罢工，形成了声势浩大的工人运动，迫使资方做出让步。

从 1949 年到 50 年代上半期，由于美国经济的恢复和繁荣，工人数量不断增多，工会也不断发展壮大。1953年，参加美国工会的工人有1600万~1700万，形成了强大的力量。1951年，美国西海岸码头工人召开工人代表大会；1954年，美国钢铁工人联合召开代表大会。这两次大会都提出了统一美国工人运动、合并劳联与产联的要求。其后劳联的屠宰行业工人工会与产联的肉类加工工人工会率先采取了合并行动。

50年代，美国工人进行了几次规模浩大的罢工。如1952年的60万钢铁工人大罢工和1959年历时116天的钢铁工人大罢工，后一次罢工是美国有史以来时间最长的罢工。历史证明，美国的反劳工立法不可能完全阻挡工人运动的发展。

### 三、美国黑人反对种族隔离制度的斗争

“二战”期间，大批黑人走上反法西斯战争的前线，做出了巨大的牺牲和贡献，但在胜利后仍得不到平等的权利。战后，美国仍然执行最高法院在1896年新奥尔良“普莱希诉弗格森”一案中做出的判决，即黑人与白人应“隔离但是平等”。例如，美国所有的火车都有设备相同的黑人车厢和白人车厢，但黑人和白人不能混坐一个车厢。这种规定不仅适用于一切公共交通工具，而且适合所有公共场所。在体育场、剧场、电影院和其他公共娱乐场所都施行了各种种族隔离措施，连理发店、学校、医院、美容店也“黑白分离”。这是美国当局装扮得更为“精巧”的一种种族歧视。美国黑人为了争取平等权利，开展了反对种族隔离的斗争。

黑人最初主要采取“法院斗争”的方式进行合法斗争，即向法院提出诉讼，希望通过法院的判决来废除种族隔离制度。在1952年“布朗诉托皮卡教育局”一案中，黑人布朗控告堪萨斯州托皮卡教育局对公立学校黑人进行种族隔离，得到了美国全国有色人种协进会黑人律师瑟古德·马歇尔的支持。马歇尔为黑人的权利进行了强有力的辩护。最后，最高法院大法官厄尔·沃伦对此案做出判决，宣布公立学校实行的种族隔离制违宪。这一判决打开了废除种族隔离制度的缺口，成为黑人民权运动和反对种族隔离制度斗争的一个里程碑。美国州际商业委员会也在1955年被迫宣布在铁路运输中取消种族隔离的有关规定。

但最高法院关于取消种族隔离的判决受到种族主义者的反对和抵制。南方许多州都拒不执行最高法院的判决，坚持“隔离但是平等”的原则，拒绝有色

人种进入白人学校。1954年，南方有101个议员在“南方宣言”上签字，宣布展开反对法院判决的政治战。

1957年发生了震惊美国的小石城事件。该年夏，阿肯色州首府小石城教育委员会不允许九名黑人学生进入小石城中心高中就读。9月2日，该州动用国民警卫队封锁学校，禁止黑人学生入学。后在法院干预下，国民警卫队被迫撤出，却听凭白人种族主义者捣乱破坏。面对各方压力，艾森豪威尔总统不得不在25日动用美国陆军第101空降师“占领”了小石城，维持秩序，并暂时控制了该州约一万名国民警卫队员。在空降师的保护下，九名黑人学生最终进入校园。

在黑人争取废除种族隔离制度的斗争中，最重要的事件是蒙哥马利城黑人非暴力抵制运动。1955年12月1日，黑人妇女罗莎·帕克斯因乘坐公共汽车时拒绝把座位让给白人而被捕。这一事件引起了蒙哥马利城黑人的愤怒。五万名黑人在黑人牧师马丁·路德·金（1929—1968）的带领下，采取了拒乘公共汽车的抵制行动，并坚持了近一年。该城公共汽车公司因为黑人的抵制行动几乎破产，被迫取消了种族隔离制度。这次运动的胜利显示了黑人运动的强大力量，标志着美国黑人运动进入了非暴力反抗的新阶段。

## 第二节 欧洲主要资本主义国家

第二次世界大战后，为了稳定社会，恢复和发展国民经济，欧洲各主要资本主义国家在社会经济各领域进行了不同程度的调整。英国进行了国有化改革和福利国家建设，法国完成了从第四共和国向第五共和国的转变，实施了国有化和现代化计划，德国政府积极实施“社会市场经济”政策调整，意大利完成了民主改造和经济复苏，北欧各国建立起福利国家。

### 一、战后英国的政治经济改革

在第二次世界大战即将结束时，英国政局发生变化，保守党和工党矛盾表面化，战时联合内阁解体。1945年7月举行的大选结果出人意料，战时享有很高威望的丘吉尔和保守党遭到惨败，工党取得394席对保守党210席的绝对优势，组成了以工党领袖艾德礼为首相的工党政府。

工党选举获胜有着深刻的历史缘由。战时联合内阁中的保守党人多负责对外的军事外交，而内阁中的工党领袖负责战时经济方面的工作。工党领袖以“平等公平”为基本原则，有效地安排了国内的经济生活，使民众的政治态度逐渐向左转。临近战争结束时，熬过了战争苦难的民众特别关注战后就业、住房等民生问题，工党在竞选中提出的改善民生的经济改革措施和政治纲领深得人心，而保守党提出的传统经济主张不得人心，因而失败。

这届工党政府在其执政的六年期间（1945—1951），以“民主社会主义”为号召，进行了一系列改革，其中最重要的是国有化改革和福利国家建设。

1945年12月，议会通过了大英银行国家法案，将英格兰银行收为国有，把银行股票换成国家股票。1946年，开始实施煤炭工业国有化。政府给原来的企业主和股票持有人1.6亿英镑的补偿费，并建立了煤炭工业管理局统筹经营。1947年后，政府又先后在冶金、电力、铁路、煤气、航空、电信和航运等部门推行国有化。艾德礼说：“在英国，资本主义同社会主义的优点已经综合在一起，而它们的缺点正在得到改正。”

战后英国经济困难，资金匮乏，私人资本单纯依靠个人的经济和技术实力对经济体进行改造显得力不从心。英国政府根据凯恩斯主义对英国经济进行了国家干预。政府实施了优厚的补偿政策，使得私人资本从国有化中得到很多好处，以争取他们对国有化的支持。国有化促进了战后工业部门的技术改造，增强了英国商品在国际市场上的竞争能力，出现了较长时间的经济低速增长，但国有化政策使英国政府背上了沉重的财政负担。

工党政府的另一突出建树是福利国家的建设。早在1941年，经济学家贝弗里奇（1879—1963）受英国战时内阁不管部部长、战后重建委员会主席、工党领袖之一格林伍德之托，就战后社会保障问题进行规划。次年，贝弗里奇提交了名为《社会保险和相关服务》的报告，即著名的贝弗里奇报告。报告中，贝弗里奇提出建立一整套“从摇篮到坟墓”的社会福利制度，其主张后来为很多欧洲国家所采用，他本人因此被称为“福利国家之父”。英国政府1944年发布了社会保险白皮书，基本接受了贝弗里奇报告的建议。1946年8月，工党政府通过了《国民保险法》，规定投保人可以在失业、退休、怀孕、工伤、疾病和死亡时，得到政府提供的社会保险。社会保险金的构成由投保人本人和企业主定期缴纳的保险费和国家预算拨款构成。同年11月，又通过了《国民健康服务法》，规定建立国民医疗保健制度，全民享受免费医疗、药品、住院和护理等福利，费用由国家预算支出。此外，还有一些值得注意的措施：国家给地方政府补贴，资助建立公寓住宅；实行中学免费教育，中学生享受免费午餐；提高养老金待遇等。1948 年，艾德礼宣布英国第一个建成了福利国家。

英国国有化和福利国家建设使社会矛盾得到缓和，在战后经济窘迫的情况下，有助于保持社会稳定和经济发展。但福利国家巨大的财政支出与经济发展效率时有矛盾，这成为英国经济发展走走停停，即所谓“英国病”的病因之一。

1951 年，工党政府财政赤字达 4.6 亿英镑，受到保守党的指责。工党在同年 10 月举行的大选中败北，而保守党因接受了工党的部分政策主张，得到人们的拥护，从而上台执政。

保守党上台后，在福利国家和国有化这两个方面采取了与工党基本一致的方针，只是在具体政策上做了一些微调。丘吉尔内阁针对福利负担过重、财政恶化的状况，提出“金融复兴特别纲领”，削减粮食和原料进口额，削减医疗保健、社会保险和公共事务开支，但在福利政策方面没有采取大倒退政策，基本上延续了工党创立的福利国家的制度框架。在国有化问题上，保守党也只是取消了冶金工业国有化的方案，对其他行业的国有化没做改变。

## 二、法兰西从第四共和国到第五共和国

1944 年 8 月 25 日，巴黎解放，戴高乐回到法国。战后初期，成立了以戴高乐为主席、有其他抵抗运动不同派别代表参加的临时联合政府。法国共产党在国内抵抗运动中拥有强大的军事实力和政治影响，但法共总书记莫里斯·多列士（1900—1964）从苏联回国后，号召“全民团结”，“统一行动”，解散了共产党游击队，加入了临时联合政府。

“二战”使法国经济遭到极大破坏，百废待兴。1944 年秋法国解放时，其工业生产能力只有战前的 20%，农业只有 50%，法郎的价值只有战前的 1/6。在政治上，战前第三共和国的软弱和战时抵抗运动中各种政治力量的发展，使得国内的政治形势出现很大变化。把不同的政治力量聚集在一起，建立一个稳定的共和国成为当务之急，因此，战后的法国面临政治和经济的双重重建任务。

政治上的重建是一个复杂的过程，战后法国存在不同的政治力量。戴高乐领导的自由法国运动是法国政坛的右翼，他们希望建立一个总统制而不是议会

制国家，政府对总统负责而不对议会负责。但共产党、社会党和人民党组成的左派联盟则主张建立一院制议会国家。此外，还有一些党派主张恢复战前第三共和国时代的国家体制。各派力量进行了激烈的竞争和角逐。

1945年10月法国进行了制宪会议选举。在516个议席中，共产党得152席，人民共和党141席，社会党142席，戴高乐派和其他党派81席。据此，临时联合政府进行改组，新政府中三大党各有五名成员，戴高乐派六名。这样，尽管戴高乐作为政府首脑并享有极高的个人威望，但三大党在议会中占据了多数，与戴高乐派力量均衡，双方互不妥协。1946年1月20日，戴高乐因军备案被否决宣布辞职。

随后出现的三党联合政府着手制定新宪法。新宪法于1946年10月13日以微弱多数获得全民投票通过，12月24日正式生效。法兰西第四共和国诞生。

战后，殖民地民族解放运动沉重打击了法国。法属殖民地印度支那、阿尔及利亚开展了武装斗争。第四共和国采取严厉镇压的政策，使法国陷入海外殖民战争，导致军费开支巨大，各党派在如何处理殖民地问题上意见不一，政府更迭频繁，政局动荡。

1958年，阿尔及利亚民族独立运动掀起高潮，法国国内出现政治危机。5月13日，驻阿法军将领马絮坚决反对阿尔及利亚独立，并威胁派伞兵空降巴黎，使法国政局激烈动荡。28日，政府辞职。6月1日，戴高乐接管政府。国民议会通过决议，授予戴高乐六个月内全面解决阿尔及利亚问题的全权，同时授权他制定新的宪法。

1958年9月28日，新宪法获全民投票通过，法兰西第四共和国终结，第五共和国建立。新宪法体现了戴高乐的意志，加强了总统权力，削减了议会权力。它规定，总统是国家元首，由选举团选举产生。选举团除了两院议员外，还包括省、市的议员。1962年后，总统由全民选举产生。总统拥有广泛的行政权，包括任命总理，主持内阁，解散议会，将有关公共权力的法案诉诸全民公决的权力，还有在紧急情况下实行专制的权力。

戴高乐亲自处理阿尔及利亚问题。法国人民也以各种方式表达对阿尔及利亚问题的态度，他们以罢工、示威、集会，甚至暴动、暗杀等行动，支持或者反对阿尔及利亚独立。最终，戴高乐让法国人民来决定是否让阿尔及利亚人自决。1961年1月8日，对此问题进行全民公决的结果是，75.2%的法国人民赞成阿独立，在阿尔及利亚的法国人中也有70%的人支持阿独立。面对遍及全球的反殖民主义浪潮和法国国内巨大的社会压力，戴高乐接受了阿尔及利亚自决的结果。1962 年 7 月 3 日，阿尔及利亚正式宣布独立。

法国战后经济重建始于戴高乐领导的临时联合政府时期。临时联合政府实施了一系列经济复兴计划。首先是实行国有化。从 1944 年 12 月起，政府先后把法国北部的煤矿、雷诺公司、诺姆—洛纳飞机制造公司、民用航空、四大储蓄和保险公司及法兰西银行等大企业收为国有。到 1946 年，煤矿、煤气、电力等部门也全部实现国有化。国有化政策为战后法国稳定经济、提高国家调控经济的能力起了积极作用。1945 年 2 月，政府颁布设立企业委员会的法令，规定各企业成立由工人推选的代表组成的企业委员会，负责协调工人劳动条件，审理企业经营活动。另外，1945 年 10 月到 1946 年 9 月，法国政府连续公布四个关于社会保障的法令，对所有居民实行强制性保险，保障工人和全体居民的基本生活福利。

法国的经济复兴还得益于美国援助欧洲重建的“欧洲复兴计划”——马歇尔计划。法国是这项计划受惠最多的国家之一。1948 年 1 月，法国政府成立了“现代化和装备基金”，资金由美国援助和国家贷款组成，用以优先发展重要经济部门。从 1948 年 4 月到 1952 年 1 月，法国共接受了 26 亿美元的资助，其中近 85%是无偿援助，15%是贷款。

此前，1947 年法国政府批准了政治家、经济学家让·莫内主持的《现代化与装备计划（1947—1953）》，简称莫内计划。这是战后资本主义国家中第一个全国性经济发展计划。它以发展煤炭、电力、钢铁、水泥、运输、农机、石油等基础部门为重点，制定了为期四年的煤炭、电力、钢铁、水泥、农机、运输生产指标和主要措施，为法国经济现代化的发展搭建了框架。莫内计划对战后法国的经济恢复和重建起到了较好的推动作用。从 40 年代中期到 70 年代中期，法国经济发展良好，被称为“光辉三十年”，法国经济重建取得成功。

### 三、联邦德国的民主化改革和“社会市场经济”

1945 年 5 月 7 日，纳粹德国代表签署了无条件投降书。根据雅尔塔和波茨坦会议的原则，德国被苏、美、英、法四国分区占领。1948 年春，美英法占领区合并为“西占区”，苏联占领区被称为“东占区”。

盟国占领当局根据波茨坦公告的精神，实行了一系列非纳粹化、非军事化的改造。1945 年 11 月 20 日至 1946 年 10 月 1 日，纽伦堡国际军事法庭对战犯进行审判，判处戈林、里宾特洛甫等12名要犯绞刑，判处纳粹党政治领袖集团、党卫军和秘密警察等为犯罪组织。此外，还取缔法西斯政党和组织，在美国占领区还对居民进行大规模的甄别、登记，铲除纳粹的组织和社会基础。但是在分区占领体制下，各占领当局的政策不一，仍有一些纳粹分子被包庇成为漏网之鱼。

在政治上，占领当局推行非纳粹化和民主化改革，鼓励建立民主党派，取代法西斯政党。在西占区，最先获得批准成立的有四个党：社会民主党（社民党）、基督教民主联盟（基民盟）、自由民主党（自民党）和共产党，随后诸多政党宣布成立。1948年5月8日，西占区的德国议会通过《德意志联邦共和国基本法》，5月23日基本法签署生效。8月14日，德国西占区举行了首次大选，“基民盟和基社盟”（联盟党）获胜。9月20日，成立了以康拉德·阿登纳（1876—1967）为总理的第一届联邦政府，德意志联邦共和国宣告建立，定都波恩。

40年代末至50年代，联邦德国逐步形成了相对稳定的政党格局，基民盟、社民党和自民党成为左右政局的三大政党，直接影响了联邦德国的政治进程。在战后十几年中，基民盟单独或和自民党以及其他小党长期联合执政，社民党处于在野地位，基民盟主席阿登纳任联邦总理达14年之久。

联邦德国建立之初并不是一个享有完全主权的国家，美、英、法三国在批准基本法时保留了外交事务的领导权。占领国还享有对联邦德国外贸、外汇管理、鲁尔区、赔款、非纳粹化和非军事化的监督权。联邦德国在外交政策上与西方国家保持一致，并把化解同法国的宿怨作为外交上的头等大事，以争取主权国家的地位。1950年5月8日，法国提出建立煤钢联营的舒曼计划，阿登纳立刻给予积极支持。1951年4月18日，《欧洲煤钢联营条约》签订，联邦德国成为欧洲煤钢联营中平等的成员。朝鲜战争爆发后，美国需要借助德国的力量在欧洲遏制苏联。1954年9月，伦敦九国外长会议承认联邦德国以主权国家身份加入北约，结束盟国对德的占领。1955年4月，联邦德国成为北约第15个成员国。同年，萨尔区通过公民投票回到联邦德国。至此，联邦德国主权大部分得以恢复。

战时四大国曾在削弱德国经济力量、肢解德国工业尤其是军事工业上达成共识，但战后形势的变化使西方国家的态度逐渐改变。美国认为，适当保留德国工业设备、鼓励扶持西德经济的发展更符合占领国的利益。美国的态度逐渐影响英国和法国，因此西占区的工业设备在一定程度上得以保留，生产得到较快恢复。

“二战”结束后，由于战争的破坏，德国经济濒于崩溃。曾经居住在东欧各国的德国移民随着德国的战败而变成难民，纷纷逃往西德，这种情形加剧了物资短缺和社会动荡。占领当局最初实行经济管制，采取各种措施，对德国经济进行改造。在此过程中，占领当局一方面瓦解法西斯的中央统制经济，另一方面支持德国进行自由主义改革，促使德国经济尽早完成向自由主义经济的转轨。

联邦德国自由主义经济改革的倡导者是西占区经济局长路德维希·艾哈德（1897—1977）。他为了推动和实现德国经济的长期发展，采用了弗赖堡学派新自由主义经济学家米勒-阿尔马克的“社会市场经济”理论。该理论认为，“社会市场经济”不是自由放任的市场经济，而是建立在秩序基础上的自由竞争，是有意识地从社会政策角度加以调节的市场经济，即社会市场经济是按市场经济规律行事，又辅之以社会保障的经济制度。其原则是，市场的自由竞争与国家发挥适度作用相结合，用艾哈德的话说，它的实质是“自由+秩序”。

联邦德国的经济改革首先从整顿货币开始。在货币改革取得预期效果后，随即取消配给，开放价格，推动西占区经济向市场经济过渡。同时辅之以减税为内容的税制改革，增加投资和生产的积极性。在经济改革的过程中，美国的资金援助起了很大作用。根据马歇尔计划，1948—1952 年美国给联邦德国的援助达 36. 5 亿美元，其中 16 亿美元是无偿援助，其余是贷款。大量资金的流入，不仅解决了恢复生产中的外汇紧缺和资金不足的问题，还给处于困境中的西德民众带来很大的心理安慰。马歇尔计划对西德经济复兴起了很大作用。此外，联邦德国原有较好的工业、科学技术和文化基础，对其经济复兴也有重要的积极作用。

联邦德国政府为了确立自由竞争原则，成立了专门机构，通过了《反对限制竞争法》，保护竞争和维护正常的竞争秩序。另外，联邦德国政府把经济政策和社会政策结合在一起，以期实现经济目标和社会目标互相渗透；为了调节雇员和雇主的关系，实施“工资自治”“共决制”和“参股制”；同时延续了俾斯麦创建的社会保险制度，为社会弱势群体提供社会照顾和社会救济等社会安全保障。

通过一系列改革，联邦德国于 1952 年实现了经济复兴，并进入高速增长时期。从1952年到1965年的13年中，国民生产总值和国民平均收入的年增长率一直保持在9.8%左右，增长速度居西方国家之首。1970年，国民生产总值比1952年提高了6倍。经过十几年的努力，联邦德国经济实力位居西方国家第二。联邦德国这一时期的经济高速增长被称为“德国的经济奇迹”。

### 四、意大利共和国的成立及经济复苏

战前意大利是君主政体国家，处于萨伏依王朝的统治之下。法西斯政权被推翻后，以意大利共产党为代表的广大人民，坚决主张战后建立一个民主共和国，但教会势力和拥护萨伏依王朝的旧势力却主张恢复君主制。围绕着战后意大利建立什么政体，走什么道路的问题，各种政治力量展开了激烈斗争。

左翼主张废除君主制，右翼则相反。战争结束后，意大利就政体问题在1946年6月2日举行了全民公决，结果1270万票拥护共和制，1070万票赞同恢复君主制。由此，意大利废除君主制，确立了共和制。

制宪会议选举之前，左右翼力量展开了激烈博弈。美国给予意大利右翼大力支持，动员在美意大利裔移民给在意大利的亲属写信，劝说他们反对左翼。据估计约有20万封这样的信件发出。右翼势力极力阻挠共产党人进入议会，连一向标榜不介入世俗政治的教皇也走上街头劝导民众。制宪会议选举的最终结果是，天主教民主党（天民党）207席，共产党120席，社会党115席，它们成为制宪会议中的三大党。共产党和社会党参加了内阁。在天民党组织的内阁中，意共总书记陶里亚蒂（1893—1964）出任副总理兼司法部长。

为了把意大利共产党排挤出政府，美国在1947年年初提出一个方案，声称美国同意给意大利提供1亿美元贷款，但不会援助有共产党人参加的政府。在美国的压力下，1947年5月，共产党和社会党被排挤出内阁。直到80年代，天民党一直垄断着意大利政坛。

1947年12月，立宪会议通过新的共和国宪法，宣布意大利成为共和国；保护私有财产；保障妇女与男子享有平等的经济和政治权利；实行政教分离；实行土地改革和部分工业国有化；议会为两院制，众议员由普选产生，参议员由各区按人口比例产生；总统由两院联席会议选出。

意大利虽然长期被法西斯势力控制，但在1943年9月德、日法西斯失败前就转向盟国，因此，盟国授权它自行对法西斯分子及残余势力进行审判和清洗。由于在1943年推翻墨索里尼的巴多里奥政府中很多人是前法西斯分子，所

以审判问题相当复杂。1944 年 6 月罗马解放后，巴多里奥下台，组成以劳工民主党领袖费鲁乔·帕里为首的联合政府。帕里政府对法西斯分子进行了调查、清洗和审判，1946 年有 39.4 万政府雇员受到调查，1580 名在战争中与法西斯有联系的人被解雇，若干重要的法西斯分子和将军被审判。

战争使意大利遭到严重破坏，50 万人死于战争，工业生产不及战前水平的一半，农业也减产一半。北部交通被毁，粮食和商品供应极度匮乏。黑市猖獗，通货膨胀，里拉的购买力只抵战前的 1/50，战后经济恢复工作极其艰难。

在战后最初的两年里，意大利依靠美国政府和联合国救济总署的紧急援助，渡过了最艰难的时刻。1947—1954 年，意大利又得到马歇尔计划等项目约 14 亿美元的援助，战后共得到 54 亿美元援助。意大利政府采取国家控股公司和“国有企业”的形式大力发展国家垄断资本主义。1950 年开始实行土地改革，政府收买地主的土地，有偿分给农民；同年，实行一个为期 15 年的经济发展计划，大力推进南方经济的发展，缩小南北经济差距。这些措施推动了国民经济的恢复。

1949 年，意大利的工业生产达到战前水平，1954 年超过 1939 年的 30%～40%。从 1958 年起，意大利经济进入快速增长时期，4 年内，工业生产几乎增加一倍。50 年代初到 60 年代初的 10 年里，钢产量增加 300%，汽车增加 500%，机械行业增加 190%，住房增加 146%，农业人口占全部人口的比例由 40%下降到 20%。1963 年，意大利人均收入增加 6%，人民生活水平有所提高。经过十几年的快速发展，意大利在 60 年代跻身富裕国家的行列。

## 五、北欧诸国的福利国家建设

北欧五国，即瑞典、丹麦、挪威、芬兰和冰岛，在战后相继建立了社会民主党政府或以社会民主党为主的联合执政政府。清一色的社会党执政，构成了 50 年代北欧独特的政治特点。

北欧各国政府利用国家调节手段发展经济，同时建立起保障劳动者合法权益的国家政策体系，广泛推行“福利国家”政策，这些政策为实现社会稳定和经济发展起了很好的促进作用。

北欧各国在社会福利制度建设方面的探索由来已久。早在 19 世纪中期，北欧各国就已经出现了对劳工问题、社会保障的作用和社会政策等问题的讨论。在这些讨论的推动下，19 世纪末 20 世纪初，北欧各国陆续通过了一系列涉及养老保险、社会保险和医疗卫生的社会保障法律。在20世纪30年代世界性经济危机的冲击下，北欧国家各阶层、政党和利益团体达成了妥协，为建立全方位的社会福利经济制度和保障体系而努力。瑞典的经济学家强调消费的社会化比生产的社会化更好，政府应该在保留私人生产部门的同时公平分配社会财富。“二战”后，由于社会民主党在北欧各国长期执政，这种“瑞典模式”在北欧五国得到全面推行，到20世纪七八十年代，北欧五国的政策完成了向积极的劳动力市场政策、扩大社会服务和男女平等方面转变，北欧福利国家模式进入了“黄金时期”。

北欧各国进行福利国家建设具有得天独厚的历史条件。首先，北欧五国工业化之前的农业社会稳定安宁，工业化进程没有给农业社会结构造成像西欧那样的根本性破坏，社会比较和谐，邻里之间互帮互助的风俗习惯依然保存，劳资协商蔚然成风；其次，北欧自然资源丰富，经济发达，为福利国家建设提供了物质基础。北欧各国政府通过长期努力，建立起完备的社会福利制度和社会保障体系。

瑞典在北欧福利国家建设中最具代表性，被誉为“福利国家的橱窗”。早在1932年瑞典社会党第一次执政时，就在“人民之家”的旗号下推行福利国家政策，建立了各种保险制度和免费、低费的社会服务。战后，瑞典政府进一步完善和发展了福利制度。1946年，议会通过退休金法案，凡年满67岁（后改为65岁）以上公民均可按月领取退休金，数额为退休前15个月最高收入年份的60%。1955年开始实施医疗保险，凡有正式收入的成年人缴纳收入的12.8%，即可免费就医；对护理病孩、病婴的人提供津贴。孩子不满12岁的家庭每年可领取两个月的特别家长津贴。高等学校实行免费教育，并提供奖学金和无息学生贷款。失业者可获得纳税后平均工资92%的救济金。政府还大兴住宅和养老院，解决居民的住房和养老问题。

最能体现瑞典社会保障特点的是年金制度。年金制度是瑞典的社会保险制度，在形式上类似于其他国家的国民保险制度，但又有所不同。其他国家的社会保障制度要求所有保险者必须缴纳保险税，并用社会救济补贴来保障遗漏在社会保障网以外的人的生活。瑞典则把国民保险和救济困难放在一起解决，同时瑞典政府还规定，除雇主外，其他劳动者和公务员都不需缴纳保险税。瑞典政府认为这样可以直接体现社会平等的原则。

但是，高福利政策的实行也给北欧各国的经济发展带来很多问题。首先是国家财政负担巨大。据有关资料，北欧国家的社会保障开支一般占到国民生产总值的30%，政府财政开支的一半以上，造成巨额财政赤字。其次是出现劳动者的生产积极性下降、生产增长率低、经济效率低下等问题，从而影响整个国民经济的增长。

## 第三节 日 本

日本投降后，美国以盟国的名义单独对日本实行占领，并在保留日本天皇制的基础上对日本进行政治改造，确立了日本的资产阶级民主制度。在此基础上，美国借助《对日和平条约》《日美安全保障条约》和《日美行政协定》，建立起长期影响日美关系和东亚政治格局的“旧金山体制”。

### 一、美国军事占领下的民主改革

1945年8月15日日本宣布投降之前，盟军曾有过两个占领计划。一个是1945年5月由联合战争计划委员会提出的美、苏、英、中占领日本的计划，另一个是同年6月14日由盟军西南太平洋战区司令美国人麦克阿瑟制订的基本上由美国单独占领日本的计划。由于美苏两国在战后欧洲问题上矛盾日深，美国总统杜鲁门明确表示不能让苏联人像在德国那样参与占领日本。在美苏讨价还价未果的情况下，美军于8月28日占领日本本土全境，形成了基本上由美国单独占领的格局。

8月13日，杜鲁门对苏联关于美苏各出一位将领担任最高统帅的建议置之不理，任命麦克阿瑟为驻日盟军最高司令，并授予他至高无上的权力。28日，盟国驻日占领军总司令部（简称“盟总”）成立，麦克阿瑟为最高司令官。盟总和麦克阿瑟以指令、一般指令、备忘录、书信和口头指示等形式，给日本的终战联络委员会或日本政府下达命令，形成了美国对日占领体制。

美、苏、英三国于12月16日在莫斯科三国外长会议上达成协议，决定成立远东委员会和对日理事会。远东委员会由美、苏、英、中、法、荷、加、澳、印、菲和新西兰11国组成，名义上是一个决策机构，但决策的原则性方针和政策却是通过美国政府下达给盟总。若决策在远东委员会因一国否决不能通过，美国政府还可以“中间指令”的形式，绕过远东委员会而直接给盟总下令，美国占领和统治日本的主导权便凸显出来。对日理事会则是由美、苏、英、中四国组成的咨询机构，对盟总和最高司令官没有约束作用，更不能行使否决权。

美国基于自己的利益制定了改造日本的《战后初期对日政策》，它有两个“最终目的”：一是使日本不再成为威胁美国和世界和平与安全的国家，二是最终建立一个尊重他国权利、支持联合国宪章宗旨和原则的日本政府。为此，美国占领军当局相继采取了以下使日本非军事化的措施。

占领军当局下令迅速解除日本本土和海外日军的武装；相继解散大本营、元帅府、陆军参谋本部、海军司令部、教育总监部、军事参议院、陆军省和海军省等日军中枢机构；逮捕东条英机等108名战犯，交由远东军事法庭审判；废除《兵役法》《国家总动员法》和《战时紧急措施法》等军事及与军事相关的法令，废止军工及相关产业。解散军国主义团体，整肃军国主义骨干。1945—1946年解散了147个军国主义团体，至1948年3月，各行业整肃军国主义骨干19.3万人，从各级学校中驱逐军国主义分子11.3万人。从1948年开始，在冷战的影响下，美国的对日政策开始从削弱日本改为扶植日本，要把日本变成美国在远东的反共基地。美国对日本军国主义的整肃开始放松，特别是在1950—1952年间，许多被解除公职的日本右翼分子被取消了处分，大批保守、反动分子返回政界，成为美国在东亚地区推行冷战反共政策的积极支持者。美国的这一做法为日本右翼势力影响的扩大和军国主义思潮的死灰复燃打开了方便之门。

在美国主导下，日本进行了战后资产阶级民主改革，其主要内容是以制定新宪法为核心的政治改革与以解散财阀和农地改革为中心的经济改革。1946年3月6日，占领当局公布了自己提出并与日方共同修改审定后的《日本国宪法草案》，同年11月3日在国会通过，次年5月3日正式生效。这部宪法保留了天皇制；国会是最高权力机关和唯一立法机关，对选民负责；实行多党制，众议院多数党领袖担任首相并组阁，内阁拥有行政权，对国会负责；最高法院是与国会和内阁并列的独立机构，司法权属于最高法院和下级法院。新宪法第九条规定，日本永远放弃把发动战争、武力威胁或使用武力作为解决国际争端手段的权利。为此，日本将不保持陆海空军及其他战争力量。这部宪法从法律上确立了包括反对军国主义、不以武力威胁其他国家、实行主权在民等原则，被称为“和平宪法”。

解散财阀是经济民主化改革的一个重要内容。日本财阀是以家族血缘关系为纽带形成的庞大经济集团，是日本军国主义的经济基础。因此，要铲除日本军国主义，就必须解散财阀。

1945 年 10 月，盟总指令三井、三菱等 15 家财阀提交经营内容和资本结构报告，并于 11 月 2 日宣布冻结其资本。1946 年 9 月至 1947 年 9 月，三井、三菱、住友、安田、富士等 83 家公司的各种证券和凭证交由“控股公司整理委员会”公开转售处理，以分散股权。根据美国政府和远东委员会的要求，1947 年 4 月和 12 月，日本政府相继颁布了《关于禁止垄断和保证公平交易的法律》和《经济力量过度集中排除法》，使资本和经营结合在一起的财阀体制，转变成资本与经营相分离的新体制。

经济民主化的另一个内容是农地改革。日本战前的土地所有制，是明治维新后确立的寄生地主土地所有制，是天皇制的统治基础之一，也是滋生军国主义的土壤。1946 年 11 月 21 日，吉田茂内阁按照盟总的要求，公布了《建立自耕农特别措施法》和《农地调整法》，规定国家按照战前的价格征收土地，然后由国家把这些土地转卖给佃农。这次农地改革基本废除了明治以来所形成的半封建的农村生产关系，有助于战后日本经济的恢复和发展。

但也应看到，随着冷战的开始，美国的对日政策逐步调整，从民主改造转向扶植复兴。它既要铲除日本军国主义的经济基础，又想把日本变为美国在亚太地区的桥头堡。因此，美国占领当局逐渐放宽了对日本的经济限制。1948 年 1 月 6 日，美国陆军部长罗亚尔在题为《美国对日政策转折点》的演说中强调：鉴于日本在阻止远东发生所谓“极权主义”战争中可能发挥的重大作用，把当初的对日方针彻底改变为新方针的时刻业已到来。美国对日政策的转变，对日本经济复兴和发展起了重要作用。例如，在解散财阀的问题上，原本决定解散 83 家日本财阀的公司，执行结果是，只有 32 家公司被解散，另有 51 家公司只割断母公司和子公司的支配与从属关系，并未真正解散。特别是在朝鲜战争爆发后，日本的垄断资本势力又有所抬头，并在美国的默许下渐渐壮大起来。与此同时，日本军国主义残余不仅没有受到惩罚和清算，反而受到保护，东山再起，形成在日本政坛举足轻重的右翼势力。

## 二、经济恢复与政党政治的重建

1950 年朝鲜战争爆发后，战争“特需”刺激了日本纤维、金属、机械、外贸等行业的飞速发展。一些日本政治家把这场战争视为日本发展的“天赐良机”，是“上天保佑”。1949年年底，日本外汇储备仅2亿美元，其后三年，日本获得24亿美元的外汇收入。1949年还有1.92亿美元的贸易逆差，1950年后则连续三年出现顺差。日本由此进入“无援助自立”的经济阶段，继而迎来了战后第一次消费热潮。

从1954年起，日本经济开始出现高速增长势头。从1954年年底到1957年5月长达31个月的经济发展被称为“神武景气”①。这一时期的主要经济指标均超过战前的最高水平，1955/1956年度国民生产总值增长率为12%。50年代初，日本家庭消费品的三大件是自行车、缝纫机和收音机，而50年代中期，三大件被称为“三件神器”的洗衣机、电冰箱和黑白电视机所代替。从1958年6月到1961年12月，出现了长达42个月的经济高增长期，被称为“岩户景气”②。欧美先进技术的引进和设备更新规模的扩大，进一步推动了日本经济的起飞。日本经济迅速恢复和发展，与美国对日政策调整、大力扶植有关，同时，“日本人从明治维新就开始注意科技，注意教育，花了很大力量”③，也发挥了积极的作用。

战后初期，非军事化和民主化改革促进了日本政党政治的复活。各种政治势力经过分化组合，逐渐形成了包括社会党、自由党、进步党、协同党和共产党在内的五大政党。其中，对日本政治影响最大的是社会党和自由党。

社会党的势力在这一时期不断发展壮大，由分裂走向统一。1951年10月，因对《对日和平条约》和《日美安全保障条约》见解不同，社会党分裂为以书记长浅沼稻次郎为首的右派社会党和以铃木茂三郎为首的左派社会党。1955年10月13日，左右两派社会党合并，铃木茂三郎为委员长，浅沼稻次郎为书记长，在众议院中占有156个席位，在参议院中占有62个席位。

这一时期的自由党也经历了由分裂到统一的过程。以重返政界的鸠山一郎为代表的鸠山派和在政界已有所建树的吉田派长期对立，1953年3月后，鸠山一郎率领部分议员脱离自由党成立鸠山自由党，1954年11月又与改进党及其他保守的小党派组成民主党，鸠山一郎为总裁。左右两派社会党的统一刺激了保守政党，同时日本财界也对保守政党施加压力。于是，自由党与民主党于

---

① “神武”是日本神话中天照大神的后裔、第一代天皇的名号。
② “岩户”是日本神话中天照大神在天上藏匿的岩洞。
③ 《邓小平文选》第2卷，人民出版社1994年版，第40页。

1955 年 11 月 15 日合并为自由民主党（简称自民党），在众议院拥有 299 个议席，在参议院拥有 118 个议席。

另外，战后民主改革促进了工会组织的发展，使工会成长为一种不是政党却能在很大程度上左右政党及内阁命运的政治力量。

自此，日本现代政治史上开始了由代表日本保守势力的自由民主党长期一党执政和代表革新势力的社会党长期在野的两大政党对立的“55 年体制”。这也是从 1955 年到 1993 年长达 38 年的时间里，日本政治生活的重要内容和主要特征。

### 三、《日美安全保障条约》和旧金山体制的建立

冷战格局形成后，美国重新制定了新的远东战略，变“抑制日本”为“扶持日本”，利用日本在远东遏制苏联和“共产主义扩张”，美国操纵签订了《对日和平条约》和《日美安全保障条约》，建立起影响至今的“旧金山体制”。

1947 年 4 月，美国参谋长联席会议战略委员会提出报告，认为日本是亚洲唯一能遏制敌对意识形态的国家。同年 11 月和 1948 年 2 月，美国政策设计委员会主席乔治・凯南提出报告，认为当时的对日政策对解除军国主义有效，对遏制苏联和共产主义则考虑不够，应该把日本看作美国在亚洲的桥头堡和阵地，建议调整对日政策。

1948 年年底至 1949 年年初，中国人民解放军取得平津、淮海两大战役胜利之后，国民党政权垮台已成定局。在这种形势下，美国决定以日本取代蒋介石政权作为其亚洲的战略伙伴。1948 年 10 月和 1949 年 5 月，美国国家安全委员会（NSC）通过了旨在调整对日政策、抗衡苏联、遏制共产主义扩张的两个文件，即 NSC-13/2 号文件和 NSC-13/3 号文件。这两个文件的宗旨都是通过调整对日政策改变其亚洲战略重点，使日本成为美国在亚洲反苏反共的前哨阵地。

按照国际惯例，盟军完成对日占领之后就该签订对日和约。然而，由于美国力图通过控制远东委员会的多数来推行其对日媾和政策，而苏联则想以四大国一致原则来牵制美国的独断专行，因此对日媾和经历了一个由全面媾和到实质上由美国等国单独与日本媾和的过程。美国不顾苏联和中国等国的坚决反对，于 1951 年 9 月 4 日在旧金山操纵召开了有 52 个国家参加的对日和会，中国、朝鲜、越南等国被排除在外，印度、缅甸和南斯拉夫拒绝参加。8 日签订

了《对日和平条约》，亦称《旧金山和约》，实现了实质上的单独媾和。苏联、波兰和捷克斯洛伐克拒绝在和约上签字。

《旧金山和约》规定，自条约生效之日起，日本与签约国之间的战争状态即告终止，而被排除在和会之外、拒绝参加和会、拒绝签字的对日交战国并未结束对日战争状态，这对后来日本与这些国家双边关系的发展产生了严重的负面影响。另外，和约规定允许外国军队依据已签条约或将签条约继续驻留日本，为美国继续在日本驻军并控制日本提供了法律依据。和约规定日本放弃海外侵占的领土，却不明确规定某些岛屿的归属，同样成为所涉地区双边关系发展的障碍。例如和约规定，日本放弃对台湾及澎湖群岛、南威岛、西沙群岛的一切权利，却不明确这些岛屿的归属，为美日在亚太地区制造领土争端埋下伏笔。后来，所谓“台湾地位未定论”的出现，就是以这一条款为借口的。中国与日本关于钓鱼岛的纷争也是一例。钓鱼岛是中国的固有领土，根据“二战”期间的《开罗宣言》等国际文件之规定，日本投降后应将其侵略的台湾及包括钓鱼岛在内的附属岛屿一起归还中国。但日本政府以钓鱼岛归冲绳县管辖为借口将其交由美国控制。70年代初，美国把冲绳的管辖权归还日本，日本在美国的庇护下窃取了钓鱼岛的管辖权。美国先是擅自将钓鱼岛纳入其托管范围，后又将钓鱼岛的“施政权”私相授受给日本，严重侵犯了中国的领土主权。但美日当局的非法行径，没有也不可能改变钓鱼岛属于中国的事实。

在签订《旧金山和约》的同一天，美日又签订了《日美安全保障条约》，主要内容是以法律的形式把美国驻军日本的权利固定下来，并且规定未经美国同意，日本不得把美军基地上的权利给予第三国。

1951年9月8日《旧金山和约》签订后，美军对日占领宣告结束，日本在法律上获得独立，但美军却继续驻扎日本，日本的政治、经济和军事并未摆脱美国的控制。美国继续在日本驻军及对日实行非军事化改造，其主要目的是有效地控制日本，防止日本再度成为美国的对手。这一体制对美日关系产生了复杂的影响。这些措施保证了美国对日本的控制，而日本政府则利用美国提供的军事保护，免除了巨额军费负担，可以全力发展经济。这是战后日本经济能够高速发展的重要保证之一。虽然自1950年8月后，日本可以重新武装并于1954年建立自卫队，但日本一直主要依靠美国的军事保护。冷战时期，日本成为美国在远东地区的反共基地，是地区的战略伙伴，积极参与美国领导的反共冷战。在美国严密控制下的日本由此成为美国构建的亚太霸权体系的重要支柱。

**思考题：**

1. “二战”后美国经济政策进行了哪些调整？
2. 欧洲主要资本主义国家是如何进行经济改革的？
3. 试析北欧国家的社会福利制度。
4. 试析“旧金山体制”。

▶ 拓展阅读

# 第十四章 “二战”后民族解放运动与第三世界的兴起

“二战”后，亚非拉民族解放运动蓬勃开展，帝国主义殖民体系崩溃，大批民族独立国家诞生。新独立的亚非拉国家经济不发达，为了维护国家主权，发展民族经济，它们进行了反对新老殖民主义、帝国主义和霸权主义的斗争，发起了不结盟运动，组成了七十七国集团，并成立了一系列原料生产国组织和区域组织。发展中国家作为一支独立的政治力量登上国际政治舞台，第三世界兴起。

## 第一节 亚洲民族解放运动

经过第二次世界大战，德、日、意法西斯主义遭到彻底失败，英、法等老牌资本主义势力被严重削弱，经受反法西斯战争考验的亚、非、拉各被压迫民族不断觉醒，他们要求解放的呼声日益高涨，成为不可遏制的时代潮流。亚洲殖民地和半殖民地国家和地区，为了争取独立和解放，开展了大规模的民族解放运动。到50年代中期，朝鲜、越南、老挝、柬埔寨、马来亚、印度尼西亚、叙利亚、黎巴嫩、约旦、印度和巴基斯坦等先后宣告独立。

### 一、东南亚地区的民族解放运动

在1941年12月8日偷袭珍珠港的当天，日军即对东南亚发起进攻，在五个月里夺占了西方国家在该地区的殖民地。东南亚人民开展了抗日武装斗争，积极配合盟军对日作战。1945年8月日本宣布无条件投降后，觉醒了的东南亚人民加快了争取独立的进程。

菲律宾在1898年美西战争后成为美国的殖民地。由于菲律宾人民多年的斗争，美国国会在1934年通过立法同意给予菲律宾自治地位，许诺到1945年菲律宾正式独立。“二战”期间，日本占领菲律宾，后被美军打败。1946年7月4日，在马尼拉举行了菲律宾独立和成立共和国的典礼。美国宣布将菲律宾主权移交给共和国政府，自由党领袖罗哈斯就任总统。

战后，殖民地半殖民地国家的民族解放和独立运动猛烈地冲击着殖民体系，英国的力量在“二战”中遭到严重削弱，国内经济衰落，城市破败，无力维持其殖民统治，日不落帝国的殖民统治开始崩溃。但英国并不甘心失去对殖民地的控制和影响，采取了分而治之、挑拨民族对抗、拉拢和利用封建王公和部落酋长、培育分裂势力、制造政党之间的矛盾等手段，力求最大限度地保留自己在这些国家的政治经济影响。

“二战”前，马来亚①是英国的殖民地。1942 年 5 月马来半岛上的英军向日军投降后，马来亚共产党组织的马来亚人民抗日军，成为一支日益壮大的武装力量。日本投降后，英军在 1945 年 9 月 5 日重新占领马来亚。马来亚共产党及其领导下的人民武装被迫转入地下，开始游击战争和民族解放运动。在英国占领时期，由马来亚知识分子和民族资产阶级组成了一些新的政党，主要有：1946 年成立的“马来亚民族统一机构”（简称巫统），1949 年成立的“马来亚华人公会”（简称马华公会）和势力较小的马来亚印度人国大党。这些政党为了争取独立，与英国殖民当局开展了各种形式的斗争和谈判。1955 年，巫统、马华公会、马来亚印度人国大党联合起来，成立了“马华印联盟”，经过长期艰苦的武装斗争和谈判，1957 年 8 月 31 日，终于与英国当局达成协议，马来亚联邦宣布独立，但仍留在英联邦内。

在法属印度支那，各国人民积极开展武装斗争，争取民族解放和国家独立。在越南，1945 年日本投降后，胡志明领导的越南共产党发动八月革命，夺得政权。9 月 2 日，越南民主共和国宣告成立。法国不甘心失去对越南的殖民统治，在美、英帝国主义的支持下，于 9 月 23 日重新占领了西贡，接着控制了北纬 16 度线以南地区，并推举阮朝废帝保大为越南总统（见第十二章第四节）。越南军民经过持续八年的奋战，取得了抗法民族解放战争的胜利，印支三国越南、老挝、柬埔寨获得了独立。

战后印度尼西亚人民开展了争取民族独立的斗争。1945 年 8 月日本投降后，印尼共产党人和青年革命组织的领导人在雅加达秘密集会，并派代表与民族主义领袖苏加诺、哈达协商，要求他们宣布独立。8 月 17 日，苏加诺、哈达签署独立宣言，印度尼西亚共和国宣告成立。9 月 29 日，英军以接受日军投降为名在印尼登陆，占领了雅加达、万隆、三宝垄等城市，但遭到印尼人民抵抗。在印尼人民的英勇抗击和世界舆论的谴责下，英军于 1946 年 10 月撤出印

① 马来亚是马来西亚联邦西部土地的旧称，简称“西马”，是马来西亚的核心地区。

尼，将占领区交给荷兰。

荷兰不承认印尼独立，企图重建殖民统治。1947 年 7 月 20 日，荷兰出动 12 万军队发起“第一次殖民战争”。由于力量悬殊，印尼政府被迫让步，承认荷兰的宗主权。其后，荷兰人联合印尼右翼势力，于 1948 年 9 月制造了屠杀印尼共产党和左派力量的“茉莉芬事件”，印尼共产党人和人民民主阵线成员进行了武装自卫。荷兰殖民者乘机于 12 月 19 日发动“第二次殖民战争”，攻占了印尼共和国临时首都日惹，苏加诺等印尼政府领导人被俘。印尼共产党人和爱国军民自此开展大规模游击战争，15 万荷兰殖民军被迫固守大城市。由于荷军伤亡日增，军费开支浩大，再加上世界舆论的谴责，1949 年 5 月 7 日，荷兰被迫与印尼在雅加达签订停战协定，承认印尼独立。12 月 19 日，印度尼西亚联邦共和国成立，苏加诺任总统。

## 二、印巴分治与三次印巴战争

“二战”结束后，印度人民以工人罢工、市民和学生游行示威、农民反抗、军队起义等方式，开展了争取民族独立的斗争。1946 年 2 月 18 日，孟买训练营的印度水兵发动反对英国军官种族歧视的起义，孟买港内 20 艘军舰上的水兵和陆上部队共 2 万余名士兵参加。起义士兵扯下英国国旗，走上街头，高呼“打倒英帝国主义”“革命万岁”等口号。他们组织罢工委员会，统一指挥，并提出释放全部政治犯、将英国军队撤出印度等要求。起义迅速扩展到马德拉斯、卡拉奇等港口。21 日，印度海军全部水兵加入斗争。孟买 20 万工人、学生也举行罢工、罢课，声援水兵起义。但国大党并不支持水兵起义，反而劝说水兵放下武器，重回兵营。在国大党的要求下，23 日，水兵中央罢工委员会决定停止斗争。事后，起义领袖被殖民当局逮捕。

面对印度人民争取民族解放的斗争，英国被迫调整其统治政策，就印度的未来进行谈判。1946 年 3 月 24 日，以克里浦斯为团长的英国内阁使团到达印度，与英印总督韦维尔一起同印度政党领袖和土邦王公谈判。由于英国长期在印度推行分而治之的政策，培植穆斯林势力，以平衡印度的政治力量，使印度穆斯林联盟得到迅速发展。此外，1942 年，因甘地发动“退出印度运动”，国大党领袖在一天内几乎全部被捕，使得穆斯林联盟在印度穆斯林中的影响急剧扩大。在谈判中，穆斯林联盟领袖提出印度教徒和伊斯兰教徒分属两个民族，要求建立独立的巴基斯坦；国大党则宣称自己代表印度全体人民，要求建立一个由它领导的统一的印度。因此，在英国内阁使团召集的两大党代表西姆拉会谈（5 月 5—12 日）中，双方在一系列问题上未能达成一致。

由于印度国大党与穆斯林联盟之间的意见分歧严重，1946 年 5 月 16 日，英国内阁使团公布了带有强制性质的关于未来印度的方案，其中提出：（1）建立一个由各行省和土邦组成的联邦，享有自治领权利；（2）各省和土邦享有广泛的自治权；（3）按宗教原则将英属印度各省联合成三个大区，即一个由印度教居民占多数的省份组成的大区和两个由穆斯林占多数的区；（4）成立制宪机构，制定新宪法，并由总督在改组原行政会议的基础上，建立得到各主要党派拥护的印度临时政府。6 月底，英国内阁使团回国。

根据这一方案，1946 年 7 月，印度举行制宪议会选举，国大党获 209 席，穆斯林联盟获 75 席，其他党派 14 席。韦维尔总督公布的临时政府席位中，国大党有 6 席，穆斯林联盟有 5 席，其他方面 3 席。穆斯林联盟提出抗议，并决定把 8 月 16 日作为建立巴基斯坦的"直接行动日"。此后，加尔各答、孟买等地爆发了两个教派之间的大仇杀，死伤甚多。9 月 2 日，按照韦维尔的安排，组成由总督兼总理、尼赫鲁任副总理的印度临时政府。穆斯林联盟直到 10 月 26 日才加入政府，但该党领导人真纳拒绝入阁。穆斯林联盟还拒绝出席 12 月 9 日举行的制宪会议。此时印度国内各党派、教派之间的矛盾激化，处于内战边缘。

1947 年 3 月，蒙巴顿接替韦维尔担任印度总督。6 月 3 日，蒙巴顿公布了"印度独立方案"（即"蒙巴顿方案"）。该方案依据宗教原则把印度划分为印度斯坦和巴基斯坦两个自治领，充分体现了英国分而治之的意图。印度斯坦包括阿萨姆、孟加拉西部、旁遮普东部、比哈尔、联合省、孟买、马德拉斯等地区，巴基斯坦包括西巴基斯坦（旁遮普西部、信德省、俾路支省、西北边省）和东巴基斯坦（孟加拉东部和阿萨姆的锡尔赫特区）。各土邦在移交政权后享有独立地位，可自愿加入其中一个自治领。

"蒙巴顿方案"导致英印分裂成印度斯坦和巴基斯坦两个政治实体，这虽然背离了国大党原来的想法，但因为该党无力扭转巴基斯坦分立的势头，也由于该党领袖尼赫鲁等人认为，蒙巴顿方案分给巴基斯坦的两部分领土相隔千里，且大多地域土地贫瘠，经济落后，不可能长期存在下去；此外，政治保守的穆斯林联盟退出印度后，客观上有利于国大党按自己的理想建立一个新的印度。因此，国大党领导人最终还是接受了蒙巴顿方案。

1947 年 7 月，英国议会通过了《印度独立法案》。8 月 14 日，巴基斯坦宣布独立。15 日，印度宣布独立。两国成为英联邦内的自治领。至此，英国在印度长达 190 年之久的殖民统治宣告结束。

印巴分治迫使数百万印度教徒和伊斯兰教徒不得不离开原住地，到 1948 年，流落在印巴各地的难民超过 800 万人。分治还引发了教派冲突。1947 年 8 月，仅在旁遮普地区，教派仇杀就造成 50 万人死亡。甘地、尼赫鲁等人亲临冲突现场，制止暴力的蔓延。甘地还以绝食相抗争，要求双方放下武器。1948 年 1 月 30 日晚，被印度人民尊称为“圣雄”的甘地在德里被印度教徒狂热分子戈德赛开枪暗杀。甘地之死，是历史的悲剧。

印巴分治使南亚局势长期处于紧张状态，1947 年、1965 年和 1971 年先后爆发了三次印巴战争。

在克什米尔土邦，穆斯林占绝大多数，但土邦王公是印度教徒。根据蒙巴顿方案，克什米尔土邦可自由选择加入印度或巴基斯坦。1947 年 10 月 26—27 日，克什米尔土邦王公宣布加入印度，并邀请印军进驻。土邦王公的做法和印军进驻克什米尔，遭到克什米尔穆斯林的反对，引发了冲突。巴基斯坦支持克什米尔的穆斯林，由此爆发了第一次印巴战争。印巴战争造成了巨大的人员伤亡，严重恶化了南亚局势，引起国际社会的关注。1948 年，联合国多次通过决议，要求双方停火、撤军等。1949 年 1 月，印巴在克什米尔停火，7 月 27 日划分停火线。印控制 3/5 的地区，人口约 400 万；巴控制 2/5 的地区，人口约 100 万。

为了支持克什米尔的穆斯林，巴基斯坦在 1964 年制定了吉布拉塔尔行动计划，派志愿人员到克什米尔印控区进行游击战。1965 年 8 月，印巴两国军队在边界多次发生冲突。9 月 8 日，印军向巴发动全面进攻，第二次印巴战争爆发。为了尽早恢复南亚和平，联合国秘书长迅即赴两国调停，呼吁双方立即停火。印巴于 9 月 23 日实现停火，并于 1966 年 1 月 10 日达成协议。

1971 年，东巴基斯坦的分离运动导致了第三次印巴战争。印巴分治后，巴基斯坦分为相距遥远的东巴与西巴两个地区。两个地区的民族构成不同，东巴的孟加拉人居多数，而政治和军事精英大多来自西巴，东巴人民对此颇有怨言。1970 年，在东巴议会中成为第一大党的人民联盟提出了自治主张。为了维护巴基斯坦的统一，巴基斯坦总统叶海亚·汗于 1971 年 3 月派军队进入东巴，大批民众逃亡印度。人民联盟成员于同年 4 月在印度建立“孟加拉国临时政府”。

8 月 9 日，印度与苏联签订《和平友好合作条约》后，英・甘地对巴基斯坦采取了更为强硬的立场。11 月，印度对巴基斯坦突然发动进攻，于 16 日攻陷东巴首府达卡，8 万巴基斯坦守军投降。西线也很快实现停火。17 日，第三次印巴战争结束，巴基斯坦一分为二，东巴脱离巴基斯坦，建立独立的孟加拉国。

### 三、西亚民族解放运动与巴勒斯坦分治

“一战”期间，西方列强出兵占领了西亚原奥斯曼帝国的阿拉伯属地，“一战”后通过国联在该地区建立了委任统治这一变相的殖民主义制度，对伊拉克、叙利亚、黎巴嫩、巴勒斯坦等阿拉伯地区进行统治。1917 年，英国发表支持犹太复国主义的《贝尔福宣言》，主张在巴勒斯坦建立一个“犹太民族之家”。1921 年，英国又把巴勒斯坦一分为二，在约旦河东岸建立外约旦酋长国，保留委任统治权。

“二战”后，根据有关协议，叙利亚和黎巴嫩由法国托管。为了获得国家独立，叙利亚和黎巴嫩人民开展了民族解放运动，并向联合国提出控告，要求英、法军队撤出。在人民武装斗争的打击和联合国的要求下，1946 年 4 月 17 日和 12 月 31 日，英、法军队分别从叙利亚和黎巴嫩全部撤出，两国正式独立。

1946 年 3 月 22 日，英国与外约旦签约，废除委任统治。25 日，外约旦宣布独立，改国名为外约旦哈希姆王国，但英国保留了驻军等特权。1948 年 3 月，两国签订为期 20 年的同盟条约，使外约旦继续受英国控制。1957 年 3 月，约旦政府废除该条约，7 月，英军被迫撤出。

随着叙利亚和黎巴嫩的独立，1945 年 3 月，叙利亚、约旦、伊拉克、沙特阿拉伯、黎巴嫩、埃及、也门七国代表在开罗签署《阿拉伯联盟公约》，阿拉伯国家联盟（简称阿盟）正式成立，总部设在埃及首都开罗。该联盟的宗旨是，为保卫独立和主权，全面协调阿拉伯国家的事务和利益。

巴勒斯坦的建国之路最为曲折。由于英国殖民当局长期奉行扶犹排阿政策，当地的犹太社团不断壮大，犹太人占巴勒斯坦地区总人口的比例从 1918 年的 7%猛增至 1939 年的 29.7%。同时，犹太社团不断排挤阿拉伯企业，掠夺阿拉伯人的土地，并建立了自己的政治组织、军事组织、工厂、工会、大学、医疗机构和剧院，实力不断增强。阿拉伯人强烈反对犹太移民，进行了坚决的斗

争，英、阿、犹三方矛盾演变为日益严重的暴力冲突和恐怖事件。但阿拉伯人内部不团结，难以形成统一的政治力量，致使犹太人在巴勒斯坦地区的势力不断扩大。

“二战”后，美国极力扩大自己在中东的利益，加上本国犹太人的影响，因此积极支持犹太复国主义。战后英国实力衰落，无力继续维持在巴勒斯坦的统治，不得不于 1947 年 2 月将巴勒斯坦问题提交联合国。同年 11 月 29 日，第二届联大就巴勒斯坦分治问题的 181 号决议进行表决，在美、苏的共同支持下，大会以 33∶13 的多数票通过决议。决议规定：1948 年 8 月 1 日前结束英国的委任统治，此后两个月内成立阿拉伯国和犹太国；阿拉伯国面积为 11000 平方公里，包括加利利、约旦河西岸、加沙地带等地区（共有阿拉伯人 72.5 万，犹太人 1 万）；犹太国面积为 15850 平方公里（共有犹太人 49.8 万，阿拉伯人 40.7 万）；耶路撒冷及其近郊（约 158 平方公里）由联合国托管。此决议遭到阿拉伯国家的坚决反对。阿犹双方的互相袭击升级。

1948 年 5 月 14 日，英国在巴勒斯坦的委任统治提前结束，当天以色列国宣告诞生，大卫·本-古里安出任总理。以色列建国次日，阿拉伯联盟宣布对以开战，第一次中东战争（巴勒斯坦战争）爆发，阿拉伯联盟方面参战国有埃及、伊拉克、叙利亚、黎巴嫩和外约旦。一些沙特阿拉伯、也门和巴勒斯坦人也参加了阿拉伯联军。

战争开始后，在人数和装备上均占优势的阿拉伯军队迅速控制了巴勒斯坦大部，把以色列军队压制到沿海一带和耶路撒冷新城。外约旦兼并了约旦河西岸，埃及控制了加沙地带。在美国推动下，联合国于 5 月 29 日和 7 月 9 日两度通过停火决议，以色列乘停火之机从国外输入大量武器和志愿兵，很快反败为胜。从 1949 年 2 月起，埃及、黎巴嫩、外约旦、叙利亚与以色列签订停战协定。

第一次中东战争给中东地区带来了极其严重的后果。以色列占领了范围远远超过联大分治决议规定的领土，其中包括加利利地区和耶路撒冷西区，领土总面积达 20850 平方公里，有 72.5 万巴勒斯坦人被赶出家园，涌入约旦河西岸、加沙地带和阿拉伯邻国，沦为难民。因此，恢复巴勒斯坦人民的民族权利问题，成为中东问题的核心。

在伊朗，民族解放运动表现为收回石油资源的斗争。伊朗石油资源长期被英国控制，1909 年成立的英伊石油公司更是“国中之国”。1933 年的《英伊石油协定》使英国可租借伊朗南部26万平方公里的油田，在60年租借期内由英国军警管辖，伊朗政府每年只能征收20%的石油利润。1949年签订的补充协定，只是增加了一些租让税，英国特权全部保留，这引起了伊朗民众的不满。1951年3月，伊朗议会一致通过了石油工业国有化法案。4月，“民族阵线”领袖摩萨台组阁。5月底，石油国有化法案经巴列维国王签署成为法律。6月20日，摩萨台政府宣布接管英伊石油公司，改名伊朗国营石油公司。此举在国内得到广泛拥护，而英国却以冻结海外存款、拒绝装运伊朗石油等措施相对抗，并与美国和巴列维国王相勾结。1953年8月，右翼军人发动政变，推翻了摩萨台政府。虽然伊朗的国有化运动失败，但这一运动作为战后亚非国家收回资源主权的第一次大规模斗争，具有重要的历史意义。

## 第二节　非洲民族解放运动

“二战”后，非洲大陆反对殖民统治、争取民族自治和独立的运动很快兴起，并呈现出由北向南逐步发展的态势。1951年年底，利比亚成为战后第一个赢得独立的非洲国家。到20世纪60年代前后，民族解放运动发展到高潮，重心已转移到撒哈拉以南非洲。从70年代开始，解放运动进一步转移到南部非洲，打击的目标也由英、法殖民当局转向葡萄牙殖民当局和当地的白人种族主义政权。到1990年，随着纳米比亚的独立，非洲人民反对欧洲殖民统治的独立运动基本结束。民族解放运动的完成为非洲大陆的历史翻开了新的一页。

### 一、埃及七月革命和苏伊士运河战争

“二战”期间，英国加强了对埃及的政治和军事控制，埃及成为盟军在北非战场重要的军事补给基地，为打败在北非的德意军队做出了重要贡献。战后，埃及民族解放运动高涨，人民要求废除1936年英埃条约并要求英军完全撤出埃及。

1946年2—3月间，埃及爆发了多次全国范围的反英游行，均遭到英军残酷镇压，死伤数百人。英军的暴行进一步激化了埃及民众的反英斗志，也将主张通过谈判使英国撤军的埃及上层逼入死胡同。1948年5月，埃及参加了第一次中东战争，战争的失败充分暴露了法鲁克王朝的腐败。一些中下级军官认识

到，只有把反英斗争同反对本国封建王朝的斗争结合起来，埃及民族解放运动才能获得胜利。

早在1942年，埃及军队中就出现了以加麦尔·阿卜杜勒·纳赛尔（1918—1970）为核心的“自由军官组织”。1951年年初，该组织成立了“革命指导委员会”，秘密策划武装起义。1952年7月23日凌晨，“自由军官组织”正式发动起义，起义部队分头占领了陆军司令部和各兵种重要据点，继而控制了首都的广播电台、机场和火车站等重要场所。埃及民众得知起义获胜的消息后，纷纷上街庆祝，称起义为“吉祥运动”。正在亚历山大休假的法鲁克国王急忙请求英国出面干涉，但起义部队对此早有防备，已派装甲兵部署在通往运河的战略要地，英军见状只好作罢。7月26日，法鲁克国王签署了退位诏书，当晚携家眷前往意大利。此即埃及废除君主制，推翻阿里王朝的“七月革命”。

七月革命后，革命指导委员会行使政府权力。1953年2月公布了临时宪法，宣布废弃君主制，在农村实行土地改革。同年6月，正式宣布永久废除君主体制，成立埃及共和国，推举在巴勒斯坦战争中立下战功的纳吉布少将任总统兼总理，纳赛尔任副总统兼内政部长。但纳吉布却徒有虚名，纳赛尔握有国家大权。1954年春，纳吉布因被指责支持“穆斯林兄弟会”而被罢免并遭软禁，纳赛尔成为国家最高领导人。

七月革命成功后，为了收复苏伊士运河，埃及进行了外交努力。苏伊士运河是沟通欧、亚、非三洲的要道，战略位置十分重要。运河自1869年开通以来，主要由受英法控制的苏伊士运河公司管理。根据埃及的要求，1954年10月，英国外交大臣艾登和纳赛尔签订了《关于苏伊士运河军事基地的协定》，规定废除1936年签订、并即将到期的《英埃同盟条约》，英国承认埃及对运河享有主权，英军在协定签订后20个月内分阶段撤离埃及。1956年6月，最后一批英军撤出埃及，结束了英国对苏伊士运河区长达74年的军事占领，但苏伊士运河的管理权仍由英法控制。

此间，埃及也在寻求外部援助。1955年9月至1956年6月，埃及与捷克斯洛伐克签署军售协定，捷向埃及提供价值约4亿美元的战斗机、轰炸机、坦克、火炮和舰艇等重型装备。埃捷军售协定签署后，美英随即于7月宣布撤回原定对阿斯旺高坝提供的财政援助。因此，1956年7月26日，在推翻法鲁克封建王朝四周年纪念日之际，纳赛尔总统宣布将苏伊士运河公司收归国有，以便为建造阿斯旺高坝筹集资金。

埃及政府的决定遭到英法的强烈反对。9 月 23 日，英法将苏伊士运河问题提交联合国安理会讨论，同时开始策划对埃及发动战争。为解决兵力不足的问题，它们将以色列拉了进来，以色列为了自己的利益积极参与对埃及的战争。

1956 年 10 月 29 日，以军伞兵旅在法国空军支援下，对驻守西奈半岛的埃军发动了闪电式进攻，第二次中东战争（苏伊士运河战争）爆发。30 日下午，英法借口保护运河航运，向埃及发出“最后通牒”，要求埃以双方停火，并允许英法军队进驻运河区。遭到埃及拒绝后，英法空军在 31 日下午对埃及的兵营和开罗、亚历山大、塞得港等城市进行了疯狂轰炸，同时轰炸在西奈半岛作战的埃及部队。11 月 5 日拂晓，英法向塞得港空投了第一批伞兵。之后，又派遣数万名海军陆战队登陆，向塞得港等战略要塞发动进攻，并沿着苏伊士运河南下，企图一举占领运河区。

面对英、法、以三大强敌的入侵，埃及军民奋起抗击。纳赛尔总统发表演说，号召埃及人民为保卫每一寸国土而战斗到底。当英法第一批伞兵空降后，埃及政府就通过设在各地的广播，迅速通报敌军降落的地点，当地人民立即集合起来，协助守军消灭敌人，使英法军队始终没能完全占领塞得港。

埃及人民的正义斗争得到了国际社会的广泛同情和支持。阿拉伯国家发表声明，强烈谴责英、法、以三国的入侵。有的阿拉伯国家甚至宣布与英法断交，停止向它们供应石油；中国政府将 2000 万瑞士法郎现金无偿赠给埃及人民；苏联则向英法发出了措辞十分强硬的外交照会；联合国大会召开紧急会议，要求英、法、以立即停火；美国政府出于全球战略考虑，也照会英法政府，不支持它们的军事行动。

1956 年 11 月 4 日，联合国派出紧急部队监督停火；11 月 6 日，英、法、以三国被迫宣布停火。联合国部队对交战双方进行隔离，并监督英、法、以三国撤军。12 月 22 日，英法军队撤出埃及；1957 年 3 月，以军也撤出埃及。4 月，苏伊士运河经修复后重新通航。埃及人民收回国家主权的斗争取得了彻底胜利。

### 二、阿尔及利亚民族解放战争

阿尔及利亚是法国最重要的殖民地。1947—1953 年，法国在当地的投资总额高达 4510 亿法郎，超过它在其他海外殖民地投资的总和。“二战”期间，阿尔及利亚是戴高乐领导的法国临时政府所在地，在战争后期，约有30万阿尔及利亚人参加了法军，为反法西斯战争的胜利做出了贡献。但战争结束后，阿尔及利亚民众的贫困状况并未得到改善，城市失业者占到20%，无地农民有200万人。大战刚结束，阿尔及利亚就爆发了全国规模的要求民族独立的示威游行，法国殖民当局进行了残酷镇压，共有约4.5万人被枪杀。严酷的现实使阿尔及利亚人民认识到，必须走武装斗争的道路才能获得民族解放。

1946年，工商业者、学生和知识分子组成“争取民主自由胜利党”，以国家独立为斗争纲领。1954年3月，该党激进分子另行组织了秘密军事组织“团结与行动革命委员会”，开始制订武装起义计划。同年10月，为了联合其他党派共同抗法，该党成立了“阿尔及利亚民族解放阵线”，积极准备全国武装起义。

1954年11月1日零点，民族解放阵线在奥雷斯山区等地同时发动武装起义，掀开了阿尔及利亚民族解放战争的序幕。起义初期，起义军主要采用游击战术，在山区建立武装根据地，通过实行“耕者有其田”的政策，吸引大批农民加入起义队伍。起义队伍发展很快，到1956年即由初期的3000人发展到10万多人，控制了大部分农村地区和部分城市。此时，在阿尔及利亚的法军已超过40万人，动用了航空母舰、飞机、坦克、装甲车等现代军事装备，对民族解放武装进行无情镇压。在初期的“全面围剿”失败后，法军从1957年夏季开始改为“重点扫荡”，严密封锁和猛烈轰炸一些重点地区，试图对民族解放阵线武装各个击破，但未能奏效。

阿尔及利亚民族解放战争在国际上得到了巨大支持。突尼斯和摩洛哥成为其后勤基地，转运国际社会援助的军事物资和医疗用品；埃及和其他一些阿拉伯国家向阿派去军事教官，训练民族解放阵线官兵；中国及其他社会主义国家也给予了支持。

1958年9月19日，阿尔及利亚共和国临时政府在开罗宣告成立。随后各解放区成立了政权机构——人民委员会，把殖民者的土地分给贫苦农民，并向他们发放贷款，使广大农民更加坚定地站在临时政府一边。到1959年年底，解放区面积已占阿尔及利亚全境的80%，拥有兵力15万人。

在军事镇压失败后，面对国内外的压力，法国新任总统戴高乐开始考虑同民族解放阵线领导人谈判，以“寻求结束战斗的体面方法”。1960年6月25

日，双方代表开始在巴黎附近的默伦举行谈判，并于1962年3月在法国中部的埃维昂签署了《埃维昂协议》。根据协议，双方立即实现停火，法国承认阿尔及利亚人民享有民族自决权。至此，阿尔及利亚人民进行了7年多的民族解放战争胜利结束。7月3日，阿尔及利亚正式宣告独立，结束了法国长达132年的殖民统治。

阿尔及利亚民族解放战争的胜利为非洲其他民族树立了通过武装斗争赢得独立的榜样，并且由于牵制了法国的大量兵力，支援了其他法属非洲殖民地争取独立的斗争。

### 三、加纳、几内亚、刚果（金）独立

在撒哈拉以南非洲，从20世纪50年代末起也掀起了民族解放运动的高潮，率先宣告独立的是英属黄金海岸殖民地（今加纳）。

英属黄金海岸殖民地始建于1874年，因早年殖民者发现当地盛产黄金而得名。战后，加纳人民开始了争取民族独立的斗争。1949年6月，恩克鲁玛组建了黄金海岸人民大会党，该党采取的斗争手段是合法的政治鼓动、新闻报纸宣传和教育运动，开展非暴力不合作运动。1950年1月，人民大会党和黄金海岸工会大会联合举行了全国总罢工，首府阿克拉和其他城市的民众纷纷响应，商店关门，火车停运，连政府机关也停止了办公。尽管在罢工前恩克鲁玛再三呼吁民众不要诉诸暴力，但在一些地方还是发生了暴力反抗事件。英国殖民当局下令全国进入紧急状态，逮捕了恩克鲁玛等人民大会党的领导人。这次罢工虽然被镇压下去，但民众的政治诉求推动了殖民当局的政治改革。

1950年年底，英国殖民当局公布了新宪法，决定设立一院制的立法议会。在1951年2月举行的第一次大选中，人民大会党赢得了选举，在狱中的恩克鲁玛也当选为议员，迫使殖民当局将其释放。1952年3月，恩克鲁玛出任自治政府首位总理，并在1954年、1956年的两次选举中获胜。1956年8月，黄金海岸立法议会通过决议，授权恩克鲁玛政府向英国交涉完全独立事宜。同年9月，英国政府被迫同意黄金海岸于次年独立。1957年3月6日，黄金海岸宣布成为英联邦内的独立国家，国名改称加纳。1960年7月，加纳成立共和国，恩克鲁玛当选首任总统。加纳通过非暴力方式赢得独立，对于撒哈拉以南非洲的民族独立运动起到了鼓舞作用。非暴力方式之所以可能，是因为英国等殖民国

家在大战中自身实力严重削弱，同时亚非民族解放运动不断高涨并相互声援，特别是其他殖民地人民的武装斗争（如著名的肯尼亚“茅茅运动”）牵制了殖民者的力量。

几内亚是继加纳之后第二个赢得独立的撒哈拉以南的非洲国家。1904 年，几内亚沦为法国的殖民地。为了领导几内亚的民族解放运动，1947 年，工会运动出身的塞古·杜尔（1922—1984）创建了几内亚民主党并担任主席。他十分重视党的发展及其在民众中的影响力，在全国各地建立了基层支部，使该党很快成为一个全国性政党。他还将工会运动与民族解放运动相结合，发动工人和农民为维护自身权利而斗争。1952 年年底和 1953 年 9 月，杜尔发动了两次大罢工，迫使法国议会通过了《劳动法》，规定工人每周 40 小时的工作制，并增加 20%的工资。罢工的胜利提高了杜尔在民众中的威望。在 1956 年的议会选举中，杜尔当选为议员，并被选为殖民地首府科纳克里的市长。1957 年 3 月，几内亚根据法国《海外领地基本法》举行了首次议会选举，民主党取得压倒性胜利，在全部 60 个席位中获得 56 席。杜尔担任政府委员会副主席，主席由法国总督兼任。1958 年 9 月 28 日，几内亚举行公民投票，以 113. 6 万票赞成、5. 7 万票反对，通过了立即独立、不加入法兰西共同体的方案。10 月 2 日，几内亚宣告独立，成立了共和国。

西非地区的民族解放运动浪潮很快波及中部非洲的比利时殖民地比属刚果。1959 年 1 月 4 日，数万群众在比属刚果首府利奥波德维尔举行集会，庆祝在加纳召开的第一届全非人民大会，民族主义领导人卢蒙巴（1925—1961）在集会上高呼要求独立的口号，得到与会者的热烈响应。殖民当局出动军警镇压，打死打伤数百人。当晚，市民们自发地拿起武器，袭击殖民政府的办公楼和白人住宅、俱乐部等设施。当局调动军队镇压，又有数百名刚果人被打死，伤者众多，激起了刚果人民更为强烈的反抗。1 月 13 日，比利时政府被迫宣布允许刚果独立。1960 年 1 月，比利时政府代表和刚果各民族政党代表在布鲁塞尔召开圆桌会议，双方经过多次谈判，最终达成了刚果独立的协议。6 月 30 日，刚果共和国①正式成立。但是，由于刚果民族主义者内部党派众多，分歧较大，刚果独立在很大程度上受比利时政府的操控，新政府甚至还允许比利时

① 同年 8 月，法属中央刚果宣告独立，也定国名为刚果共和国。为区别起见，人们将两国的首都利奥波德维尔和布拉柴维尔分别附在各自的国名之后，简称为刚果（利）和刚果（布）。1966 年，利奥波德维尔改名为金沙萨，刚果（利）变成刚果（金）。

军队继续驻扎刚果，这为刚果独立初期的政局动荡埋下了隐患。

## 第三节　拉丁美洲民族解放运动

拉美是美国的“后院”。“二战”后，美国在军事和政治上加强了对拉美国家的控制，并在经济上加紧了对拉美的剥削和渗透。为了反抗美国的控制和剥削，拉美人民开展了民族解放运动。在斗争中，危地马拉、玻利维亚、古巴、智利等国爆发了革命，进行了民主改革。

### 一、拉美人民的反美斗争

虽然多数拉丁美洲国家在 19 世纪 20 年代中期获得独立，但经济上一直未摆脱外国的控制。“二战”期间，美国实行“睦邻政策”，将拉美国家作为“战争伙伴”，趁机把德、意、日势力赶出拉美，并极力排挤英、法势力。战后，美国为防止苏联的渗透，打着“反共”旗号，进一步加强了对拉美国家政治、经济和军事等领域的控制，力图将拉美变成自己稳固的“后院”。

在政治和军事上，美国通过 1947 年签订的《美洲国家间互助条约》① 和 1948 年成立的“美洲国家组织”，将拉美各国纳入自己的政治军事集团，迫使它们服从和支持其冷战政策，以实现称霸全球的目标。为了实现政治上的控制，美国策划军事政变，扶持拉美各国的亲美势力，建立傀儡政权。从 1948 年到 1958 年，美国在拉美策动了 16 起重大的颠覆活动，直接或间接扶持的军事独裁政权多达 14 个。如 1948 年建立的秘鲁奥德利亚独裁政权，1952 年建立的古巴巴蒂斯塔独裁政权等。

在经济上，美国利用 1945 年的《美洲国家经济宪章》② 加强了对拉美国家的经济渗透和控制。到 1957 年，美国在拉美的投资已增长到 122. 5 亿美元，占当地外国投资总额的 80%。美国通过直接投资控制了拉美 60% 的石油生产、50% 的炼油厂和全部的石油产品市场，几乎所有电话公司、水电公司和航空公司以及绝大部分矿业和可可、咖啡、蔗糖、香蕉等农产品的生产。与此同时，

① 亦称《泛美联防公约》或《西半球联防公约》。
② 亦称《克莱顿计划》。

美国占据着拉美近1/2的进出口贸易，并借此操纵拉美的原料价格，从中获取高额利润。

拉美国家人民开展了反对美国控制、干涉和掠夺，反对美国扶持的独裁者，维护民族独立和国家主权的民族民主运动。这些斗争表现在多个方面。在经济上，拉美各国建立地区一体化组织，扩大与西欧和社会主义国家的经济联系；将本国的美国企业等国有化，限制外资比重。在政治和外交上与美国对抗，不支持美国在中东、远东的侵略政策。在军事上，力图减少或摆脱美国的控制，如阿根廷和墨西哥就毅然退出《泛美联防公约》。拉美人民最主要的斗争方式是民族资产阶级、小资产阶级、工人、农民结成广泛的民族统一阵线，开展罢工、罢课、游行示威等大规模群众运动，有的国家还出现了武装斗争。如古巴武装革命、巴拿马人民收回运河主权的斗争、多米尼加人民的反美爱国斗争、尼加拉瓜人民的反美反独裁斗争等。

在不断高涨的民族民主运动冲击下，拉美的亲美独裁政权纷纷垮台，出现了诸多新兴政权。如危地马拉阿本斯政权、玻利维亚埃斯登索罗政权、古巴的社会主义政权、尼加拉瓜桑地诺民族解放阵线政权、智利阿连德政权等。这些政权虽然很快倒台（古巴除外），但它们开展的民主改革对拉美历史的发展产生了重要影响。

## 二、危地马拉阿本斯政府改革

在危地马拉，1931年上台的乌维科政权长期实行亲美的独裁统治。美国垄断了危地马拉的香蕉、咖啡生产，海运大权，绝大部分铁路运输、电力和进出口贸易，控制了危地马拉的经济命脉，还占据着危地马拉的海军和空军基地。为了摆脱美国的控制，1944年10月20日，危地马拉民族资产阶级和小资产阶级领导了一场武装起义，推翻了乌维科独裁政权，建立了具有民族主义倾向的资产阶级政权。

1944年12月，胡安·阿雷瓦洛当选总统后，提出结束军事独裁、改善劳动者处境和进行社会改革等主张；并发起“立法革命”，通过颁布一系列法律、法令来推行民主改革。如《1945年宪法》《社会保险法》《劳动法》《工业发展法》《石油资源法》，强制地主出租土地的《第712号法令》《第853号法令》，以及保障言论出版、宗教信仰自由、允许一切政党自由活动的法律法令等。阿雷瓦洛的改革维护了民族利益，保障了劳动人民的部分权利，对民族经济的发展起到了推动作用。例如，《1945年宪法》规定了废除大庄园制、限制外资、发展国民经济、改善民众生活等原则；《石油资源法》规定，只有本国资本占半数以上股份的石油公司才能在危地马拉开采石油。但阿雷瓦洛的改革较为温和，再加上大地主的反抗，土改未能实行，半封建的土地所有制和外国垄断组织的利益未受到根本触动，革命任务远未完成。

1951年11月，曾在阿雷瓦洛政府中任国防部长的阿本斯当选总统。他执政后继续推进改革，进一步落实社会保险法，改善国民教育、公共医疗和卫生条件。为了打破美资对运输和电力的垄断，阿本斯政府兴建港口、公路和水电站。1953年10月，政府把中美洲国际铁路公司控制的铁路收归国有，并在租约期满后收回巴里奥斯、圣何塞、切佩里科等重要港口。阿本斯政府还要求外国公司遵守危地马拉的法律，保障劳动者的工作和生活条件。在劳资纠纷中，政府站在工人一边，支持他们与外资进行斗争。

实施土改是阿本斯政府采取的最重要措施。1952年6月17日，经国民议会批准，政府颁布了土改法。其中规定，本国大地主和外国公司所占有的闲置土地，面积在180公顷以上的出租土地和未耕种面积超过1/3的土地，一律由国家征收①，分配给无地少地的农民。土改实施不到两年，国家征收了近100万英亩的土地（其中1/3原为美国联合果品公司所有），分配给了近10万户农民。

在对外政策上，奉行独立自主的方针。阿本斯坚持不批准1947年的《泛美联防公约》。在联合国大会、美洲国家组织和泛美会议上，危地马拉多次持反对美国的立场。它支持朝鲜民主主义人民共和国的抗美救国斗争，并在1953年派出拉美第一个代表团参加在北京举行的世界和平大会。

阿本斯政府的改革沉重打击了以美国联合果品公司为代表的外国垄断资本，促进了民族经济的发展。由于改革表现出鲜明的反帝、反封建性质，招致了国内外反动势力的仇视。1953年，美国总统艾森豪威尔批准了推翻阿本斯政权的计划。1954年6月，美国扶持以阿马斯为首的雇佣军推翻了阿本斯政府。阿马斯上台后很快取消了民主改革的一切成果。

### 三、玻利维亚埃斯登索罗政府改革

玻利维亚产业结构单一，锡矿是国民经济的支柱。20世纪50年代初，玻利

① 以发放土地债券的方式给予土地所有者补偿。

维亚国民收入的80%来自于锡矿业，但其锡矿业的80%为外资公司所垄断。同时，占全国人口5%的大地主却拥有全国70%的耕地。外国资本和军事独裁政权的双重盘剥和压迫，引发其国内各阶层的不满。1951年5月，玻利维亚举行大选，资产阶级政党“民族主义革命运动”领导人埃斯登索罗（1907—2001）获胜。但即将卸任的乌里奥拉戈伊蒂亚总统不承认选举结果，把政权交给以陆军总司令巴利维安为首的军事执政委员会。1952年4月9日，“民族主义革命运动”在共产党支持下，领导了有广大矿工、农民和学生参加的人民起义，经过三天浴血奋战，推翻了巴利维安军事独裁政权，埃斯登索罗就任总统。

埃斯登索罗上台之后实行了一系列民主改革。如，将美英资本为主的三大锡矿公司收归国有，改组为国营玻利维亚锡矿公司。1953年8月颁布土改法，规定把大庄园主的未耕地分配给农民。到1964年，约有20万户农民分得了近1000万公顷土地。废除土著劳役制，发展印第安人公社，提高印第安人的地位。改组军队，以原政府军中支持新政府的官兵为基础建立新军。改革选举制度，实行普选制。增加教育经费，实行初等义务教育。加强交通运输等基础设施建设，增加公共卫生和社会福利支出等。这些改革措施打击了外国垄断资本势力，动摇了以大庄园制为主的半封建土地制度，为玻利维亚资本主义的发展创造了条件。

美国为破坏玻利维亚的改革运动，或施加政治和经济压力，或以提供援助作诱饵。1956年西莱斯·苏亚索①执政后，玻利维亚政府右转，不仅接受了美国的贷款，而且接受美国派人来帮助治理经济。1960年埃斯登索罗再度当选总统后，也奉行依赖美国的政策。美援虽然有助于缓解玻利维亚的经济危机，但玻利维亚政府冻结工资、停止福利开支、解雇过剩劳工等政策遭到人们的反对。同时，外援中占很大比重的是军援，这使得军人势力膨胀，从而较易发动政变，实行军事独裁统治。1964年，埃斯登索罗第三次当选总统，但被军人政变推翻，执政12年的“民族主义革命运动”政权宣告结束。

### 四、智利阿连德政府社会改良主义运动

1952年，人民阵线政府②结束之后，智利执政者对内削减财政开支、镇压

① 西莱斯·苏亚索是“民族主义革命运动”的候选人，是1952年起义的领导人之一。

② 人民阵线由社会党、共产党、激进党、民主党、劳工联盟等组成，1938年开始执政，1952年解散。

人民运动，对外寻求美国的经济援助，引起了社会各阶层的不满。1953—1958年，爱德华多·弗雷（1911—1982）领导的基督教民主党①建立并发展壮大。1964年，弗雷当选总统后，开展了所谓的“自由革命”改革：以购买的方式实现“铜矿智利化”；征收大庄园主的土地，分配给无地或少地的农民；鼓励民众建立地方性的自助组织；增加教育和公共福利支出。弗雷的改革虽然取得了一定的成效，但通货膨胀，严重依赖外国资本和市场，贫富差距过大等问题并未解决。

1970年9月，智利举行总统大选，由社会党、共产党、激进党、社会民主党、统一人民行动运动、独立人民行动党等六个党派组成的人民团结阵线获胜。11月，人民团结政府成立，人民团结阵线候选人、社会党领袖萨尔瓦多·阿连德（1908—1973）出任总统，社会党和共产党在政府中占主导地位。阿连德信奉社会主义，但反对暴力革命，力图争取议会多数的支持，通过社会改造为智利进入社会主义创造条件，使之成为“第一个按照民主、多元化和自由的模式建立起来的社会主义社会”。

不久，新政府便实施了一系列带有社会主义性质的改革措施。如，进行彻底的土地改革，将大地主拥有土地的最高限额由80公顷降至40公顷，在此基础上，创办合作社和国营农场。据统计，阿连德总统任内共征收了4287个庄园的822万公顷土地。将外资控制的铜矿、银行和其他企业实行国有化。1971年7月11日，国会通过法案，宣布将美国在智利的安那康达公司、肯奈科特公司、塞罗公司三大铜矿公司收归国有。消灭垄断集团，将150家本国私人大企业（包括银行、外贸公司和铁路公司）收归国有。到1973年，国家已控制500多家企业，掌握了国民经济的命脉。大幅度增加职工工资和社会福利开支，将工人最低工资提高50%，将职员工资提高30%，吸收工会参与工厂、企业及部分国家机构的管理。执行反帝反殖、维护国家主权和民族独立的外交政策，同古巴恢复了外交关系，同中国、民主德国、蒙古、越南、朝鲜等社会主义国家建交，同苏联开展频繁密切的经济与政治往来。

但是，阿连德政府的改革触犯了大资本家和大庄园主的利益，引起了国内右翼势力的强烈反抗。美国因在智利拥有巨额投资，也加紧了对阿连德政府的破坏和颠覆。更重要的是，美国政府认为智利的做法会在拉美地区引起连锁反

---

① 基督教民主党的主要支持者来自信奉天主教的工人，特别是白领工人。

应，担心智利成为“第二个古巴”。1970 年 11 月 19 日，美国发布总统指示强调，对阿连德政府的基本政策是“防止一个敌视美国和西半球其他国家利益的共产党国家在智利巩固地建立起来”。因此，美国从一开始就设法阻止阿连德竞选，美国国际电话与电报公司同美国国家安全委员会与中情局保持接触，主动表示愿为阻止阿连德上台提供巨额资助。阿连德就职之后，美国则通过中央情报局资助阿连德的反对派，煽动对新政府的不满。在阿连德执政期间，美国政府花费 800 万美元进行反阿连德的阴谋活动，同时对智利实行经济封锁，最后直接参与策划军事政变。1973 年 9 月 11 日，智利军人发动政变，阿连德政府被推翻，阿连德也在与政变部队的战斗中以身殉国。

## 第四节 第三世界的兴起

第三世界是在“二战”以后发展起来的。20 世纪 50 年代万隆会议的召开与不结盟运动的兴起、60 年代七十七国集团的成立，是第三世界形成和发展的三个重要标志。

### 一、“第三世界”的由来

从“二战”结束到 20 世纪 70 年代，民族解放运动在亚洲、非洲、拉丁美洲广泛展开，帝国主义世界殖民体系土崩瓦解，一大批殖民地国家实现了独立。这些新独立国家都是经济不发达的发展中国家，加上亚非拉原有的发展中国家，总计有 130 多个，占世界陆地面积和总人口的 70%以上。它们作为独立的重要国际力量，积极参与国际事务，发挥了重要作用。

中国领导人毛泽东高度重视这支新生力量的重要作用，提出了“三个世界”理论①。1974 年 2 月 22 日，毛泽东在同赞比亚共和国总统卡翁达谈话时说：“我看美国、苏联是第一世界。中间派，日本、欧洲、澳大利亚、加拿大，

① 关于“第三世界”的概念最早是由法国统计学家和经济学家阿尔弗雷德·索维 1952 年在《三个世界，一个星球》一文中首次提出的，该文指出“在互相对抗的资本主义世界和共产主义世界之外，还存在着一个常常被人们所忽略的第三世界”。1973 年 9 月，不结盟国家在阿尔及尔通过的《政治宣言》中也使用了“第三世界”的概念，强调自身并不靠拢北约或华约任何一方。

是第二世界。咱们是第三世界。”① 毛泽东关于三个世界划分的理论，合乎当时的客观实际，很快为国际社会所认可。从此，“第三世界”一词开始在国际关系中广泛使用。毛泽东关于中国与其他发展中国家同属第三世界的论断，表明了中国不称霸的立场，也表明了中国是发展中国家朋友的态度。三个世界的理论对于孤立霸权主义和进一步加强中国同第三世界各国的团结和友好合作具有重要意义。

第三世界的兴起，极大地改变了世界政治面貌。邓小平高度评价第三世界的作用。他指出，第二次世界大战后，超级大国“利用第三世界的冲突来达到他们的目的，所以，尽管第三世界本身也有这样或那样的问题，直接受害的还是第三世界的国家和人民。这就决定了有切身利益的第三世界是真正的维护世界和平、反对霸权主义的主力。这不是以人们的意志为转移的，是由第三世界所处的地位和切身利害关系决定的”②。事实证明，广大第三世界国家在反对霸权主义、推动国际秩序改革、维护发展中国家利益的斗争中，做了极大努力，取得了巨大成绩。

### 二、亚非万隆会议召开

随着“二战”后印度、缅甸、印度尼西亚等亚洲国家的独立，到 20 世纪 50 年代，独立的亚非国家已有 30 多个。这些国家都面临着巩固民族独立、发展民族经济的重任，迫切需要一个和平的国际环境，需要加强国际合作，提高自身的国际地位，开展平等互利的经济文化交流。因此，在两大阵营对峙的国际形势下，印度、缅甸、印尼等亚洲国家奉行独立自主的外交政策。

中国把自己视为亚非被压迫国家和人民中的一员，积极推进与周边国家的睦邻关系。1953 年 12 月 31 日，周恩来在会见印度访华代表团时，第一次提出了和平共处五项原则，即“互相尊重领土主权、互不侵犯、互不干涉内政、平等互惠和和平共处的原则”。1954 年 6 月发表的中印联合声明和中缅联合声明，重申和平共处五项原则是处理国家关系的准则，并将“平等互惠”改为“平等互利”。此后，和平共处五项原则被誉为“亚洲宪章”，受到

① 《毛泽东文集》第 8 卷，人民出版社 1999 年版，第 441 页。
② 《邓小平文选》第 2 卷，人民出版社 1994 年版，第 416 页。

国际社会的好评。

1954 年 4 月的科伦坡会议上，印尼总理阿里·沙斯特罗阿米佐约首先提出召开亚非会议的倡议，得到与会的印度、巴基斯坦、缅甸、锡兰（斯里兰卡）四国总理的支持。同年 12 月五国总理茂物会议决定联合发起召开亚非会议，邀请包括中国在内的 25 个亚非国家出席。

1955 年 4 月 18—24 日，亚非会议在印尼万隆隆重举行，有 29 个国家的代表出席。会议主要讨论了经济合作、文化合作、人权和自决权、附属国问题及促进世界和平等问题。在最初两天里，有 22 个国家的代表围绕着会议主题作了一般性发言，但也有某些亲西方国家的代表受西方势力的挑唆，宣称“亚非国家面临的问题不是反对殖民主义，而是反对共产主义”。还有代表提出讨论“颠覆活动”和“宗教信仰自由”问题，攻击中国在邻国从事“颠覆”活动。面对会议可能走上歧路的危险，周恩来当即决定将事先准备好的发言稿在会上散发，并临时起草了一个补充发言。他在 19 日的发言中明确表示：“中国代表团是来求同而不是来立异的”，因为绝大多数亚非国家长期遭受殖民主义造成的灾难和痛苦，各国应当从解除殖民主义痛苦和灾难中寻找共同基础。这篇仅 18 分钟的演说引起了强烈反响，各国代表团接受“求同存异”的方针，从而保证了会议的顺利进行。

最后，会议通过了《关于促进世界和平与合作的宣言》，把和平共处五项原则进一步引申和发展为各国和平共处友好合作的十项原则，其中提出尊重一切国家的主权和领土完整；承认一切种族平等，承认一切大小国家平等；不干预或不干涉他国内政；不使用集体防御的安排来为任何一个大国的特殊利益服务，任何国家不对其他国家施加压力；不以侵略行为或侵略威胁或使用武力来侵犯任何国家的领土完整或政治独立；促进相互的利益和合作；尊重正义和国际合作等。该宣言连同有关经济、文化合作及人权、民族自决权等其他七项决议，构成最后公报的主要内容，并由全体会议一致通过。会议指出殖民主义的一切表现，都是应当迅速根除的祸害，会议谴责了旧的不平等的国际经济秩序，主张加强国际经济合作。

亚非会议的意义在于它是历史上第一次由亚非国家自己处理自身事务的国际会议，表明亚非国家已作为一支新兴政治力量登上国际舞台。会议的圆满成功加快了亚非人民争取民族独立的步伐。此外，会议还增进了亚非国家间的交往和了解，为相互间的友谊、谅解和合作打下了基础。会议及其决议创造的求同存异、平等协商、和平共处、谋求合作的“万隆精神”具有深远的历史意义。

## 三、不结盟运动

20 世纪 50 年代后期，冷战日趋激烈，新兴的民族独立国家多采取不结盟的外交政策。

1955 年万隆会议实际上已揭开了不结盟运动的序幕。南斯拉夫总统铁托曾经指出，不结盟的“一些原则来自万隆会议”。1956 年 7 月，铁托、印度总理尼赫鲁和埃及总统纳赛尔在南斯拉夫的布里俄尼岛会晤，此后发表的联合公报确认了坚持和平共处、维护民族独立、反对参加对立的军事集团等原则。柬埔寨国王西哈努克亲王和印尼总统苏加诺也签署了这份公报。

1961 年 2—4 月，铁托出访非洲九国，倡议召开不结盟国家首脑会议。6 月，在开罗举行了有 21 国外长或大使参加的筹备会议，提出了参加不结盟国家会议的五项标准：（1）该国应奉行和平共处和不结盟基础上的独立政策，或倾向于赞成这一政策；（2）该国应支持民族独立运动；（3）该国不应参加与大国争夺有牵连的多边军事联盟；（4）该国不应是与某个大国缔结的双边联盟的成员国；（5）该国领土上不应有与大国争夺有牵连的军事基地。

9 月 1—6 日，第一次不结盟国家和政府首脑会议在贝尔格莱德举行。南斯拉夫、印度、阿尔及利亚、古巴等 25 个国家的元首或政府首脑参加会议。会议通过了《不结盟国家和政府首脑宣言》和《关于战争的危险和呼吁和平的声明》等文件。宣言宣布：不结盟国家鼓励和支持为本国的独立和平等而进行斗争的各国人民；主张立即无条件地、彻底地和最后废除殖民主义，并共同努力制止各种新殖民主义；强调“和平共处的原则，是代替‘冷战’和可能发生的全面核灾祸的唯一的办法”。宣言提出非集团的原则，表示“不结盟国家无意组成一个新的集团而且也不能成为一个集团”。声明要求美苏两国首脑立即举行会谈，以防止战争爆发和停止军备竞赛。

不结盟运动的兴起具有重要的历史意义，它是“万隆精神”的进一步发扬光大，突破了万隆会议的地域界限，提高了世界上广大中小国家的国际地位，在反对超级大国的霸权主义、反对军备竞赛、保卫世界和平等方面做出了贡献。不结盟运动对于维护中小国家的经济利益、提高它们的经济地位、争取建立国际经济新秩序发挥了重要作用。

不结盟运动的主要机构是首脑会议和外长会议。到2009年共举行了15届首脑会议。这一运动的特点是：（1）其成员不断增加，政治倾向更加多元化。从20世纪60年代初到2009年，不结盟运动的成员国由最初的25个增加到118个，并拥有17个观察员国和10个观察员组织（中国于1992年成为观察员国）。后来不结盟运动成为仅次于联合国的最大国际讲坛。（2）组织机构逐渐成熟。每三年举行一次首脑会议和外长会议，每届会议主席即为两次会议之间的不结盟运动发言人；另设立协调局负责日常行政工作。（3）重点逐渐变化。其斗争矛头由初期指向一切新老殖民主义，70年代后转向主要反对超级大国的霸权主义。同时，斗争从政治领域逐渐扩大到经济领域。此外，不结盟运动内部一直存在着各种分歧和消极因素。由于各成员国的处境、对超级大国的态度、经济政治和社会状况的不同，以及领土、民族、宗教争端，超级大国的压力和外部势力插手等原因，导致了冲突的发生和一些偏离不结盟运动宗旨的做法。

### 四、七十七国集团的形成

亚非国家独立后，面临的首要问题是发展民族经济和巩固政治独立，但战后形成的国际经济关系是帝国主义、殖民主义长期统治的结果，是美国主导下的不合理、不公正的国际经济秩序。少数发达资本主义国家垄断着世界的工业、贸易、金融、货币、运输等。第三世界国家资源丰富，但多为单一经济国家，其国民经济主要靠出口原料、进口工业品来维持，独立后仍然遭受不等价贸易的剥削，企业经营管理权、技术和资金等方面仍受制于西方国家政府或金融财团，并因此负债累累，随时面临着国际经济危机的冲击。因此，第三世界国家要发展经济，就需要冲破旧经济秩序的束缚，建立一种相互合作、平等互利的新型国际经济秩序。

万隆会议最先提出建立国际经济新秩序的主张。1961年第一届不结盟国家首脑会议提出发展中国家要联合抵制不平等的国际贸易。在第三世界国家的呼吁下，1963年第18届联大讨论了召开贸易和发展会议的问题。会上，75个发展中国家发表联合宣言，从而形成“七十五国集团”。1964年3月23日至6月16日，联合国贸易和发展会议在日内瓦举行。会议第一次提出了发展中国家的概念，并决定年底成立联合国贸发会议作为大会的常设机构。会上，七十五国集团扩大为77个国家和地区，发表了《七十七国联合宣言》，主张摆脱帝国主义和殖民主义的压迫，提出了建立平等互利的国际经济新秩序的要求，并决定在每次贸易会议召开前举行部长级会议，以协调立场，“七十七国集团”由此诞生。七十七国集团的成立，标志着第三世界建立国际经济新秩序的斗争正式开始。此后，该集团成员国不断增加，但仍沿用“七十七国集团”的名称。

七十七国集团的宗旨是加强发展中国家在国际经济领域的合作，采取一致立场反对超级大国和帝国主义的控制、剥削和掠夺。它的主要活动方式是在每届联合国贸发会议召开前，举行成员国部长级会议，研究对策，协调立场，采取联合行动，为改革不平等的国际经济关系同发达国家进行斗争。

1967 年 10 月，七十七国集团召开第一次部长级会议，通过了《阿尔及尔宪章》，首次使用了最不发达国家的概念。该集团通过的一系列纲领性文件，集中阐述了南南合作的指导原则，即加强发展中国家的发展与合作，反对霸权主义，反对新老殖民主义的压迫和剥削。会议提出了“建立国际经济新秩序”的口号，决定以联合行动抵制发达国家的剥削和掠夺。第二次部长级会议于 1971 年 10 月举行，通过了《利马宣言》，要求改变发展中国家在国际金融、贸易、关税、援助、海运和自然资源开发等方面的无权地位。

1974 年 4 月，联大第六届特别会议通过了由七十七国集团起草的《关于建立国际经济新秩序的宣言》和《行动纲领》，规定了建立国际经济新秩序的一系列重要原则及目标：一切国家都有平等参加解决世界经济问题的权利，有权对其自然资源和国内一切经济活动行使永久主权；应该打破国际商品市场的垄断，确保和稳定初级产品的出口价格；加强发展中国家经济、贸易、财政和技术方面的合作；改革现存的国际货币金融体制；消除发达国家向发展中国家转让技术的障碍及不合理关系等。

1974 年 12 月的联合国第 29 届大会和 1975 年 2 月的发展中国家原料会议，通过了《各国经济权利和义务宪章》和《达喀尔宣言》，这两个文件和上述《关于建立国际经济新秩序的宣言》和《行动纲领》成为第三世界国家建立国际经济新秩序的纲领性文件。1976 年 2 月举行的七十七国集团第三次部长级会议通过了《马尼拉宣言》，确立了南南合作的主要目标。1979 年 2 月召开的第四次部长级会议通过了《阿鲁沙宣言》，进一步强调了南北对话和南南合作。此后，七十七国集团要求进一步加强团结与合作的呼声日益强烈，它强调在国际金融机构中加强协作与配合，对国际金融体制改革和建立多边贸易体制等提出具体主张。

自从 1964 年成立以来，联合国贸发会议在发展中国家寻求建立国际经济新秩序方面取得了一定成就：在国际贸易方面，1970 年建立普惠制，1971 年开始实施；1980 年通过并实施《控制限制性商业惯例的多边协定》。在国际金融方面，1970 年国际货币基金组织采用了特别提款权机制。在援助穷国方面，发达国家普遍承诺实施占国民生产总值 0.7% 的“官方发展援助”计划；同时于 1981 年通过援助最不发达国家的《新的实质性行动纲领》，1985 年开始实施。此外，联合国贸发会议也呼吁确立国际技术转让制度。

七十七国集团的形成，是第三世界兴起的标志之一。多年来，七十七国集团已成为发展中国家在国际经济组织中共同利益的代表。它在促进南南合作、推动南北对话、维护第三世界的正当权益和改变国际经济旧秩序等方面进行了不懈努力，并取得了可喜成就，在联合国贸发会议主持的谈判中达成了一系列对发展中国家有利的国际公约和协定。

**思考题：**

1. 印巴分治的原因是什么？产生了怎样的后果？
2. 苏伊士运河战争的背景是什么？影响有哪些？
3. 美国是如何控制拉丁美洲的？拉美各国人民进行了怎样的反美斗争？
4. 第三世界形成的主要标志和影响是什么？

# 第十五章　冷战与两极格局的演变

冷战开始后，以美国为首的西方阵营开始从经济、军事和文化等方面加紧对社会主义国家进行围堵、遏制和渗透，社会主义阵营针对西方的多方面进攻采取了一系列应对和反制约措施。双方的这种制约和反制约不断升级，使冷战从欧洲一隅扩展到全球。1953 年，在多种因素的综合作用下，美苏开始调整对外政策，东西方紧张对峙关系出现一定缓解。但是，后来发生的柏林墙事件和古巴导弹危机再次加剧了东西方对抗，甚至把世界推向核大战的边缘，冷战达到高潮。为了在竞争中取得优势地位，美苏都扩大军备，特别是把发展核武器作为制约对方的根本手段。在这种核平衡的作用下，双方都不得不有所克制，冷战进入相持状态，但东西方的斗争特别是美苏之间的竞争始终存在，有时甚至十分激烈。在冷战期间，资本主义阵营出现分化，社会主义阵营发生分裂，世界格局由东西方两大阵营对垒演变成美苏两极格局。进入 80 年代，美苏两国又经历了“新冷战”对峙和竞争加剧。80 年代末 90 年代初，东欧剧变，苏联解体，两极格局瓦解，冷战结束。

## 第一节　冷战态势的演变

1953 年以斯大林逝世为契机，美、苏领导人都开始调整对外政策，试图缓解东西方紧张关系。1953 年朝鲜停战协定签订和 1954 年达成关于印度支那问题的日内瓦协定，1955 年对奥和约的签订和四国首脑会议的召开，使冷战出现了从未有过的对话和解气氛。但是，1961 年柏林墙事件和 1962 年古巴导弹危机，使冷战重新紧张起来并达到高潮，几乎发展成“热战”。从 1963 年开始，冷战进入了十余年的相对缓和期，美苏互有攻守，既对抗又合作，斗而不破。到 70 年代末，地缘政治中逐渐呈现“苏攻美守”的态势，美国则对苏联实行了“新遏制”政策。

### 一、从对话再度走向激烈对抗

1953 年 3 月斯大林逝世后，苏联新领导人开始逐渐调整斯大林时期的对外战略，主动采取了一系列缓和国际紧张局势的行动。美苏在某些问题上开展了一些合作，两国关系出现微妙变化。

1956年2月，苏共中央第一书记赫鲁晓夫在苏共二十大的政治报告中，就国内外形势和党的路线、方针、政策提出了一些新观点。在国际方面，他彻底放弃了斯大林关于“资本主义总危机”的理论，提出社会主义已经发展成为一种世界体系，两种不同的世界经济体系并存是不容置疑的事实；资本主义危机并没有停止，资本主义生产和科学技术继续进步。他还说，制止军备竞赛，防止新的世界大战发生，仍然是关系到人类未来的生死攸关问题，战争并不是不可避免的。他明确提出了社会主义国家同资本主义国家之间，即不同社会制度国家间“和平共处”“和平竞赛”，以及资本主义向社会主义“和平过渡”的理论，并将其提升为苏联外交政策的总路线。他说社会主义国家不应有侵略和发动战争的动机，也不用“输出革命”的办法推翻其他国家的资本主义制度，而是在两个体系的和平竞赛中，显示社会主义制度的优越性，吸引资本主义国家的人民走上社会主义道路。他强调，向社会主义过渡的形式越来越多样化，暴力革命不是唯一途径，也有可能通过议会道路向社会主义过渡，使议会从资产阶级民主的机构变成真正代表人民意志的工具，不是不可能的。

赫鲁晓夫的上述“三和理论”“三和政策”主要是为了缓和同美国及其他西方大国的关系，但始终贯穿着实现美苏合作主导世界的目的。苏联对外政策之所以做出这样的调整，一方面是因为世界范围内民族解放运动蓬勃发展，沉重打击了帝国主义，国际力量对比发生了重大变化，使美国称霸世界的计划连遭挫折，苏联认为这是缓和冷战对峙局势的极好机会；另一方面，随着国民经济的恢复与发展，苏联实力大增，有可能从实力地位出发执行新的外交政策。特别是1953年8月苏联的氢弹试爆成功，增强了它的核力量，使其有可能就裁军、欧洲诸问题发动“和平攻势”。

从美国来说，艾森豪威尔1953年1月就任美国总统后，虽然继续了杜鲁门政府的遏制战略与共同安全方针，但是在手段、方法上有所改变。艾森豪威尔政府先后提出了“新面貌”国家安全战略、“解放政策”“大规模报复”战略、“战争边缘”政策、“多米诺骨牌论”和艾森豪威尔主义①。在对外政策上，美

① 艾森豪威尔主义是指1957年1月5日美国总统艾森豪威尔向国会提出的中东政策。他在这份关于中东政策的特别咨文中，强调中东地位十分重要，中东石油资源约占世界已探明石油蕴量的2/3，因而必须用武力对抗“共产主义扩张”，并由美国单独控制中东。

国开始更加积极地介入印度支那战争、拼凑西太平洋集体防务体系，采取敌视中国并企图离间中苏同盟的“楔子战略”。在对苏关系上采取既对抗又对话的策略，在对抗中遏制苏联，在对话中“软化”苏联。艾森豪威尔提出“和平取胜战略”。他说“随着斯大林的逝世，一个时代终止了”，宣称苏联新领导机构要正视其面对的“自由世界”，不要企图采取对抗措施使西方让步。

从1953年到60年代初，美苏双方开启了一些对话行动，以期缓和两国之间的紧张关系。

1953年7月27日，中朝方面与以美国为首的“联合国军”签订《朝鲜停战协定》，结束了历时三年多的朝鲜战争。此后不久，苏联在9月28日照会法、美、英三国，提议召开有中国参加的五大国外长会议，商讨解决朝鲜问题和印度支那问题。1954年1—2月举行的苏、美、法、英四国柏林外长会议达成协议，决定于4月26日至7月21日召开由苏、美、法、英、中及其他有关国家代表参加的日内瓦会议。日内瓦会议分为两个阶段。第一阶段关于朝鲜问题的讨论毫无成果，第二阶段关于印度支那问题虽然达成了停战协议，但美国并未在协议上签字，这为其60年代大规模军事干涉印度支那埋下了伏笔。

在对奥地利和约问题上，苏联原先一直坚持斯大林时期的主张，即必须在签订对德和约后才能从奥地利撤走苏军。1955年年初，苏联不再坚持原来的主张。5月15日，美、苏、英、法与奥地利签订了《重建独立和民主的奥地利的国家条约》（简称对奥和约），结束了四大国对奥分割占领的状态，奥地利成为独立并得到大国保证的中立国。对奥和约消除了苏联实现与西方缓和的一大障碍，为四国首脑会议的召开创造了条件。7月18—23日，苏共中央第一书记赫鲁晓夫、苏联部长会议主席布尔加宁与美国总统艾森豪威尔、英国首相艾登、法国总理富尔在日内瓦举行会议，讨论欧洲集体安全与德国统一、裁军和开展东西方接触等问题，虽未达成任何协议，但会议召开本身就让国际社会感到冷战紧张局势出现了尚未有过的和解气氛。

然而，赫鲁晓夫倡导的“三和政策”并未从根本上解决美苏在德国问题上的对立。苏联1955年9月与联邦德国建交，以此指望西方国家承认民主德国，但美国不予理会，苏联遂以柏林问题向美国施压。柏林自1949年分成两部分之后，西柏林一直是西方对苏联和民主德国等开展间谍活动的重要基地。而且，为了把西柏林打造成资本主义世界的窗口，在经济、政治、心理上对民主德国形成压力，西方更是不惜以巨资造就西柏林的经济繁荣。对此，苏联一直想切除西柏林这个“毒瘤”。1958 年 11 月 27 日，苏联照会美、英、法三国，建议结束西柏林的占领状况，要求三国在六个月内撤出其在西柏林的驻军，使柏林成为一个非军事化的自由城市。苏联此举的目的在于，既然两德已经不可能实现统一，那么美国及其西方盟国就必须承认民主德国。12 月 31 日，西方三国坚决拒绝了苏联的要求，并宣称如果苏联封锁进入西柏林的通道，它们将不惜诉诸武力。苏联对三国的反应立即提出强烈抗议，第二次柏林危机爆发，但美苏之间再现缓和迹象。此前赫鲁晓夫早在 1955 年 5 月就表达了访美意愿，但美方未予理睬。第二次柏林危机爆发后，面对美苏及东西方之间出现的新一轮僵局，赫鲁晓夫再次表达了访美的愿望，希望以此改善苏美关系和东西方关系。艾森豪威尔获悉赫鲁晓夫访美意向后，也认为这是打破僵局、软化苏联立场的好机会，于是向赫鲁晓夫发出了访问邀请。1959 年 9 月 15—27 日，赫鲁晓夫访美，访问的高潮是两国首脑在戴维营举行会谈。双方达成妥协，宣布在柏林问题上“恢复谈判”，在国际争端中不诉诸武力。第二次柏林危机暂时有所缓和，赫鲁晓夫邀请艾森豪威尔访苏。这次会谈开创了冷战时期美苏两国通过首脑会晤的方式调整彼此关系和处理国际事务的先例，产生了“戴维营精神”式的美苏缓和，标志着苏联在美苏关系中的地位有所提高，美苏战略地位开始发生微妙变化。

但是，戴维营会谈带来的缓和非常短暂。1960 年 5 月 1 日，美国的一架 U-2高空侦察机深入苏联领空，被苏联火箭部队击落，飞行员鲍尔斯被活捉。这起事件恶化了缓和中的美苏关系，赫鲁晓夫宣布撤销对艾森豪威尔的访苏邀请，并要求美方道歉。由于美国拒绝道歉，原定 1960 年 5 月召开的维也纳四国首脑会议被取消，“戴维营精神”破产。

1961 年 1 月肯尼迪就任美国总统。在竞选中，他指责艾森豪威尔政府“遏制共产主义”不力，抨击共和党政府不重视防务，使美国在战略核武器方面落后于苏联，乃至正在“输掉”冷战。他明确提出“一手抓箭，一手抓橄榄枝”的“和平战略”，就是在实力基础上通过文武两手对付社会主义阵营，从而称霸全球。肯尼迪政府总结了通过“遏制”围堵社会主义国家并不成功的“教训”，强调在和平共处、和平竞赛的口号下，通过援助、开展经济活动和科技、文化交流来分化社会主义阵营。为了以强大的军事力量推进美国的全球扩张，肯尼迪政府还提出“灵活反应战略”，以代替艾森豪威尔政府主要运用核威慑力量与苏抗衡的“大规模报复战略”，强调既准备打有限核战争和核大战，又准备打常规战争与特种战争。肯尼迪任内，美国一面与苏联进行对话与缓和，一面把军备竞赛推到新高度，迫使苏联投入大量资源，同美国展开前所未有的军备竞赛。

1961 年 6 月 3—4 日，赫鲁晓夫与肯尼迪在维也纳举行美苏第二次首脑会晤。虽然两人谈论最多的问题是两种制度的和平共处，但会谈的焦点却是柏林问题，双方态度都很强硬。赫鲁晓夫重申要使柏林成为非军事化的自由城市，若美国不接受苏联的建议，苏联将与民主德国单独缔结和约。肯尼迪依然坚决拒绝赫鲁晓夫的要求。7 月 8 日，赫鲁晓夫宣布暂停执行裁军计划，将军事预算增加 1/3。肯尼迪于 25 日发表电视讲话，强调西方在西柏林的存在和通往西柏林的权利不可谈判，认为柏林已成为“西方勇气与意志的试金石”，要求国会追加 32.5 亿美元军事预算，并向欧洲增派美军，决不容许西方被赶出西柏林。美苏在柏林又一次剑拔弩张，第二次柏林危机再度恶化。为化解危机，特别是为了制止自 1961 年夏以来愈演愈烈的民主德国居民移居国外的人流，阻止西柏林居民到物价低廉的东部抢购物品，8 月 12 日至 13 日夜，民主德国沿东、西柏林分界线拉起了铁丝网，只留九个严加控制的过境点。几天后，一道 165 公里的混凝土修筑的“柏林墙”建立起来。

柏林墙筑起后，肯尼迪警告苏联：任何对西柏林交通线的干涉都会构成侵略行为。为了表明保卫西柏林的决心，美国派遣了一支 1500 人的装甲部队穿过民主德国的岗哨进入西柏林，苏军和民主德国军队并未对其加以阻挠。9—10 月间，华约和北约纷纷举行军事演习，美苏又开始进行新一轮密集的核试验；与此同时，美苏频繁接触，特别是肯尼迪与赫鲁晓夫之间多次秘密通信，双方达成了谈判解决争端的共识。在 1961 年 10 月召开的苏共二十二大上，赫鲁晓夫宣布不再坚持在 1961 年年底前与民主德国缔结和约的主张。持续三年的第二次柏林危机得以平息。① 柏林危机的结束是美苏进行军事对抗后妥协的结果，因此新的危机仍然难以避免，而后发生的古巴导弹危机一度把世界推向核战争的边缘。

古巴作为加勒比海国家，与美国隔海相望，具有重要的战略地位。1959 年古巴革命的胜利使美国的后院出现了一个反美国家。为了保卫革命成果，古巴

---

① 有些学者将 1958 年 11 月到 1959 年 9 月期间的柏林危机称为第二次柏林危机，而将 1961 年 6 月到 9 月间发生的“柏林墙”事件称为第三次柏林危机。

加紧发展同苏联的关系，并于1960年5月与苏联建交。美国把古巴看作是苏联在西半球扩张的跳板和基地，于1961年1月与古巴断交。4月，肯尼迪政府支持古巴流亡分子组成雇佣军，在美国军舰和飞机的掩护下，发动了猪湾（古巴称吉隆滩）登陆，企图入侵古巴，推翻卡斯特罗政权，但经过72小时的激战，登陆行动即告失败，史称“猪湾事件”。此后，肯尼迪政府开始对古巴实行全面封锁和禁运，古巴则更积极地寻求苏联的援助。

1962年8月底，美国U-2高空侦察机在古巴发现近程导弹发射场。9月4日，肯尼迪对苏联提出指责，苏联矢口否认。10月14日后，U-2飞机拍摄到古巴正在修建中程和中远程导弹发射场。10月22日，美国开始对古巴实行军事封锁，出动包括8艘航空母舰在内的183艘军舰和大批飞机，载有核弹头的B-52轰炸机进入古巴周围的上空，在古巴领海设置警戒线，拦截并检查所有可疑船只，下令对一切正运往古巴的进攻性军事装备实行海上“隔离”。美国还集结了战后最庞大的登陆部队，下令海外三军进入戒备状态。一场前所未有的可能触发核战争的危机笼罩着加勒比海乃至全世界。面对美国的激烈反应，苏联最初态度强硬，命令华约军队取消一切休假，进入戒备状态。美苏双方都摆出一副不惜在加勒比海动武甚至动用核武器的架势，古巴导弹危机达到高潮。

在不妥协姿态的背后，美苏两国最高领导人都十分谨慎，竭力避免使危机升级。10月22日至12月14日，肯尼迪与赫鲁晓夫来往信件25封，信中虽充满了指责，但都表明了避免因这场危机使世界陷入核战危险和通过谈判解决危机的强烈愿望。经过艰难的外交谈判，最终赫鲁晓夫下令撤除苏联在古巴的导弹，保证不再将进攻性武器运进古巴。肯尼迪则表示，苏联从古巴撤走导弹后，美国将解除对古巴的封锁。11月8—11日，苏联把部署在古巴的42枚导弹和相关装备全部撤走，12月4—6日又运走了在古巴的伊尔-28轰炸机。肯尼迪则于11月20日宣布停止对古巴实行的海上“隔离”检查和封锁。古巴导弹危机遂告平息。

古巴导弹危机是美苏以包括核武器在内的军事手段进行的一次空前危险的对抗，冷战被推到了核大战的边缘。虽然美苏都宣布自己是这场较量的赢家，但实际上在这场危机中，双方各有让步，各有得失，较量的真正后果是双方把冷战提高到新的水平。这场危机后，苏联决心大力发展战略核武器和远程导弹，开始走上与美国进行全球争夺之路。故这次危机也是冷战中的一个重要转折点，此后美苏核对抗不断升级，使人类和平面临着日益严重的威胁。

## 二、缓和与斗争交织的年代

古巴导弹危机后，美苏两国在危机处理、军备控制及经贸关系方面更加注重调节，力图避免和延缓双方都承受不起的核对抗。于是，从 1963 年起到 70 年代末，冷战进入了一个相对缓和期。此间，美苏力量对比发生了有利于苏联的变化，苏联在战略力量和某些常规军备方面取得了与美国的战略均势。美苏各自调整其外交政策，最终形成了国际政治中“苏攻美守”的局面。两国最高领导人频繁互访和会晤，达成了一系列处理双边关系的条约、协议和共识，军备控制取得进展，经贸往来增多。虽然美苏发生直接军事冲突的危险大大降低，但双方在第三世界的争夺热度不减。

1963 年 11 月，肯尼迪遇刺身亡，继任总统约翰逊在外交上延续了肯尼迪政府的基本政策，苏美关系没有根本改观。1969 年尼克松上台后，美国实行全球战略收缩，特别是在亚洲进行收缩，形成“尼克松主义”，其基本内容包括“三项原则”与“三根支柱”。“三项原则”的主题是：美国将恪守所有条约义务，但在被要求提供军事和经济援助时，“得指望直接遭受威胁的国家承担主要责任来提供其防务所需要的人力”。“三根支柱”是伙伴关系、实力和谈判。促使尼克松做出这种改变的根本原因是，由于“二战”后美国长期执行全球扩张政策，特别是侵越战争的失败，使美国国力的鼎盛时期到 60 年代末告一段落，面临的是内外交困的严重局面。尼克松主义并非表明美国要退出亚洲，而是想尽快体面地结束越战，摆脱越战给美国带来的沉重负担，腾出更多的力量同苏联开展全球范围特别是在欧洲的争夺。1974 年 8 月，尼克松因“水门事件”被迫辞职，副总统福特继任总统后延续了前任的外交政策，将对苏缓和进程与改善对华关系继续下去。1977 年上台的卡特总统在执政前期继续执行对苏“缓和”战略，直到 1979 年 12 月苏联入侵阿富汗后，美国的对苏缓和战略才告结束。

与此同时，苏联的外交政策也有所调整。1964 年 10 月赫鲁晓夫下台，由勃列日涅夫（1906—1982）、柯西金（1904—1980）与波德戈尔内（1903—1983）组成的“三驾马车”共掌政权。苏联的新领导班子虽然对美态度较为强硬，但在具体策略上较为谨慎，采取行动时更加稳健，对美国不再搞“最后通牒”之类的强硬对抗，而是注重用较为温和的策略来达到目的。1966 年苏共二十三大提出的苏联外交路线是：改善国际局势，巩固和平与发展各国人民之间的和平合作。1969 年 3 月，勃列日涅夫第一次提出实现“欧洲缓和”的一系列建议，主张建立包括华约和北约在内的“欧洲集体安全体系”，6 月又提出“亚洲集体安全体系”的设想。1971 年 3 月的苏共二十四大进一步提出了六点“和平纲领”。勃列日涅夫宣布把“缓和”放在苏联外交政策的首位，提出“缓和物质化”（以“军事缓和”与经济合作来补充“政治缓和”），宣称“缓和政策”是苏联“长远的战略方针”。这一时期美苏关系的缓和也与国际大格局的变化有密切关系。新的国际力量的发展对两极格局产生了某种制约，法国和联邦德国奉行自主外交、希望与东方改善关系；日本经济逐步壮大、自主趋向日益增强。这些新发展改变了西方阵营唯美国马首是瞻的局面；中苏关系的恶化，中国等社会主义国家奉行更加独立自主的外交政策，打破了社会主义阵营内苏联一家说了算的局面。上述趋势都成为促使苏联和美国关系缓和的外部原因。当然，“缓和”的出现从未消除双方对战略优势地位的争夺。

美苏的政治缓和带动了军事缓和与经贸关系的发展，推进了国际缓和的进程。美苏政治缓和的主要形式是首脑会晤。1963 年 6 月 20 日，双方达成了《美苏关于建立直接通讯联系的谅解备忘录》（简称“热线协定”），美苏首脑间建立了直接联系渠道。70 年代，美苏共举行了五次首脑会晤：1972 年的尼克松访苏、1973 年勃列日涅夫回访华盛顿、1974 年尼克松重访莫斯科、1974 年勃列日涅夫和福特举行的符拉迪沃斯托克（海参崴）会谈和 1979 年勃列日涅夫与卡特的维也纳会谈。首脑会晤把美苏“缓和”推向了高潮。政治关系的缓和让美苏间的经贸关系也活跃起来，两国间贸易额从 1972 年的 6.38 亿美元升至 1979 年的 44.77 亿美元。美国政府对于发展美苏贸易关系其实有更深一层的考虑，即“潜移默化地影响苏联的自给自足倾向”，进而造成苏联对西方的“依赖”。

缓和期间，美苏在核军备控制领域达成一些重要协议。1963 年 8 月 5 日，苏、美、英三国在莫斯科签署了《禁止在大气层、外层空间和水下进行核武器试验条约》（简称《部分禁止核试验条约》，此后有 120 多个国家先后加入该条约）。条约规定，缔约各国保证在大气层、外层空间或水下“禁止、防止并且不进行任何核武器试验爆炸或其他核爆炸”，“不引导、鼓励或以任何方式参加”上述核武器试验爆炸或其他核试验。这是美苏在核时代签署的第一个限制军备竞赛条约，有助于缓和东西方关系。但该条约也是美苏试图垄断核武器的产物，遭到了法国、中国等国家的拒绝。法国于1960年和1968年、中国于1964年和1967年相继爆炸了原子弹与氢弹。1967年，美苏在日内瓦18国裁军会议上又共同提出不扩散核武器条约草案，并于次年7月1日在伦敦、莫斯科、华盛顿同时签署了《不扩散核武器条约》。这一阶段的美苏核军控减少了核战争的危险，但其主要目的是将美苏拥有的核武器优势固定下来，限制他国掌握核武器，并不影响美苏继续发展核武器和进行核军备竞赛。

1969年10月，美苏开始限制战略武器谈判。1972年5月，双方签署了《美苏关于限制反弹道导弹系统条约》（简称《反导条约》）和《美苏关于限制进攻性战略武器的某些措施的临时协定》（简称《美苏第一阶段限制战略武器协定》）。前者规定美苏均只可部署两个反弹道导弹防御系统，后者规定将双方的进攻性洲际导弹冻结在现有水平。1979年6月，美苏第二阶段限制战略武器会谈达成协议，签订了《美苏关于限制进攻性战略武器条约》，将双方的进攻性战略武器运载工具总额规定为2400件，并从1981年年初开始削减。此外，1972—1975年，北约与华约国家在维也纳展开了旷日持久的中欧裁军谈判。虽然这些军控协议只是承认了美苏间业已存在的战略均势，但它们为两国的军备竞赛制定了游戏规则，有助于美苏战略的稳定与东西方关系的缓和。

"欧洲正常化"是冷战缓和的主要内容之一。在1970年8月苏联与联邦德国间《莫斯科条约》与同年12月联邦德国与波兰间《华沙条约》的基础上，1971年9月，美、英、法、苏四国达成《关于柏林问题的四方协定》。四国"同意在本地区不得使用武力或以武力相威胁"，保持柏林西区和联邦德国之间的交通畅通等。该协定的核心是保证在西柏林"促进消除紧张局势和防止局势复杂化"。至此，柏林问题得到解决，促进了欧洲局势的缓和与稳定。1972年11月，33个欧洲国家与美国、加拿大的代表在赫尔辛基举行了"欧洲安全与合作会议"筹备会，经过两年多的艰苦谈判，1975年7—8月在赫尔辛基举行"欧安会"正式会议，签署了《欧洲安全与合作会议最后文件》（亦称"赫尔辛基宣言"），在指导与会国关系的原则宣言中提出了处理与会国互相关系的10项原则，其中特别提到欧洲现行边界不可侵犯，"禁止使用武力或以武力相威胁"；加强在经济、科技与环境领域的合作；推动人道主义及人员思想的自由交流。欧安会使苏联获得了西方国家对欧洲现存边界的正式承认，而西方则得到了苏联在人员、信息、思想与文化交流方面的让步。"最后文件"表面上看是东西方势均力敌情况下为避免两败俱伤而达成的妥协，美苏各有所得，但实际上，西方恰恰是企图通过这种交流能打开苏联的“铁幕”，并为其对苏东进行“和平演变”提供某种合法性。

在第三世界，美国由于深陷越战泥潭而被迫实行战略收缩。50 年代中期美国扶植成立的南越吴庭艳傀儡政权大肆迫害抗法战争参与人员，严酷镇压越南劳动党领导的南越革命力量，激起南越人民的强烈反抗。1960 年 12 月越南南方民族解放阵线宣告成立，1961 年建立起统一的武装力量，越南劳动党也设立南方局领导南越人民的革命活动。1961 年 5 月，美国在南越发动“特种战争”，由其装备南越军队，在美军顾问训练和指挥下同南越革命力量作战，但屡遭败绩，南越傀儡政权摇摇欲坠。1964 年秋，美国策划“北部湾事件”①，在越南实施“南打北炸”。1965 年 3 月，美国派出地面部队全面介入越南战争，越战升级为“局部战争”。到 1969 年 4 月，侵越美军总数近 55 万人，达到越战时的最高峰。在越战逐步升级过程中，中国应越南民主共和国政府的请求，派出地空导弹、高炮、工程兵、后勤保障等支援部队，与越南军民共同保卫越南北方的领空和交通运输线。中国援越部队共伤亡 5000 多人，援越物资价值超过 200 亿美元。在中国等国的支援下，越南人民艰苦奋战，使美国深陷战争泥潭，速战速决的企图未能得逞。1973 年 1 月 27 日，越南问题相关四方在巴黎签署《关于在越南结束战争、恢复和平的协定》。1975 年，越南抗美救国战争取得最后胜利。美国在 12 年的越战中，军费开支高达 1360 亿美元，死亡 4.6 万余人。这场战争给越南带来巨大灾难，造成数百万人伤亡，城乡处处残垣断壁。美国在越南的失败，不仅表明美国并非“无所不能”，而且也使其国际形象黯然失色。

这一时期，苏联的对外政策也开始明显背离社会主义原则。为了在冷战中同美国争夺势力范围，苏联到处插手，屡屡干涉别国内政，国际格局中开始呈现“苏攻美守”的地缘政治态势。1968 年 8 月，苏联针对“布拉格之春”悍然出兵侵占捷克斯洛伐克，勃列日涅夫随后提出“有限主权论”，即由所有社会主义国家所组成的大家庭是不可分割的整体，“该社会主义大家庭的利益”是高于一切的“最高主权”，而“社会主义大家庭”各“兄弟国

---

① 又称东京湾事件。1964 年 8 月 1 日，美第七舰队驱逐舰“马多克斯号”在北部湾（又称东京湾）收集情报，侵入越南民主共和国领海，之后几日与越南海军鱼雷艇交火。美国政府随即宣称美海军遭到挑衅，并以此为借口于 5 日出动空军轰炸越南北方义安、鸿基、清化等地区。7 日，美国国会通过《东京湾决议案》，授权总统在东南亚使用武装力量。

家”的主权是有限的。在亚洲，苏联1971年支持印度发动旨在肢解巴基斯坦的战争，向印度提供武器装备，派海军在孟加拉湾航行，在联合国中偏袒印度。70年代中期，苏联趁美国从越南撤军之机加紧向印度支那渗透，1978年11月与越南签订带有军事同盟性质的《苏越友好合作条约》，并取得金兰湾、岘港等海军基地的使用权，支持越南在1978年年底出兵入侵柬埔寨。在非洲，苏联通过古巴卷入安哥拉内战与欧加登战争，与古巴等国先后向17个非洲国家派遣军事人员。它在非洲7个沿海国家获得20多处港口、机场、军事通讯站等设施的使用权，还在1978年6月直接出兵介入南也门军事政变，特别是1979年12月27日发动对阿富汗的军事入侵，达到其冷战期间对外扩张的巅峰。

## 第二节　以美国为首的西方集团的分化

20世纪50年代至70年代初，西欧国家和日本的经济实力迅速发展。美国因国际收支持续恶化和美元霸权地位出现动摇，世界经济霸主的地位开始受到削弱。法国戴高乐（1890—1970）奉行自主外交，使以美国为首的资本主义阵营难以继续维持表面一致。联邦德国勃兰特（1913—1992）的“新东方政策”助推了东西方之间的缓和气氛，突破了美国对西欧的战略限制和“保护”。欧洲经济一体化的不断发展，增强了西欧在世界事务中的影响力，有助于世界向多极化方向发展。《日美安全条约》的修订，表明日本开始试图改变一味追随美国外交的国际形象，加强自己在美日关系中的地位。

### 一、美国经济霸主地位受到挑战

雅尔塔体制确立了美国在资本主义世界的霸主地位。战后初期形成的资本主义世界货币金融体系——布雷顿森林体系，赖以支撑的是美国强大的经济实力。

20世纪40年代末至70年代初，主要资本主义国家的力量对比发生了重大变化，美国的经济实力相对削弱，西欧主要国家和日本的实力有所增强。从占世界资本主义工业生产总值的比重看，从1948年到1970年，美国由54.6%降为37.8%，法国由4.6%升至6.5%，联邦德国由3.6%升至10.1%，日本由

1.2%升至9.5%。从在世界黄金和外汇储备中所占比重看，从1950年到1970年，美国由49.6%降为15.5%，法国由1.6%升至5.3%，联邦德国由0.4%升至14.6%，日本由1.2%升至5.2%。此外，从工业年平均增长速度和出口贸易占资本主义世界的比重看，美国也都是在走下坡路。

经济实力的相对下降必然影响到美元的国际地位。早在1950年，美国的国际收支就开始出现逆差，但在50年代上半期，美元仍能保持稳定。到了50年代后期，西欧国家和日本出现“美元过剩”，开始用美元向美国兑换黄金，造成美国黄金加速外流，导致1960年10月第一次美元危机爆发，标志着美元的霸权地位开始出现动摇。为了挽救美元，美国拉拢西欧国家在1961年成立了“黄金总库”，并在国际货币基金组织内形成了以美国为首的“十国集团”，试图共同维持以美元为中心的布雷顿森林体系，这就使得西欧国家在国际货币金融领域获得了一定的决策权，美国的地位则被削弱。60年代中期以后，受越战影响，美国的国际收支状况进一步恶化。1968年3月第二次美元危机爆发后不到半个月，美国就流失了14亿美元的黄金。此时，美国已难以继续维持统一的美元黄金价位，被迫宣布实行黄金双价制，① 实际上是美元变相贬值和以美元为中心的布雷顿森林体系局部瓦解。

70年代初，美元地位更加不稳。1971年5月，第三次美元危机爆发。8月，美国尚有102亿美元的黄金储备，而短期外债却高达520亿美元。8月15日，尼克松政府宣布实施停止以美元兑换黄金等“新经济政策”措施，实际上放弃了美元与黄金挂钩，试图以此迫使其他国家的货币升值。法国等欧共体国家对此予以抵制，反过来要求美元正式贬值。12月，西方十国达成协议，决定美元贬值7.89%。1973年2月，美元再度贬值10%。3月，各主要资本主义国家普遍放弃固定汇率，并对美元改行联合浮动汇率。至此，布雷顿森林体系规定的以美元为中心的固定汇率制宣告瓦解，维持了20多年的美元霸主地位一去不复返，资本主义经济体系逐渐形成美国、西欧、日本三个中心。

## 二、欧洲共同体的形成和发展

20世纪50年代初，西欧经济虽已逐渐恢复并有所发展，但无法恢复昔日

---

① 指官方黄金市场及非官方黄金市场实行两种不同价格的制度。在官方市场，仍然实行35美元等于1盎司黄金的比价，而在私人黄金市场，金价则听凭供求关系决定，从而拉开了与官方黄金官价的距离。

地位。因处于两大阵营对抗的前沿，除了借助美国力量保障自身安全外，西欧也希望通过联合来实现自强，并提高自身在美苏竞争中的地位，增加在国际事务中的影响力和发言权。美国为了控制欧洲和对抗苏联，也由于把越来越多的力量投入远东、南亚等世界其他地区，也支持西欧走向联合，以减少美国在欧洲的“责任”和负担。

1947 年马歇尔计划的实施，促使并推动西欧国家走上了合作之路。1950 年 5 月 9 日，法国外长舒曼（1886—1963）发表了关于“建立欧洲煤钢共同体”的历史性声明（史称“舒曼计划”），它是走向统一的欧洲市场和欧洲联邦的第一步。1951 年 4 月 18 日，法、联邦德国、意、比、荷、卢六国在巴黎签订《欧洲煤钢联营条约》（《巴黎条约》），决定把各自的煤钢工业置于共同管理之下，建立欧洲煤钢联营。条约规定建立一个独立于各成员国政府的高级机构，直接管理各国的煤钢生产和经营。1952 年 8 月，高级机构在卢森堡成立，首任主席是“舒曼计划”的设计师，后被称为“欧洲之父”的莫内（1888—1979）。1953 年 2 月起，煤炭、钢铁和铁矿共同市场相继成立。六国之间取消了上述产品的关税，实现了钢铁的自由贸易。

煤钢联营成功之后，莫内等人决定再从科技和经济方面推动欧洲的一体化。1957 年 3 月，六国首脑在罗马签订了两项条约，一项是《建立欧洲经济共同体条约》（1958 年 1 月 1 日正式生效），主要内容包括成员国之间取消进口关税和限额，建立对共同体以外国家的共同税率和政策等；另一项是《建立欧洲原子能共同体条约》。两项条约统称《罗马条约》。欧共体设立四个主要机构。一是欧洲议会，负责审议提案和监督执行机构；二是部长理事会，负责协调成员国之间的经济政策，拥有管理共同体的最高决策权；三是欧洲执委会，负责欧共体的日常事务；四是欧洲法院，负责解释欧共体条文和新政策，仲裁欧共体内的纠纷。

欧洲经济共同体成立后，尽管内部存在意见分歧和矛盾，但还是不断取得重大进展。各国经济获得迅速发展。1958—1963 年，共同体出口额从占世界总额的 21.7%增至 24.4%。1965 年 4 月，六国签订《布鲁塞尔条约》，将煤钢共同体、经济共同体和原子能共同体三套机构合并为一，统称“欧洲共同体”，简称“欧共体”。1967 年 7 月 1 日，《布鲁塞尔条约》生效，“欧共体”成为一个组织机构相对完整、行政权与立法权兼备、拥有监督和仲裁机构的西欧区域一体化组织。1968 年 7 月，欧共体建成被称为关税同盟的“共同市场”，1969

年又形成了农业共同市场。1979 年 3 月，欧洲货币体系正式建立。

欧共体成员国不断增加。1961 年 8 月，英国等国正式申请加入共同体。法国于 1963 年和 1967 年两次否决了英国的申请，1969 年开始改变态度，重新考虑英国的申请。1973 年，英国与丹麦、爱尔兰正式成为欧共体成员国，欧共体增加到九国。①

欧共体的形成和发展对欧洲和世界历史的进程产生了深远影响。它强化了西欧国家之间以及西欧与中东欧国家之间的经济联系，促进了欧共体国家政治与经济的稳定和发展，增强了欧共体在国际上的经济竞争力，提高了欧共体的国际地位和影响力，成为两极格局中越来越重要的一支力量，推动了世界格局的多极化发展。

### 三、戴高乐的独立自主外交

1958 年 6 月，戴高乐复出，成为法兰西第五共和国第一任总统。这一时期，法国经济快速发展，新的政治体制赋予总统强权。在解决了阿尔及利亚问题之后，戴高乐从战略层面制定了旨在摆脱美国控制、恢复法国大国地位的外交政策。其主要内容有：坚持民族独立；力争和维护法国在国际事务中的大国形象和大国地位；建立以法国和联邦德国为核心、以法国为领导的“欧洲人的欧洲”，逐渐打破美苏两极格局。戴高乐外交的主要体现，就是屡次挑战美国在资本主义世界中的主导权，在一些重大国际事务中执行独立于美国的政策。这种外交政策又被称为“戴高乐主义”。

对法美矛盾的处理是戴高乐独特的外交思想和实践的集中反映。法美不和可追溯到“二战”期间。罗斯福轻视戴高乐领导的“自由法国”，与维希政权保持外交关系。美国还长期把法国排斥在战后世界安排和处理战后欧洲命运的进程和框架之外，雅尔塔会议等历次重要会议都将法国拒之门外。战后戴高乐坚信只有依靠自身实力，法国才能成为受尊重的世界强国。

建立法国独立的核力量，是戴高乐摆脱美国控制、争取大国地位的重要基

---

① 1981 年 1 月希腊成为欧共体第 10 个成员国，1986 年 1 月西班牙和葡萄牙加入欧共体。欧共体发展成为拥有 12 个成员国、总面积 225 万多平方公里、人口 3.2 亿多、贸易总额占世界 40%、经济总量与美国相当的经济一体化组织，成为世界经济中一支举足轻重的力量。1993 年 11 月 1 日，欧共体正式改名为欧洲联盟。到 2017 年，加上已经通过公投决定“脱欧”的英国，欧盟共有 28 个成员国。

础和首要目标。早在 1957 年，法国就做出了研制核武器的决定，戴高乐重新上台后加速了研制的步伐。他毅然拒绝了美国要法国放弃独自研制核武器而由美国提供的要求，把建立一支独立的核力量与摆脱美国为首的北约军事一体化机构的束缚作为谋求法国大国地位的第一步。1960 年 2 月，法国第一颗原子弹爆炸成功。1963 年，戴高乐再次拒绝了美国提出的“多边核力量”计划，此后又断然拒绝签署苏、美、英三国部分停止核试验及禁止核扩散条约。1968 年，法国第一颗氢弹试爆成功。

1958 年 9 月，戴高乐提出改组北约，实际上是要在北约中取得与美、英平起平坐的地位。遭美、英拒绝后，法国在 1959 年 2 月宣布其海军战时将不受北约指挥，3 月宣布将其地中海舰队撤出北约，6 月拒绝美国在其领土上储存核弹头和部署发射装置，1960 年 5 月拒绝将其军事航空纳入北约空防体系，1963 年 6 月宣布将其大西洋舰队撤出北约，1964 年 4 月从北约海军参谋部撤出任职的法国军官，1965 年拒绝参加北约的军事演习。戴高乐最具决定性的行动，是在 1966 年 2 月宣布法国退出北约军事一体化机构，要求北约欧洲盟军最高司令部和中欧司令部总部在 1967 年 4 月 1 日前迁出法国领土，此举是对美国西方霸主地位的严重挑战。

在法国争取大国地位的过程中，戴高乐深知欧洲联合的重要性，而要使欧洲获得独立地位，法德合作是关键。1963 年，《法德合作条约》（又称《爱丽舍宫条约》）签订，条约规划了两国在外交、防务、教育与科技等领域的合作框架，实现了法德全面和解，并在德美关系上打下了楔子。①

戴高乐彰显其独立外交的另一个行动是调整法苏关系和发展法中关系。1960 年 3—4 月，戴高乐邀请赫鲁晓夫访问法国，提出了“缓和、谅解、合作”的对苏方针和“从大西洋到乌拉尔”的“大欧洲”设想。戴高乐此举是想表明美国不能包办西方的对苏政策，强调法国可以发挥特殊作用。1966 年 6 月，戴高乐正式访苏，在发表的联合声明中强调欧洲事务应由欧洲人来考虑和解决。此次访问开始了西欧对苏联东欧的政策由冷战到缓和、由对抗到对话的转变，促动了东西方缓和的进程。

在对苏缓和的同时，戴高乐认识到中国是国际政治中一支不可忽视的力量，法中在实行独立自主外交、反对苏美霸权上有着共同诉求。1963 年 10 月，

---

① 本段的“法德”“德美”中的德国均指联邦德国。

戴高乐派代表赴中国，商谈建交事宜。中国提出“直接建交”方案，即中法两国先宣布建交，然后法国“自然地”结束同台湾的关系。1964 年 1 月 27 日，两国同时发表建交公报，法国成为西方国家中第一个同中国建立大使级外交关系的国家。2 月 10 日，法国与台湾“断交”。遗憾的是，戴高乐生前未能实现邀请中国领导人访问法国，以及他本人访问中国并会见毛泽东主席的愿望。但他不顾美国的反对与中国建交，大大增加了法国在东西方关系中的发言权，提高了他本人和法国的国际地位、扩大了在国际事务中的影响。

### 四、勃兰特的“新东方政策”

20 世纪 50 年代，联邦德国实行“哈尔斯坦主义”①，即绝不承认并坚决反对第三国承认民主德国。随着美苏关系的缓和与戴高乐独立外交的开展，阿登纳此前一直奉行的对美“一边倒”的外交政策已不合时宜。同时，经过多年的经济高速发展，联邦德国已成为西方世界仅次于美国的第二经济强国（1968 年被日本超过），因而希望在国际事务中有更大的声音。

1962 年夏，阿登纳政府开始同东欧国家接近。1963—1964 年，联邦德国先后同波、罗、匈、保等国建立了双边贸易关系。1967 年与罗马尼亚建交及 1968 年同南斯拉夫复交，成为后来新东方政策的先导。1969 年 9 月勃兰特出任总理后，新东方政策得以正式推行。从俾斯麦以来，德国每个时期都有一个相应的东方政策，人们习惯上把勃兰特的东方政策称为“新东方政策”。

勃兰特“新东方政策”的基本思想是“以接近求转变”，即通过接近苏联和东欧国家而逐步促使其发生有利于西方和联邦德国的变化。勃兰特称其新东方政策有三重目标：改善同苏联的关系；同东欧各国关系正常化；暂时改善两德关系。要改善两德关系，就必须改善与苏联的关系，而改善与苏关系的前提是接受战后欧洲的边界。勃兰特第一次在官方场合用“德意志民主共和国”取代了“苏占区”或“所谓的德意志民主共和国”的称谓。1970 年 8 月，勃兰特与苏联签署《莫斯科条约》，承认包括奥得—尼斯河边界和两个德国在内的欧洲各国边界不可侵犯。12 月，勃兰特访问华沙，签订了《关于两国关系正常化基础的条约》（简称《华沙条约》），条约签字前他来到华沙无名烈士墓前献花，并在华沙犹太街区殉难者纪念碑前为 1942 年被希特勒屠杀的 50 万犹太

① 1955 年 9 月由联邦德国外交部国务秘书哈尔斯坦建议制定，由此而得名。

人下跪致哀，在国际上轰动一时。

1972 年 12 月，两德实现了关系正常化。1973 年，两个德国同时加入联合国。同年 12 月，联邦德国与捷、匈、保建交。1975 年，联邦德国参加了欧洲安全与合作会议。至此，新东方政策的主要步骤基本完成。新东方政策的实施扩大了联邦德国外交上的活动空间，突破了美国对西欧的战略限制和“保护”，表明西欧不再需要美国充当代言人，可以自主地向苏联东欧推行缓和政策，谋求自身在政治和外交上的独立发展。

### 五、《日美安全保障条约》的修订

50 年代，在朝鲜战争的“特需”刺激下，日本经济得以恢复并迅速发展，到 1955 年，日本绝大部分经济指标都大幅度超过战前最高水平。1956 年，日本实现与苏联邦交正常化并加入联合国，重返国际社会。50 年代中期，日本与中国的民间往来日益频繁。但美国对日本的外交努力并不支持，1951 年签订的《日美安全保障条约》极大地压抑了日本国民日益增长的民族自信心和独立意识，束缚了日本政府提高国际地位的外交策略和行动。据此条约，美国获得了在日本无限期驻军的特权和利用日本基地在西太平洋自由行动的战略利益，却回避了对日本安全承担义务。从该条约签订之日起，日本就存在着对条约进行修订的呼声。50 年代下半期，修改《日美安全保障条约》成为日本外交的重要目标。

鸠山内阁时期（1954 年 12 月—1955 年 12 月），日本政府已开始进行修约活动。1955 年 8 月，外相重光葵（1887—1957）访美时提出修改《日美安全保障条约》，被美国国务卿杜勒斯（1888—1959）一口拒绝。1957 年 2 月岸信介（1896—1987）上台后，极力主张摆脱从占领时期延续下来的对美国一边倒的外交路线，开展独立外交，实现日美关系的对等化，并为此采取了一些行动。5 月，岸信介访问东南亚，旨在同该地区国家建立紧密的经济和政治关系，为修改《日美安全保障条约》增加筹码。6 月，岸信介访美，使美国同意成立日美安全委员会，研讨修约问题。

在日本国内，1953 年以后民众反对驻日美军基地的斗争不断。1957 年年初发生了驻日美军士兵故意枪杀日本人的哲拉德事件，[①] 使日本民众反美情绪空

---

① 1 月 30 日，在群马县相马原美军基地演习场，美军士兵哲拉德打死拣弹壳的日本妇女坂井，引发了日本民众对驻日美军的抗议浪潮。

前高涨。为了巩固亲美的岸信介政权，防止日本采取终止《日美安全保障条约》的过激行动，美国公开表示同意修改条约。1959 年 4 月至 1960 年 1 月，日美进行了 22 轮谈判，于 1960 年 1 月 19 日签署了有效期十年的《新日美安全条约》（又称《日美共同合作和安全条约》）。新条约规定：对日本管理下的领土的攻击，被认定为对另一国（即美国）的危害，双方将“采取行动以应付共同的危险”；为了日本和远东的安全，美军可以使用日本的设施和地区。新条约还增加了两国政治经济合作的条款。此外，新条约取消了驻日美军可以镇压日本内乱和不经美国同意日本不得将基地和基地有关权利等给第三国的规定，突出了日美双方的“对等性”。新条约使日本维持了长期以来防卫开支在财政上的低水平，为其经济的进一步增长和迅速成为经济大国创造了有利条件。1969 年 11 月，两国同意自动无限期延长将于 1970 年到期的《新日美安全条约》，美国则同意于 1972 年把冲绳的行政权交给日本。1972 年 5 月，美国将冲绳的行政权正式移交日本，但仍保留该岛的美军基地。至此，两国关系发生了一些变化，日本开始加强自己在美日同盟中的地位，日美关系开始从战后初期的完全从属关系向协调与讨价还价的关系发展。

## 第三节 社会主义阵营的分裂

“二战”后期和战后初期，苏联为东欧、亚洲等社会主义政权的建立和巩固及国家建设，提供了政治、经济、外交等方面的支持，对以苏联为首的社会主义阵营形成的团结局面做出过贡献。但在处理与这些兄弟党和国家的关系时，苏共时常以“老子党”自居，屡屡推行大国沙文主义与民族利己主义，粗暴干涉兄弟党和国家的内政外交，致使社会主义阵营最终走向分裂。

### 一、苏共二十大的影响

50 年代中期以前，社会主义阵营总体上是团结和谐的。苏联作为最早建立的社会主义国家，给予新生的社会主义政权很大支持。社会主义国家间相互团结、支持，共同探索建设之路，有力地抵制了资本主义阵营的咄咄攻势。但社会主义国家间也存在分歧和彼此不平等的问题，比如“二战”后期苏联就曾与一些东欧国家的共产党在国家政权组成和建立过程出现过分歧。这些分歧和问题，在斯大林在世时，由于其个人的巨大威望和苏联为世界社会主义事业做出的巨大贡献，以及东西方冷战正酣，并没有过多地影响社会主义阵营的团结一致，但为后来社会主义阵营的分裂埋下了隐患。斯大林逝世后，随着美苏关系开始出现缓和，特别是苏共二十大引发的对斯大林评价问题和如何认识国际共产主义运动中的一系列重大问题，使社会主义国家和政党之间的分歧不断扩大，逐渐发展成矛盾和冲突，并最终导致了国际共产主义运动的分裂。

1956 年 2 月 14 日，苏共第二十次代表大会开幕，中国等 55 个国家的共产党、工人党代表团列席了会议。赫鲁晓夫在会上所作的工作报告，在分析国际形势方面提出了一系列新观点：一是社会主义国家与资本主义国家之间的竞争发生了变化，不能再用军备竞赛和使用核武器的办法来解决国际问题了；二是“战争并不是不可避免的”，那种“只要帝国主义存在，战争就不可避免”的观点已经过时；三是两个阵营可以和平共处，不同社会制度国家间和平共处是苏联外交政策的总路线，倡导社会主义和资本主义两个体系之间和平竞赛；四是不同国家向社会主义过渡的形式将越来越多样化，议会道路是重要的过渡形式，不应把暴力和内战看成是过渡的唯一途径。该报告并没有指名批评斯大林的个人崇拜，但作为个人崇拜标志的《联共（布）党史简明教程》《斯大林传》和《苏联社会主义经济问题》遭到激烈批评。2 月 24 日深夜，在会议结束全部议程之后，赫鲁晓夫召开了不邀请其他国家共产党代表团出席的会议，作了近五个小时的《关于个人崇拜及其后果》的报告（即没有列入大会议程的“秘密报告”），列举了内务部和斯大林本人滥用权力、粗暴破坏法制的事实，避开了现在仍在台上的领导人的责任，认为造成此种非法状况的根本原因在于斯大林。报告没有批判斯大林的社会主义建设路线，而是继续执行优先发展重工业的方针，并以是否拥护这一方针在党内划线，反对者被视为“异己”。

3 月 5 日，苏共中央主席团决定向各级党组织通报“秘密报告”。28 日，又作出了向各国共产党代表团通报该报告的决议。6 月 4 日，美国《纽约时报》发表了赫鲁晓夫的“秘密报告”。一时间，这篇激烈谴责斯大林的报告震惊了世界，尤其是对社会主义阵营和西方国家的共产党、左翼力量产生极大震动。

苏共二十大所产生的影响极其深远，且带有全局性。对东欧和其他社会主义国家的影响有积极影响和消极影响两个方面。苏共二十大表明，苏联在政治、经济、意识形态等方面并不都是完美的，也存在许多不足甚至严重错误，其社会主义模式可以学习借鉴，但不可以照搬。这有利于各国把马列主义和本国具体实际结合起来，探索出符合本国特点的社会主义道路。苏共二十大提出要反对个人崇拜，有利于各国、各党破除对领袖人物的神化，摆脱思想僵化和教条主义的束缚。苏共二十大还促进了纠正肃反扩大化错误和为受害人平反昭雪、恢复名誉的工作，改变了斯大林时期对外政策中的某些简单粗暴做法。

但是，苏共二十大也产生了明显的消极影响，而且随着时间的推移，其严重后果日益突出。那就是这场由赫鲁晓夫掀起的被西方称为“非斯大林化”的运动，不是实事求是地全面评价斯大林的功过，认真总结其所犯错误的根源及应吸取的教训，而是全盘否定和丑化他，似乎他的一生都是罪恶。对斯大林的评价，绝不仅仅是如何对待他个人的问题，而是关系到如何对待苏共的历史、苏联社会主义的历史、苏联人民在苏联共产党领导下几十年奋斗的历史、国际共产主义运动的发展等重大历史问题。对斯大林的全盘否定甚至人身攻击，丑化了社会主义制度、无产阶级专政和共产党，把反对个人崇拜的正确主张引向歧途，搞乱了人们的思想，在一些共产党和社会主义国家内部引起了混乱，造成了极其严重的后果。波匈事件就是在这种形势下发生的。此外，苏共二十大在社会主义阵营内部引起的分歧，在西方国家面前公开了苏联与其他社会主义国家和共产党之间的矛盾，鼓励和助长了美英等国进行和平演变的企图和努力，西方国家借机掀起反共反社会主义的浪潮，大大增加了国际共产主义运动的困难。

## 二、波匈事件

波兰在社会主义建设过程中，由于社会和经济体制僵化，造成党群关系逐渐疏离，经济发展缺乏活力，人民生活水平提高缓慢，而苏共二十大引起的思想震动和混乱又加剧了社会矛盾。1956 年 6 月 28 日，波兰波兹南市斯大林机车车辆厂工人提出增加工资、退回不应征收的税款和改善劳动条件等要求，遭拒绝后举行了反对政府、反对苏联的大规模示威游行，其他工厂的工人和学生积极参加，规模达十万多人。一些谣言又推波助澜，人们情绪失控，和平游行示威很快引发骚乱，并酿成流血事件，波兰政府派保安部队和坦克平息了骚乱。此即波兹南事件。7 月举行的波兰统一工人党二届七中全会，认为波兹南事件主要是党和政府的官僚主义导致的恶果，因此决定克服官僚主义，密切党和政府与人民的联系，进行政治经济改革。

赫鲁晓夫在苏共二十大的秘密报告中，披露了共产国际对波兰共产党的大清洗和根据虚假材料解散波共的错误决定，使波兰人深为震惊，引起了波共党内的思想混乱和激烈争论，不少人要求修正全盘苏化政策，摆脱苏联的控制，走独立自主的发展道路。10 月 19 日召开的波兰统一工人党二届八中全会决定为波兹南事件平反、释放被捕者；曾被批评为“有右倾民族主义倾向”的哥穆尔卡（1905—1982）当选为波兰统一工人党中央第一书记。出生在波兰并曾任波兰部长会议副主席兼国防部长的苏联元帅罗科索夫斯基（1896—1968）被排除出政治局。赫鲁晓夫对波兰局势的发展和新的人事安排深感不安，指责波兹南事件是帝国主义策划的反革命事件，摆出“老子国”“老子党”架势，立即加以干涉。在未受到波兰党和政府邀请的情况下，赫鲁晓夫率领米高扬、莫洛托夫及华约武装部队总司令科涅夫（1897—1973）突然飞抵华沙。波兰统一工人党对苏联的干涉极为愤慨，双方发生激烈争论。中国政府坚决反对苏联使用武力对波兰进行干涉，波兰统一工人党也公开表示波兰不会脱离社会主义阵营。经过谈判，波苏发表共同声明，强调在独立平等互利的基础上发展两国关系。波兰党和人民维护民族独立的斗争赢得了一次胜利。

匈牙利事件的发生有着与波兹南事件相似的起因，但事件的演变与结局却截然不同。“二战”后直到 20 世纪 50 年代中期，匈牙利国民经济发展较快，但由于长期机械照搬苏联模式，政治上大搞个人崇拜，片面发展重工业，国民经济发展比例严重失调，农业长期处于落后状态，人民生活得不到有效改善。1953 年 3 月斯大林逝世后，苏联局势发生变化。6 月，匈牙利劳动人民党中央委员会扩大会议批评了党的第一书记拉科西 · 马加什（1892—1971），并决定进行改革。会后，拉科西辞去了兼任的总理职务，由纳吉 · 伊姆雷（1897—1958）接任。纳吉根据中央委员会的决议开始进行经济改革，得到人民拥护。但纳吉的改革主张被拉科西指责为“修正主义路线”。1955 年 4 月，纳吉被免除党内外一切职务，12 月被开除出党。

苏共二十大后，匈牙利劳动人民党和群众中滋长着要求批判党内个人崇拜和破坏法制的现象，反对在经济建设等方面的教条主义和宗派主义，强烈要求进行改革。在当时国际上反共反社会主义浪潮的推动下，匈牙利的政治形势开始恶化。1956 年 3 月，布达佩斯的一些新闻记者、作家、大学生和党员干部等成立了“裴多菲俱乐部”，要求惩办拉科西，恢复纳吉的职务。7 月，劳动人民党中央免除了拉科西的职务，由格罗（1898—1980）担任第一书记。

受波兹南事件的鼓舞，10 月 22 日，“裴多菲俱乐部”向党中央提出“十点要求”。当晚举行的布达佩斯大学生集会通过了给政府的“十六点要求”，主要内容是：清算拉科西集团的错误，拥护纳吉担任党政最高领导，举行多党制议会选举，言论集会和出版自由，苏军撤出匈牙利。23 日，布达佩斯十余万市民举行大规模示威游行，要求进行政治体制改革，提高人民生活水平，反对苏联大国沙文主义。一些人乘机煽动闹事，挑起冲突，并很快演变为武装骚乱：武装袭击国家广播大楼，攻占电台、国际电信局、《人民自由报》编辑部，抢夺武器仓库和警察哨所，残杀公安人员和共产党人，释放监狱犯人，制造流血事件。

为了缓和矛盾和稳定局势，劳动人民党中央连夜召开紧急会议，对党和国家最高领导机构做出调整：第一书记仍由格罗担任，纳吉重新出任部长会议主席。24 日中午，纳吉通过电台发表《告匈牙利人民书》，承诺政府将全力实现在党和国家的生活与政治和经济等各个方面的彻底民主化，“走符合我们民族特点的建设社会主义的匈牙利道路”。同日，苏军坦克部队应匈牙利政府要求开进布达佩斯。25 日议会大厦前发生流血事件后，在苏方授意下，格罗被解除职务，卡达尔（1912—1989）出任党中央第一书记。28 日，纳吉要求苏军撤出布达佩斯，并表示要退出华约和向联合国求援。30 日，暴动者围攻布达佩斯市委大楼，杀害了市委书记，针对共产党员和公安人员的恐怖活动日益加剧。31 日，成立了以卡达尔为首的社会主义工人党。11 月 1 日，纳吉宣布匈牙利中立，退出华沙条约，并请求联合国保卫匈牙利的中立。3 日，纳吉宣布再次改组政府，卡达尔本人拒绝参加新的联合政府，离开布达佩斯，领导成立了匈牙利工农革命政府。4 日，卡达尔请求苏联出兵镇压“反革命”，帮助稳定秩序。苏联于当日出兵匈牙利，四五天后，骚乱逐步平息，局面得以控制。纳吉政府垮台，他本人逃往南斯拉夫大使馆避难。经交涉，纳吉于 11 月 23 日离开使馆，随即被捕，1958 年 6 月以反革命罪被判处死刑。

### 三、中苏从分歧到分裂

五六十年代的中苏分歧和分裂是国际共产主义运动和国际政治中的重大事件，对中苏关系乃至整个国际共产主义运动的发展都产生了重大影响。

50 年代中期之前，中苏之间虽在某些问题上存在不同看法，但基本都能通过协商解决。双方之间的重大分歧始于 1956 年的苏共二十大。大会期间，针对赫鲁晓夫和苏共领导人的错误观点和做法，中国共产党从大局出发，为维护社会主义阵营的团结，对苏共领导进行了善意的规劝和批评，批评集中在赫鲁晓夫全盘否定斯大林问题上。1956 年 4 月和 12 月，《人民日报》先后发表了《关于无产阶级专政的历史经验》与《再论无产阶级专政的历史经验》两篇文章，对斯大林一生的功过作了全面评价，肯定了十月革命道路的普遍意义，委婉而又十分明确地批评了苏共二十大的某些观点。中苏两党出现的分歧最初控制在一定范围，1957 年 11 月召开莫斯科会议时，双方都做了一定让步，因而基本维持了社会主义阵营的团结。1958 年 4 月，苏联向中国提出由两国共同出资，在中国建设大功率长波电台，以便于指挥在太平洋地区活动的苏联潜艇。双方分歧的关键在电台的所有权问题上。7 月，赫鲁晓夫建议由中苏两国“建立一支共同潜艇舰队”，毛泽东等中国领导人认为这是事关中国主权的政治问题，予以严词拒绝。在同年 8 月的台湾海峡危机中，赫鲁晓夫对中国炮击金门、马祖很是不满，生怕炮击行动会影响苏联正在进行的与美国缓和关系的努力。这三件事的发生，表明中苏之间的矛盾已经涉及关系中国主权的重大敏感问题。

1959 年，中苏矛盾开始暴露出来。6 月下旬，苏联以正与美英等西方国家谈判禁止试验核武器为由，中断执行此前承诺的向中国提供原子弹样品的有关技术资料等项目。8 月下旬中印边境发生第一次武装冲突后，苏共中央在 9 月 8 日致函中共中央，对中国政府在中印边境冲突中所采取的方针提出异议，随后塔斯社发表的声明对中印边境冲突表示“遗憾”。苏联还宣布向印度提供 15 亿卢布的巨额贷款。苏联作为中国的盟国，第一次公开不支持中国的立场，把双方的分歧暴露在全世界面前。但苏联却要求中国配合其对美政策。9 月底，赫鲁晓夫访美后抵达北京，参加中华人民共和国国庆十周年庆典，主要目的是宣传苏美和解及“戴维营精神”，并试图压中国对美国让步。他要求中国在台湾问题上承诺不再使用武力，警告中国不要“用武力去试试资本主义制度的稳固性”，不要把尼赫鲁推向西方阵营，遭到中国领导人的驳斥。1962 年 10 月中印边界战争发生后，苏联先是表面上持“中立”立场，但很快便偏向印度，公开批评中国，还加大了向印度提供经济和军事援助的力度。

1958—1959 年国际共运及中苏之间发生的一系列事件，加大了中苏党和国家间关系的裂痕。此后，中苏两党分歧逐步公开，两国关系迅速恶化。在 1960 年 6 月下旬的布加勒斯特会议上，苏共动员多个兄弟党批判中共，赫鲁晓夫则在最后发言中激烈攻击中共。中共代表团同苏共领导人展开了针锋相对的斗争。会后，为向中国继续施压，苏联采取了严重恶化两国关系的行动。7 月 16

日，苏联政府突然照会中国政府，单方面决定全部召回在华的1390名专家，同时撕毁了两国签订的12项协定、两国科学院签订的1个议定书、343个专家合同和合同补充书，废除了257个科技合作项目。这一系列行为发生在中国正遭受严重经济困难之际，给中国造成了巨大的经济损失，深深地伤害了中国人民的感情。

不仅如此，1960年11—12月，在81国共产党和工人党代表莫斯科会议前夕，苏共向兄弟党代表散发了一封长达六万余字的信，再次粗暴攻击中共。中共同苏共进行了说理斗争，维护了团结大局。在1961年10月的苏共二十二大上，赫鲁晓夫公开批判不赞成苏共观点的阿尔巴尼亚劳动党，实际是影射中共。周恩来同赫鲁晓夫等进行了九小时长谈，详细阐明了中国的看法。苏方不接受中方的意见。周恩来提前回国，抵达首都机场时受到毛泽东、刘少奇、朱德、邓小平等中共最高层领导人的热情迎接。中国以这种方式表示了对苏共二十二大的强烈不满。12月11日，苏联宣布撤回驻阿尔巴尼亚外交人员，断绝了两国外交关系。中国支持阿抵制苏联的行动。至此，社会主义阵营的团结和统一已名存实亡。

苏共二十二大后不久，中苏两国关系中又出现了新的摩擦。1962年4—5月，新疆伊犁、塔城地区的中国公民出现了逃往苏联的事件。10月，美苏之间爆发古巴导弹危机，中印边境发生大规模武装冲突。赫鲁晓夫指责中国在古巴导弹危机和中印边界战争中采取的原则立场和行动。中苏矛盾和对立更趋尖锐。

苏联领导人、报刊以及苏联影响下的多个国家的共产党领导人，纷纷发表讲话、文章、声明，掀起攻击和批判中国共产党的新高潮。为表明观点，中方从1962年12月至1963年3月发表了七篇文章，但这些文章仍未公开点名批评苏联领导人。1963年7月14日，苏共中央发表了一封给苏共各级党组织和全体党员的公开信，指名道姓全面攻击中国共产党和中国领导人，从而把中苏间公开论战推向新高潮。中共中央随后以《人民日报》编辑部和《红旗》杂志编辑部名义，从1963年9月6日至1964年7月14日连续发表九篇文章，对苏共中央的公开信进行了驳斥，其中公开点名批判了“赫鲁晓夫修正主义”。至此，中苏两党的分歧和矛盾彻底公开化了。

1964年10月，赫鲁晓夫因苏联领导层内部矛盾被迫下台，勃列日涅夫和柯西金上台。中方希望能以此为契机改善中苏关系，并派出党政代表团赴苏参加十月革命47周年庆祝活动。然而，由于苏联领导人缺乏诚意和顽固坚持原有立场，并挑起新的事端，中国方面改善中苏两党两国关系的愿望无法实现，中苏分裂的局面已无法挽回。

此后，中苏之间不但在意识形态方面继续进行公开论战，而且在援越和抗美等问题上发生分歧。1966年3月，中国拒绝了苏联“虚情假意”的邀请，没有派代表团出席苏共二十三大，两党关系从此断绝。与此同时，两国关系也日益紧张，苏联不断增兵中苏边境。1969年3月，苏联武装入侵中国黑龙江省乌苏里江上的珍宝岛地区，制造严重流血事件。此后，苏联在长达7500多公里的中苏边界陈兵百万，形成了全面紧张局势。

### 四、苏联入侵捷克斯洛伐克事件

捷克斯洛伐克建立人民民主政权后由于照搬苏联的做法，片面高速发展重工业，造成国民经济结构失衡，比例失调，陷入严重困难，群众生活改善缓慢，不满情绪上升。1953年6月，斯柯达汽车厂工人曾举行大罢工，并引发骚乱。在政治领域，阶级斗争扩大化情况严重。1953年9月诺沃提尼（1904—1975）担任党中央第一书记后，大搞个人迷信，压制党内民主。人民对上述情况强烈不满，社会矛盾日趋激化，改革呼声日益高涨。

鉴于这些情况，捷共在1953—1956年对经济进行了调整。此间，1956年苏共二十大的召开、波兰“波兹南事件”和匈牙利事件的发生，在捷克斯洛伐克引起了强烈反响。在国内外压力下，捷共在1958年2月的中央全会上提出了进行国民经济管理体制改革的设想。后由于苏联干涉等原因，捷共在60年代初放弃了改革。

第三个五年计划（1961—1965）期间，捷克斯洛伐克的国民收入年均增长率只有2%，国内要求改革的呼声越来越高。虽然此后捷共提出了一系列措施，但国家经济比例失调的局面并未根本改变，人民生活水平也未得到明显提高。1967年，捷经济遇到困难，工农业总产值减少，供应紧张，人民生活水平下降，群众不满情绪增长，社会矛盾激化。同时，在西方的挑动下，捷国内反社会主义势力蠢蠢欲动。在此种情况下，党内外要求诺沃提尼下台和进行改革的呼声日益高涨。捷共领导层内的意见分歧也逐渐暴露。1968年1月，诺沃提尼被解除党中央第一书记之职，由主张改革的杜布切克（1921—1992）接任。3月，诺沃提尼又被迫辞去总统一职，由斯沃博达（1895—1975）接任，领导层中一些反对改革的人也被迫辞职。

杜布切克加快了改革步伐，提出了“走捷克斯洛伐克的社会主义道路”、建设“具有人道主义面貌的社会主义”的口号。4 月初，捷共中央全会通过了推行政治经济体制全面改革的《行动纲领》，宣布要试验“给社会主义发展以新的形式”，还在政治、经济、民族关系、外交政策等方面提出了一系列新的主张。《行动纲领》深得大多数人民支持。西方国家将这一时期捷出现的广大民众关心政治民主和社会改革的历史现象称为“布拉格之春”。

捷共中央采取的一系列改革措施，其宗旨是要改革整个政治制度，发扬社会主义民主，独立自主地建设社会主义。但随着争论的深入，捷克斯洛伐克的舆论和媒体渐渐失控，对捷的制度和体制的怀疑逐渐增多，反苏情绪日益加剧。

为了减轻外部阻力，捷共中央多次向苏共领导人解释改革的设想，但苏共领导坚持认为捷的改革是“反苏的”“自由化”运动。为了阻止捷离心倾向引起连锁反应，苏联对其步步施压。1968 年 7 月 4—6 日，苏、保、匈、波、东德五国领导人联名致信捷共中央，指责捷事态的发展危害了其他社会主义国家至关重要的共同利益，声称绝不会对此“麻木不仁”。29 日至 8 月 1 日，杜布切克和勃列日涅夫在捷边境小镇切尔纳会谈，结果不欢而散。此间，从 7 月 23 日到 8 月中旬，苏联以演习为名在捷边境地区集结军队。

8 月 20 日晚 11 时许，苏、保、匈、波、东德五国共 50 多万军队对捷发动突然袭击，一天之内控制了捷全境。21 日凌晨 1 时左右，捷共中央主席团发表《告全国人民书》，宣布五国军队已侵入国土，号召民众“保持平静，不要抵抗前进中的外国军队”。21 日晨，苏军将杜布切克等捷共领导人挟持到莫斯科。捷举国上下坚决反对苏联等国的入侵。22 日，捷共秘密举行了第十四次代表大会，要求撤走占领军，释放所有被捕的捷党政领导人。

苏联等国出兵侵捷遭到国际舆论的强烈谴责。23 日，苏联邀请斯沃博达等人飞往莫斯科“谈判”。在斯沃博达坚持下，苏联被迫同意让杜布切克等人参加会谈。在苏联的软硬兼施下，捷方于 26 日签署了会谈公报（《莫斯科议定书》）。10 月 16 日，捷又被迫同苏签署了《关于苏军暂时留驻捷克斯洛伐克的条约》。

苏联等国的军事入侵使 1968 年春捷克斯洛伐克的改革运动夭折。1969 年 4 月，杜布切克被解除党中央第一书记之职，1970 年 6 月又被开除出中央委员会。全国约有 50 万反对苏军占领和支持改革的党员被清除出党。

### 五、经互会和华约内部矛盾的加深

经互会的成立，对于苏联和东欧国家克服战后经济困难，加速经济恢复和发展具有一定的积极意义。但苏联利用经互会推行有利于本国经济的所谓一体化经济，让各成员国的经济规划和发展直接与苏联的计划经济相联系，成为苏联经济大拼盘的组成部分，最终妨碍了成员国自身经济的正常发展。1955 年华沙条约组织的建立，有利于保证苏联和东欧国家在东西方对抗中的安全和发展。但苏联通过华约也建立起了对东欧各国施加影响的机制，从而使其成为苏联加强控制、干涉东欧国家内部事务和对外政策的工具。苏联常常忽视他国利益，甚至任意践踏其主权，把经互会和华约视为控制东欧国家、与美国进行冷战、推行扩张主义和霸权主义的工具。

从 20 世纪 60 年代开始，在政治、经济上困难不断加重的东欧国家，试图探索一条适合本国国情的社会主义发展模式，苏联对此加以反对，并进一步加强了对它们的全面控制。60 年代末，勃列日涅夫发表了一系列宣扬苏联扩张主义的言论，被称为“勃列日涅夫主义”。主要内容包括“有限主权论”“国际专政论”“国际分工论”和“大国特殊责任论”。苏联借此屡屡随意干涉别国内政，在东欧增加驻军，并控制了东欧国家军队的指挥权。

随着“经济一体化”的加深，经互会成员国之间，特别是东欧各国与苏联之间的不协调和矛盾日益加深，其中以燃料原料的供需矛盾和外贸价格的差异最为突出。东欧国家能源缺乏，按照协议，苏联应按固定价格充分满足它们的能源需求。但从 70 年代中期起，世界市场石油价格大幅上涨，苏联为赚取外汇，逐步减少了对东欧国家的石油供应，还不断上调油价，而东欧各国向苏联出口的机械和农副产品的定价则远低于世界市场价格，这使得有些国家对苏贸易出现很大逆差。为此，东欧各国与苏联经常发生争吵。此外，在关于相互供货的质量和时间问题、共同开发和建设联合项目、合作体制等方面，苏联与东欧国家之间也存在诸多矛盾。此外，苏联还往往利用其他成员国在经济上对苏依赖性较大，迫使其在政治上做出妥协或让步，这使得它们更为不满。1961 年后，由于苏阿关系破裂，阿尔巴尼亚未再参加经互会的活动。

苏联与华约各成员国签订了双边或多边协定，在各国派驻大量苏军。华约一系列机构的建立及其军事一体化的推行，使其日益成为苏联对东欧国家施加影响的重要工具，加强了东欧国家的离心倾向。阿尔巴尼亚于1961年8月起停止参加华约的活动，并于1968年9月宣布退出。1978年后，罗马尼亚不再参加华约的联合军事演习。

## 第四节 两极格局的终结

1979年12月苏联入侵阿富汗后，美国卡特政府即开始着手对苏联实行强硬对抗政策。1981年1月里根（1911—2004）就任总统后，正式改变了70年代的缓和政策，加强了对苏遏制（史称“新冷战”），同时大搞军备竞赛，以图拖垮苏联经济。而同期的苏联则内外交困，在与美国的争夺中逐渐转入守势。从1985年起，戈尔巴乔夫（1931— ）为首的苏联领导层与里根的第二届政府都调整了各自的对外政策，冷战进入全面缓和时期（又称“新缓和”）。这种“缓和”与过去的缓和具有根本不同，主要是因为这种“缓和”是由苏联背离社会主义发展方向、放任西方的和平演变及“西化”“分化”战略而带来的。发生在20世纪80年代末90年代初的苏东剧变，标志着两极格局的崩溃与冷战的结束。

### 一、里根政府的“新遏制”政策与美苏“新冷战”

70年代末，苏联为维护和扩大自身安全等国家利益，在世界许多地方进行扩张，与美国在全世界展开激烈争夺。面对苏联的全球攻势，美国的对苏缓和政策在国内外遭到强烈质疑和批评。卡特总统在任内的最后一年调整外交政策，开始对苏联采取强硬立场。1980年1月23日，卡特在国情咨文中宣称，美国将用一切必要手段打退任何外部势力控制波斯湾的企图，实际上是要用武力遏阻苏联南下扩张。卡特的对苏强硬主张被称为“卡特主义”。卡特政府停止了对苏联的粮食供应与贸易关系，终止了高技术项目的输出，取消了大部分文化科技与经济交流，抵制莫斯科奥运会，增加军事开支，推迟批准《美苏关于限制进攻性战略武器条约》等。“卡特主义”是美国对苏战略发生重大转折的开始，而这一转折的完成则是在里根时期。

1981年1月，里根打着“振兴经济”“重振国威”的旗号入主白宫。在1月29日的首次记者招待会上，里根就对“缓和”政策大加抨击：“我们再也不能采取守势了。苏联已向我们发出挑战，要我们在思想和价值观念的领域同他们公开竞赛，我们打算应战。”他在第一届总统任内抛弃了缓和政策，对苏推行新的遏制战略。其政策要点是：(1) 重振美国的经济、军事实力，夺回对苏战略优势，巩固美国的世界霸主地位；(2) 以实力为后盾，同苏联进行全方位争夺，遏制其扩张势头，并伺机夺回失去的地盘，将苏联“推回去”；(3) 军事上立足于在第三世界国家打“低烈度战争”，以此作为排挤苏联势力的主要手段；(4) 继续维持和加强同盟国和友好国家的战略合作，继续利用中苏矛盾，使中美苏战略三角向美国倾斜。

面对里根政府的“新冷战”，勃列日涅夫及其后继者安德罗波夫（1914—1984)、契尔年科（1911—1985）领导下的苏联政府都给予了反击。苏联严厉批评里根政府的冷战政策，与美国在政治、军事、经济、意识形态与地缘政治上展开激烈对抗。但是，苏联 70 年代的扩张给它带来了严重的后遗症与无法承受的政治和经济负担。进入 80 年代后，苏联因经济发展势头日趋疲软，农业连年歉收，不得不在战略上实行收缩，在“新冷战”中渐显颓势。

里根上台伊始就称苏联为“邪恶的帝国”，号召对它进行意识形态领域的“十字军讨伐”，对苏联和东欧国家的“和平演变”攻势也更加猛烈。1982 年 6 月 8 日，里根在英国议会演说时公开诋毁马克思列宁主义，公然邀请苏联同美国进行思想和价值观的竞争，提出要在全世界推广西方的民主，制定一项“把马克思列宁主义扔到历史的垃圾堆”的长远规划。1983 年，美国国会拨款 6500 万美元，建立一项在全世界“推进民主”的项目，主要面向亚、非、拉，同时希望促进东欧和苏联“向更加开放、富于同情心和人道的社会演变——最终走向民主”。具体做法是支持海外的自由工会与政党，如波兰的“团结工会”运动，加强“美国之音”“自由欧洲电台”，组建面向古巴的马丁电台等。

在政治和外交领域，里根在第一届任内未会晤过苏联领导人。在经济领域，美国对苏采取包括经济战等极为强硬的政策。里根政府竭力切断苏联同西方的贸易、技术交流与贷款渠道，严格控制高科技向苏联的出口，1982 年曾对苏联进行天然气管道的禁运。另外，暗中鼓动沙特操纵石油市场，通过让其增产原油来压低国际市场的油价，以此让依赖石油出口的苏联蒙受巨大经济损失。

里根政府认为必须从实力地位出发对付苏联，尽快恢复军事实力。他一上台就相继提出总额达 15000 亿美元的 1982—1986 年五年防务计划，耗资 1800

亿美元的增强战略核力量的六年计划。此后，即使在财政赤字不断增长的情况下，里根也坚持大幅增加军费。在其任职的八年里，里根进行了美国历史上和平时期最大的扩军建设，武器采购费高达近5000亿美元（占军费支出的26.5%），国防研制费共达2045亿美元（约占军费支出的10.1%）。与此同时，里根政府放弃了“一个半战争”的构想，要求美国拥有在欧洲和世界其他地区同时与苏联至少打两场大规模常规战争甚至短期的核战，以及准备在世界任何角落特别是以第三世界为主战场的“低烈度战争”的能力。

1984—1985年，在美苏新一轮军备竞赛中，里根政府陆续部署了MX多弹头重型洲际导弹、空中发射的巡航导弹、海上发射的战斧式巡航导弹、三叉戟潜射洲际导弹、地对空爱国者导弹、新型核动力航空母舰、B-1重型轰炸机、三叉戟Ⅱ式核潜艇、更加精确的常规制导跟踪武器等新一代武器，还加紧在欧洲部署新式中程导弹。苏联则在民主德国和捷克斯洛伐克部署了新的、加大射程的战役战术导弹，并迅速增加在欧亚部署的SS-20导弹。美苏双方同时都加速研制和部署新一代核武器。与此相对照的是，美苏军控谈判裹足不前，1981—1983年进行的限制欧洲中程导弹的谈判未取得任何进展，1982年开始的美苏第一阶段削减战略武器谈判（STARTI）也未有任何结果。

对美苏军备竞赛产生最重大影响的是里根于1983年3月提出的“战略防御计划”（亦称“星球大战计划”），这是研制与部署以定向能（激光、粒子束、微波等）武器为主体的反弹道导弹防御体系的美国国家计划。该计划的目的是，在核战略和核军备方面，与苏联从数量竞争转向质量和技术竞争，使美国的战略进攻力量实现既保存自己又消灭对方的目的。同时，试图通过这种以高新技术为核心的新一轮军备竞赛，在经济上拖垮苏联。1984年1月6日，里根命令着手研制激光和粒子束等空间武器，使“星球大战计划”付诸实施。1984—1988年，美国投入该计划的研制费共达120亿美元。当时估计完成整个计划需耗时30年（至2015年），耗资4000亿—12000亿美元。“星球大战计划”的实施打破了美苏此前取得的战略均势，使综合国力的较量比单纯的军事实力竞争更具决定意义，给苏联造成了沉重的经济负担和心理压力。

在亚非拉地区，美国的对苏政策开始从遏制转向排挤。美国首先在拉美对苏联发起强硬反击。1983年10月19日，格林纳达发生政变，25日，美国出兵格林纳达推翻亲苏政权。入侵格林纳达让美国找到了一种对付苏联扩张的有效手段，即通过支持亲苏国家内的“反叛力量”和支持亲美国家政府对“反叛者”的镇压，来削弱苏联势力，扩大美国地盘。这就是所谓的“低烈度战争”。1985 年 1 月，美国决定向阿富汗、柬埔寨、安哥拉、尼加拉瓜四个“苏联据点”的“自由战士”提供武器、后勤支援、情报和“人道援助”，支持其反政府武装斗争，其中对阿富汗抵抗组织和尼加拉瓜游击队的援助额高达数亿美元。对于萨尔瓦多、危地马拉等国的左派游击队，美国则支持这些国家的政府进行镇压。

## 二、美苏关系的“全面缓和”

1985 年 3 月，戈尔巴乔夫成为苏共总书记。为了止住国内经济继续下滑的趋势，保持苏联的超级大国地位，戈尔巴乔夫上台伊始就打起“全面改革”的旗帜，在他当政的六年多里，先是提出经济“加速战略”，遇挫后转向政治改革，提出“公开性和多元化”“民主化、多党制”等口号，推行“人道的、民主的社会主义”，在对外政策中宣扬“新思维”，对西方世界妥协退让，结果造成思想混乱、社会动荡、民族分裂，苏共丧失政权，统一的联盟国家解体。戈尔巴乔夫外交政策的“新思维”主要包括：（1）提出“全人类利益优先”，主张以世界各国“相互依存”作为制定对外政策的基础，放弃对抗，谋求建立苏美合作的伙伴关系。（2）承认当代世界的多样性，主张从极不相同的国家利益中寻求各国利益的平衡，谋求同西欧合作。（3）承认各个民族有权选择自己的发展道路，主张国际关系非意识形态化。对东欧国家实行“自由选择”原则，在亚非拉地区实施战略收缩，减少和降低在第三世界与美国的对抗。（4）认为在核战争中和军备竞赛中都不可能有胜利者，主张以“合理足够”概念维持低水平战略均势。在世界上仍存在资本主义与社会主义两种制度、国际范围内还存在着阶级斗争的情况下，戈尔巴乔夫抽象地谈论“全人类的价值高于一切”和“全人类利益高于一切”，用资产阶级人道主义的观点作为阐释国际国内问题的准则，从理论上完全背弃了科学社会主义，在实践上导致了社会主义制度的瓦解与苏联的解体。

虽然里根政府通过其第一届任内四年的猛烈反击，使美国在与苏联的争夺中赢得优势地位，但“新冷战”也给美国带来沉重的经济压力，于是里根政府在 1985 年开始的第二任期大幅度调整了对苏政策。第一，在承认美苏存在根本分歧的同时，也承认美苏在避免一场大战方面有着共同利益，因此要推进双方的高层会晤，在军控、人权、地区冲突与双边关系等方面进行对话与合作，同苏联建立“比较富于建设性的关系”。第二，在军事上坚持“新灵活反应战略”与“战略防御计划”的同时，积极推进军控谈判，把“限制战略武器会谈”更名为“削减战略武器会谈”。第三，在第三世界实施“里根主义”，支持全世界的“反共革命”。

1989年1月布什（1924—2018）入主白宫，他在继承里根政府对外政策的同时，根据80年代末以来苏联与东欧地区出现的新形势，提出了“超越遏制”战略。其主要思想是：保持美国和西方的军事实力，抓住苏联东欧国家进行改革的时机，充分发挥西方的优势，运用经济、政治、文化、意识形态等手段，同苏联展开全方位的争夺和竞赛；以经济援助为诱饵，以和平演变的方式将苏联东欧等社会主义国家逐步纳入西方政治、经济体系，将欧洲变为“完整和自由的”欧洲。所以老布什政府的现实目标不仅是遏制苏联的扩张主义，更是谋求搞垮苏联和东欧的社会主义制度。

由于美苏几乎同时做出政策调整，双方关系走向全面缓和。这种被称为“新缓和”的局面主要表现在以下几个方面：

第一，美苏首脑会晤频繁。从1985年到1988年，里根与戈尔巴乔夫会晤了五次，双方就人权、军控、地区冲突、双边关系等问题展开对话。布什与戈尔巴乔夫在任内也先后五次会晤，每次会晤时均表示支持戈氏的改革，两国在削减进攻性战略武器上达成协议。

第二，双方在军控与裁军方面取得重大进展。1985年戈尔巴乔夫一上台，就立即着手摆脱力不从心的军备竞赛，苏联从争夺军事优势转向主动裁减军备，宣布将暂停在欧洲部署中程导弹，并建议苏美两国暂停研制、试验和部署太空武器。在遭到美国拒绝后，苏联仍于1985年7月宣布暂停一切核试验。10月，戈尔巴乔夫提出包括削减美苏战略武器50%、全面禁止进攻性太空武器等内容的裁军新建议。在11月的日内瓦首脑会晤后，苏联加快了裁军步伐。1986年1月15日，戈尔巴乔夫提出分三阶段裁减和彻底消除核武器的全面纲领，并宣布延长单方面暂停核试验的期限。10月美苏首脑冰岛会晤后，戈尔巴乔夫意识到美国坚持搞“星球大战计划”的强硬立场不可能改变，于是很快转变立场，以求得对美国的妥协。1987年7月22日，戈尔巴乔夫宣布接受美国提出的“全球双零点”方案，即同意在全球范围内全部消除中程和中短程导弹系统。12月正式签署了《美苏消除两国中程导弹和中短程导弹条约》（简称《中导条约》）。1988年12月7日，苏联宣布将在两年内单方面裁军50万人。这一宣布被西方舆论认为是送给美国新总统布什的“圣诞礼物”。1989 年，苏联在战略武器谈判中再次让步。1991 年 7 月 31 日，美苏正式签署了削减进攻性战略武器条约，规定双方核武器数量削减 30%—40%。在常规裁军方面，1990 年 11 月 19 日，华约与北约的 22 国首脑正式签署了战后欧洲两大军事集团间的第一个裁军条约《欧洲常规武装力量条约》，两大军事集团在中欧的紧张对峙态势不复存在。

第三，苏联在第三世界加速脱身。从阿富汗撤军是苏联收缩力量的重要标志。戈尔巴乔夫称阿富汗是苏联的“一个流血的伤口”，应痛下决心从阿撤军，政治解决阿富汗问题。1986 年 2 月，苏联表示愿意政治解决阿富汗问题。1988 年 4 月 14 日，苏、美、喀布尔政权和巴基斯坦四国外长在日内瓦签署了关于政治解决阿富汗问题的协议。1989 年 2 月 15 日，苏军全部撤出阿富汗。十年间，先后有 150 多万苏军在阿富汗作战，伤亡约 4 万人，耗资 450 亿卢布。

在西南非洲问题上，苏联按照阿富汗模式，支持安哥拉同南非等有关方面谈判，以和平解决纷争。1988 年 12 月，安哥拉、古巴与南非达成《布拉柴维尔协议议定书》和古巴从安哥拉撤军协议，苏联结束了在安哥拉的代理人战争。在埃塞俄比亚，执政 14 年的亲苏的门格斯图政权倒台。在尼加拉瓜，苏联不再支持桑地诺政府。在蒙古、越南、古巴等地，苏联势力也逐步退出。

第四，戈尔巴乔夫采取的对欧新政策，在许多方面做出让步。他抛弃了“勃列日涅夫主义”，主张社会主义国家间“绝对的完全平等”；批判社会主义唯一模式论，宣布不再干涉东欧事务，倡导、支持东欧国家的改革，鼓励东欧国家与西方对话与合作。1988 年 6 月，经互会和欧共体建立正式关系，改变了长期以来互不承认的局面。随着东西方关系的全面缓和，以美国为首的西方国家加速了对东欧社会主义国家的和平演变进程。

### 三、苏东剧变与冷战结束

1989 年至 1991 年年底，在国内外形势发生重大变化的情况下，东欧八个社会主义国家相继发生政治剧变，执政党倒台，政权更替，社会主义制度被抛弃。新政权在否定苏联制度模式的同时，无一例外地同苏联拉开距离，向西方靠拢。欧共体也积极拉拢东欧。1989 年 5 月，匈牙利开始拆除奥匈边界的电子警报装置，向西欧开放边界。11 月，象征铁幕的柏林墙倒塌。12 月，捷克斯洛伐克也开始拆除与联邦德国、奥地利边界上的铁丝网。12 月 2—3 日，布什和戈尔巴乔夫在马耳他港口的苏联“高尔基”客轮上举行了“非正式”会晤，戈尔巴乔夫许诺对东欧剧变不加干涉，这就彻底改变了冷战时期苏联极力维护其势力范围的做法。

在推倒两极格局的诸因素中，两德统一最为重要。苏联由于势力大衰，在此问题上步步退却，于1990年7月放弃了德国中立化的立场，同意统一后的德国可以自己决定其联盟政策。9月12日，苏、法、英、美与当时两个德国的外长共同签署了《最后解决德国问题的条约》。10月3日，民主德国与联邦德国按照西方的意志实现统一。

在戈尔巴乔夫与法国总统密特朗的共同倡议下，1990年11月19—21日在巴黎召开了欧安会首脑会议，32个欧洲国家与美国、加拿大的国家元首或政府首脑与会。会议制定了《新欧洲巴黎宪章》，宣布“欧洲对抗和分裂的时代已经过去”，确立了民主、人权、经济自由、社会公正和各国“享有平等的安全”等新欧洲原则。该宪章的签署标志着欧洲人为分裂的局面即将结束。

随着苏联的战略收缩、东欧国家的剧变与两德统一，原来作为苏联控制东欧各国、对抗美国及其盟国工具的经互会与华沙条约组织就失去了存在的基础和意义。1991年6月23日，经互会宣布正式解散；7月1日，华沙条约组织解散。

1990年3月，苏联正式取消了宪法中关于“苏共领导地位”的条款，决定实行总统制和多党制，此后苏联政治、经济、民族与社会问题出现全面危机。从3月11日立陶宛率先宣布独立后的一年多时间里，苏联的15个加盟共和国纷纷宣布拥有“国家主权”。1991年12月21日，以叶利钦为代表的原苏联11个主权共和国领导人在阿拉木图签署议定书，创建“独立国家联合体”以取代苏联。25日晚，戈尔巴乔夫宣布辞去苏联总统职务，苏联解体。

东欧剧变、德国统一、苏联解体，标志着战后形成的以雅尔塔体系为基础的两极格局不复存在，持续了近半个世纪的冷战以有利于美国等西方国家的结局宣告结束。

**思考题：**

1. 冷战态势是如何演变的？
2. 冷战中西方阵营是怎样分化的？

3. 冷战中社会主义阵营是怎样分裂的？
4. 试述两极格局的终结。

▶ 拓展阅读

# 第十六章　20 世纪 60 年代以来的主要资本主义国家

20 世纪 60 年代以来，主要资本主义国家经济发展较快。但在发展过程中，却不断发生经济危机和社会危机。为了摆脱危机，主要资本主义国家先后在政治、经济、社会和外交等领域进行了一些调整改革。这些调整改革是在维护资本主义根本利益基础上进行的，不可能解决资本主义社会的基本矛盾。

## 第一节　美　　国

20 世纪 60 年代，美国经济出现了衰退。同时，社会矛盾尖锐，爆发了各种形式的民众抗议活动。为了发展经济，缓和社会矛盾，美国政府进行了社会经济政策的调整。通过调整，美国的经济得到发展，但一直困扰美国的财政赤字、对外贸易赤字、通货膨胀、失业和贫困等问题仍长期存在。

### 一、美国的经济衰退与社会危机

20 世纪 60 年代，虽然美国经济保持着较快发展，但经济衰退的迹象已非常明显。到 1961 年民主党人约翰·肯尼迪（1917—1963）出任总统时，美国的经济衰退已持续七个月，出现了三年半的经济萧条，七年的经济发展速度减缓；失业、通货膨胀和政府财政赤字严重，国债从 1950 年的 2570 亿美元增至 1960 年的 2900 亿美元；物价以每年 2. 5%的幅度增长。

同时，美国还存在严重的社会问题。一是种族歧视、性别歧视和其他不平等问题。二是贫困问题。工业化使美国成为富裕社会，但出现了两极分化，贫困问题加重。贫困人口的数量较大，其中主体是社会地位低下、缺少教育机会和工作机会的黑人、妇女和儿童。三是反战问题。美国进行的越南战争耗费巨大，美军伤亡惨重，给美国人民带来了巨大灾难。许多美国人反对美国的对外战争政策，要求美军退出越战。

为了争取民权和平等，消除贫困，反对越南战争，美国民众开展了各种形式的斗争，包括黑人民权运动、女权运动、新左派运动、反战运动、反正统文化运动和工人运动等。

黑人民权运动是美国黑人为反对种族歧视而进行的斗争。1960 年 1 月，美国黑人在各地开展了“占座”行动，向实施种族隔离的餐馆、影院、图书馆、候车室等公共场所挑战。1963 年 4 月，在美国种族歧视最严重的城市伯明翰，发生了由马丁·路德·金领导的“南方基督教领袖会议”和由弗雷德·沙特尔沃思领导的该会伯明翰分支机构发动的非暴力抗议运动。伯明翰市政当局下令禁止示威游行，警察逮捕了大批黑人。4 月 12 日市政当局逮捕马丁·路德·金后，引起了更大规模的抗议浪潮。

从 1963 年 5 月 20 日到 8 月 8 日，美国有 209 个城市爆发了 978 次示威。8 月 28 日，20 万黑人和支持民权运动的白人，在首都华盛顿特区举行了和平示威游行，马丁·路德·金在集会上发表了激动人心的演讲《我有一个梦想》，这次和平集会赢得了美国社会的广泛同情。1968 年 4 月 4 日，马丁·路德·金遇刺身亡，引起了黑人的强烈抗议，全国有 100 多个城市的黑人举行了大规模抗议斗争。

女权运动是美国妇女开展的争取妇女平等权利的运动。美国妇女长期遭受性别歧视，大批中产阶级妇女受到婚姻和家庭的拖累，失去接受高等教育的机会和工作机会，社会经济地位较低。从 60 年代起，在民权运动的鼓舞下，女权运动蓬勃兴起，妇女以罢工、罢课、新闻揭露、法院诉讼、政治竞选和国会立法等手段开展斗争，争取平等的政治经济权利。

新左派运动是指为支持民权运动和其他各种争取平等权利运动而开展的青年运动。它把消灭贫困、失业和种族歧视作为奋斗目标。新左派运动的参加者反对美国的冷战政策与战争政策。他们认为，美国遏制苏联的军事行动，与其说是遏制了共产主义，还不如说是遏制了民主制度。他们要求结束对苏联和其他社会主义国家的冷战，从越南撤军，改变美国的外交政策。

反战运动则指反对美国侵越战争的运动。从 60 年代中叶开始，美国的反战运动蓬勃开展。1965 年，密歇根大学 3000 名师生举行反战活动，并迅速遍及全美学校。同年 10 月，“学生争取民主社会组织”（SDS）发表宣言，声称“我们将鼓励我们这一代的每个人来反对这场战争，依靠我们的良心，在法律许可的范围内采取行动”。1967 年，反战运动进入高潮，4 月和 10 月发生了数十万人的反战示威游行。在 1968—1969 学年度反战运动达到最高潮时，约占全美学生总数 1/3 的青年参加了示威游行。反战运动的发展和越南人民对侵略者的持续沉重打击，迫使美国执政者不得不逐步退出越南战争。

反正统文化运动是一场反传统的思想文化运动。反正统文化派分为两股力量，一派主张消极避世，抵制正统文化。该派成分复杂，其中有信奉禅宗、主张消极遁世的嬉皮士等。另一派是激进派，主张对美国文化进行改革。后来，激进派从对传统文化的批判，发展到主张用暴力推翻现行制度。

60年代，美国工人运动也有了恢复和发展。由于大批青年的加入，工会和共产党的力量迅速壮大。其中，政府雇员参加工会的人数从1960年的100万人增至1970年的230万人。工人的罢工次数与参加人数都大大超过50年代。

经济衰退的不断发生，民权运动、女权运动、新左派运动、反战运动、反正统文化运动和工人运动等的蓬勃开展，迫使美国统治阶级进行经济和社会政策的调整和改革。

## 二、美国社会经济政策的调整与改革

美国政府进行的调整与改革体现在以下几个方面。

第一，通过立法手段消除公共场所中的种族隔离和种族歧视。1954年在布朗诉托皮卡教育局一案中，美国最高法院一致裁定公立学校的种族隔离违宪，要求各地迅速贯彻该裁定，这是黑人法院斗争史上的里程碑。1962年11月，肯尼迪总统的一项行政令规定，禁止在联邦援建或购买的住房分配中实行种族歧视。林登·约翰逊（1908—1973）总统任内通过了三个民权法案：1964年的民权法禁止在公共场所实行种族隔离制度；1965年的民权法禁止在选民登记时采取文化测验及其他歧视性措施；1968年的民权法禁止在租售住房时实行种族歧视。通过这些立法，从法律上逐步限制和消除了公共领域的种族隔离与歧视。

第二，在就业问题上实现男女平等。1967年，约翰逊签署命令，禁止在与联邦政府有关的就业范围内实行性别歧视。美国妇女的地位得到提高，享有与男人同等的地位。

第三，促进经济发展，解决贫困问题。这方面的改革从60年代开始，一直延续到90年代末，大致经历了以下过程：

最初，肯尼迪在1960年7月竞选总统时，提出了名为“新边疆”的社会经济改革纲领。1961年肯尼迪就任总统后开始实施这一纲领。该纲领是在凯恩斯主义指导下进行的，其内容广泛，包括减税，增加失业救济金和社会保险金，提高最低工资标准，控制物价，开发人力资源，为改造城市建筑和消除贫民窟提供经费，防止水污染，联邦援助和培训农民，消除种族歧视，抑制经济衰退，发展空间技术，等等。当时，第三次科技革命在美国正方兴未艾。肯尼迪在“新边疆”纲领中，试图利用美国领先的科学技术和经济实力，解决美国社会所面临的问题，从而增强美国在全球争霸乃至向宇宙空间扩张的优势。

“新边疆”纲领的实施促进了美国经济的增长，对缓解社会矛盾起到了一定作用。1961 年第一季度到 1963 年第三季度，美国国民生产总值增长 14. 1%，年均增长率达 5. 6%，物价趋于稳定，在消除贫困问题上也取得了一定进步。但肯尼迪的社会经济改革方案并没有完全得以实施。在 1960 年的国会选举中，共和党人在参众两院都占支配地位，这届国会因而成为战后美国历史上最保守的国会之一。他们仍然奉行自由放任的经济学说，反对肯尼迪的国家干预经济的政策。因此国会否决了其中的一些方案，如否决了肯尼迪关于设立城市事务部、青年自然保护队和保护环境等立法提案。

1963 年 11 月 22 日，肯尼迪遇刺身亡。约翰逊一上台就宣布要完成“新边疆”的未竟事业。1965 年 1 月，约翰逊在国情咨文中提出了消灭贫困的“伟大社会”纲领。该纲领也是在凯恩斯主义指导下制定的，其内容包括教育、医疗、环境保护、住房、反贫困和民权等内容。但由于在约翰逊政府任内，越战升级，军费开支大幅度增长，致使财政赤字不仅没有解决，反而节节攀升。到 60 年代下半期，美国经济形势更趋恶化，1967 年和 1968 年财政出现巨额赤字，联邦债务增加，失业率上升，并出现了自朝鲜战争结束以来最严重的通货膨胀，穷人的处境恶化。“伟大社会”终于在“既要大炮又要黄油”的政策中销声匿迹。1968 年 3 月，约翰逊宣布不谋求连任，他的副总统休伯特·汉弗莱作为民主党候选人参加总统大选，但败给了共和党候选人理查德·尼克松（1913—1994）。

从总体上看，无论是肯尼迪的“新边疆”改革纲领还是约翰逊的“伟大社会”纲领，实质上都是罗斯福新政式的国家垄断资本主义政策在新的历史条件下的发展。该政策既取得了一定成果，又隐伏了新的矛盾和问题。从经济上看，及至尼克松上台执政，美国国家垄断资本主义的黄金时代已告结束。美国政府的经济政策面临着新的挑战。

尼克松于 1969 年 1 月 20 日就任美国第 37 任总统。他在任不久的 1971 年，美国出现了自 19 世纪末以来的第一次外贸逆差，而且出现了史无前例的通货膨胀和经济衰退两症并发的“滞胀”现象。为克服经济危机，尼克松政府 1971

年8月宣布推行新经济政策，其主要精神是实行财政赤字。尼克松甚至宣称“我现在也是个凯恩斯主义者”。在他任内，1971年和1972年年度财政赤字均高达230亿美元以上。1971年8月15日，尼克松政府不得不实行对工资、物价、房租和红利冻结90天的政策，1972年6月14日又实行了60天的工资与物价冻结。

在推行新经济政策的同时，尼克松还进行了名为“新联邦主义”的协调联邦权力和各州权力的政府权力分配改革，提出了“还政于州”“还政于民”的口号。主要措施是联邦政府与各州“税收分享”，增强州和地方政府在经济发展中的作用。

然而，新经济政策和“新联邦主义”的执行，均未能为解决“滞胀”问题找到出路，而此时的美国又未能从越南战争中及时脱身，军费开支大幅增加，影响了经济的发展。1973年10月第四次中东战争爆发，石油输出国组织对西方国家实行石油禁运，爆发了石油危机。石油危机的打击使美国经济雪上加霜，出现了经济危机。尼克松政府的新经济政策和“新联邦主义”彻底失败。

1974年8月6日，发生了政治丑闻“水门事件”，尼克松被迫辞职，共和党人副总统杰拉尔德·福特（1913—2006）就任总统。为了克服经济萧条，福特实行了《立即制止通货膨胀计划》和其他计划。这些计划也没有收到明显效果。1976年，美国经济继续恶化，福特在大选中败北。

1977年1月，民主党人吉米·卡特（1924—　）就任总统。为了摆脱“近40年来最严重的经济下滑”（卡特首次炉边谈话所言），克服经济危机，卡特上台后实行了“反滞胀”政策。2月，他提出“一揽子刺激计划”，核心是给纳税人“退税”，此外还有减税和综合就业培训等内容。这是一个沿袭战后美国凯恩斯主义的经济思想、刺激美国经济复苏的方案。尽管这些措施在实行初期起过一定的积极作用，但后果却是加剧了通货膨胀。1980年3月，卡特提出包括削减开支、紧缩信贷、非强制性工资与物价指标、保护能源和能源结构改革在内的反通货膨胀计划，但由于他并未采取相应的反衰退政策来刺激经济，1980年，美国的通货膨胀率虽然降至8%—10%，但工业生产却大幅降至战后最低点。卡特在医治70年代的滞胀方面未获成功，经济的不景气使卡特失去了多数选民。

到70年代中期，美国社会的保守势力日益抬头。其中有反对妇女解放、要求妇女回到厨房的“反妇女解放运动”，有种族主义势力，有保守力量以及其他各种反对现政府的力量。在保守力量中，共和党与保守的南方民主党人的联合日益紧密。共和党长期奉行自由放任理论，要求政府放弃国家干预经济的政策。战后大批共和党人移居到南部各州，与南方民主党人联手控制了南方各州，有利于共和党人赢得总统选举。美国保守势力的代表、共和党人罗纳德·里根在1980年大选中击败卡特，当选总统。

里根上台后即推行“新保守主义”。所谓“保守”，是宣扬建国时期，尤其是体现在宪法中的传统的自由主义，主张联邦政府少干预人民、地方和州权限内的社会和经济事务。1981年2月，他向国会提出了一揽子“经济复兴计划”。该计划包括六方面的内容：一是大规模削减个人及公司所得税；二是放慢货币供应增长速度，抑制通货膨胀；三是大规模削减非国防开支；四是大规模增加国防开支；五是切实放松政府的管制；六是在几年之内实现联邦预算的平衡。有人称这些措施为“里根革命”。

里根的经济复兴计划对美国经济的发展有一定的刺激作用，1983—1988年，美国经济出现复苏迹象，摆脱了“滞胀”局面并实现了在低通胀的条件下经济持续增长的目标。但是这并未能真正使美国走出困境。相反，里根掌权时期的经济政策，给后来美国经济的发展又埋下了新的隐患。

在1988年的大选中，共和党人乔治·布什当选总统。他上台后基本延续里根的政策，使美国政府的财政赤字大大增加，从1989财政年度的1520亿美元升至1992年创纪录的3000多亿美元。同时，美国的国债大幅度上升，从80年代初的4万亿美元跃升至80年代末的11万亿美元，成为世界上最大的债务国。1990—1992年，美国发生了严重的经济衰退。同年，布什提出增税法案，但由于两党坚持不同的增税内容和标准，税收并未明显增加。由此可见，“里根经济学”对解决美国问题已无能为力。

1993年民主党人比尔·克林顿（1946— ）担任总统后，对美国的经济政策又进行了调整。第一，部分放弃里根经济学，再次加强国家对经济的干预。他把国家干预与自由市场经济政策结合起来，形成所谓的“中间道路”，在加强国家宏观调控的同时，给予企业一定的自主权和发展空间，调动企业的积极性。第二，执行以削减和消灭预算赤字为核心的财政政策。为了扭转联邦政府赤字预算直线上升的趋势，克林顿政府推行了一套以削减财政赤字为中心的经济政策。经过几年努力，联邦政府的财政赤字大幅度减少。第三，以科技创新带动经济发展。克林顿政府把拨款数额占联邦政府科技经费1/3的700多个联邦实验室的工作重心，转向提高经济竞争力的研究上。为了获得竞争优势，克林顿政府还对美国电话电报公司和微波通讯公司进行合并和重组。副总统戈尔（1948—　）主持制定了“国家信息基础设施行动计划”（即信息高速公路计划），把发展信息高速公路和多媒体技术的研究结合起来。信息高速公路工程的实施带动了美国经济的发展，使美国站在世界科技创新的前列。

克林顿在第二个总统任期内（1997—2001）继续进行调整改革。1997 年，美国经济增长率达 3.2%，继续在发达资本主义国家中处于领先地位。5 月，失业率降至 4.8%，通货膨胀率为 3%。美国出现了以信息革命和全球化大市场为基础的“新经济”。1997 年年初，克林顿发表了《总统经济报告》，宣布从 1997 年到 2003 年，将使美国经济逐年递增 2%—2.3%，其目标是到 2002 年实现联邦政府的预算平衡，并略有盈余。到 2000 年其第二任期即将届满时，里根—布什时代留下的 2900 亿美元财政赤字不仅全部消除，还有 2369 亿美元的盈余。美国经济从 1991 年开始，经历了连续 10 年的繁荣期。当然，克林顿政府的新经济也存在大量泡沫，在小布什总统的任内开始显现恶果。

20 世纪 90 年代引领美国经济快速发展的高科技企业的丰厚利润吸引了大批投资者对新型网络企业进行过度投资，造成了巨大的高科技泡沫。2001 年，随着高科技泡沫的破碎，美国股价狂跌，再次陷入经济不景气状态。美国人的家庭总财产缩水达 2 万亿美元。作为 21 世纪的第一个美国总统，共和党人乔治·沃克·布什（即小布什，1946—　）就是在这种情况下入主白宫的。小布什总统希望用大规模减税的方法刺激美国经济，提出要实现“富有同情心的保守主义”目标。2001 年 6 月 7 日，参议院宣布在 11 年内减税 1.35 万亿美元。但这一政策收效并不显著。在小布什政府时期，美国名义国内生产总值增长率为 5%，但实际国内生产总值增长率不足 2%，而且减税政策获益最大的是富人阶层，实际上加剧了美国的贫富差距。由于减税使联邦政府收入减少，财政赤字再次增加。2004 年，联邦政府财政预算的赤字高达 4172 亿美元。2004—2006 年，美国联邦储备委员会连续 17 次加息，利率大幅度攀升加剧了购房者还贷负担，最终在 2007 年夏季引发了次贷危机①，对国际金融市场造成了极大的冲击和破坏。

---

① 指由于美国次级房屋信贷行业违约剧增，信用紧缩问题而于 2007 年夏季开始在国际金融市场上引发的恐慌、震荡和危机，使金融市场产生了强烈的信贷紧缩效应。

随着苏联解体和冷战的结束，美国外交政策的基本前提是维护美国在世界上的领导地位，这种“单极”政策极大地激化了不同宗教、种族和文化价值观之间的冲突，从而刺激了恐怖组织的发展。2001 年 9 月 11 日，恐怖分子劫持了四架飞机撞击纽约市中心的世贸大厦和华盛顿市郊的五角大楼，导致 2996 人死亡。小布什政府很快就开始了一场全球性的反恐战争，它的第一个打击对象就是阿富汗的塔利班组织。2003 年 3 月，小布什又以防备恐怖主义和大规模杀伤性武器为名，发动了第二次海湾战争，推翻了伊拉克的萨达姆政府。

次贷危机和反恐战争给美国的经济造成了巨大的压力，2005 年“卡特里娜”飓风中，美国政府救灾不力也使小布什政府的声誉受到严重打击，使他成为“理查德 · 尼克松卷入水门事件后最不受欢迎的连任总统”。2008 年大选中，贝拉克 · 奥巴马（1961— ）当选总统，成为美国第一个黑人总统。他上台后面临着严重的经济形势是，失业率高达 9%。奥巴马上任后加大对金融机构的监管力度，以避免更多的金融危机；推行出口战略，以减税和增加投资来增加就业岗位；进行医疗保险改革以加强社会保障。然而 2010 年美国贫困率仍高达 15. 1%，为 52 年来最高水平。严重的社会贫富差距导致了 2011 年的“占领华尔街”运动。一名参与示威者声称：“在美国，1%的富人拥有 99%的财富。我们 99%的人为国家纳税，却没有人真正代表我们，华盛顿的政客都在为这 1%的人服务。”这表明美国中下层群体对现行体制的不满正在加剧。

2016 年美国总统大选中，唐纳德 · 特朗普（1946— ）正是利用这种不满情绪，并将这种情绪提炼成了对建制派政治、精英政治和全球化的全面否定。他打出了“反建制派”“反精英”和“反全球化”的旗帜，在其竞争对手仍然致力于吸引社会精英阶层（知识分子、记者、著名媒体）支持的时候争取到了大量基层选民的选票，出人意料地击败了民主党总统候选人希拉里 · 克林顿，当选为第 45 任美国总统。

## 第二节 西欧和北欧主要资本主义国家

20 世纪 60 年代，西欧和北欧国家经济发展迅速，社会繁荣，但在繁荣的背后也存在各种问题。从 60 年代以来，这些国家进行了社会经济政策调整。它们的调整既有成功的经验，也有失败的教训。

## 一、英国

20世纪60年代，英国经济虽仍在增长，但存在不少问题，其经济增长率低于法国、西德和日本等资本主义国家。1960年，英国国际收支逆差达2.58亿英镑，英镑不断贬值。1962年，英国失业人数达80万。工人为争取提高工资而不断举行罢工斗争。

此间，北爱尔兰激进分子要求与爱尔兰合并的呼声日益高涨，爱尔兰共和军不断进行针对英国的恐怖活动。为了克服经济衰退、社会危机，解决北爱尔兰问题，英国政府进行了经济、社会和外交政策的调整。

在经济上，英国政府改变了拒绝加入欧共体的态度，希望通过加入欧共体促进英国经济的发展。1961年，首相哈罗德·麦克米伦（1894—1986）首次提出了加入欧共体的要求，1967年，哈罗德·威尔逊（1916—1995）首相再次提出加入欧共体的申请，均被法国否决。1973年1月1日，在爱德华·希思（1916—2005）首相任内，英国才最终加入。

工党领袖威尔逊在其第一个首相任期内（1964—1970）实行了社会经济改革。他将85%—90%的钢铁企业国有化，扩大社会服务，拆除贫民窟，大量兴建公共住房。但这些工程的实施造成政府财政赤字不断增加。1967年11月8日，威尔逊被迫宣布把英镑贬值14.3%，英镑对美元的比价由1∶2.8降至1∶2.4。在1970年1月大选中，威尔逊被保守党候选人爱德华·希思击败。

希思担任首相后，抛弃了工党政府执行的国家干预经济的做法，推行米尔顿·弗里德曼的货币供应学派学说，缩小货币供应，减少福利开支，这使得英国经济继续恶化。希思政府不断削减人民的福利，甚至于1971年4月取消了医院处方费和牙医费的免费福利以及小学生的免费牛奶。英国社会不满情绪增长。1973年，由于国际石油危机的冲击，英国爆发经济危机。希思在内外交困中宣布提前进行大选。在1974年大选中，希思败北，威尔逊再次担任首相。

在威尔逊的第二个首相任期内（1974—1976），英国面临空前严重的经济危机。1974—1975年，工业生产下降11.2%，通货膨胀在24%以上，英镑贬值1/4。威尔逊重新实施国家干预经济的做法，采取严厉措施防止危机进一步恶化。但威尔逊政府与英国工会签订协定，把工资增长率限制在每年10%范围内，该措施损害了工人利益，使威尔逊在工人中的威信下降。1976年3月，威尔逊宣布辞职，由伦纳德·詹姆斯·卡拉汉（1912—2005）接任首相。

卡拉汉继续推行威尔逊政府的政策。70年代，由于北海油田的产量大幅增长，在世界能源供应紧张的情况下，丰厚的石油收入使英国经济得以恢复和发展。

内政方面，在苏格兰和威尔士要求扩大地方自治权问题上，卡拉汉只同意把中央政府一些有限的权力移交给这两个地区的议会。此决定遭到这两个地区民族主义者的反对。同时，工会拒绝接受卡拉汉提出的要求工会重新签订限制工资的协定，他也失去了工人的支持。在1979年5月的大选中，卡拉汉失败，保守党领袖玛格丽特·撒切尔（1925—2013）胜出，成为英国历史上第一位女首相。

撒切尔夫人出任首相后不久，英国就爆发了经济危机。从1979年6月到1981年6月，国内生产总值下降了4.6%。1982年1月，失业人数突破300万。保守党认为英国经济和社会出现的问题是由于奉行凯恩斯主义的国家干预经济学说造成的，因此转向以货币供应学派为代表的新自由主义。

为了克服危机，撒切尔政府实行新自由主义的经济政策，全面减少国家干预，减少货币供应，提高银行利率，紧缩信贷，严格控制并削减政府开支，减少财政赤字，精简政府机构，削减福利和教育开支。

为放开市场，撒切尔政府大幅度解除政府管制，在交通、电信、公用事业、金融、物价等领域取消或修改监控条例，开放市场准入，打破一些行业垄断以强化竞争，放宽产品标准，取消价格管制等。撒切尔夫人取消对工资物价的控制，将当初收为国有的英国电话公司、铁路公司和煤气公司出售给私人，并将私营化扩大到众多经济、社会领域，包括国有企业、住房、教育、医疗等。为抑制劳动成本，放弃了充分就业政策，英国甚至放弃最低工资标准，鼓励“灵活使用劳工”，打击工会。

为紧缩“大政府”，撒切尔夫人进行了大规模改革，核心内容是打破既有的公务员制度，推进小政府、大服务的改革目标，裁减公务员数量，强化竞争机制，防止官僚化及其造成的效率低下和浪费；政府职能从单纯的管理向提供服务转变。这次改革是英国公务员制度建立以来最大的改革，动摇了传统的公务员制度，行政工作发生了从以规则为本到以结果为本的变化，上下级关系从隶属关系转变为契约关系，管理从过程控制转向结果控制，出现执行分权化而责任集中化的发展趋势。

撒切尔政府改革重新调整了国家与企业、市场、社会的关系，是国家职能的又一次大规模变革，重点是在调整国家的经济职能、社会职能和压缩官僚机构等方面，恢复和强化了市场机制的作用，减少了国家的干预，在一定程度上有利于稳固资本主义的社会统治，并推动经济的发展。

然而，撒切尔政府的这些改革也存在不少问题和局限，如压缩政府机构的措施，主要是削减了公共企业的人数，而对中央和地方政府机关的压缩较小。更为突出的是，撒切尔夫人的改革产生了社会动荡，资本主义提高了效率，却少了“公平”，淡了“人情味”。撒切尔夫人自己概括了左派的批评：资本主义的繁荣使人们付出了高昂代价，“撒切尔时代所培养的社会风气，不正是造成弱者遭排挤、贫者无立锥之地、社会价值崩溃的罪魁祸首?”1990 年反人头税流血事件、经济的不景气等压力，迫使撒切尔夫人含泪辞职，改革也陷入困境。

1990 年，约翰·梅杰（1943— ）接任首相。梅杰上台后奉行新的施政方针，取消了人头税，并重新实行国家干预经济、紧缩货币、减少失业等政策，收到较好效果。到 1997 年，英国经济出现了连续四年的稳定增长。然而从 1993 年起，保守党频频爆出丑闻（如官员梅勒和田耀均因涉嫌性丑闻而辞职，下议院议员史密斯和韩尔顿涉嫌受贿，议员苗里根离奇死亡等），党内矛盾日益显现，民众对保守党的支持率日趋下降。1997 年大选，梅杰再也无法驾驭一个四分五裂、充斥丑闻的保守党，最终败给了工党领袖托尼·布莱尔（1953— ）。

布莱尔出任首相后，开辟了一条发展英国经济的新道路。这条道路不同于工党传统的“民主社会主义道路”和撒切尔政府的新自由主义道路。他主张推行新型的“混合经济”，既允许自由竞争，又加强国家干预。因此，这条道路被称为“第三条道路”或“中间道路”。英国经济很快走出困境，并快速发展。在社会改革方面，布莱尔政府改善了社会服务系统，为有劳动能力的人提供工作机会，努力消除撒切尔政府造成的社会分裂和忽视穷人福利的做法，把解决失业问题与改革社会保障制度结合起来，有效缓解了社会矛盾。2007 年 11 月，布莱尔辞去首相一职，由财政大臣戈登·布朗（1951— ）继任。一年之后，由于金融危机爆发，工党支持率迅速下降。2010 年，布朗被迫辞职，保守党在大选中获胜，戴维·卡梅伦（1966— ）接任首相。

卡梅伦领导的是由保守党和自由民主党组成的联合内阁，他上台时面临着严重挑战：如何降低高达 5%的失业率，给 152 万失业者提供工作，并且在想办法减少占英国国民生产总值 12%的财政赤字的同时还要不拖累英国的经济复苏。此外，国内由于苏格兰和英国中央政府在北海石油归属问题上争论日益激烈，再加上保守党政府削减了对苏格兰的财政优惠政策，导致苏格兰的独立呼声开始高涨。卡梅伦政府通过为 18—21 岁的无业青年提供工作训练的方法，成功地降低了英国的失业率，将英国带出了金融危机。在苏格兰独立问题上，2014 年苏格兰独立公投以 55.8%的选民支持统一的结果，否决了苏格兰脱离英国独立的法案，卡梅伦政府也渡过一场政治危机。但是好景不长，由于 2016 年英国脱欧公投结果与他的意愿相悖，卡梅伦宣布辞去首相职务，由特蕾莎·梅（1956— ）接任。

在北爱尔兰问题上，英国政府采取了从强硬到和解的民族政策。从 1968 年起，主张北爱尔兰脱离英国的天主教徒与愿意继续留在英国的新教徒和英国当局之间的暴力冲突不断升级。1969 年，威尔逊政府派军队进驻北爱尔兰，爱尔兰共和军的反政府活动加剧，爆炸和暗杀等恐怖活动升级。1979 年，“二战”时期的英国名帅蒙巴顿被暗杀。从 90 年代起，英国、爱尔兰共和国以及北爱各派政治势力加快了和解进程。1994 年 8 月 31 日，爱尔兰共和军宣布停火。1998 年，英国政府、爱尔兰政府和北爱尔兰的八个党派共同签署了和平协议，使北爱尔兰问题的解决取得了突破性进展。

在对外政策方面，英国紧紧跟随美国的外交政策，尽管英国政府希望继续扮演世界政治大国的角色，但经济实力与国际地位已大不如前。1982 年 5 月，英国与阿根廷为争夺马尔维纳斯群岛（英国称福克兰群岛）而爆发了战争，尽管英国最终取胜，但昔日“日不落帝国”的辉煌已不可能重现，国内发展和国际形象也受到了消极影响。1982—1984 年，面对实行改革开放、各项事业蒸蒸日上的中国和中国政府在领土主权问题上的严正立场，英国政府被迫放弃“以主权换治权”等幻想，转而在充分尊重中国主权的前提下，同中国围绕把香港交回中国问题进行谈判。1984 年 12 月 19 日，《中英关于香港问题的联合声明》正式签署，确认中华人民共和国于 1997 年 7 月 1 日对香港恢复行使主权。

## 二、法国

20 世纪 60 年代，法国经济繁荣，工业生产以年均 6.9%的速度递增。自 1968 年开始，法国从农产品进口国变为出口国，成为资本主义世界仅次于美、西德、日的第四经济大国。“莫内计划”和“舒曼计划”对战后法国经济的发展有重大影响——“莫内计划”强调了指导性计划在经济中的作用，“舒曼计划”则强调欧洲资源的联合与共享。但法国存在着社会保守、财富分配不均、贫富悬殊和失业等问题，同时渐入“丰裕社会”的法国人在思想观念上也产生了许多新变化和要求，导致了 60 年代末的社会危机。

1968 年 3 月 22 日，巴黎郊区农泰尔文学院的学生占领学院的行政大楼，揭开了法国“五月风暴”的序幕。5 月初，学生开始走上街头示威游行，反对学校的规章制度，要求教育改革。改革的具体内容是，要求废除巴黎大学关于不允许男生进入女生楼群的规定，在校园里要有政治自由，在大学城内要求性自由。

学生运动得到了工人的响应。5 月 12 日，工人走上街头，要求每周工作 40 小时，每月保证大约 200 美元的工资。13 日，75 万名学生和工人走上街头，继续示威。示威者穿过巴黎，对政府表示抗议。这次罢工高潮时有 1000 万工人参加。罢工直到 6 月才结束。戴高乐被迫宣布进行改革，并将最低工资提高 35%。尽管如此，学生和工人的抗议活动还是降低了戴高乐的威信，导致他在次年辞职。

1969 年 6 月，乔治 · 蓬皮杜（1911—1974）当选总统。蓬皮杜上任后采取了比较灵活的政策，对内减少国家对经济的控制，将法郎贬值 12%，大力发展经济。对外则改善同美国的关系，并同意就英国加入欧共体问题与英国进行谈判。

1974 年 4 月，蓬皮杜病逝。5 月，共和党人吉斯卡尔 · 德斯坦（1926— ）继任总统，雅克 · 希拉克（1932—2019）出任总理。希拉克是戴高乐主义的支持者，他所代表的右翼以推行自由主义的经济政策为基本特征，主张“自由经济”和“经济自由化”。希拉克上台后继续推行戴高乐政府实行的政治、经济和社会政策，任内实行了政治自由化和社会风俗方面的改革，包括将公民权和政治选举权降至 18 岁，堕胎合法、避孕自由、离婚自由等。1976 年 8 月，希拉克因与德斯坦总统在国内政策上意见相左而辞职。

经济学家雷蒙 · 巴尔（1924—2007）接替希拉克出任总理后，提出了复兴经济的“巴尔计划”。该计划要求根据不同的经济形势，使国家经济政策在刺激经济和紧缩通货之间进行变动，但这种政策因为遭到工会反对而未能取得成功。

1981 年 4 月，社会党领袖弗朗索瓦·密特朗（1916—1996）在选举中获胜，组成以社会党元老皮埃尔·莫鲁瓦（1928—2013）为总理的左翼联盟政府。在密特朗领导下，法国没有追随当时西欧风行的新自由主义潮流，而是进行了如下改革：一是扩大国有化，把 5 家大型工业公司、36 家大银行和 2 家金融公司收为国有；二是推行“经济膨胀”政策，采取宽松的财政和货币政策刺激消费和需求；三是提高最低工资标准，向富人加税，增加福利开支；四是向地方放权，加强全国 22 个大区的“自治管理权”。

这些政策虽增加了政府收入，提高了贫困阶层的生活水平，但导致经济过热，宏观经济失调。因此，莫鲁瓦政府又不得不大幅度进行调整，回到自由主义的政策上去。这一大转变引起了法国共产党的不满，法共退出政府，左翼联盟解体。1984 年 7 月，密特朗改组政府，组成以社会党人洛朗·法比尤斯（1946—　）为总理的新政府，继续进行调整。在密特朗总统任内，法国经济发展速度放缓，消费品物价指数逐年下降。但由于国际经济形势好转，石油和原料价格下跌，法国经济呈现稳定增长趋势，走出了延续近十年的“滞胀”困境。

在 1986 年国民议会选举中，右翼取得多数，希拉克再度出任总理，组成右翼政府。希拉克凭借议会多数的支持，实行私有化、价格自由、取消金融管制等措施，企业利润税率由 50%降到 45%，对个人投资给予优惠，向“自由经济制度”转轨，出现了 70 年代以来最好的经济发展局面。但私有化加剧了社会矛盾和社会动荡。

1988 年，密特朗连任总统。议会重新选举，左翼重新取得多数执政，终止了右翼推行的自由主义政策。但左翼政府的经济政策，使法国经济再次转入低潮。在 1995 年选举中，希拉克当选总统。

希拉克执政后全面调整经济发展战略，加快向“自由经济”转轨。首先，改变了宏观经济管理方法和体制，通过“战略性”计划，即选择有战略意义的领域作为“优先行动项目”，来指导国家经济发展的目标和方向。其次，在金融、税收、劳动和就业、社会保障等领域，实行“经济自由化”政策，进一步减少国家的干预和限制。再次，鼓励科技进步，加快产业调整，提高法国经济的总体竞争能力。政府确定七个重点发展的高科技领域和四个优先发展的高科技计划，增加对未来经济发展具有重要意义的高科技产业，如信息高速公路、空间技术、通信技术等领域的投入。最后，推行可持续稳定增长战略，加强生态保护，对外贸易多元化。

然而，在 1997 年的制宪会议选举中，包括社会党、共产党和绿党在内的重建左翼联盟获胜，并组成政府。这一结果有力推动了法国政治力量和欧洲政坛的左转。不过，右翼总统希拉克和新成立的社会党领袖利昂内尔·若斯潘（1937—　）领导的左翼政府都采取了务实和合作的态度。在社会经济政策上，压缩财政赤字，优先考虑就业，减少低收入人群的社会负担，缩短工时等。这些政策取得了明显效果，使得法国在 90 年代末社会相对稳定，经济发展呈上升趋势。

2007 年，希拉克任满离职，法国传统右翼政党“人民运动联盟”的候选人尼古拉·萨科齐（1955—　）以“同过去的法国平静地分裂”为口号，赢得大选。萨科齐支持自由市场经济，主张降低企业的社会福利与税收负担，鼓励职工通过延长工作时间来增加收入，并且实行选择性移民政策，减少非法移民的数量。萨科齐企图通过减税来刺激经济增长的做法收效不大，同时社会福利的下降又进一步加重了“老龄化”问题，最终使法国人对萨科齐的保守立场日益反感。2012 年大选中，萨科齐败给了左翼政治家弗朗索瓦·奥朗德（1954—　）。奥朗德上台后，提出扩大议会权力，增加人民的政治参与度；实行经济紧缩，减少财政赤字；扶植中小企业发展，扭转失业率曲线。但是由于议会内部分崩离析，导致行政与立法机构的关系始终无法理顺，奥朗德的各项政策无法顺利实施。法国社会和经济问题不但没有得到有效解决，反而有所恶化。2013 年，法国发生 20 万人大罢工，反对新就业议案。2015 年 11 月 15 日，法国巴黎遭受一系列恐怖袭击，导致 132 人死亡。奥朗德在民众中支持率急剧下降。2016 年，奥朗德宣布他将不参加 2017 年大选。2017 年，“前进”运动候选人埃马纽埃尔·马克龙（1977—　）在大选中获胜，成为法国历史上最年轻的总统。

### 三、联邦德国

20 世纪 60 年代上半期，联邦德国经济继续高速发展，社会稳定。但到 60 年代下半期，工人工资的增长落后于经济发展的速度，失业问题日益严重，出现了严重的经济和社会问题。

1967 年 6 月 2 日，伊朗国王访问柏林引起示威游行，警察开枪打死一名学生，引发了联邦德国各地的学生运动。在左派和学生运动影响下，人民要求政府进行改革。从 1967 年开始，联邦政府开始进行调整改革。

在经济上，联邦政府在“社会市场经济”的实行过程中，引入了凯恩斯主义作为补充，对经济进行国家干预和总体控制。联邦政府实行了五年经济计划和财政计划，增加了对国营企业的投资，对农业、铁道和交通运输、水电和能源供应、邮政、住房建设、教育和科学事业等，实行国家保护、扶持或补助政策。

1967年，联邦议院通过了《促进经济稳定和增长法》，提出了维持物价水平、稳定国际收支平衡、适度经济增长和充分就业的目标。但改革加重了政府的财政负担，经济增长速度放缓。特别是1973年石油危机爆发后，联邦德国的经济增速降至0.5%。到80年代后期，联邦政府开始整顿财政，压缩政府开支，减少赤字，最终成功解决了这些问题，基本上实现了《促进经济稳定和增长法》规定的四大目标，工资增幅远超过物价上涨指数，经济再次繁荣起来。

在社会政策上，联邦德国加强了社会福利建设。1966年12月，在野17年的德国社会民主党（简称社民党）与基督教民主联盟（简称基民盟）组成联合政府。社民党人威利·勃兰特出任副总理兼外长。在1969年大选中，勃兰特当选总理。社民党的上台使联邦德国的社会政策发生了明显改变。在社民党和工会推动下，勃兰特政府扩大医疗保险和事故保险的范围，提高养老金、失业津贴和失业救济额的标准；为实现教育方面的机会均等，还在1973年制定了发展教育的总体规划。

在劳资关系的改革中，联邦政府根据“社会市场经济”理论，建立了具有联邦德国特色的劳资关系。联邦政府强调劳资双方是“社会伙伴”，而不是敌对关系。1972年，联邦政府制定了新的《企业委员会法》，将原有的企业委员会制度推行到有五名雇员以上的企业，并进一步扩大雇员的权利。1976年，联邦德国制定了新的《共同决定法》，规定凡雇员在2000名以上的企业中，普遍成立有雇员代表参加的监事会，使雇员有权参加讨论企业的方针大计，表达雇员的意见和要求。这些举措给予雇员一定的民主权利，保证了社会稳定，为经济发展创造了较好的社会环境。

80年代，联邦德国受世界性经济危机的影响，经济出现萧条。1982年，联邦德国面临6000亿马克的政府债务和250万失业大军。为了解决这些问题，总理赫尔穆特·科尔（1930—2017）提出回到比较“纯正”的“社会市场经济”轨道上来，强调“不要过多的国家干预，而要更多的市场经济”。他采取了“鼓励私人投资以保证就业，削减福利以整顿国家财政”的新政策。1984年经济形势好转，1986 年通货膨胀率为零，国民生产总值由 1983 年的 6545 亿美元增至 1987 年的 11177 亿美元，经济连续保持相对稳定增长的态势。

1990 年 5 月 18 日，联邦德国与民主德国签署了关于建立货币、经济和社会联盟的政府条约。10 月 3 日，两德统一。为改造和复兴德国东部地区，联邦政府耗资巨大。为了弥补财政亏空，联邦政府不得不增加税收，使个人需求受到抑制，企业税收负担增加，制约了企业活力，从而引发经济衰退，失业率大幅度上升，1997 年达 10%，失业人数达到 700 万。

1998 年 10 月大选，社民党获胜，格哈德・施罗德（1944—　）出任总理。此时正值英国布莱尔首相倡导的“第三条道路”兴起，但施罗德政府声称自己的政策与第三条道路有所不同，表现在其政策的核心是坚持新自由主义的市场竞争原则，降低税率，同时改革社会保障体系，调整包括健康保险、失业保险和养老金在内的社会福利支出，改善雇佣条件等。此外，施罗德政府还推行利用可再生能源、阻止联邦州收取大学学费、承认同性恋的合法关系等政策，得到人民的欢迎，促进了联邦德国社会经济的发展。

2005 年 11 月，安格拉・默克尔（1954—　）当选德国总理，基督教民主联盟与德国社会民主党组成联合内阁。默克尔是德国第一任女总理，也是两德统一后首位出身东德地区的总理。默克尔上台后实行“新社会市场经济”政策，成功应对了 2008 年的金融危机。她非常关注女性就业率和生育率问题，强化女性就业条件。默克尔在 2009 年、2013 年和 2017 年三次获选连任德国总理。默克尔对国际难民采取“上不封顶”的宽容政策，极大地改善了德国的国际形象，但是难民的不断涌入也给德国造成了沉重的负担。截至 2015 年，德国已接纳难民 110 万人，德国民众面临的就业竞争和社会保障压力加大，右翼和极右翼民粹势力蔓延，默克尔的难民政策受到越来越大的批评。难民问题日益成为德国社会的主要问题。

### 四、意大利

20 世纪六七十年代，意大利经济发展迅速，社会福利得到改善。

在意大利经济结构中，国有经济成分比重较大，这有利于国家对经济进行干预。1972 年，国有经济在国民生产总值中约占 12%，在工业中约占 1/3。政府实行广泛的社会保障政策，16 岁以下儿童免费教育，人民的生老病死都有依靠。在共产党人任市长的城市中，还有更好的福利：上下班时间乘坐公共汽车免费；有的工厂还常常发放廉价或者免费午餐。1975 年，政府的福利开支占国内生产总值的 22.6%。

然而在经济繁荣、社会富裕的后面，意大利存在着较为严峻的经济和社会问题。

第一，经济发展不平衡。意大利北部经济繁荣，但南部农业区发展落后，人民生活相对贫穷。

第二，通货膨胀居高不下。70 年代，意大利通货膨胀更加严重，失业率上升，有 20 万人失业。由于南方经济落后，意大利对通货膨胀承受能力较差。同时，意大利高度依赖石油进口，1973 年因石油禁运引起的西方经济危机，意大利经济首当其冲，遭受严重影响。1974 年对外贸易出现巨额逆差。

第三，黑社会横行，恐怖主义活动猖狂。从 60 年代到 90 年代，意大利黑手党活动频繁。他们进行暗杀等活动，并公开在街头袭击法官、教师、记者和警察，严重影响了社会稳定。1978 年 3 月 16 日，意大利左翼极端恐怖组织“红色旅”绑架了意大利前总理阿尔多·莫罗（1916—1978）。由于意大利政府拒绝就释放莫罗问题与“红色旅”进行谈判，莫罗于 5 月 9 日被“红色旅”杀害。

第四，学生罢课，工人罢工。这一时期意大利的大学非常混乱，学生罢课，教育事业陷入困境；工人罢工不断，社会动荡不安。

第五，党派纷争不断。虽然天主教民主党在意大利政坛具有特殊地位，但其内部分成左、中、右三派，从未独自成功组织过一届政府。党派争夺造成政府更迭频繁，一些经济顽疾，如财政赤字、通货膨胀、南北方发展差距加大等问题长期得不到解决。

为了解决上述经济、社会和政治问题，意大利政府在 70 年代进行了调整和改革。在改革中，天主教民主党领导的政府为了摆脱危机，稳定政局，努力寻求扩大政治基础，于是开始与共产党合作。而意共总书记恩里克·贝林格（1922—1984）也于 1973 年提出与执政的天民党实行“历史性的和解”。在 1975 年 6 月的地方选举中，意共力量迅速上升，共产党和社会党联盟获得米兰、都灵、威尼斯、热那亚、罗马等 24 个城市的行政权，这些城市的人口占总人口的 54%以上。

1977 年 6 月，共产党、天民党、社会党、社会民主党、共和党和自由党之间达成“六党协议”，规定政府必须采取克服危机的改革措施，但共产党不参加政府，保证对天民党政府不投不信任票，而天民党须保证按协议施政。1978年，共产党进入议会。天民党政府在共产党的支持下，采取限制工资政策，通货膨胀率和失业率开始下降，国民经济有所恢复，国民生产总值从1976年的1728亿美元增至1979年的3245亿美元。但双方的合作没能继续下去，1979年意共退出议会。

1983年社会党总书记贝蒂诺·克拉克西（1934—2000）组阁执政。政府加快了科技革命步伐，抑制通货膨胀，刺激投资，恢复经济活动的信心，调整劳资关系；对经济结构进行调整，在加强新兴工业开发的同时，调整传统工业与新兴工业、大企业与小企业、公营企业与私营企业的关系；压缩高耗能产业，支持发展低耗能生产。

这些努力取得了显著成效。多年来一直是两位数的通货膨胀率在1985年降为8.5%，1986年再降到4.5%。劳资关系得到缓和，国民生产总值达766万亿里拉，超过英国成为西方第五大工业国。1987年经济增长率达3.5%，被西方媒体称为“意大利式奇迹”。

90年代，意大利经济增长减慢，财政赤字居高不下，失业人数大增，贪污腐败问题严重，黑手党活动空前活跃。为了解决上述问题，政府开展了以反贪和打击黑手党为主要内容的“净手运动”（即“廉洁运动”），有6000多名各界重要人物受到审查和传讯。意大利政局发生巨大变化，长期处于政坛核心地位的天主教民主党瓦解。

1993年4月3日，意大利就选举改革进行全民公决，有82.8%的公民赞成修改选举法。8月6日，议会通过了选举制度改革，把意大利选举制由原来的比例代表制，改为由简单多数制和比例代表制相结合的混合选举制。这种混合选举制规定，75%的议席由简单多数选举产生，其余25%按比例选举产生。这一改革减少了政党的数量，对政府的稳定和提高行政效率发挥了重要作用。

1994年5月10日出任总理的右翼政党力量党领导人西尔维奥·贝卢斯科尼（1936— ），推行保守的政治经济政策，阻挠“净手运动”的开展，遭到人民反对，被迫于当年12月22日宣布辞职。

1996年5月罗马诺·普罗迪（1939— ）出任总理，组成的新政府进行了政治经济和社会改革。他采取措施紧缩财政赤字，降低通货膨胀率，改革社会福利制度等，如决定提高退休年龄，增加职工缴纳养老金的份额，严格领取养老金和各种补贴的手续等，把每年节约下来的约67亿美元的福利费用于发展生产。1995 年，意国内生产总值达到 1640 万亿里拉（约合 10275 亿美元），比 1994 年增长 3.2%；通货膨胀率从 1996 年的 3.9%下降到 1997 年 9 月的 1.4%，财政赤字减少。90 年代末，意大利经济增长的速度居欧盟各国之首。

然而，意大利经济增长很大程度上是依赖其金融产业通过过高的风险杠杆支撑的，银行盈利能力差、人口老龄化严重和庞大的社会福利开支给意大利经济造成了沉重的负担。2008 年的金融危机在该国引发了严重的债务危机。2015 年它的不良资产规模为 3600 亿欧元，占整个欧元区的 1/3，导致了生产率和投资增长缓慢，失业率高达 11%，政府债台高筑，已经接近国内生产总值的 133%。如何走出债务危机的阴影，成为意大利政府面临的首要问题。

## 五、北欧国家

20 世纪 60 年代以后，瑞典、丹麦、挪威、芬兰和冰岛五国经济繁荣。

瑞典工业基础雄厚。60 年代后，其工业从传统的木材工业及其附属产业转型，钢铁工业得到很大发展，机械制造业取得巨大成就，能源和汽车制造也发展起来。80 年代，瑞典制造的“沃尔沃”轿车已成为世界上最受欢迎的品牌之一。

北欧其他国家的经济发展各有特点：丹麦依赖小型和中型的食品和家具工业；挪威的经济支柱是沿海的石油生产；芬兰在北欧各国中经济发展最快，从木材出口转向高科技电子产品出口，特别是手机生产在 90 年代已处于世界领先地位。

按照欧洲自由贸易区 1989 年的统计，瑞典人口 850 万，人均国民收入 21500 美元；挪威人口 420 万，人均国民收入 22290 美元；芬兰人口 500 万，人均国民收入 22100 美元；冰岛人口 25.4 万，人均国民收入 21100 美元。①

由于经济繁荣、税收增加，北欧国家的福利制度进一步发展，政府提供的社会福利覆盖了失业、医疗、养老、住房、教育、孩子养育等诸多方面，成为福利国家的样板。

瑞典的福利模式在西方国家中被视为典范，认为是一种包含有较多社会主义因素的资本主义制度。在瑞典，以国家社会保险、家庭福利、社会服务和医疗保健为基础的社会福利保障制度更趋完善。瑞典的福利不仅可以涵盖从摇篮

---

① 由于丹麦不是欧洲自由贸易区成员，所以没有关于丹麦的统计数字。

到坟墓的个体生命的各个阶段，还涉及生活的各个主要领域，包括儿童服务、老年人保障、残疾人保障、医疗保障等。每个瑞典人都可以免费接受从幼儿园到高中阶段教育；每个人均享受近乎免费的医疗服务；残疾人的生活服务费用全部由政府负担，并为每个残疾人提供一名专门的服务人员等。

北欧国家的高福利政策建立在高税收的基础上，福利过高使政府财政和企业负担加重，不利于竞争，影响经济发展。在社会生活方面，高福利引发了一系列社会问题，其中包括一些人对社会福利的过度依赖与精神空虚引起的酗酒和自杀等问题。

到 90 年代，过度高福利对经济的阻碍作用越来越明显。用于福利的开支增加，导致国家财政状况紧张、税收增加。因此，北欧国家都在想办法减少庞大的福利支出，改革福利制度，力求把福利措施控制在一个合理的水平。

除了对高福利政策进行调整外，北欧国家还在社会、经济、政治生活领域进行了调整。瑞典的调整改革在北欧国家中最具代表性。瑞典经济在高速发展的同时也出现一些新的社会问题和一些新的社会诉求：一是少数瑞典人组成新纳粹集团，对涌入瑞典的南欧和第三世界难民进行迫害，甚至出现暴力行为；二是受西欧国家的影响，瑞典也爆发了学生运动；三是妇女要求实现教会领域的性别自由化；四是酗酒和自杀率较高。

为了应对上述问题，瑞典政府对其社会经济政策做了调整改革，实施了私有化和扩大妇女民主权利等社会改革措施。同时政府通过相关法令，解决极端民族主义、酗酒和自杀率升高等问题。

90 年代，瑞典政府的私有化改革取得显著成效，有的垄断企业在世界上处于领先地位，如瑞典最大的电信企业爱立信公司，当时垄断了全世界手机市场的 1/3 以上。

在政治生活层面，60 年代的瑞典基本上由社会民主党和一些更左翼的政党执政。由于推行高福利政策，社会民主党颇得人心，1976 年之前是一党独大。1976 年，右翼党中央党的图尔比约恩·费尔丁（1926— ）当选首相，结束了社会民主党 40 多年的执政。此后，右翼党派与社会民主党轮流执政。

90 年代苏东剧变后，瑞典政治经济政策开始右倾。1994 年再度出任首相的社会民主党领袖英瓦尔·卡尔松（1934— ）和 1996 年继任首相的约兰·佩尔松（1949— ），已不再坚持社会民主党的传统观点，而采纳了右翼的许多观点。他们主张逐步削减社会福利开支，实行保守主义的新自由主义经济政策。90年代中期，温和党、中央党、自由人民党和基督教民主党组成了保守的瑞典联盟。在1998年的选举中，社会民主党仅得到36.4%的选票而败北。

北欧其他国家的调整改革与瑞典相似。90年代，北欧国家的社会经济政策都进一步右转。

## 第三节 日　本

20世纪60年代，日本推行国家干预经济的政策，经济出现高速增长。但这一时期，日本出现了各种政治、经济和社会问题。为了发展经济，稳定社会，从60年代以来，日本针对不同时期出现的问题，不断对其社会经济政策进行调整和改革。在此过程中，日本政府坚持国家干预经济，同时也实施了一些自由主义的措施，并确立了“科学技术立国”的发展战略。

### 一、日本的经济发展与存在的问题

20世纪60年代日本经济的高速增长，在很大程度上得益于政府对国家经济发展的干预。1960年12月，池田内阁推出了《国民收入倍增计划》，计划在十年内使国民实际收入增长一倍，年均经济增长率不低于7.8%，为此制定并实施了一系列诸如投资、开发和促进科学技术发展的具体措施，宣布了贸易与外汇自由化政策。日本经济出现了新的景气现象，在1961—1970年间，年均增长11.2%。

但经济快速发展过程中出现了过热势头。1964年10月，由于过度的设备投资引起劳动力和开工率双重不足，经济发展跌入低谷。首相佐藤荣作（1901—1972）为刺激经济发展，采取了降低银行利率、增加财政支出、降低法人税及发行建设国债等措施，使经济迅速走出低谷。从1965年10月至1970年7月出现了长达57个月的经济繁荣，年均实际增长率高达11.6%。

1965年，日本的国民生产总值还排在美国、联邦德国、英国和法国之后。到了1968年，日本即超过联邦德国，成为资本主义世界仅次于美国的第二大经济强国。

1972年上台的田中角荣（1918—1993）为了应对国际经济形势的变化，进一步推动国内经济高速增长，提出了旨在改变工业布局的“日本列岛改造计划”。该计划虽因大企业的强烈反对未能顺利实行，却刺激了土地价格和普通消费物价的上涨，引起国民不满。

1973 年后，受世界石油危机的影响，日本经济开始出现危机，表现为物价攀升、国际收支不平衡、财政开支增加等。1974 年，日本国民生产总值出现战后第一次下滑，通货膨胀率达 24%。但影响不太严重，70 年代日本经济仍然处于低速、稳定发展时期。

然而，日本在经济高速发展的同时，没有解决好两极分化问题。广大劳动人民的工资待遇低，工资增长的速度远远低于国民经济增长的速度。为了维持起码的生活水平，日本人民开展了争取增加工资的斗争，1962 年春罢工达到高潮，共出现了七次全国性统一行动，有 1600 万人参加了斗争。

同时，日本还存在工业地区人口高度密集、用地不足、工业用水紧张、交通拥堵、住房短缺及环境污染等一系列问题。为了推动政府解决这些问题，日本国民展开了环保运动，到 70 年代初，全国各地的环保团体已达数千个。农民和沿海渔民也开展了反对环境污染的斗争。

在政治上，日本党派林立，有自民党、社会党、公明党、共产党等。但自 1955 年以来，日本政坛连续 38 年维持自民党执政与社会党在野的两党政治格局（也称 55 年体制）。这种政党体制保持了日本政局的稳定，也适应日本“经济中心主义”的国家发展战略。在对外关系上，日本奉行亲美外交，损害了本国的主权。因此，日本人民对政府的对美外交政策不满，在 60 年代掀起了反对修改日美安全条约的斗争。1960 年 1 月 16 日，90 万群众在羽田机场举行大规模抗议示威，反对岸信介首相赴美签署可能将日本卷入战争的新的日美安全条约。示威者与警察发生冲突，多人被捕，接着出现了大规模国会请愿运动。19 日，政府不顾日本人民的反对，与美国签订了含有所谓“美国对日防卫义务”的《日美共同合作和安全条约》。6 月 16 日，东京有 150 万人到国会前游行示威，反对美国总统艾森豪威尔访日。60 年代中期以后，日本人民继续展开斗争，反对美国在日本部署核武器，反对延长《日美共同合作和安全条约》。

## 二、日本社会经济的调整与改革

为了使经济稳步发展，缓解社会矛盾，日本政府对经济、社会、政治、外交等方面的政策进行了调整与改革。

在经济上，尽管新自由主义思想在西方各国流行，但日本政府坚持实行其国家干预政策，称为“政府引导”。政府引导对经济的发展有重要影响，这种影响来自政府各部门的规划。此外，日本通常把退休的政府官员安排到私营企业担任高级管理人员，也有利于政府引导。日本政府通过采取控制物价、平衡国际收支、紧缩财政、增加公共投资等措施，来引导发展经济。在70年代的危机中，这种政策收效明显，1976—1978年，日本的经济增长率连续三年都在5%以上。

80年代，日本实行“科学技术立国”的发展战略，以取代此前实行的“加工贸易立国”战略。从以往的引进和改造外国先进技术，转向以自主开发创新技术为主，改变原有的重化工业的产业结构，转向以发展资源和能源消耗少、附加价值高的知识密集型产业，以智力资源弥补物质资源的不足。随着发展战略的转变，日本经济在80年代继续稳定增长。

80年代中期，中曾根康弘（1918—2019）政府推行国营企业民营化政策，既减轻了政府财政负担，又提高了劳动生产率。随着经济的高速增长，外贸顺差扶摇直上，1984年单是对美贸易顺差就高达331亿美元。为了解决严重的贸易不平衡问题，1985年9月22日，日、美、英、法、西德五国的财政部长和中央银行行长在纽约广场饭店举行会议，会上日本财相竹下登主动表示愿意协助美国采取入市干预的手段压低美元汇价，最终与会五国达成了“广场协议”。根据协议，五国决定联合干预外汇市场，使美元对日元、马克等主要货币的比价有秩序地下调，以解决美国巨额的贸易赤字，从而导致日元大幅升值，对日本经济的发展产生了消极影响。

其后一年内，日元兑美元汇率由240：1上升到120：1。日元的大幅度升值导致日本经济出现短期萧条。日本政府适时进行了调整，实行低利率和推动内需的政策，以促进经济的增长。从1986年11月到1991年4月，日本出现了长达53个月的经济持续增长，年均增长率为5.1%，但这种增长未能持久。由日元升值而产生的大量闲置资金流入股市和不动产市场，使股价和地价的升值速度远远超过经济的增长率。1985—1990年，股票、住宅用地、商业用地的价格增长率分别高达31.3%、14.4%和15.6%。虚拟资产膨胀的速度远远超过实际资产增长的速度，出现了“泡沫经济”。

泡沫经济的直接后果是日本经济陷入长期低迷。从1989年到1992年8月，日经指数跌幅高达63.2%，不少地区的房地产价格下滑一半以上，房地产价格的下滑又导致为不动产提供抵押贷款的中小金融机构纷纷倒闭。从1992年开始，日本连续三年的经济增长率分别为0.4%、0.5%、0.6%。至90年代末，日本经济一直在调整中徘徊。

在社会政策上，日本政府坚持实行企业工会制度。依据这种制度，不是按照整个行业或产业组织工会，而是在企业内部、工厂和车间组织工会。企业工会充当劳工与管理层之间的协商机构。日本企业的终身雇佣制和年功序列工资制，使职工利益与企业息息相关。因此日本的工人运动并不激烈，发展平缓。

与此同时，日本政府还对社会政策进行了较大力度的调整改革。1960年年底，社会党书记长江田三郎（1907—1977）等人提出“结构改革”的观点，要求国家政策有利于劳动人民，同时要注重通过人民参加各种决策机构部分地改变生产关系，从而和平过渡到社会主义。此后至70年代中期，随着经济的高速增长，日本劳动者的收入大幅度增加，劳资矛盾得以缓和。

在对待日本民众反对签订《新日美安全条约》、反对美军驻军和设置军事基地等抗议运动上，政府的态度非常顽固，甚至采取了镇压手段。1961年和1962年，自民党政府提出《防止政治性暴力行为法案》和《关于保持民主秩序的法案》，扩大警察权力，以强制拘留、搜查、审讯等手段对付人民，禁止公众集会等。但日本政府的这种政策遭到人民的反对。1961年5月，工人、学生、妇女、文化界和其他各界人士举行了反对1961年《防止政治性暴力行为法案》的斗争。到6月3日，全国有450万人参加了斗争。1962年，日本民众又掀起了反对《关于保持民主秩序的法案》的斗争。在民众的斗争下，这两个法案未获通过。

在对外政策上，由于世界出现多极化趋势，日本在1972年开始改变对美一边倒的追随外交政策，加强对欧盟、中国和苏联的外交，开始步入自主外交时期。1972年9月，中日实现邦交正常化。1983年7月，中曾根首相发表讲话，称“要在世界政治中提高日本的发言权，增加日本不仅作为经济大国的分量，而且是作为政治大国的分量”。从此，日本开始努力从经济大国向政治大国迈进。

在政治上，日本的调整，不是向左，而是向右。70年代，日本社会政治思潮发生了巨大变化。五六十年代曾经出现过的和平主义思想不再流行，而保守主义思潮盛行。其价值取向是追求个人生活的富有和安定，满足于现实的生活状态，日本舆论界把这种生活满足感称作“中流意识”。这不仅是对现实生活基本满意的表现，也是一种维护既得利益的保守心理，国民从生活保守主义开始趋向以“求稳怕乱”心态为基础的政治保守主义，对自民党及其政权的支持率逐步回升，《日美共同合作和安全条约》和重整军备也逐渐为日本国民所认可和接受。在政治保守化的趋势下，战后日本未能彻底清算的右翼军国主义势力明显回潮，在战争责任、领土领海等问题上不断制造与其他亚洲国家的摩擦。

1982 年 11 月，中曾根提出“战后政治总决算”① 的右倾方案。1985 年 8 月 15 日，中曾根以首相身份率阁僚参拜供有甲级战犯的靖国神社，1982 年和 1986 年两次发生了美化日本侵略战争的历史教科书事件，1987 年度防卫费首次突破国民生产总值 1%的限制。日本政治保守化进一步发展。

1993 年 8 月，自民党结束了连续执政 38 年的历史。1994 年，自民党、社会党和新党组成联合政府。社会党入阁之后，日本政府的保守化倾向更加明显，社会党在诸如自卫队、日美关系、派兵维和、国旗国歌等问题上与自民党已没有多大差别。这种情况决定了整个 90 年代日本政治的特征，即党派纷争，内阁短命，政治保守化倾向日益明显。

20 世纪 90 年代，日本泡沫经济破灭，2001 年经济出现负增长。从 2002 年起，依靠加入世贸组织的中国经济迅猛发展的拉动，日本经济开始走出低谷，2002—2007 年出现了日本战后最长时期的经济增长，年均经济增长率为 1.9%。对华出口成为日本经济增长的主要动力。

冷战结束后，随着全球性意识形态对立告终，日本国内要求发挥独立性国际作用的民族主义情绪开始抬头。一方面要求修改宪法的人数越来越多。自民党在 2005 年 10 月 29 日提出新宪法草案。2016 年，安倍晋三（1954—　）政府通过了《和平安全法制》，在修宪道路上又迈进了一步。另一方面，日本在对战争和责任的认识上的右倾倾向日益明显。小泉纯一郎（1942—　）首相曾六次参拜靖国神社。

## 第四节　环太平洋地区的其他主要资本主义国家

20 世纪 60 年代以后，加拿大、澳大利亚和新西兰三国的经济高速增长，

---

① 中曾根康弘认为，政治上，从盟军占领到他执政的时候，有好的一面也有应该修正的一面，要对过去进行检查与修正，要在政治、经济、文化、教育、外交、军事等领域采取改革措施。

跻身世界主要资本主义国家行列。在经济快速发展的同时，这些国家也程度不等地受到多种经济、社会问题的困扰。为解决这些问题，三国政府进行了调整和改革，并取得了相当大的成绩。

### 一、加拿大

20世纪60年代以来，加拿大经济迅速发展。到1967年加拿大联邦迎来百年诞辰时，它已发展为一个经济发达的资本主义国家。进入80年代，加拿大经济保持了高速发展。1984—1988年间，国内生产总值年均增长率为4.7%，不仅领先于西欧和美国，也领先于日本。但加拿大也存在着严重的政治、经济和社会问题。

加拿大在政治上面临国家分裂的威胁。作为一个多族裔混居的移民国家，加拿大在20世纪下半期面临国家分裂的危机。这种危机主要来自境内的魁北克人。魁北克省是法裔的主要聚居区。由于历史的原因，同为加拿大境内主要居民的英裔和法裔摩擦不断，法裔魁北克人谋求独立的思想也由此萌发并日渐强烈。

1976年11月，以争取政治独立为宗旨的魁北克人党在该省首次执政后，便展开了一场声势浩大的独立运动。该党首先通过立法确认法语为该省政府和议会唯一的官方语言，在省内大力推动法语教学，并对本省儿童学习英语进行严格限制；后来又提出在魁北克和联邦政府之间建立“一种新的平等的伙伴关系”，即政治上独立、经济上与其他地区保持联系的“主权—联系”方案。1980年5月，魁北克就独立问题在全省举行首次公民投票，独立主张未获通过。魁北克人党1994年9月再次在省议会选举中胜出后，于1995年10月就独立问题举行第二次公投，统一派以微弱多数险胜。1998年4月，加拿大最高法院判决，魁北克人无权单方面宣布独立。2000年，加拿大议会通过了魁北克独立公投规则，在法律上给独立公投设置了障碍。2005年，主张统一的自由党人在魁北克省议会选举中击败主张独立的魁北克人党，魁北克独立运动进一步陷入低潮。

在经济上，经济发展布局不平衡。加拿大80%的工业生产集中在与美国相邻的安大略省和魁北克省，主要工业部门为美资控制。1975年，美国投资占加全部外资的比例高达77%。加拿大在经济上高度依附于美国，两国也在此基础上形成了所谓的加美特殊关系。

在社会问题上，加拿大存在两极分化、失业问题和少数族裔与多元文化问题。其中，族裔问题非常突出。加拿大族裔问题主要是因除英法移民外的大量其他种族移民涌入而产生的。随着这些移民在总人口中的比例增加、社会地位的提高和民族意识的增强，他们对政府将英法族裔二元文化作为官方文化日渐不满，开展了各种运动，强烈要求取得平等的社会文化权利，要求文化多元化。为了解决存在的政治、经济和社会问题，加拿大政府对其政治、经济和社会政策进行了调整和改革。

在政治上，加拿大政府采取措施，消除国家分裂的危险。1998 年最高法院针对魁北克的独立运动做出裁决，宣布魁北克省无权单方面决定独立，而必须得到联邦和其他省份的认可。2000 年，联邦议会通过法案，对魁北克省就独立问题举行公投设置了诸多程序障碍，从而使分裂危机从根本上得到了控制。

在经济上，加拿大政府采取各种措施，减少财政赤字。60 年代以来，政府通过在重要经济部门建立国有公司、对外来投资实施更严格的审查制度等措施，来保护本国工业的发展，控制外来资本的扩张。

加拿大的福利开支庞大。1981—1990 年，联邦社会福利开支增加了 226%。这不仅加重了民众的税收负担，而且导致政府财政赤字激增。为了消除财政赤字，90 年代开始，政府对福利制度进行了改革，在削减福利开支的同时，以技能培训代替社会救济，同时通过税收优惠等措施鼓励非营利机构和个人参与社会福利建设。

90 年代，加拿大调整了其对外经贸战略，明确提出面向亚太地区，特别是东亚地区发展的政策。加拿大与亚太地区的经贸往来日益密切，亚太地区成为加拿大仅次于美国的第二大经贸伙伴。经过上述调整，加拿大经济发展较快。到 90 年代末，加拿大成为世界七个经济最发达的国家之一，人均国民生产总值和综合生活质量排名一直稳居世界前列。

为了解决族裔问题，加政府实行民族宽容政策和多元文化政策。1971 年，加拿大在西方国家中率先宣布实行多元文化政策，宣布不同族裔拥有保留自己文化的权利和自由。加政府还要求消除种族偏见和歧视，确保所有加拿大人能平等地参与国家的政治、经济、社会和文化生活。政府的这些政策在 1988 年通过的《加拿大多元文化法》中被固定下来。多元文化政策的推行提高了各族裔的平等意识，增强了他们对国家的认同感，有利于维护加拿大的稳定与族群和谐。

在社会政策上，为解决两极分化和失业问题，加政府采取了对富人征税、为失业者创造就业机会等措施。但这些政策力度不够，收效甚微，并没有解决两极分化和失业问题；而政府削减福利开支的做法则引起了人民的不满。

## 二、澳大利亚

20世纪60年代，澳大利亚经济繁荣，社会富足，国民生产总值年增长率达5.5%，工矿业生产总值超过农牧业生产总值。1969年，澳国民生产总值名列世界第十位，成为工业强国之一。

澳大利亚长期由国家党和联盟党联合执政。由于联合政府支持美国进行越战，并派军队参战，加重了人民的负担，产生了严重的社会经济问题：一是通货膨胀和失业，二是社会两极分化严重，三是土著问题凸显。为了解决这些问题，澳政府进行了调整与改革。

1972年，反对党工党取代联盟党执政。工党领袖高夫·惠特拉姆（1916—2014）担任总理后开始进行调整改革。他强调要给予土著居民更多的平等，给穷人福利，发展教育事业，使儿童都能上学，同时使国民都能享受医疗保险。

这些政策在一定程度上缓和了社会矛盾，但也使政府开支增加，通货膨胀加剧。1974年，由于参加越战的澳大利亚士兵复员和世界石油危机的影响，澳经济形势恶化，通货膨胀和失业率上升，工党政府面临危机。

1975年12月大选，自由党人马尔科姆·弗雷泽（1930—2015）获胜后担任总理。由于世界石油危机很快过去，依靠国外贸易的澳大利亚出口增加，澳经济形势开始好转，但社会经济问题依旧严重。社会两极分化继续扩大，工人的生活状况改善缓慢，有1/6的人生活在贫困线之下，失业人口继续增加，而用于社会福利的开支却没有增加。不仅如此，弗雷泽还逐步取消了医疗保险。到1981年，弗雷泽政府规定，免费医疗只限于查证了的穷人和年老的退休人员。

弗雷泽政府的上述政策遭到了人民反对。在1983年选举中，弗雷泽遭到失败，由工党领袖鲍勃·霍克（1929—2019）组阁。霍克政府恢复了免费医疗制度，实行反对贪污腐败、大量引进外资、调整劳资关系的政策，澳大利亚出现了经济繁荣、社会安定的局面。

但澳大利亚在1988年出现了经济发展过热势头。为解决这一问题，澳政府开始紧缩货币，提高利率，减少国家对工业的保护。同时政府非常重视把科学技术转化为生产力，1992 年支持成立了一些推进新技术转化成产品的公司。但这些政策并没有改变经济萧条的局面。在 1993 年选举中，霍克败落，由保罗·基廷（1944—　）出任总理。基廷上任后推行了一系列改革措施，如减轻税收、降低关税、严格控制政府开支等，然而其经济政策没有收到预期效果，澳大利亚的失业率仍高达 10%。

1996 年联盟党领袖约翰·霍华德（1939—　）担任总理后继续进行改革。其改革重点是对福利、教育和向土著居民提供补贴的政策做了调整，以减少政府在这些方面的支出。这种改革也没有收到预期效果。1997 年，澳失业率仍徘徊在 8.5%—8.7%。90 年代末，澳大利亚面临着严峻的社会经济形势。

在处理移民与少数族裔的问题上，澳大利亚长期实行“白澳政策”① 和“同化政策”，限制、禁止有色人种向澳移民。60 年代，澳移民政策有所改变，“白澳政策”逐渐为“同化政策”所代替。同化政策要求非英语移民彻底放弃本民族的文化传统，完全接受澳大利亚的生活方式。这一政策带有明显的种族偏见，遭到人们的激烈反对。

70 年代，澳政府开始顺应时代潮流，推行“多元文化政策”，并在 1989 年将其确立为基本国策。多元文化政策承认各族裔的文化差异，强调各族裔人民具有同等权利，提倡相互尊重。多元文化政策的推行，吸引了大批优秀人才来澳创业定居，改善了澳大利亚的国际形象，有利于澳社会稳定和发展。

90 年代，澳大利亚还调整了外贸政策。1992 年 4 月，基廷在执政后的首次外交政策演讲中明确指出“澳大利亚的未来在亚洲”，开始实施“面向亚洲”和“融入亚洲”的政策。澳对外政策重点转向亚洲，而不再像以往那样主要依靠英美。这种政策有利于澳大利亚经济的发展与国际地位的提升。但对澳大利亚来说，“融入亚洲”仅仅是利用亚洲发展的契机来促进本国经济发展的手段，并不意味着它在政治、安全等事务方面完全脱离美国。近年来随着南海争端的激化，澳大利亚再次呼吁重视美澳安全关系。

### 三、新西兰

新西兰是一个发达的资本主义国家，以农牧业闻名于世，是世界上牛羊

① 澳大利亚联邦反对亚洲移民入境（入籍）的种族主义政策的统称。1901 年正式确立为基本国策，1972 年正式废除。

肉、乳制品、羊毛和水果蔬菜的出口大国，主要工业是石油产品、造纸业、木材加工、塑料制品、化学、钢铁和机器制造业等。

20世纪60年代，新西兰政局稳定，经济发展迅速，人民生活富裕。但由于经济主要依赖对外贸易，很容易受到世界经济危机的影响。一旦世界市场农产品降价，新西兰经济的发展就会受到影响。例如，由于受1973年世界石油危机的打击，农产品出口减少，而工业品进口增加，经济发展出现困难。由于经济下滑，福利开支减少，人民生活受到影响，富裕的新西兰社会也受到贫困问题的困扰，其中土著居民毛利人受到的影响最大，仍处于社会底层。80年代，新西兰的经济形势更加严峻，失业率和通货膨胀率不断上升。

为了发展经济，新西兰政府进行了调整改革。一是调整对外贸易政策。由于英国1973年加入了欧共体，新西兰与英国的贸易受到影响，因此把贸易的主要依靠对象从英国转向日本。二是调整外交政策。60年代到80年代前期，新西兰主要追随美国，80年代后期开始奉行独立自主的外交政策，1987年宣布新为“无核区”。三是调整社会经济政策。1984年工党在大选中获胜，戴维·朗伊（1942—2005）出任总理。为了发展经济，朗伊政府采取了刺激工农业竞争的政策，包括取消国家津贴、降低关税、企业私有化、增加新的税收、货币紧缩等。但这些政策并没有取得预期效果，反而使失业率上升，人民生活水平下降。1989年朗伊被迫下台。

1990年选举后，第三党领袖詹姆斯·博尔格（1935— ）担任总理。博尔格执行新自由主义经济政策，减少了国家对经济的干预。1991年，新西兰基本上控制住了通货膨胀，使通货膨胀率保持在2%以下。

同时，新西兰政府继续调整其对外贸易政策。90年代，虽然欧盟仍然是新西兰最重要的农产品市场，但其最大贸易伙伴已经是亚洲国家。新西兰的牛肉、牛油和其他产品的出口，不再依赖英国市场，而是转向了日本和亚洲其他国家。新西兰与澳大利亚和中国等国的经贸往来日益密切。同时新西兰开始发展出口产品加工工业，用成品、半成品代替了初期农产品的出口。

1972年新西兰与中国建交，双方在政要往来、经贸与科技合作、文化教育交流等方面日益频繁。1997年2月，新西兰与中国就采矿、钢铁、能源、金融、保险、农牧业、林业及旅游业等各方面的合作达成共识，使双边经贸开始了长期合作，实现了稳定和持续的发展。2008年4月，新西兰与中国签署自由贸易协定，成为第一个与中国达成双边自由贸易协定的发达国家。

在社会政策上，新西兰政府推行自由主义的社会改革。政府反对保护最低工资和工会的利益。1991 年，博尔格政府开始取消福利制度，家庭福利和其他领域的一些福利被逐步取消。新西兰曾是世界上福利较高的国家之一，此时则激烈反对福利制度。1991 年新西兰的失业率没有得到有效控制，反而上升到10%。福利制度的取消使穷人处境更加困难，其中受害最深的仍然是土著居民毛利人。90 年代，尽管新西兰的调整改革在经济上取得了一定成效，但两极分化、贫困等问题等依然严重。

**思考题：**

1. 这一时期美国的社会经济危机表现在哪些方面？其政策是如何调整的？
2. 西欧大国社会经济政策调整的原因是什么？内容有哪些？
3. 日本如何进行社会经济的调整与改革？
4. 环太平洋地区三国的经济发展特点是什么？经济改革是怎样进行的？

# 第十七章　独立后的亚非拉发展中国家

亚非拉国家获得独立后，维护和巩固国家统一，探索适合自身国情的发展道路，加快经济社会发展，成为它们共同面临的基本任务。亚非拉发展中国家经济上，要加快实现工业化；政治上，要完善国家治理和法制；外交上，要追求独立自主和多元外交，加强南南合作、南北对话。经过长期努力，这些国家的政治、经济、文化和社会建设都获得了显著发展，在维护自身利益、促进世界和平、推动建立公正合理的国际政治经济新秩序等方面发挥了重要作用。但是，亚非拉发展中国家的发展过程充满艰难与曲折，既有殖民主义历史遗留、霸权主义和强权政治的深刻影响给这一地区造成的严重困难，也有各国因国情不同、面临的具体任务不同、选择的发展道路不同，而带来的种种问题和挑战。

## 第一节　亚洲各国的政治与经济

独立后的亚洲各国在探索现代化发展道路上取得了长足进展。印度经过长期的艰苦努力，成长为地区性大国；“亚洲四小龙”和一些东盟国家或地区抓住发展机遇，融入世界经济潮流，迅速崛起为新兴工业经济体；海湾国家利用石油经济，一举改变贫穷落后的面貌，实现了经济腾飞。诚然，亚洲的整体发展水平高于非洲、拉美发展中国家，但亚洲各国的发展仍然存在着一些结构性矛盾，局部冲突顽疾难除，实现普遍繁荣与持久和平依然任重道远。

### 一、南亚国家的发展与转型

1950 年 1 月印度独立后，国大党提出“民族主义、民主主义、社会主义和世俗主义”四项原则。

尼赫鲁认为，印度的“社会主义”不同于东西方的社会主义和资本主义，它是要通过民主手段建立一个“福利国家”，追求社会公正和自力更生，实行计划经济，加强国家对经济的干预。具体而言，就是要建立包括公营和私营经济在内的“混合经济”，颁布和实施经济发展计划，优先发展重工业，同时力图通过进口替代战略实现独立自主的发展。根据这样的战略，印度通过三个五年计划（1951—1966）逐步建立起相对完整的国民经济体系，重工业尤其是钢铁工业有了较大发展，国有企业在工业中占据主导地位。同时，印度还通过土地改革和租佃改革发展农业经济。

在尼赫鲁执政时期，印度经济发展也存在不少问题，主要是：重工业发展较快，轻工业和农业发展不足，尤其农业的发展很不稳定；国有企业迅速发展不仅挤占大量发展资金，还带来企业的低效率、浪费和官僚主义盛行；各种规章制度束缚私有企业的发展空间。因此，印度经济长期处于低增长状态。

1964 年 5 月，尼赫鲁去世，副总理夏斯特里继任总理。但夏斯特里未及系统施政，便于 1966 年年初突然病逝，印度全面调整的重任落在了接任的尼赫鲁女儿英迪拉·甘地（1917—1984）的肩上。英·甘地上台之初，沿循夏斯特里的改革方向，实行农业发展新方针，大力推行“绿色革命”，即改良耕作技术，提高机械化程度，引进、培育和推广高产农作物品种，发展农业科研教育。“绿色革命”成效显著，农业生产迅速提高。1965 年前农业产量年增长率仅为 1.7%，而 1965—1979 年为 2.6%，其中，1969—1971 年农业生产年增长率达 5%左右；粮食产量 1950/1951 年度仅为 0.5 亿吨，1970 年跃上 1 亿吨台阶，基本实现粮食自给，农村中出现了一批农业资本家和富农阶层。

英·甘地政府的总体战略仍然是继承尼赫鲁的政治蓝图，即建立“社会主义类型社会”，实行带有“社会主义”色彩的激进政策。1967 年，国大党全国委员会通过“民主社会主义政策”的决议，强调国有化和建立粮食平价分配系统，制止垄断和权力集中。1969 年 6 月，政府宣布将全国 14 家最大的私人银行收归国有。英·甘地主持制定的第四个和第五个五年计划（1969—1979），优先发展重工业，保护民族工业，扩大政府对经济领域的控制，使国营经济在整个国民经济中占主导地位。1975 年 7 月，又颁布了“二十点经济纲领”，提出加速土改，对采煤、炼油、石油销售业实行国有化等一系列更为激进的政策。

英·甘地的政策遭到党内保守势力和议会中反对派势力的联合攻击。1977 年 3 月举行的大选中，四分五裂的国大党失败，人民党获胜并第一次上台组阁。但人民党由于内部派别斗争，在内政外交方面无所作为，执政不到两年半便下台。英·甘地东山再起，她上台后终止了人民党的经济“滚动计划”，制订了第六个五年计划（1980—1985），在继续加强国营经济的同时，放宽对私营经济的限制，重点发展农业和轻工业。1984 年 10 月 31 日，英·甘地遭锡克教卫兵暗杀，其长子拉吉夫·甘地在 1985 年 1 月继任政府总理。

拉·甘地上台后，力主“科技兴国”，提出“要用计算机把印度引向 21 世纪”。他加大改革力度，制定了发展国民经济的第七个五年计划，力图“消除贫困，建设一个强大的和自力更生的经济”。1987 年公布了“新工业政策”，对私营企业采取一整套鼓励措施。拉·甘地的改革颇有成效，工业生产连续五年增长率超过 8%，但其施政方向却遭到重重责难。左派攻击他“偏袒富人”，向帝国主义投降，右翼则对其处理中央与地方关系，尤其在旁遮普问题上对锡克教徒让步过多不满。结果在 1989 年大选中，国大党失利，拉·甘地下台，全国阵线领袖维·普·辛格就任印度总理。拉·甘地本人由于卷入斯里兰卡的民族冲突问题，于 1991 年 5 月 21 日在泰米尔纳德邦遭泰米尔极端分子刺杀身亡。

印度独立后历经 40 余年发展，成长为一个地区性大国，建立了独立完整的国民经济体系，工业取得长足进展，农业基本实现粮食自给，科技发展迅速，在 80 年代初成为世界上第六个拥有发射人造卫星能力的国家。但尼赫鲁倡导的所谓“第三条道路”，在推动印度发展的同时，也造成“计划经济效率低、私营经济市场低、人民生活水平低、经济增长速度低、发展模式运作低”的“五低”现象。国大党长期一党执政、个人专权和中央集权的做法破坏了其民主形象；各级官员贪污腐败，效率低下；推行的政策并未真正实现社会公正和经济平等，人民生活水平改善不多，这些因素导致国大党逐渐丧失民众的信任，政治影响不断下降。

进入 90 年代后，印度开始了新的社会转型，经济上向市场经济模式转变，政治上国大党的一党主导体制逐渐为两极“多党联盟体制”所代替，即国大党和新兴的印度人民党，或是少数派执政，或是与其他政党结成执政联盟。1991 年 6 月，国大党联合其他党派上台执政，国大党的拉奥出任总理，推行被称为“四化”（自由化、市场化、全球化和私有化）的新经济政策。1996 年，人民党取代国大党成为议会第一大党，印度进入人民党执政时代。此后三届人民党政府采取了一系列调整政策，展开了印度独立以来最全面的经济改革，主要内容包括：开放市场，降低关税，实行外贸自由化；取消或放松各种经济管制，基本废除许可证制度，实行市场自由化，推进国营企业私有化；进一步放宽对外资的限制，鼓励和吸引外国直接投资；改革财政金融体制，缩减财政赤字等。90 年代以后的经济改革取得明显成效。印度国内生产总值年均增长率

1992—1997 年为 5.9%，1998—2003 年达 6.5%，此后一直保持在 8%—10%；1992—1998 年间，印度出口年均增长率为 9.8%，到 2001 年年底，印度外汇储备达 436.8 亿美元；债务占国内生产总值的比例从 1991 年的 41%下降到 1998 年的 23.7%，贫困人口从 1992 年占总人口的 36%降到 2000 年的 26%。引人注目的是，印度的高新产业尤其是信息技术和软件业发展迅猛，先后建成 17 个软件园区，有 1300 多家海内外公司入驻，成为仅次于美国的世界第二大软件出口国。

2004 年大选，国大党及其同盟东山再起，但时任国大党主席、拉·甘地遗孀索尼亚不愿出任总理，经济学家出身的曼莫汗·辛格任总理，直到 2014 年。这一届政府面临着不少难题：积重难返的民族矛盾、宗教斗争、种姓制度等问题严重制约社会发展；日益膨胀的人口总量成为经济发展的重负；贫困、失业问题严重，贫富差距依然很大；政府工作效率偏低，官员贪腐普遍；民族扩张主义导致与周边国家关系不睦，尤其是围绕克什米尔问题与巴基斯坦严重对峙。不过，印度经济在 21 世纪初取得了明显进步。2011 年，印度成为世界第十大进口国，第九大出口国。同时，印度的经济年均增长率进一步提高，2001—2016 年有 10 年的增长率超过 7%。2016 年，印度的人均国内生产总值达到了 1723 美元。

独立初期的巴基斯坦经济落后于印度，工业基础极为薄弱。建国以后，巴基斯坦经历了文官执政和军人掌权的多次反复，但重视工业化一直是历届政府的总体战略，并经历了鼓励私人投资和优先发展轻工业（1947—1959）、工业国有化（1972—1976）和工业非国有化（1977 年至今）三个发展阶段；在农业方面，政府实行了一定限度的土地改革，致力于保护佃农权利。从 1950/1951 年度至 2006/2007 年度，巴国内生产总值年均增长 5.5%，同期人均国民收入年均增长 3.3%，在南亚地区是比较突出的。经济结构也有了重大变化。从 1949/1950 年度到 2006/2007 年度，农业在国内生产总值中的比重从 53.2%降至 20.9%，工业从 7.7%升至 25.8%，服务业从 38.8%升为 53.3%；2008 年，人均国民收入达 1085 美元。

2001 年“9·11”事件发生后，美国在阿富汗推行的“反恐”战争对巴基斯坦产生了严重影响。在美国政府施加的软硬压力下，巴基斯坦政府不得不与美国合作，并逐渐成为美国“反恐”战争中的重要盟友。巴基斯坦也逐渐从“反恐”前线变为“反恐”战场。巴基斯坦政府直接参与“反恐”战争加剧了国内反美的极端势力对政府的敌视，他们频繁地在巴基斯坦国内制造恐怖袭击以表达不满。2010 年后，包括塔利班在内的极端组织发动的报复性袭击呈扩大之势，其强度明显增加，而且遍及全国的各大城市及乡镇。

尽管巴基斯坦政府为美国的“反恐”战争做出了自己的贡献，但从自身的国家利益和国情出发，巴基斯坦不可能将自己完全绑在美国的“反恐”战车上，美国因而时常指责巴政府“反恐”不力。2011 年 5 月 1 日夜，一支美军小分队突袭巴基斯坦首都伊斯兰堡附近的一所建筑，将基地组织头目本·拉登（1957—2011）击毙。本·拉登之死让巴基斯坦政府面临双重压力，一方面成了恐怖分子首当其冲的报复对象，另一方面面临美国的更多指责。巴基斯坦的国内安全形势在几年内变得相当严峻。

严峻的国内局势造成巴政府无法在经济、教育等民生领域投入更多的精力和资源。加上 2008 年以来受全球金融危机和国内电力短缺等因素的影响，巴基斯坦吸引外国直接投资连续三年（2008—2011）大幅下降。根据巴央行统计，2009—2010 财年，巴外国直接投资总额仅为 22.01 亿美元，与上一财年相比大幅下降。此外，人口增长过快、贫富分化严重、基础工业和高新科技工业落后、能源短缺等问题，仍然制约着巴基斯坦经济的进一步发展。不过，2015 年中巴经济走廊的启动推动了巴经济的发展，当年巴人均国内生产总值达到 1450 美元。

除印、巴外，南亚其他五国的经济规模较小，发展水平低，国民经济中农业和旅游业等行业所占比重较大，并严重依赖外援。20 世纪 60 年代末，除斯里兰卡外，孟加拉、马尔代夫、尼泊尔和不丹均为联合国定义的最不发达国家。但自 70 年代末以来，这些国家持续的经济改革推动了经济的较快发展。2015 年，斯里兰卡人均国内生产总值达 3889 美元，不丹 2843 美元，孟加拉国 1287 美元，尼泊尔 751 美元。马尔代夫 2009 年人均国内生产总值达 2759 美元，2011 年，马尔代夫已不再被联合国列入最不发达国家名单。

## 二、东亚、东南亚“新兴工业经济体”的崛起

东亚和东南亚在“二战”后出现了经济的快速发展，其中尤以“亚洲四小龙”和东盟诸国为典型。它们抓住世界经济体系调整、升级提供的机遇，在 60—80 年代期间先后取得现代化建设的突破性进展，实现了经济高速增长，并推动社会结构全面转型。这些国家和地区在经济、社会发展指标上已接近发达

国家的水平，因此被称为“新兴工业经济体”。

1960年以前，韩国、新加坡、中国台湾和香港地区尚处于贫困、落后之列。韩国当时的人均国民生产总值不到100美元，农业人口占2/3，几乎没有出口的制造业产品，重要的工业原料和产品全部依赖进口。但此后的30年间，这些国家和地区长期保持高速增长，经济面貌发生了重大的变化。

从1963年到1978年，韩国先后实施了三个五年计划，国民生产总值翻了四番多，年均增长率达到10%，人均国民生产总值从87美元增至1330美元。80年代，韩国大力发展汽车、化工、造船、半导体等产业，经济发展以每年两位数的速度增长，创造了世人瞩目的“汉江奇迹”。

60年代，台湾重点发展劳动密集型产业，建立多个出口加工区，扩大出口贸易。70年代后，经济向资本和技术密集型产业转变，优先发展重化工业和核工业，人均国民收入从1972年的522美元升至1980年的2344美元。80年代，台湾经济继续平稳发展。1990/1991年度，人均国民收入达8970美元。

香港是中国人创造的又一个经济奇迹。50年代，香港以内地为依托，完成了从以转口贸易为主向以制造业和加工工业为主的经济转型。1960—1970年，香港的出口增加3.3倍，年均递增率达15.72%。70年代，香港大力发展以资本、技术密集型为主的新兴工业，同时以“购物天堂”吸引世界游客，成为亚太地区新兴金融中心和旅游中心。从80年代末开始，香港大力发展电子、家电和计算机工业，经济快速增长，1988年人均国民收入达9600美元。

新加坡1965年脱离马来西亚独立后，由于国土面积小、人口多、资源匮乏，经济发展面临严重困难。新加坡政府积极采取对策，将出口和外向型经济作为经济发展的主要方向，制定了“反经济衰退计划”。到70年代，制造业和对外贸易已成为国民经济的两大支柱产业。1970—1979年，国内生产总值年均增长8.93%，人均国民收入居世界第31位。80年代初，新加坡形成了以制造、金融、运输和通信为主的多元经济结构并得到稳步发展。

这四个长期保持经济高增长的新兴工业经济体，被统称为“亚洲四小龙”。到90年代中期，“亚洲四小龙”的人均国民生产总值都超过了1万美元，其中新加坡和中国香港的人均收入水平已进入发达国家（地区）行列。与此同步，“亚洲四小龙”由原来依赖农业或转口贸易的传统型落后经济变为拥有现代先进技术装备的比较发达的工业经济，在世界经济体系中，从过去严重依赖外部资本的边缘地区跃进到具备输出资本能力的接近于体系中心的准发达区域。由于经济总量的增加和发展层次的提高，“亚洲四小龙”在当代世界经济格局中已具有相当影响力，是一个不可忽视的经济、贸易和金融群体。在某些制造业和高新技术领域，如钢铁、造船、汽车、石化、半导体芯片和电脑、家用电器等行业，“亚洲四小龙”都达到世界水平，甚至名列前茅。

东南亚地处印度洋与太平洋海上交通之要津，马六甲海峡具有重要的战略意义。60 年代，在亚洲民族解放运动的沉重打击下，英国从苏伊士运河以东撤军，美苏加紧了在东南亚的争夺。以美国为首的西方怂恿、支持东南亚国家组建集团，企图在军事和经济上遏制社会主义在东南亚的发展。同时，为了保障自身安全，克服经济困难，独立后的东南亚国家也积极谋求相互间的协调与合作。1961 年，马来亚、菲律宾、泰国三国组建东南亚联盟。1967 年 8 月，印度尼西亚、泰国、菲律宾、新加坡、马来西亚五国成立东南亚国家联盟（简称东盟），1984 年文莱独立后加入东盟。东盟成员国拥有富饶的资源，各国政府制定了经济多元化的发展战略，并广泛开展经济政治合作，这些因素推动了东盟国家经济快速增长，走向共同繁荣。据统计，1965—1980 年，印尼的经济年均增长率为 8%，马来西亚为 7.3%，泰国为 7.2%，菲律宾为 5.9%。80 年代，东盟成员国国内生产总值的年增长率平均为 7%—8%，90 年代上半叶保持在 8%—9%，超过了发达国家的增长速度。此间，各国的经济结构发生了重大变化，人民生活水平也有较大提高。继“四小龙”之后，东盟诸国也在向新兴工业化国家迈进。

“亚洲四小龙”与东盟诸国的快速发展引起世人的关注，“东亚模式”一时成为世界性研究热点。多数研究者认为，东亚、东南亚地区经济的高速增长是经济因素和非经济因素综合作用的结果，主要特点有：第一，政府积极推行以经济发展为取向的现代化发展路线，保持了政治的稳定并牢固确立了经济建设第一位的发展路线，从而使政府功能主要用于经济发展，避免了因政治斗争和发展目标的游移而导致的资源损耗。第二，抓住了发达国家产业结构调整、升级的机遇，适时采用外向型发展战略，融入世界经济体系，在国际竞争中较好地发挥了自己的“比较优势”。第三，以建构市场经济体制为突破口，带动社会结构转型，保证由上层推动的现代化进程得到社会大众的支持，并且政治体制逐步进行了调整和改革，民主和法制得到不断完善和加强。

1997 年爆发的亚洲金融危机使东亚、东南亚国家经济严重受挫。以东盟五国印尼、马来西亚、菲律宾、新加坡、泰国为例，1997 年经济减速，1998 年大幅滑坡，甚至陷入负增长，五国平均-6.2%。1999年本地区开始摆脱金融危机阴影，平均增长3.7%；2000年经济复苏幅度加大，平均增长6.3%。2001年重陷衰退，2002年再度迎来复苏，其中泰国增速达到5.3%。2003年五国平均增长率为3.9%。上述情况说明，东盟国家经济仍然脆弱，发展很不稳定。“东亚模式”面临的新挑战迫使有关国家和地区在克服危机的过程中进一步调整和改革自己的体制结构，开始从经济结构、政治体制、管理制度、发展战略、生态环境、国际合作等深层次上寻找改革途径。2015年，马来西亚的人均国内生产总值达到9557美元，菲律宾为2858美元，泰国为5742美元，新加坡为52888美元。

### 三、海湾国家的经济政治变迁

在亚非拉各国的发展进程中，海湾国家走的是一条特殊的道路。中东地区盛产石油和天然气，产油国主要包括伊朗、伊拉克、沙特阿拉伯、科威特、阿曼、巴林、卡塔尔、阿拉伯联合酋长国（阿联酋）等八国。1960年9月，沙特、伊朗、伊拉克、委内瑞拉和即将独立的科威特举行会议，正式宣布成立石油输出国组织（欧佩克），决定制定统一的石油政策，并逐步收回被西方石油公司控制的石油定价权和产量控制权，确保最低石油价格。欧佩克的成立，打破了西方对世界石油生产和贸易的垄断，它开始左右世界石油市场的供销，在一定程度上影响着世界经济的起伏。第四次中东战争期间，欧佩克成员国曾以石油为武器，对西方国家施加压力。同时，海湾各国开始推进石油国有化，到80年代初最终从西方大公司手中收回了石油主权。1973—1980年，世界石油市场一直处于卖方市场状态，国际油价上涨了大约20倍，为海湾国家经济的发展创造了有利条件，并使它们迅速改变了贫穷落后的面貌，一些国家的人均收入甚至跃居世界领先行列。石油经济的迅速发展，使海湾国家在伊斯兰世界和国际社会中的地位明显提高。

伊朗自从50年代石油国有化运动失败后，经济发展缓慢。同时，推翻摩萨台政府的政变确立了巴列维国王的专制统治，也确立了美国在伊朗的霸权。1963年后，巴列维开始推行“白色革命”，希冀通过西方化、世俗化改革和经济现代化发展，扩大君主制的基础，避免左翼力量的红色革命和什叶派宗教势力的黑色革命。“白色革命”的主要内容有：实行土地改革；森林、矿产等实行国有化；收回石油资源主权；出售国营企业股权；兴办教育；给予妇女选举权。这一改革确实推动了经济的发展，同时，石油国有化和70年代石油价格的飞涨给伊朗带来了巨额外汇收入，伊朗的经济总量和综合国力大幅提高。1968—1978年伊朗年均经济增速为16%—17%，工业年均增长约20%。伊朗人均国民生产总值1960/1961年度为160美元，1977/1978年度达到2250美元，伊朗一跃成为中东地区的强国。巴列维雄心勃勃，期望伊朗在短期内跨入现代化工业强国之列，并成为“世界上第五大军事强国”。

然而，由于建设规划规模过大，基础设施承受力有限，伊朗过热的经济泡沫不久就破灭了。同时，高压独裁之下的立宪政治有名无实，新兴中产阶级和知识分子的政治参与受到压制；什叶派教士和传统巴扎商人的利益在改革中遭到严重侵犯，他们开始激烈反对巴列维政权；贫富分化严重，王室、官僚、大资本家阶层占据了全国80%的财富；破产的农村人口大量流入城市，城市贫民激增；外部强权的控制和西方文化的涌入，使伊朗社会的民族和宗教情绪高涨。巴列维政权陷入了全面危机。

1977年12月，流亡国外的伊朗宗教领袖霍梅尼（1902—1989）向国内信徒发出指示，号召人们进行反国王的“圣战”，反国王、反美国的示威游行和罢工运动逐渐席卷全国。1979年1月，巴列维国王逃亡国外。2月，霍梅尼回国建立临时革命政府。4月1日，霍梅尼宣布废除君主制，成立伊斯兰共和国。12月，新宪法通过，强调“主权绝对属于真主”，“所有法律和法规都必须基于伊斯兰准则”。宪法授予霍梅尼至高无上的终身领袖地位，总揽统治大权。随后，宗教人士逐步清除了几乎所有有组织的反对派，实现了权力的巩固和社会的伊斯兰化。这场伊斯兰革命是“二战”后伊斯兰复兴运动的标志性事件。伊朗伊斯兰共和国奉行的“不要东方，不要西方，只要伊斯兰”路线，不仅改变了伊朗的历史发展进程，也改变了中东地区的力量结构和对抗模式，沉重打击了美国的中东政策，对世界形势产生了深远影响。

伊斯兰革命后，伊朗对外输出伊斯兰革命，对内实行全面伊斯兰化，加上与伊拉克长期战争的影响，伊朗在国际社会相对孤立，国内经济也出现倒退。1989年，霍梅尼病逝，原总统哈梅内伊继任领袖，原议长拉夫桑贾尼当选总统，并于1993年连任总统。拉夫桑贾尼上任后，着手进行务实性调整，外交局面有所拓展，但经济发展收效甚微。1977—1996年，伊朗国内生产总值下降了约1/3，生活水平平均下降了20%。1997年，“改革派”人士哈塔米当选总统，2001年获选连任，开始尝试进行经济和社会改革。伊朗进入新的发展时期。

“二战”后，伊拉克政府奉行保守的政治经济政策。政治上，努力维持君主制度，压制激进的民族主义；经济上，英国仍然控制着伊拉克的商业和石油工业，到 1958 年革命前，石油收入成为政府预算的主要来源，伊拉克形成了产油国经济；外交上继续实行亲英政策，1948 年与英国在朴次茅斯签署了新的《英伊同盟条约》，规定英国有权在战时使用伊拉克境内的军事基地。当局的政策引起民众的强烈反对，大规模抗英斗争迫使伊政府宣布条约无效。

1958 年 7 月，卡塞姆领导自由军官组织发动革命，推翻了费萨尔王朝，建立伊拉克共和国。新政权宣布退出巴格达条约组织，发展与苏联的关系，对内则进行土地改革等一系列重大改革。1968 年，阿拉伯复兴社会党夺取政权，萨达姆（1937—2006）协助贝克尔执政。1979 年贝克尔身体欠佳，萨达姆由此集党、政、军大权于一身。复兴党上台后，采取通过提高石油收入促进经济发展的政策。1973—1975 年，伊拉克在阿拉伯世界率先完成石油国有化，经济从此获得高速发展。1975 年，石油产量为 11310 万吨，1979 年增至 17500 万吨，石油年收入也从 75 亿美元增至 119 亿美元。1970—1980 年间，伊拉克国内生产总值年均增长率高达 12.1%，人均国民收入 1980 年达到 3020 美元，伊拉克成为地区经济强国。然而，1980—1988 年长达八年的两伊战争，对伊拉克经济造成严重破坏，成为萨达姆决定入侵科威特的重要原因。

沙特阿拉伯是海湾地区大国，石油储量约占世界的 1/4，但美国通过阿拉伯—美国石油公司控制该国主要的石油开采权。1950 年年初，沙特颁布法令，要求其境内所有外国公司向沙特政府缴纳占其利润 50%的所得税，从而确立了中东地区石油“对半分成制”原则。60 年代以前，沙特农业和工业都十分落后，仅有的石油开采和加工业也主要控制在美国人手里。1962 年沙特着手改革：有计划地开发资源，解决交通运输和水源问题，通过发展石油工业带动整个国民经济的发展等。1972 年 10 月，沙特政府开始采取逐步赎买政策，通过付给阿拉伯—美国石油公司一定费用，取得对该公司的参股权，到 1980 年终于收回该公司的全部股权，实现了国有化。

70 年代，沙特石油产量和收入迅猛增长。1976 年沙特石油收入为 335 亿美元，1980 年增加到 1042 亿美元。依靠滚滚而来的石油美元，沙特政府对本国的经济结构加以改造，调整了发展战略，从单纯增加原油产量转为控制原油产量，重点发展炼油、天然气液化和石化工业，努力使经济多样化，兴建起海水淡化、钢铁、发电、建材和各种轻工业，建立起现代化经济。同时，沙特还把部分石油收入存入外国银行，或投入股市交易，由此获取的巨利仅次于石油本身的收入。

科威特是个小国，1961 年独立时人口只有 20 余万，国土面积不到沙特的 1%，但石油蕴藏量仅次于沙特。1962 年，在民众斗争的压力下，统治科威特 200 多年的埃米尔家族颁布新宪法，建立国民议会，进行政治改革，同时积极发展石油工业。到 1975 年，科威特从西方石油公司手中收回了石油主权。1980 年，科威特的石油产量为 40. 8 亿桶，石油收入增至 190 亿美元，比独立前增长了 40 多倍。由于国内市场有限，科威特将大量资金投入海外。1981 年，科威特海外资产达到 760 亿美元，成为金融大国。1990 年，科威特遭到邻国伊拉克的武装侵略，油田遭到严重破坏。海湾战争后，科威特逐步恢复石油生产，在国际石油市场上仍然具有举足轻重的地位。

巴林、卡塔尔和阿拉伯联合酋长国在 1971 年相继获得独立，蕴藏在地下的石油财富使它们在短短数年内就跨入世界上高收入国家的行列。1980 年，阿联酋的人均收入达到 26000 美元，当年排名世界第一。1981 年，卡塔尔的人均国内生产总值为 27720 美元，居当年世界首位。巴林利用石油收入重点发展银行业务，迅速成为中东和海湾地区的金融中心之一。

1970 年 7 月，卡布斯·本·赛义德宣布废黜父王，随后将马斯喀特素丹国改名为阿曼素丹国。赛义德就任素丹后，实行了大胆的社会经济改革，充分利用石油收益改变阿曼极端落后的经济面貌。在实施了两个五年计划后，阿曼的国民经济发生了巨大变化，国民生产总值由 3 亿美元猛增到 33 亿美元，1982 年，人均国民收入达到 6090 美元，成为发展较快的发展中国家。

海合会①六国在 80 年代经历了以油价暴跌为特征的“反向石油危机”。由于世界经济疲软等因素，石油每桶油价从 1981 年的超过 40 美元跌至 1986 年的不足 10 美元，六国石油收入由 1981 年的 1700 亿美元锐减到 605 亿美元。1986 年六国赤字约达 200 亿美元。1991—1994 年，由于海湾战争影响和石油价格连续下跌，六国经济低迷，有些国家甚至出现停滞或衰退。此后，油价从 1994 年

① 1981 年 5 月，沙特、科威特、巴林、卡塔尔、阿联酋和阿曼成立海湾阿拉伯国家合作委员会（简称海湾合作委员会或海合会）。海合会的宗旨是，加强成员国间在一切领域内的协调、合作与一体化；加强和密切成员国人民间的联系、交往与合作；推动六国发展工业、农业及科技等。

每桶 15.5 美元回升至 1996 年的 20.5 美元，六国石油收入相应由 700 亿美元恢复到 921.2 亿美元，经济增长率由 1.68%提高到 3.7%。1997 年亚洲金融危机爆发，再次引发“石油过剩”危机。到 1998 年年底，油价跌破每桶 10 美元。1998—2002 年间，六国国内生产总值年均实际增长率只有 2.5%。

21 世纪初，油价进入剧烈动荡的时期。由于国际石油市场需求旺盛，还有伊拉克战争、伊朗核问题等政治因素和美元贬值、投机炒作的影响，国际油价在 2005—2007 年间恢复到每桶 50—80 美元，2008 年 7 月甚至一跃冲到接近 150 美元的峰值。但随着 2008 年国际金融危机的来临，油价一路下跌到每桶 30—40 美元。2009 年，油价再次上升，在 2011—2013 年间稳定在每桶 90—120 美元的高位。从 2014 年下半年开始，油价重新跳水，到 2015 年再度跌回 50—70 美元的区间。油价的波动改变了中东的地缘格局。由于美国页岩油的生产促进了油价下跌，致力于减产保价的沙特等海湾产油国与俄罗斯达成减产协议。2015 年，卡塔尔的人均国内生产总值高达 76576 美元，阿联酋为 36060 美元，科威特 29363 美元，巴林 23510 美元，沙特阿拉伯 20813 美元，阿曼 15233 美元。

海湾国家依靠丰富的石油资源一跃成为富裕国家，但这并不意味着现代化的全面发展与经济水平的整体提升。一方面，除两伊外，海湾国家的政权仍主要由王室控制，政治民主程度较低，社会贫富差距较大，民众的不满情绪始终威胁着社会的稳定。另一方面，生产结构不合理，单一经济和畸形发展的特点十分明显，如沙特阿拉伯，采矿业和工业占国内生产总值的 66%，但其中制造业只占 6%。因此，海湾国家经济严重依赖国际市场，形成了对发达国家，尤其是美国的新的依附关系。

### 四、阿以冲突与艰难的中东和平进程

第二次中东战争后，美、苏取代英、法成为中东的支配势力。美国试图通过“艾森豪威尔主义”来压制阿拉伯民族主义，并从 60 年代初开始给以色列提供援助，发展“特殊关系”。苏联也向埃及、叙利亚、伊拉克等国提供经援和武器，派遣军事顾问。以色列和阿拉伯国家分别依赖美苏的援助和支持，军事对峙局面日趋严重。与此同时，阿拉伯民族主义迅速高涨。1958 年 2 月，埃及和叙利亚合并，成立阿拉伯联合共和国（简称“阿联”），1961 年因内部矛盾而解体。1964 年 5 月，巴勒斯坦解放组织成立。同年 12 月，以亚西尔·阿

拉法特（1929—2004）为首的“法塔赫”组织开始对以色列展开武装斗争。为阻止阿拉伯国家对巴勒斯坦人民抵抗运动的支持，防止周边阿拉伯国家的联合进攻，以色列决定先发制人，用主动进攻和扩张领土的方式谋求安全生存环境。

1967 年 6 月 5 日晨，以色列出动几乎全部战机袭击埃及、约旦和叙利亚的空军基地，第三次中东战争（“六五战争”）爆发。以色列在掌握制空权后，地面装甲部队迅速向西奈半岛、约旦河西岸、戈兰高地推进。7—8 日，安理会两次通过停火决议。8—11 日，在遭受重大损失后，约旦、埃及、叙利亚先后被迫接受停火。以色列夺取了包括耶路撒冷旧城在内的约旦河西岸、加沙地带、叙利亚戈兰高地和埃及的西奈半岛等总面积达 6.5 万多平方公里的阿拉伯领土，大约 50 万阿拉伯人沦为难民。1967 年 11 月 22 日，安理会通过第 242 号决议，要求以色列军队撤回到战争以前的位置，同时也要求阿拉伯国家尊重并承认以色列的主权，但双方都拒绝了这一决议。军事上的胜利并不能确保以色列的安全，也无法消除阿拉伯人的抵抗。相反进一步激发了阿拉伯人对以色列的仇恨，中东地区陷入了战争和报复的恶性循环中。

阿拉伯国家在第三次中东战争中的失败，引起阿拉伯世界的极大震动。战争刚一结束，13 位阿拉伯国家外长于 1967 年 6 月 17—18 日汇聚科威特，商讨对策。8 月 29 日至 9 月 1 日，阿拉伯国家在苏丹举行首脑会议，确定了对以色列的“三不政策”，即不承认以色列，不与以色列直接谈判，不与以色列缔结和平条约。此后，阿以矛盾更加激化。

1970 年 9 月，纳赛尔去世，安瓦尔·萨达特（1918—1981）继任埃及总统，他决心用武力收复失地。为了打破美苏维持的中东“不战不和”的僵局，1972 年 7 月，萨达特宣布结束苏联军事顾问在埃及的使命，从而为埃及独立行动扫除了障碍。1973 年 10 月 6 日，经过充分准备的埃及和叙利亚军队向以色列发起猛烈进攻，第四次中东战争（斋月战争，或赎罪日战争）爆发。埃军很快渡过苏伊士运河，突破以军“巴列夫防线”，叙军在戈兰高地也全线突破。10 日，以军在美国“空中桥梁”运输线的帮助下开始反攻。首先将叙军击退到原停火线叙利亚一侧。16 日，以军装甲部队强渡运河，迂回到埃及军队后侧。埃及军队腹背受敌，战争形势逆转。22 日，安理会通过了美苏联合提出的第 338 号决议，要求冲突各方立即停火，全面执行 242 号决议。24 日，双方停止军事行动。26 日，联合国维和部队到达运河区。

这次战争没有达到阿拉伯国家原定的目标，也没有解决巴勒斯坦问题，但为阿拉伯国家赢得了尊严和信心，也遏制了以色列的扩张态势，在中东地区造成了一种战略均势。同时，阿拉伯产油国实行的石油禁运政策发挥作用。战争爆发后，阿拉伯产油国统一实行石油的减产、提价、禁运，给西方国家经济以沉重打击，促使西方国家开始正视阿拉伯国家的要求，调整其中东政策。

阿以停火后，第四次中东战争有关国家，包括埃及、叙利亚、以色列与美、苏等国，于 1973 年 12 月 21 日在日内瓦召开中东和会。美国国务卿基辛格在中东国家之间进行外交斡旋，促使埃以双方于 1974 年 1 月和 8 月签署了两项军事脱离接触协议。5 月，叙以也签署相同的协议。根据上述协议，以色列放弃了占领的部分埃及和叙利亚领土；双方承诺互不使用武力；苏伊士运河对以色列民用船只开放。上述协议的签订，意味着中东紧张局势的缓和。阿拉伯产油国也解除了对美国的石油禁运，美国则改善了同阿拉伯国家的关系，苏联在中东的影响开始下降。

第四次中东战争使阿以双方有识之士认识到，武力不可能达到目的，只有相互承认对方的生存权利，才有可能为巴勒斯坦问题的解决找到现实的出路，才能为中东地区创造和平的发展环境。正是从这次战争后，以埃及和以色列关系正常化为起点，中东地区开始了漫长曲折的和平进程。

第四次中东战争后，萨达特着力改善与美国的关系。1974 年，两国恢复了中断七年的外交关系。之后，美国决定向埃及提供经济和军事援助。1976 年，埃及单方面废除《埃苏友好合作条约》。1977 年 11 月，萨达特对以色列进行了历史性访问，迈出了阿以和平交往的第一步，这在全世界，特别是阿拉伯国家引起强烈反响。1978 年 9 月，埃以双方在美国斡旋下签署《戴维营协议》。协议规定联合国安理会第 242 号决议是和平解决中东问题的基础，中东各国有权在安全和公认的边界内和平地生活。《戴维营协议》打破了阿以之间的全面交战和对峙状态，推动了政治解决阿以冲突的中东和平进程。1979 年 3 月，埃以签署和约，宣布结束战争状态。1980 年 2 月，两国实现关系正常化，随后以色列分阶段从西奈半岛撤出军队。埃及的行动遭到阿盟多数成员国的强烈谴责，并因此被开除出阿盟，萨达特亦因此于 1981 年 10 月 6 日被极端民族主义分子刺杀。这反映了阿拉伯世界矛盾的复杂性。

埃以关系正常化，使以色列得以集中力量对付在黎巴嫩境内活动的巴解组织机构和军事基地。70年代初，巴勒斯坦武装力量的基地从约旦转移到黎巴嫩，并从黎南部袭击以色列境内目标。1975年4月，黎巴嫩爆发教派间的全面内战。1976年5月，叙利亚以调解为名派军进驻黎巴嫩，后作为阿拉伯维和部队长期驻黎。以色列认为，巴解组织在黎巴嫩的活动和叙利亚军队进驻黎巴嫩威胁到了本国的安全，决定对黎巴嫩发动军事打击。1982年6月，以军大举入侵黎巴嫩，破坏了巴解组织的大部分基地。8月，有关方面达成停火协议，1.2万名巴解战士撤离贝鲁特，分散到八个阿拉伯国家，巴解总部撤往突尼斯。以色列则控制黎南部约850平方公里的土地作为“安全区”。黎巴嫩战争使国际社会进一步认识到全面解决阿以冲突的迫切性，开始提出各种和平计划。1982年9月，阿拉伯国家首脑会议通过了解决阿以冲突的非斯计划，这一计划在坚持巴勒斯坦自决权的同时，也含蓄地承认了以色列的存在。

90年代，随着东西方冷战结束，中东和平进程进入新阶段。1991年10月，在国际社会参与下，阿拉伯国家和以色列参加了在西班牙马德里举行的和会，并展开首次双方和平谈判，确认全面和平必须以安理会有关决议及“以土地换和平”的原则为基础，其核心就是以色列撤出第三次中东战争以来所占领土。1992年工党领袖拉宾出任以色列总理，宣布将竭力谋求“和平与安全”。1993年8月30日，在挪威斡旋下，巴以在奥斯陆签署秘密和平协议；9月9日，巴解组织与以色列在华盛顿签署了相互承认协议；13日，双方又签订了《临时自治安排原则宣言》，决定加沙和杰里科首先实行自治，和平谈判取得阶段性进展。1994年7月和10月，以色列与约旦先后签署《和平宣言》和《和平条约》。1994年9月，海湾六国宣布停止对以色列的间接经济抵制。1995年9月28日，巴以在塔巴签署扩大约旦河西岸自治协议。1996年1月，巴勒斯坦人在自治区举行了第一次民主选举，选出了以阿拉法特为首的自治政府。

中东和平进程虽已开启，但进展缓慢，反复不断。以色列的极右翼分子和巴勒斯坦伊斯兰宗教激进组织哈马斯等都反对巴以和平进程。1995年11月，以色列总理拉宾被极右翼分子刺杀，利库德集团领导人内塔尼亚胡上台后，拒绝以土地换和平的原则，提出以安全换和平，导致中东和平进程受挫。1999年5月作为拉宾继承人的巴拉克上台，停滞的和平进程出现转机，在美国、埃及等国斡旋下，巴以首脑举行了会谈。但2000年9月，以色列右翼势力代表沙龙强行参观东耶路撒冷的伊斯兰圣地阿克萨清真寺，巴以双方暴力冲突再起。

2001 年 2 月，沙龙取代巴拉克出任以色列第 11 任总理，巴以和平进程陷入停滞。

## 第二节　非洲国家独立后的曲折发展

20 世纪下半叶，非洲各国在赢得政治独立后，为实现经济上的彻底独立，努力发展民族经济。各国在探索不同发展道路方面取得一定成绩，但经济形势总体上依然严峻。同时，各国也进行了政治体制探索，经历了多党制、一党制和建设非洲社会主义的曲折过程，在外交上则努力寻求非洲大陆的团结与合作。

### 一、非洲发展民族经济的艰难探索

20 世纪 60 年代，在民族解放运动高潮中，非洲大多数国家都赢得了独立。独立后非洲各国的经济形势相当严峻。

首先，各国现存的经济结构很不合理。在殖民统治期间，非洲在资本主义世界经济体系中所扮演的角色是输出农矿产品、进口工业制成品，形成了畸形的经济结构。少数几种农矿类初级产品的生产在国民经济中比重过大，甚至占到某些国家出口收入或政府收入的 80%。同时，由于单一经济作物制，许多非洲国家粮食不能自给，1962—1964 年，非洲每年平均进口粮食 230 万吨。

其次，各国经济发展基础很差。在沦为殖民地之前，非洲大陆许多地方尚处在原始社会末期和阶级社会初期。各国农业生产水平普遍落后，许多地方仍是刀耕火种；工业基础更是十分薄弱，除了少数几个国家（如南非、津巴布韦、埃及等国）在 20 世纪上半期发展了一些钢铁和机械制造业外，多数国家只有为数很少的农矿产品初级加工业和以食品加工为主的轻工业。工农业的落后，又造成市场化程度低，现代意义的市场经济难以正常发展。

最后，国家的经济命脉在独立初期仍然掌握在外国垄断资本手中。特别是在一些通过和谈方式获得独立的非洲国家，西方垄断资本依然控制着金融、商业、外贸、工矿和种植园等重要经济部门，各国的自主发展受到制约。为摆脱外国垄断资本的控制，1961 年 3 月在开罗举行的第三届全非人民大会通过相关决议，强调“享有完全政治独立的国家，必须以获得经济独立来保卫和巩固它”；“经济独立是通过消除殖民主义的经济基础以及同时建设本国民族经济而获得的”。

面对严峻的经济形势，非洲各国在取得独立后，都努力探索适合各自国情的发展战略和道路。由于历史及社会文化背景不同，所处的客观环境不同，领导者的战略意识及政策方针不同，各国的发展战略和发展道路也呈现出多样性。大致可归结为三类：第一类是采用西方式市场经济，走资本主义发展道路。它们与原宗主国保持着密切的经济合作关系，对原殖民主义遗留经济结构的改造采取温和措施。这一类国家较多，有利比里亚、科特迪瓦等国。第二类是选择计划经济，走非洲式的社会主义发展道路，如埃及、阿尔及利亚、坦桑尼亚等国。第三类是介于上述两种道路之间的混合型经济发展道路。这类国家较少，如喀麦隆等国。

尽管非洲各国经济的发展道路不同，但都取得了一定成绩。20 世纪 60 年代，非洲国家的国内生产总值年均增长率为 4.7%，1960—1975 年工农业生产总值大约增长了一倍。有的国家经济发展尤为迅速，如科特迪瓦在这一时期的国民经济年均增长速度达 12%，人均国民生产总值从 1960 年的 153 美元增至 1979 年的 1169 美元。1958 年，尼日利亚开始开采石油，很快成为非洲的产油大国，政府的财政收入由 1960 年的 1.73 亿奈拉增至 1982 年的 116.3 亿奈拉。利比亚的石油经济效果更为明显，1980 年人均收入达 10309 美元。

20 世纪 70 年代中期以后，处于经济滞胀中的西方国家压低非洲农矿产品价格，抬高工业品价格，加上很多非洲国家经济政策失误，旱灾严重，人口增长过快，饥荒和难民问题突出，各种因素导致非洲经济发展出现严重问题，国内生产总值的增速从 60 年代的 4.7%降至 70 年代的 2.7%，80 年代更下降至 1.4%。非洲债务沉重，外债总额从 1970 年的 132 亿美元增至 1980 年的 1269 亿美元，1990 年达 2720 亿美元，相当于非洲国民生产总值的 90%。粮食危机最为突出，80%的非洲国家出现了粮荒。联合国 1991 年统计的世界上 47 个最不发达国家中，非洲有 32 个，约占总数的 70%。

从 20 世纪 80 年代末期开始，非洲国家进行新的调整以促进经济发展，许多国家放弃了计划经济体制，实行市场经济和混合经济体制，采取扩大市场化、私有化、自由化的方针，促进了经济的发展。1990—1995 年，非洲国民生产总值平均年增长率为 1.9%，到 1996 年升至 5%。但 1997 年，由于国际市场农矿产品价格下降，非洲旱灾严重，农业生产受到严重影响，加上某些国家的内乱和地区冲突不断，给经济造成重大损失，非洲国民生产总值平均增长率降至3%。90年代末，世界经济回升，国际市场对农矿产品的需求增大，价格上涨，使主要依靠出口农矿产品的非洲经济得到恢复。在北非，各国国民经济年均增长率为4%，其中突尼斯和阿尔及利亚分别为6%和5%。非洲其他地区的经济也有所增长。

进入21世纪以来，非洲宏观经济趋向好转，经济增长加快，债务减少，外汇储备增加。2000—2008年，非洲年均经济增长超过5%；同期，非洲平均负债率从54.5%下降到19.7%。外汇储备从2003年的307亿美元增加到2008年的1335亿美元。2010年以来，由于世界经济增长乏力，大宗商品价格低迷，非洲经济增长受到拖累。非洲经济增长率由2015年的3.7%下降到2016年的1.7%。非洲经济增长出现了分化，依赖农矿产品出口的国家经济增长放缓，而那些不依赖资源、政策得当的国家发展强劲，如埃塞俄比亚2015年经济增长9.6%，2016年仍有7.5%。总的来看，非洲仍然是全球经济最落后的大陆，非洲国家的发展还面临着不少困难，有些国家至今也未能找到适合自己的发展道路，发展经济、改善民生任重道远。

## 二、非洲政局的动荡与政治演变

独立后的非洲国家在政治发展上面临着多种困难。首先，在1884年柏林会议上，列强在瓜分非洲时，为方便占领，按经纬度划分各国的边界，而丝毫不顾及非洲的历史、文化、民族和语言等因素。许多同一民族的居民被划入不同的国家，多数国家缺乏主体民族和国家认同。这种划分导致非洲国家独立后产生部族和民族矛盾与冲突，长期影响非洲的发展。其次，独立后相当一部分国家继续与宗主国保持密切联系（例如加入英联邦或法兰西联邦），并在很多方面受其影响，甚至被支配。最后，西方国家的宪政理论对独立后的非洲国家有较大吸引力，尤其是在宗主国和平让渡政权的国家（此类国家在非洲占多数），殖民当局在移交政权前通过“宪政改革”扶植了一些政党，而这些政党的骨干基本都有在宗主国接受教育的背景。

因此，凡是和平让渡政权的非洲国家均沿袭了殖民地时期的行政制度，而通过武装斗争获得独立的少数非洲国家则建立了新的政治体制。在独立初期，多数非洲国家建立了多党民主制，但这一制度并不符合非洲国家的实际，其结果就是政局普遍不稳，政权更迭频繁，军事政变层出不穷，内战和边界战争频起，这是非洲政治的一个突出特点。据不完全统计，20 世纪 60 年代非洲国家共发生政变 79 次，70 年代 96 次，80 年代前期为 62 次。有 40 多个国家发生过政变，占独立国家的 82%。

非洲政局动荡的原因很多。第一，非洲国家政治发展不成熟，经常触发武装冲突。依托于民族基础上的执政党通过行政手段使本民族或依附于它的各民族成员拥有各种好处，而其他民族和政党则所获甚少，甚至遭到排挤、打击和迫害。一些国家因此陷入民族纷争，甚至内战，如苏丹南北方之间的长期内战、1990—1994 年的卢旺达内战等。同时，由于统治基础薄弱，执政者利用军队维护政权，从而造成军队影响扩大，它们往往成为政变的工具，或者直接插手政府管理。

第二，外部势力插手，扶植傀儡，干涉非洲国家内政。例如，比利时于 1960 年被迫同意刚果（利）独立，但继续干涉其内政，当刚果（利）发生反比兵变后比利时派军队入侵，策动加丹加省独立。1975 年，刚刚独立的安哥拉爆发大规模内战，美国和南非支持的“安盟”与苏联和古巴支持的“安人运”长期相持不下。1991 年 5 月，美国支持的反政府武装推翻了亲苏的埃塞俄比亚门格斯图政权。

第三，各国间的边界、民族和宗教纠纷不断，甚至演变为战争。这是传统矛盾的延续，更是西方列强任意划分非洲国家边界和分而治之政策的产物。例如 1963—1982 年摩洛哥与阿尔及利亚之间长期的边界冲突，1976 年以后两国与毛里塔尼亚之间围绕着西撒哈拉独立问题爆发的冲突；1977—1978 年，索马里与埃塞俄比亚之间为争夺欧加登地区爆发的武装冲突，等等。

非洲政治的另一个特征是“非洲社会主义”的兴起，它在 20 世纪 60 年代初达到高潮，共有 13 国宣称奉行“非洲社会主义”。此时期的非洲社会主义既反对西方资本主义，又拒绝科学社会主义，试图走一条“中间道路”。但是，多数国家的“社会主义”只是停留在宣传阶段。60 年代，加纳、马里、肯尼亚等国的社会主义试验失败，使非洲社会主义运动出现挫折。

七八十年代，非洲国家出现了从多党制向一党制过渡的情况。究其原因，主要是独立初期多党制造成的混乱，使许多非洲国家领导人开始怀疑西方的议会民主制是否适用于非洲，主张建立有非洲特点的民主政治体制。同时，非洲社会主义在 70 年代获得了新的动力，一批非洲国家开始了大规模的社会主义试验，如坦桑尼亚的乌贾玛社会主义，还涌现出一些自称奉行科学社会主义的非洲国家，如刚果（布）、埃塞俄比亚、莫桑比克、安哥拉、津巴布韦等。所有这些都推动了一党制的建立。

一党制的国家在缓和国内民族和地区间的矛盾、推动经济建设、推行不结盟外交和非洲一体化等方面发挥了积极作用。但一些国家缺乏监督机制，不能有效地防止腐败现象，克服官僚主义，难以保证经济的持续增长和社会稳定。此外，80年代世界经济危机的蔓延进一步加剧了非洲国家的困难，引发了社会动荡。

80年代末90年代初，在苏东剧变的影响和西方一些政治势力的推动下，非洲大陆刮起“多党民主”之风。许多非洲国家恢复或引入了西方式民主体制，到90年代中期，共有49国实行了多党制，约占非洲国家总数的90%。这股政治自由化的浪潮，并没有解决非洲政治体制长期存在的问题，也没有带来经济和社会的繁荣发展，相反，“多党制”在一些国家进一步激化了部族矛盾、民族矛盾、党派矛盾和社会矛盾，使地方民族主义和宗教激进势力抬头，引发新的政治和社会动乱。例如，1990年10月，索马里三派反政府武装推翻了西亚雷政权，之后相互间开始了长期内战，造成上万人丧生，90万人饱受饥馑之苦，整个国家陷入长期的无政府状态。这表明，照搬西方的多党民主制度并不符合非洲的国情民情，非洲国家仍需在借鉴外部经验的同时探索自己独特的发展道路。

### 三、新南非的诞生

南非地处非洲南端，原名南非联邦，1961年脱离英联邦，改名为南非共和国。南非资源丰富，经济接近中等发达国家水平，其工业产值占非洲总产值的40%，是非洲最大经济体和最具影响力的国家之一，对地区经济发展具有重要的引领作用。

这个非洲大陆经济最为发达的国家，其种族隔离制度却令世人侧目。南非种族隔离政策由来已久，1948年南非国民党上台后进一步强化了种族隔离措施，不断炮制各种种族主义法规，使得种族隔离得以制度化，人为地将南非变成白人的天堂和黑人的地狱。

南非人民从20世纪初便开始为实现民族平等而斗争。主张种族平等、政治民主的南非土著人国民大会1912年创建，1925年改名为南非非洲人国民大会（简称“非国大”）。为反对种族隔离制度，在“非国大”“泛非主义者大会”和以黑人律师纳尔逊·曼德拉（1918—2013）为领袖的“全国行动委员会”领导下，南非黑人进行了长期艰苦的斗争，直至拿起武器武装反抗白人的高压政策。南非人民的正义诉求遭到白人统治者的残酷镇压，1962 年，曼德拉被捕，并被判终身监禁。南非白人种族主义政权的倒行逆施，遭到国际社会的强烈谴责和制裁，南非人民坚持不屈不挠的正义斗争，赢得了国际社会广泛的同情和支持。1960 年联合国大会通过了第一个制裁南非的决议，此后历届联大都通过了类似决议。80 年代中期，美国和欧共体也开始对南非实行经济制裁。

世界性的反种族主义的正义斗争使南非白人政权极度孤立，南非经济也因国际制裁而开始衰退，南非的种族隔离制度陷入严重危机。这一切迫使南非当局不得不进行政治改革，开始陆续废除种族主义法规。1990 年，被监禁 27 年的曼德拉重获自由，标志着南非和平民主进程的开端。1992 年 9 月，曼德拉与白人政府总统德克勒克举行高级会晤，签署了《谅解备忘录》，就推动和平民主进程达成共识。1994 年，南非举行首次不分种族的全民大选，曼德拉当选总统，以非国大为主的多党民族团结政府成立，宣告了一个崭新的南非的诞生。

废除种族隔离制度后，曼德拉领导的新政府制定了经济发展计划，采取了削减财政赤字、扩大出口、放松外汇管制、增加就业机会等一系列措施。1994 年国内生产总值增长率达到了 2.7%，1995 年又达到 3.4%。同时，民生工程也取得相当进展。1999 年 6 月新南非举行第二次全国大选，非国大主席姆贝基出任总统。2006 年，南非政府实施了推动经济发展的新计划，加大政府干预经济的力度，通过加强基础设施建设、加强教育和人力资源培训、促进就业、减少贫困人口等措施，促进了经济的发展。2007 年，南非经济增长率超过 5%。

2009 年 5 月，雅各布·祖马当选南非总统。2010 年南非成功举办了第 19 届世界杯足球赛，这是世界杯首次在非洲大陆举行。2010 年加入“金砖国家”行列后，南非进一步加强了与中国、印度、巴西和俄罗斯的合作与交流，在国际社会日益发挥重要作用。2010 年以来，祖马政府相继推出“新增长路线”和《2030 年国家发展规划》，围绕解决贫困、失业和贫富悬殊等社会问题，加快推进经济社会转型。受全球经济增长放缓和国内结构性矛盾的影响，南非经济增长乏力，2014—2016 年，增长率分别为 1.5%、1.3%和 0.3%。

### 四、非洲国家的团结与合作

为了支持那些尚处在殖民统治之下的非洲国家早日独立，1963 年 5 月 25

日，31 个非洲国家领导人在埃塞俄比亚首都亚的斯亚贝巴一致通过《非洲统一组织宪章》，成立了第一个全非性政治组织——非洲统一组织（简称非统组织），并把签署宪章的 5 月 25 日定为“非洲解放日”。《非统组织宪章》以泛非主义思想为基础，规定该组织宗旨为“促进非洲国家的统一和团结”“协调并加强它们为实现非洲人民美好生活所进行的合作和努力”，捍卫非洲各国主权和领土的完整，在非洲根除一切形式的殖民主义，促进国际合作。宪章还规定了成员国必须遵守的基本原则：各成员国主权一律平等；不干涉别国内政；相互尊重主权、领土完整和独立生存的权利，和平解决争端；奉行不结盟的对外政策。非统组织每年召开一次首脑会议，下设秘书处和若干专门理事会。非统组织成立后成员不断增加，1977 年成员国增至 43 个，2001 年又增至 53 个。

非统组织一直致力于发展非洲经济，改善人民生活，提出和制定了许多有关非洲经济发展与合作的规则和计划，如《关于合作、发展和经济独立宣言》（1973）、《蒙罗维亚宣言》（1979）、《拉各斯行动计划》和《拉各斯最后行动方案》（1980）等；大力呼吁债权国和债权机构减免非洲国家沉重的债务负担。在国际事务中，非统组织一直代表着非洲的声音，成为国际舞台上一支重要的政治力量。它坚持反对强权政治和外部势力对非洲事务的干涉，大力促进南南合作。非统组织在促进非洲民族解放运动深入发展、巩固新生民族国家政权、结束种族歧视和种族隔离政策，处理地区冲突、协调非洲国家与国际社会的关系方面做出了杰出贡献。

冷战结束后，随着经济全球化的迅猛发展，世界上大部分地区的国家纷纷缔结更强大的经济集团，加快自由贸易区建设步伐，落后的非洲面临被进一步“边缘化”的危险。非洲国家领导人意识到，多数非洲国家民穷国弱，单纯依靠外部力量或自身能力都不能真正解决非洲的发展问题。联合自强，加快非洲大陆政治、经济的一体化，才是振兴非洲、摆脱落后的唯一选择。非统组织已不能满足这一要求，非洲联盟应运而生。

在 1991 年第 27 届非统组织首脑会议上，各成员国签署了《建立非洲经济共同体条约》，计划在 1999 年建立一个区域性集团，到 2028 年建立一个全非洲范围的经济和货币联盟、一个统一的议会，由此开始谋划建立一个以经济发展为重心的新的非洲区域组织。1999 年 9 月，在利比亚苏尔特召开的第四次非统组织特别首脑会议上，与会各国首脑签署《苏尔特宣言》，决定创建非洲联盟。2000 年 7 月，在多哥首都洛美举行的第 36 届非统组织首脑会议上通过了《非洲联盟章程草案》。与会各国领导人希望成立非洲联盟并实现其战略目标，为非洲带来和平与发展的新机遇。2001 年 5 月 26 日，《非洲联盟章程》正式生效，完成了联盟建立的法律程序。同年 7 月，第 37 届非统组织首脑会议正式宣布由非洲统一组织向非洲联盟过渡，过渡期为一年。2002 年 7 月，在南非德班举行的第 38 届非统组织暨首届非盟首脑会议上，宣布非洲联盟（简称非盟）正式取代非洲统一组织，由此揭开了非洲联合发展的新篇章。

与非统组织相比，非盟不再是一个单一的政治性机构，而是一个统管政治、经济、军事、文化、社会等各方面的全非性政治实体。根据《非盟章程》，非盟的目标是：实现非洲国家和人民间更广泛的团结和统一；维护成员国主权、领土完整和独立；促进和平、安全和稳定；加快政治、社会和经济一体化进程，推动非洲经济、社会、文化的可持续发展。非盟的宗旨是成员国主权平等，相互依存；彼此不干涉内政；制定共同的防务政策，和平解决争端，禁止使用或威胁使用武力；尊重民主原则、人权、法治和良政；尊重人的生命的神圣性，谴责和反对暗杀、恐怖主义行为和颠覆活动。

非盟自成立以来，在政治上推动各成员国内部政治改革，在经济上敦促成员国加快落实 2001 年提出的《非洲发展新伙伴计划》，并在水资源利用和农业可持续发展方面协调各国的政策。2008 年召开的非盟第十届首脑会议，专门讨论了非洲工业发展问题。在处理国家间关系上，进一步完善和强化维和机制，改变非统组织不干涉内政的原则，授权“和平与安全理事会”对发生武装冲突、大屠杀和违反人权行为的成员国进行直接干预。如在苏丹达尔富尔问题上，非盟在各政治力量间积极调停和斡旋，并派遣维和部队，与联合国和有关国家一道为苏丹局势的缓和做出了重要贡献，增强了自身在解决非洲地区冲突中的地位和作用。

2007 年 7 月举行的非盟第九届首脑会议上，与会各国领导人讨论了建立非洲联合政府和“非洲合众国”问题，强调要加快非洲大陆政治、经济一体化进程。2013 年 5 月，非盟通过了非洲《2063 议程》，提出在未来 50 年，即非统组织成立 100 年之际，实现非洲复兴。2017 年 1 月，非盟第 28 届首脑会议，以“通过投资青年，驾驭人口红利”为主题，呼吁给予青年人更多的投入，充分发掘非洲青年的巨大潜力，推动实施非洲《2063 议程》。2015 年以来，非洲区域和次区域的一体化取得了新的进展，同年 6 月，东南非共同市场—东共体—南共体首脑会议签署协定。2018 年 3 月，44 个非洲国家在卢旺达首都基加利签署成立非洲大陆自贸区的决定。但是，非洲各国经济发展不平衡，相互间的经济合作还不够紧密，有些国家之间还存在边界争端等问题，这些都预示着非洲大陆的一体化进程任重而道远。

## 第三节　拉丁美洲的发展与调整

"二战"后，拉美民族民主运动深入发展，反对美国霸权主义和干涉的斗争成果斐然。在经济领域，进口替代战略推动拉美迅速发展，经济面貌出现根本改观；在政治领域，拉丁美洲人民为推翻军人统治、建立民选政府进行了长期斗争。20 世纪 80 年代下半期，拉美一批国家进行了以"华盛顿共识"为主导的"新自由主义"改革。这虽然使它们的经济进一步与国际市场接轨，却引发了一系列严重问题，进一步激化了社会矛盾。世纪之交，拉美国家出现了整体向左转的趋势，一些国家选择了以彻底改变新自由主义发展模式为主要内容的"21 世纪社会主义"道路。

### 一、拉美民族民主运动的深入发展

"二战"后，美国加强了对拉美的控制和掠夺，利用和扶持拉美各国亲美势力，策划军事政变，建立傀儡政权。从 40 年代末到 70 年代初，美国对拉美各国进行的重大政治干涉和武装颠覆达 40 多次，先后扶植了 17 个亲美政权。

20 世纪六七十年代，受古巴革命的胜利和新的国际政治格局的影响，拉美民族民主运动进一步发展。这突出表现为加勒比地区诸国的独立，巴拿马人民收回运河主权的斗争，多米尼加人民的反美爱国斗争，拉美"游击中心运动"，尼加拉瓜革命的胜利，拉美国家在国际事务中团结合作、反对霸权主义等。

"二战"后，加勒比地区诸国经过长期合法斗争，最后通过谈判取得了独立。1958 年 1 月，英国将 10 多个加勒比地区的殖民地组成"西印度联邦"，试图通过宪政改革来延续殖民统治，但联邦成立不到四年即告解体。1961 年 9 月，牙买加通过公民投票，决定退出"西印度联邦"。此后，又有 11 个英属加勒比殖民地相继宣告独立。这 12 个英属殖民地独立后均加入了英联邦。荷属圭亚那 1975 年独立，改称苏里南。

巴拿马人民收回运河主权是反对美国霸权主义斗争的重大胜利。根据 1903

年的《美巴条约》，美国享有“永久使用、占领和控制”巴拿马运河的权利。运河和运河两岸1432平方公里的“运河区”，成为美国的军事基地和掠夺财富的殖民地。巴拿马人民为收回运河主权进行了不懈的斗争。1959年，巴拿马爆发了两次大规模示威运动。1964年1月，运河区3万多群众举行抗议活动，遭美国驻军镇压，320多人伤亡。巴政府随即宣布与美断交。4月，美国被迫同意与巴拿马政府谈判。此后，两国又断续进行了几次谈判。1977年9月，美国总统卡特与巴拿马领导人托里霍斯签署了新的《巴拿马运河条约》和《关于巴拿马运河永久中立和运营条约》。条约规定，废除1903年《美巴条约》，自1999年12月31日起，巴拿马从美国手中全面接管运河，承担运河的管理和防务工作。80年代，美国多次企图修改协议，但均告失败。1999年12月14日，巴拿马运河主权交接仪式在巴拿马城附近举行，巴美两国代表签署了关于运河主权和管辖权交接的换文。这标志着巴拿马人民收回运河斗争的最后胜利，也标志着美国在中南美洲大陆100多年殖民统治的终结。

多米尼加人民的反美爱国斗争始于美国对多米尼加的武装干涉。美国曾在1916—1924年对多米尼加实行军事占领，1924年撤军后仍通过不平等条约进行控制。1963年2月多米尼加革命党领袖博什就任总统后，颁布新宪法，实行民主改革，采取了一些抵制美国控制的措施。9月，美国策动军事政变，建立了以卡夫拉尔为首的亲美独裁政权。1965年4月，以卡马尼奥为首的军人在民众支持下发动起义，夺取政权，要求恢复1963年宪法和博什的总统职位。美国总统约翰逊以保护侨民为借口，于4月28日派兵入侵多米尼加，5月初又拼凑“泛美和平部队”进驻多米尼加。美国的干涉不仅遭到多米尼加军民的强烈抵抗，而且遭到拉美及国际舆论的强烈谴责，“泛美和平部队”不得不于1966年撤出多米尼加。

拉美“游击中心运动”是在“游击中心论”影响下，由拉美共产党人或左派人士领导的，旨在通过武装斗争夺取政权的反帝反独裁斗争。“游击中心论”是切·格瓦拉①在《游击战》（1960）等著作中提出的，是拉美国家开展游击战的基本思想，其主要观点是：人民的力量可以战胜反动军队；并不一定要等到一切革命条件都成熟，起义中心可以创造这些条件；在不发达的美洲，武装斗争的战场基本上应该是在农村。古巴革命胜利后，格瓦拉为了开展世界革

① 切·格瓦拉是阿根廷人，参加和领导了古巴革命，是卡斯特罗的亲密战友和得力助手。

命，于1965年放弃了所有党政职务，离开古巴前往刚果领导游击战争，不久又转到玻利维亚领导游击战争。1967年10月9日，格瓦拉在玻利维亚训练游击队时被捕遇害。受格瓦拉思想和当时革命形势的影响，到60年代前半期，拉美地区有近20个国家先后出现了上百个游击队组织。由于拉美国家军政府的暴力镇压，许多支持和同情游击队的人士受到迫害。到70年代中期，拉美大陆的游击运动走入低潮。

尼加拉瓜革命也经历了长期的斗争历程。1937—1979年，亲美的索摩查家族一直在尼加拉瓜实行独裁统治，给人民带来了深重灾难。1961年，以尼加拉瓜爱国青年联盟为基础的桑地诺民族解放阵线（简称“桑解阵”）成立，首要目标是通过武装斗争推翻索摩查独裁统治。1979年6月，“桑解阵”同各种政治力量联合建立了民族复兴政权，并于7月推翻索摩查政权，尼加拉瓜革命取得胜利。新政府宣布，将索摩查家族财产收归国有，由国家控制自然资源和经济命脉，着手进行土地改革，发展文化教育，实行混合经济体制和多元政治。1984年，尼加拉瓜举行革命胜利后的第一次大选，“桑解阵”的丹尼尔·奥尔特加当选总统。

在民族民主运动深入发展过程中，拉美各国加强了地区经济一体化建设，先后建立了中美洲共同市场、拉普拉塔流域组织、安第斯集团、加勒比共同体等组织，它们在促进区域内经济技术合作方面发挥了重要作用。在国际舞台上，拉美各国努力以一个声音说话，极力维护200海里海洋权，积极参加七十七国集团、不结盟运动和一些原料生产国和输出国组织。

## 二、拉美经济的增长与转型

20世纪30年代世界经济危机后，国际市场对拉美出口产品的需求锐减，拉美国家的经济遭到毁灭性打击。为了摆脱危机，一些国家决定改变依赖外部市场的出口经济模式，实行进口替代工业化，自主生产国内所需的工业制成品，这为相关理论的产生奠定了基础。1949年，阿根廷经济学家劳尔·普雷维什发表了《拉丁美洲的经济发展及其主要问题》一文，提出只有实现工业化，实现经济结构的转变，打破不合理的国际经济秩序，拉美国家才能发展；倡导进一步发展“进口替代”工业，进而实现“出口替代”战略和地区经济一体化。这一发展理论被称为“结构主义”或“发展主义”理论，在拉美受到广泛支持，使得进口替代工业化作为一种经济发展模式在拉美各国推广。

40 年代末起，拉美地区的进口替代工业化由“自发”发展阶段进入“自觉”发展阶段。拉美各国有计划地实行高度保护民族工业的政策，优先发展使用本国原料、满足国内消费为主的工业，用本国消费品取代原来需要进口的商品。50 年代后期和 60 年代初，阿根廷、墨西哥、哥伦比亚、智利、秘鲁等国完成了一般消费品的进口替代，转入了耐用消费品的进口替代。

在进口替代政策的影响下，拉美国家保持了较高的经济增长率。50—60 年代国内生产总值年均增长率为 5.4%，70 年代前期为 7.2%；人均产值由 1950 年的 396 美元增长到 1980 年的 2045 美元。1950—1980 年拉美总的国民生产总值增长近 4 倍。拉美国家的工业化程度明显提高，制造业占国内生产总值的比重从 1950 年的 19%升至 1978 年的 25.9%。其中，巴西、墨西哥在 70 年代末进入“新兴工业化国家”行列。巴西的经济增长特别迅速，1968—1974 年经济年均增长率为 10.1%，创造了拉美国家经济增长的奇迹。

但从 20 世纪 60 年代开始，进口替代模式的问题开始显现。对进口原材料和技术设备的依赖，导致拉美各国的国际收支逆差加大；政府干预造成财政负担过重，赤字日益庞大；技术和管理落后，导致产品竞争力缺乏。为此，拉美国家调整发展战略：一方面扩大工业制成品出口，将出口多样化与进口替代方针相结合；另一方面趁国际市场资金充盈、利率低下，大量借贷，实行“负债增长”。

80 年代初，国际金融市场利率大大提高，大量举借外债的拉美国家陷入债务泥潭。1982 年 8 月，墨西哥宣布无力支付债务本息，爆发债务危机。危机迅速波及拉美其他国家，地区经济急剧衰退。1981—1990 年，拉美经济年均增长率仅为 1%，其中一半国家的经济出现了负增长；人均产值年均增长率为-1%，实际人均产值几乎下降了 10%。通货膨胀率和外债总额不断攀升，1989 年时分别达到 994.2%和 4159 亿美元。

为了摆脱债务危机，拉美国家需要从美国和世界银行等国际金融机构获得更多贷款。美国趁机施加严格的条件，要求拉美国家进行新自由主义改革：减少国家干预，强化市场调节，大规模实行国有企业的私有化，开放国内市场，实行价格与贸易自由化，拉美各国货币与美元挂钩等。从 80 年代中期开始，拉美国家逐渐接受了新自由主义理论。1990 年，华盛顿国际经济研究所所长约翰·威廉姆斯发表《华盛顿共识》一文，为拉美国家的经济改革提供了 10 点建议，极力倡导它们实施自由化、私有化、市场化、国际化，由此产生了所谓的“华盛顿共识”。受此影响，拉美国家普遍开始了结构性改革，从内向型的进口替代模式，转向了以经济效益为中心、以世界市场为目标的外向型经济发展模式。

90 年代，世界经济回暖，一些实行新自由主义改革的拉美国家的经济出现增长。1991—1998 年，整个地区经济年均增长率为 3.5%，人均产值年均增长率为 1.7%；通货膨胀率从 1989 年的 130%，降至 1998 年的 10.2%；1990—1999 年，出口额年均增长率达到 7.9%，所占世界出口额的比重从 1987 年的 3.9%上升到 1994 年的 9.4%。这一时期，拉美成为除东亚外世界上经济增长最快的地区。在巴西，1993 年时任财政部长的卡多佐推行改革计划后，经济保持了连续五年的稳定增长。1997 年，巴西国内生产总值达 8624 亿美元，比 1996 年增加 3.03%，人均收入达 5020 美元。在阿根廷，1988 年卡洛斯·梅内姆担任阿根廷总统后，开始了经济改革。90 年代前半期，阿根廷经济迅速好转，国内生产总值年均增长率一直保持在 6%左右。同期，墨西哥也由混合经济转向市场经济。整个 90 年代，其国内生产总值年均增长率达 3.5%，高于 80 年代的 1.9%。

拉美各国的新自由主义改革，尽管一时促进了经济发展，却暴露出越来越多的弊端。一是经济持续增长乏力，失业率不断上升。90 年代后期开始，拉美的经济增速开始逐年递减，1998 年经济增长率为 2.3%，1999 年为 0.5%，2001 年出现了零增长，2002 年为负增长。1998—2002 年拉美经济年均增长率仅为 1.15%，基本陷于停滞状态。与经济萧条相伴随的是高失业率。1990 年拉美地区的失业率为 7.5%，1998 年上升到 8.8%，2001 年、2002 年、2003 年分别达到 9.2%、9.3%、10.7%，其中阿根廷 2002 年竟高达 23%。

二是金融自由化导致金融风险加大，资金大量外流，外债负担沉重。1994 年末，墨西哥爆发金融危机。1999 年，巴西金融市场发生动荡。2001 年 11 月，阿根廷爆发严重的金融危机，经济动荡，引发大规模的社会抗议和骚乱。与此同时，2004 年时，拉美地区资金净流出量高达 639 亿美元，2005 年进一步增加到 675 亿美元。2004 年时，拉美地区的外债额也达到 7230 亿美元，成为阻碍拉美经济与社会发展的沉重枷锁。

三是贫富差距加大，贫困人口增加，社会动荡不安。1999 年拉美 10%最富的人和 10%最穷的人在社会总收入中所占比重相差约 40 倍，2002 年竟上升到 46.6 倍。拉美生活在贫困线以下的人口，1960 年有 1.1 亿，1980 年为 1.36 亿，

1994年达到2.093亿，2004年竟高达2.22亿，约占拉美总人口的一半。严重的贫困和两极分化，使得一些拉美国家秩序混乱，治安状况恶化，盗窃和抢劫现象司空见惯，黑社会势力猖獗。例如，2006年5月，巴西圣保罗和里约热内卢的黑社会势力公开向警察挑战，甚至使用重型武器袭击警察局。

四是政府控制经济能力减弱，提振经济乏术。由于新自由主义要求政府退出经济领域，并实行全面私有化，从而极大地削弱了政府对经济的控制力，使之难以做到迅速干预危机，使社会经济恢复正常。如2001年金融危机爆发时，阿根廷政府竟没有可作抵押的国有资产，因而无法向国外金融机构贷款以救治危机。

### 三、拉美政治的新变化

军人干预政治、军事政变频繁是拉美政治的一个突出特点。从“二战”后到80年代，在19个拉美国家中共发生了约100次政变。20世纪60年代，巴西、玻利维亚、阿根廷、秘鲁、巴拿马相继建立军人政权。1973年，号称“南美瑞士”的乌拉圭和有“民主传统”的智利也相继建立了军事政权。

军人独裁在一段时间内稳定了社会秩序，某些军政府甚至采取了促进经济恢复和发展的措施。如，减少对国内市场的保护，注重非传统产业的开发及其产品的出口，加强对外资的管控等。多数拉美国家因此摆脱了经济衰退的局面，巴西还出现了经济高速增长的“奇迹”。但拉美国家内向发展的经济战略未得到根本改变，军人政权的治国模式给国家带来了众多的负面影响，政治上的高压政策也妨碍了社会民主生活的正常化。军政府统治时期，拉美地区被恐怖所笼罩，酷刑、暗杀、失踪经常发生。1973年智利军人政府建立后的6个月中，约3万人被处死，5万人被监禁。因此，拉美各国人民不断进行各种形式的反抗，要求恢复民主权利。

70年代末到80年代，拉美出现政治民主化浪潮。一些军人政权或是迫于群众运动的压力，或是顺应时代的潮流，主动奉行“还政于民”和“民主开放”政策，纷纷恢复宪制。1977年，秘鲁军政府宣布“还政于民”的计划。1978年，巴拿马军政府开始将部分权力移交给文人总统。1979年，厄瓜多尔军政府被民选政府取代。1979年，拉美14国总统在委内瑞拉召开会议，提出维护人权、尊重自由、完善法制的民主化口号。同年，拉美22个政党在墨西哥举行会议，反对军事独裁，呼吁尊重人民主权和民主。这些活动加速了拉美政治的民主化进程。20 世纪 80 年代，拉美地区出现了军政府“还政于民”高潮，短短 10 年中有 11 个国家建立了文人政府。

20 世纪末 21 世纪初，拉美的政治局势发生新的变化，其突出表现是多国政权纷纷向左转，大批左派力量重掌政权。其主要原因在于拉美新自由主义改革弊端丛生，贫困和不平等状况加剧，反对新自由主义改革的社会力量逐渐凝聚和壮大，各种社会运动（印第安人运动、妇女运动、教师运动、宗教运动等）日益壮大，为左派通过选举赢得执政地位创造了条件。

1998 年，查韦斯当选为委内瑞拉总统后，巴西、阿根廷的左翼政党也在大选中脱颖而出。2000 年，智利社会党领导人拉戈斯当选总统。2002 年 10 月和 11 月，巴西劳工党领袖卢拉、厄瓜多尔左翼领导人古铁雷斯先后当选为总统。2006 年，拉美 10 余国举行选举，委内瑞拉、尼加拉瓜、秘鲁、厄瓜多尔和哥斯达黎加等国的左翼或中左翼领导人赢得了领导权，智利社会党领导人巴切莱特在大选中获胜，巴西劳工党领袖卢拉获得连任。到 2011 年，左翼政权治下的人口已占全拉美的 2/3。此外，巴西、乌拉圭、智利、委内瑞拉等国的共产党员当选为国会议员，出任内阁部长。由拉美左派政党组织创办的圣保罗论坛影响越来越大，2007 年 1 月在萨尔瓦多首都萨尔瓦多市举行的第 13 次圣保罗论坛，有亚非拉和欧洲的 33 个国家、58 个政党或组织的代表参加。这些左派领导人都反对“华盛顿共识”，寻求新的社会发展道路，其中已有三国提出并践行“21 世纪社会主义”或“社群社会主义”。

最早提出“21 世纪社会主义”的是委内瑞拉总统查韦斯（1954—2013）。2005 年 1 月，他在第五届世界社会主义论坛上明确把“玻利瓦尔革命”的前进方向确定为社会主义。同年 2 月，他提出有必要创造“21 世纪社会主义”，而不是沿袭旧的社会主义模式。2007 年 1 月他宣誓就任总统时表示，其任期的中心目标是“建设委内瑞拉的社会主义”。为此，查韦斯政府采取了如下措施：

在经济上，加强了国家对战略部门的控制，加快能源、电力和电信等行业的国有化，推进各种合作社和集体经济发展。在政治上，积极推进政治和宪法改革，建立基层民主机构“社区委员会”，将 20 多个左翼政党整合为“统一社会主义党”。在社会方面，关注中下层民众利益，实施以消除贫困和加快社会发展为目标的“玻利瓦尔计划”，实行广泛的扶贫帮困和社会保障制度。在思想文化上，广泛开展社会主义教育和宣传运动，加强对私人媒体的管制。在外交上，反对美国的霸权主义和强权政治，建立和经营“美洲玻利瓦尔联盟”。

2006 年 1 月，玻利维亚首位印第安人总统莫拉莱斯（1959— ）就任。他宣称要建立“社群社会主义”——“一种建立在团结、互惠、社群与共识基础上的经济模式”。其主要内容是：以人为本，建立参与式民主和社群民主，在玻利维亚实现社会公正；反对帝国主义，声援为自由与正义而斗争的力量；反对新自由主义，捍卫国家主权和发展权，实现资源国有化。

2007 年 1 月，厄瓜多尔总统科雷亚（1963— ）上台执政后，也提出要建立“21 世纪社会主义”。其具体内容包括：增强参与制民主、改革政治体制；进行“道德革命”，打击腐败；转变经济增长方式、重建政府对经济的干预作用；促进教育、医疗等部门发展，实现社会不同阶层、部门和族群间的平等；推动南美统一货币“拉丁”的建立，促进拉美地区一体化等。

尽管以上拉美三国对“21 世纪社会主义”的解释及其实践各具特色，但它们在反对新自由主义和帝国主义，主张进行社会结构改造，强调国家在经济发展中的作用和社会公正等方面是一致的。三国的实践一方面说明了社会主义的生命力和吸引力，另一方面也是拉美左翼政治力量在经济全球化、世界多极化历史条件下对新发展模式的一种勇敢探索，是一种值得期待的社会进步。

综上所述，亚非拉国家的发展，是在不断克服殖民主义统治带来的严重后果和摆脱新殖民主义的破坏、干扰的情况下进行的；是一个如何结合本国实际，找出一条符合本国国情的发展道路的艰苦探索过程。坚持自主发展，加强团结合作，不断调整和改革是其中应有之义。尽管这条道路充满荆棘，但发展中国家的前途仍然是光明的。

## 第四节 南北对话和南南合作

“二战”后，发展中国家虽然政治上获得了独立，但在国际政治经济关系中仍然处于不平等地位，受到发达国家的剥削，处于被支配的地位。为了发展民族经济，争取平等的国际地位，改变不合理的国际政治经济秩序，广大发展中国家团结起来，开展了南北对话和南南合作，取得了一定的成绩，但也面临着种种困难。

### 一、南北对话

南北对话，是指发展中国家与发达国家之间围绕改革不合理的国际经济秩序、加强南北方经济合作等问题所进行的全球性和地区性的多边磋商或谈判活动，亦称“南北会谈”。发展中国家多在南半球，通常被称为“南方”；发达国家多在北半球，被称为“北方”。对于南北对话的重要性，邓小平 1984 年曾经有过精辟分析。他认为，当今世界上最突出的两个问题一是和平问题，二是南北问题；南北问题“在目前十分突出。发达国家越来越富，相对的是发展中国家越来越穷。南北问题不解决，就会对世界经济的发展带来障碍。解决这个问题当然要靠南北对话，我们主张南北对话”①。

发展中国家由于历史的原因，经济比较落后，独立后由于不合理不公正的国际经济秩序，与发达国家之间的差距越来越大。1950 年，发达国家的人均国民生产总值为发展中国家的 24.3 倍，到 1980 年进一步扩大到 42.6 倍。从 1960 年到 1980 年，低收入发展中国家年均经济增长率仅为 1.7%，远远低于发达国家的 3.3%。进入 20 世纪 80 年代后，发展中国家在世界贸易中的份额从 27.8% 降至 20.6%。为了发展经济，维护正当利益，发展中国家联合起来，与发达国家展开“南北对话”，要求建立公正合理的国际经济新秩序。

冷战期间的南北对话基本上可以分为三个阶段。第一阶段为 50 年代中期到 70 年代初，其特点是提出了南北对话的要求并得到联合国的认同，成立了相关机构。1955 年的万隆会议上，亚非国家提出世界各国应当在平等互利的基础上进行经济合作。1961 年的第一届不结盟国家首脑会议要求废止不平等的国际贸易。1964 年 3 月在日内瓦召开的第一届“联合国贸易和发展会议”拉开了南北对话的序幕，大会上成立的七十七国集团成为发展中国家争取经济权益的第一个国际组织。1964 年 10 月召开的第二届不结盟国家首脑会议第一次提出要建立“新的和公正的经济秩序”。

这一时期，西欧国家从自身利益出发也采取了一些行动。1957 年欧共体成立时设立了欧洲发展基金，向当时仍为欧共体成员国殖民地的部分非洲国家提供为期五年的技术和财政援助，上述非洲国家成为欧共体的联系国。1963 年和 1968 年，欧共体又先后签订了后续的《雅温得协定》和《阿鲁沙协定》，继续提供总计为期 10 年的援助，18 个非洲国家签署了协定。

第二阶段为 70 年代初到 80 年代初，其特点是确立对话的基本原则并启动对话。1973 年阿拉伯产油国运用石油武器，使严重依赖亚非拉国家资源的西欧

---

① 《邓小平文选》第 3 卷，人民出版社 1993 年版，第 56 页。

国家和日本进一步认识到南北对话的必要性。在不结盟国家和七十七国集团的推动下，1974 年 4 月联合国召开特别会议，第一次正式将南北关系提到国际议事日程，会议通过了《建立国际经济新秩序宣言》和《行动纲领》。同年 12 月，第 29 届联合国大会通过了《各国经济权利和义务宪章》，它与上述两个文件一起，构成变革南北关系的基本依据。值得注意的是对这一宪章的投票，只有六票反对，反对者中包括北方三个大国：美国、英国和联邦德国。

冷战的缓和使得欧洲注意到与发展中国家的历史联系和经济上的互补性。1975 年 2 月，欧共体与非洲、加勒比海和太平洋地区 46 个发展中国家（简称非加太国家）在多哥首都洛美开会，签订贸易和经济协定，全称为《欧洲经济共同体—非洲、加勒比和太平洋（国家）洛美协定》（简称《洛美协定》）。协定于 1976 年 4 月 1 日起生效，有效期五年，并取代已经到期的《阿鲁沙协定》。它规定签字的发展中国家可以把所有工业品和 96%的农产品免税向欧共体输出，后者向非加太国家的出口享有最惠国待遇但不免税（非互惠原则），并在五年内向非加太国家提供 35.14 亿欧洲货币单位（埃居①）的财援。1975 年 12 月和 1977 年 5 月，19 个发展中国家与欧共体国家、美国、加拿大、日本等发达国家和组织，先后两次在巴黎召开部长级国际经济合作会议，会议又被称为南北对话会议。会议同意成立能源、原料、发展和财政问题四个委员会，并设立稳定原料价格共同基金，向发展中国家提供 10 亿美元的援助。然而，由于美英等国的反对，谈判未能取得实质性进展。

为了打破南北对话僵局，发展中国家于 1979 年建议在联合国举行新的谈判，但遭到发达国家的抵制。1981 年 10 月，代表着世界 40 多亿人口中的 27 亿人的 8 个发达国家和 14 个发展中国家的政府首脑，参加了在墨西哥召开的坎昆会议。中国总理代表中国政府提出了关于建立国际经济新秩序的五项原则。会议就调整南北经济关系和恢复全球性南北谈判等问题进行磋商。由于美国的阻挠，会议未能就全球谈判的具体时间和议程达成一致。但是，22 国的领导人同意要共同努力，建立有利于发展中国家发展壮大的国际经济秩序，对改善南北关系起了一定的积极作用。

同时，欧共体与南方国家的对话与合作继续进行。第二个《洛美协定》于

---

① 埃居（ECU）是欧洲货币单位（European Currency Unit）的简称。由欧洲经济共同体成员国货币共同组成的一揽子货币，是欧共体各国之间的清算工具和记账单位。在 1999 年 1 月 1 日欧元诞生之后，埃居自动以 1：1 的汇价折成欧元（EUR）。

1979年10月签署，为期五年。此次欧共体提供的援助增至54.39亿埃居，签署该协定的非加太地区国家增至58个。该协定引入了稳定非加太国家矿产品出口收入的机制。南方国家从美欧的分裂中集体获利。

第三阶段为80年代初到90年代初，其特点是南北对话的整体停滞和局部推进。坎昆会议后，南方国家做出许多努力，企图恢复南北对话，但均遭到北方国家的拒绝。在整个80年代，全局性的南北对话实际上陷入停滞状态。除了美国等西方国家的反对外，发展中国家内部因发展水平不同也出现分化，削弱了南方国家的凝聚力和共同需求。

1984年12月，欧共体与非加太国家签署第三个为期五年的《洛美协定》，欧共体的财政援助额增加到85亿埃居，签署协定的非加太地区国家增至65个。第四个《洛美协定》于1989年12月签署，有效期十年，欧共体（欧盟）第一阶段（前五年）提供的援助为120亿埃居，签署协定的非加太地区国家增至68个。《洛美协定》使签约的非加太国家扩大了对外贸易，减少了出口收入的损失，部分地改善了本国工农业落后的状况。但是，协定所建立的双边关系仍然是不平等的，因为欧共体成员国由此保证了所需的原料、市场和投资场所，而且由于签约国数量的增加，非加太各国获得的实际援助按人均计算呈下降趋势。

冷战结束后，发展中国家要求采取措施，缩小南北差距。2002年3月18—22日，在发展中国家的推动下，南北对话有了新进展。联合国发展筹资问题国际会议在墨西哥蒙特雷召开，会议达成了《蒙特雷共识》，指出发达国家和发展中国家应建立一种新的伙伴关系，全面落实《联合国千年宣言》中提出的旨在消除贫困、改善社会状况、提高生活水平和保护环境等各项可持续发展目标。在改革联合国机制中，发展中国家呼吁发达国家对发展中国家开放市场，减少农产品贸易壁垒，建立公正、透明、非歧视性的多边贸易体系，让发展中国家享有平等参与权和更多的发言权。此外，发展中国家还要求发达国家尽快兑现减债承诺，增加官方发展援助，尽快达到官方发展援助占其国内生产总值0.7%的联合国既定目标。在南北对话中，发展中国家注意强化联合国的作用，利用南方国家占联合国多数和具有一定影响的优势，提高南方国家在联合国的声音，借助联合国的渠道来推动南北对话从而逐步缩小南北差距。

作为最大的发展中国家和安理会常任理事国中唯一的发展中国家，中国一直十分关心世界经济的稳定和发展，认为振兴发展中国家经济、缩小南北差距，对世界经济增长和繁荣十分重要，主张改革国际经济旧秩序，加强南北对话。在1974年联合国特别大会、1981年关于合作与发展问题的坎昆会议、1990年联合国特别大会、1993年渥太华“南北对话促进世界繁荣大会”等会议上，中国积极参与讨论，支持广大发展中国家的合理要求，阐述了中国改革国际经济秩序的立场和主张，提出了进行国际经济合作、建立国际经济新秩序的若干原则。2003年6月，中国首次出席在法国埃维昂举行的八国峰会南北领导人非正式对话会议。2005—2009年，在英国鹰谷、俄罗斯圣彼得堡、德国海利根达姆、日本洞爷湖、意大利拉奎拉，中国都参加了八国峰会南北领导人关于世界发展问题的“8+5对话”，全面系统地提出了有关世界经济体系建设的主张，体现了中国对全球发展事业的重大责任感和对国际经济秩序的战略思考。

## 二、南南合作

在开展南北对话的同时，发展中国家之间也进行了南南合作。南南合作是发展中国家实现经济独立、促进经济发展的重要途径，也是它们在南北谈判中提高自身地位的重要手段。1984年，邓小平说：“单靠南北对话还不行，还要加强第三世界国家之间的合作，也就是南南合作。第三世界国家相互交流，相互学习，相互合作，可以解决许多问题，前景是很好的。”① 1988年邓小平再次指出：“历史证明，越是富裕的国家越不慷慨，归根到底，我们要靠自己来摆脱贫困，靠自己发展起来。”②

冷战期间的南南合作可以分为三个阶段。第一阶段为20世纪50年代中期到60年代末，其特点是提出南南合作的主张，确立机制保证，并在原料领域和区域范围展开合作。1955年的万隆会议提出了亚非国家开展经济合作的必要性，成为南南合作的起点。60年代不结盟运动提出的“建立国际经济新秩序”的主张，为南南合作奠定了思想基础，而七十七国集团的建立为南方国家通过联合国实现整体的南南合作确立了机制保证。1960年以后，发展中国家成立了数十个原料生产和输出国组织，其中最有名的是石油输出国组织。这些组织的建立，在一定程度上削弱了垄断资本对世界资源的控制，有利于维护发展中国

① 《邓小平文选》第3卷，人民出版社1993年版，第56页。
② 《邓小平文选》第3卷，人民出版社1993年版，第282页。

家的经济利益。同时，发展中国家也成立了各种区域合作组织，积极推动区域合作，其中成效比较显著的有东南亚国家联盟（1967）、中美洲共同市场（1962）等。

第二阶段为70年代，其特点是南南合作的广泛加强。1974年，拉美七国组成香蕉出口国联盟，对出售给外国公司的香蕉增加附加税。1975年年初，牙买加、圭亚那、苏里南等国组成了“国际铝土协会”，将外国公司应缴纳的租税和矿区使用费提高了2—17倍。1975年2月，80多个发展中国家在塞内加尔首都达喀尔举行第一次发展中国家原料会议，就进一步在维护南方经济利益、反对北方的剥削掠夺的斗争中采取联合行动，进行了广泛磋商。通过这些斗争，在整个70年代，南方国家的原料价格不断提高，许多南方国家经济有了很大增长，南南贸易大幅度增长。从1970年到1981年，南南贸易在世界贸易中所占比例几乎增加一倍。

为了促进南南合作的发展，南方国家召开了一系列会议，制定了合作纲领。历届不结盟运动首脑会议和七十七国集团会议均把南南合作列为会议主题，明确规定了南南合作的任务、目标和行动纲领。1979年在坦桑尼亚的阿鲁沙召开的七十七国集团第四次部长会议通过了《争取集体自力更生纲领和关于谈判纲要的阿鲁沙纲领》（简称《阿鲁沙纲领》），倡议在发展中国家间实行全球性贸易优惠制度，建立跨国联合生产和销售企业，在技术转让和发展方面进行合作，并对最不发达国家提供援助。这份纲领标志着南南合作进入新阶段。

第三阶段为80年代，其特点是在世界经济形势恶化和南北对话陷入僵局的情况下，发展中国家把南南合作同推动南北对话结合起来，日益重视推进有组织有计划的全球性经济合作。1981年，七十七国集团在委内瑞拉的加拉加斯召开发展中国家经济合作高级会议，通过了《发展中国家经济合作的行动纲领》（简称《加拉加斯纲领》）。1982年2月，40多个国家的代表在印度召开的“新德里磋商”会议上广泛讨论了南南合作与南北对话问题。1983年4月，26个国家的政治领袖和学者在北京召开了首次南南合作会议，就南方国家的发展战略进行了深入探讨。同年，不结盟国家和七十七国集团也分别举行了有关南南合作的会议。

1987年，秘鲁总统加西亚倡议成立一个精干的发展中国家集团，以加强南南合作。1989年，在贝尔格莱德举行的第九届不结盟运动首脑会议上，决定将加西亚倡议付诸实施。“南南磋商与合作集团”（又称亚非拉 15 国集团）随即成立。

90 年代以来，随着冷战的结束，发展中国家开始进一步在区域一体化方面进行合作。在拉丁美洲，新建立了南方共同市场，发展了原有的安第斯共同体、加勒比共同体、中美洲共同市场等区域性集团。它们在拉美地区经济一体化进程中发挥着重要作用，成员国之间的经贸合作卓有成效。南方共同市场中的阿根廷、巴西、乌拉圭、巴拉圭等国间的贸易额从 1990 年的 35 亿美元猛增至 1998 年的 210 亿美元。在非洲，成立了东非合作组织、中部非洲经济和货币共同体、东南非共同市场，发展了原有的西非国家经济共同体、马格里布联盟等区域经济一体化组织。在中东，阿拉伯国家联盟、海湾阿拉伯国家合作委员会等组织继续发挥作用。亚洲还有南亚区域合作联盟等也促进了区域内国家间的经济联系。

南南合作的领域涉及贸易、金融、技术、能源、交通运输、建筑和工农业等方面。在贸易领域，发展中国家之间的贸易额不断增加。从 1970 年到 1988 年，发展中国家之间的出口额在其出口总额中所占比重由 20.3%增至 27.4%，出口商品结构也有所改善。在货币金融领域，发展中国家成立了一系列多边清算机构，以便支持区域性的支付安排，如西非清算机构、亚洲清算联盟、加勒比共同体多边清算机构等。此外，还设立了多边金融发展机构和发展基金，如阿拉伯货币基金、安第斯储备基金、东盟贸易安排等，它们为财政困难的成员国提供条件优厚的援助。石油输出国组织对其他发展中国家的援助占到其成员国国民生产总值的 1.44%，大大超过发达国家的 0.34%。此外，70 年代以来发展中国家的对外投资也不断增加。同时，一些属于发展中国家、资金充裕的产油国（尤其是中东国家）也从其他发展中国家输入大批劳动力，这对劳动力输出国来说，既增加了外汇收入，又缓解了国内失业问题，提高了劳动者的技能。在技术领域，一些新兴工业化国家的科学技术更适用于发展中国家。

1986 年 11 月，在北京召开的发展中国家政府间技术合作协商会议上，就达成了 205 项合作协议。此外，发展中国家还展开了争取建立新的海洋法的斗争，最终于 1982 年促成通过了《联合国海洋法公约》，规定沿海国有权建立 200 海里专属经济区。

90 年代以来，南南合作领域不断扩大，许多人类面临的共同问题，如禁毒问题、环境问题等成为南南合作的新领域。1991 年 6 月，在北京召开了南方国家环境与发展部长级会议，会上通过的《北京宣言》被认为是南方国家在环境与发展领域中加强合作的里程碑。2017 年 12 月，首届“南南人权论坛”在北京举行。习近平主席在贺信中指出，中国人民愿与包括广大发展中国家在内的世界各国人民同心协力，以合作促发展，以发展促人权，共同构建人类命运共同体。来自世界 70 多个国家和国际组织的 300 余位代表，共商发展中国家和世界人权发展大计，通过了《北京宣言》，明确为确保对人权的普遍认可和遵行，人权的实现必须考虑区域和国家情境，考虑政治、经济、社会、文化、历史和宗教背景。

中国是南南合作的倡导者之一，也一直把加强同发展中国家的友好合作关系视为对外工作的一个基本立足点。本着“平等互利，讲求实效，形式多样，共同发展”的原则，中国积极参加各种形式的南南合作，开展与其他发展中国家的经济贸易往来和科学技术交流，并提供力所能及的经济技术援助。自新中国成立至 70 年代，在国力十分有限的情况下，向其他发展中国家提供了经济支援，支持它们发展民族经济。80 年代初，由单方面援助逐步走向互利合作，实现了从“输血”到“造血”的转变。90 年代以来，中国与发展中国家的合作关系进入了快速、全面、稳定发展的新阶段。1992 年，中国成为不结盟运动观察员国；1994 年，中国成为东盟磋商伙伴国，1996 年升格为东盟全面对话伙伴国；1997 年中国与东盟建立了“10+1”和“10+3”合作机制；2000 年，“七十七国集团+中国”第一届南方首脑会议、中非合作论坛①第一届部长级会议先后召开；2001 年，上海合作组织成立；2003 年，中国与东盟建立战略伙伴关系；2004 年，中国—阿拉伯国家合作论坛首届部长级会议召开，中国—加勒比地区经贸合作论坛建立，中国成为美洲国家组织常任观察员；2006 年，中国—太平洋岛国经济发展合作论坛举行首次部长级会议，中国正式取得南亚区域合作联盟（简称南盟）观察员国地位，并于 2007 年首次出席南盟峰会。中国与发展中国家的合作已经形成多元化、机制化局面。除大力发展平等互利贸易外，中国还向许多第三世界国家提供了经济技术援助。截至 2011 年年底，中国为发展中国家援建了 2200 多个各类项目，累计免除 50 个重债穷国和最不发达国家近 300 亿元人民币到期债务。

---

① 中国建立“中非合作论坛”的倡议得到非洲国家的热烈响应和广泛支持，截至 2012 年成员国达 48 个。每三年召开一次的部长级会议，往往都有一些非洲国家的元首或首脑亲自带领代表团出席。

南南合作对于促进发展中国家民族经济发展，巩固民族独立，增强南方国家在南北对话中的地位，改革国际经济秩序，谋求共同发展，具有重大的意义。但是，由于许多发展中国家经济技术力量薄弱，西方国家霸权主义和强权政治不断阻挠和破坏，加上冷战后民族、宗教、领土争端等冲突和矛盾凸显，实现南南合作目标还面临着诸多困难和阻力。

**思考题：**

1. 第三、四次中东战争与中东地区格局变动有怎样的关系？
2. 东亚和东南亚国家和地区发展与改革各有哪些特点？
3. 试述非洲国家独立后政治经济的发展。
4. “二战”后拉美国家经济发展与改革的主要阶段及特征是什么？
5. 南北对话与南南合作的背景是什么？各主要阶段的特点是什么？

▶ 拓展阅读

# 第十八章　20世纪中后期苏联东欧社会主义国家的发展与挫折

从20世纪50年代中期起，苏联和东欧各社会主义国家开始对原有的政治经济体制进行改革，但在复杂的国际国内形势中，各国的改革在艰难曲折中发展。80年代中后期戈尔巴乔夫进行的“改革”背离了社会主义方向，导致苏联解体和东欧剧变，国际共产主义运动受到严重挫折。

## 第一节　苏联经济社会的发展

赫鲁晓夫和勃列日涅夫执政时期，是苏联经济社会发展的一个重要历史阶段。赫鲁晓夫改革和勃列日涅夫对赫鲁晓夫改革失误的调整以及“新经济体制”的实施，并未从根本上改变苏联高度集中的经济体制。20世纪70年代中期以后，国家、企业和个人三者利益仍处于矛盾状态，苏联社会发展停滞，其经济增长率呈逐年下降趋势。继勃列日涅夫之后，安德罗波夫和契尔年科相继出任苏共中央总书记，他们虽都力图通过改革解决勃列日涅夫时期留下的大量社会经济问题，但都没有完成。

### 一、赫鲁晓夫时期的政治、经济

1953年3月5日，斯大林逝世。3月6日，苏共中央、苏联部长会议、苏联最高苏维埃主席团举行联席会议，任命马林科夫为部长会议主席，贝利亚、莫洛托夫、布尔加宁（1895—1975）、卡冈诺维奇（1893—1991）为部长会议第一副主席；任命伏罗希洛夫（1881—1969）为最高苏维埃主席团主席。联席会议还确定由马林科夫、贝利亚、莫洛托夫、伏罗希洛夫、赫鲁晓夫、布尔加宁等十人组成苏共中央主席团。

3月14日，苏共中央召开全会，强调斯大林逝世后要加强“集体领导”，一个人不能兼任党、政最高领导。全会接受马林科夫提出辞去苏共中央书记职务的要求，同时选举赫鲁晓夫、苏斯洛夫（1902—1982）、波斯伯洛夫、夏塔林、伊格纳切夫五人组成苏共中央书记处，赫鲁晓夫开始掌握党的领导权。斯大林逝世后形成的新领导班子中，苏共中央主席团委员、苏联部长会议第一副主席兼内务部长贝利亚排名第二，仅次于马林科夫。赫鲁晓夫认为，贝利亚掌握有特殊权力的内务部，表现出强烈的政治野心，正在阴谋夺取党和国家的最高权力。为避免出现“严重的灾难性的后果”，6月26日，赫鲁晓夫联合马林科夫、伏罗希洛夫、莫洛托夫等苏共中央主席团成员，并得到朱可夫元帅支持，逮捕了贝利亚。在7月召开的苏共中央全会上，贝利亚被指控犯有“反党反国家罪”，是苏联人民的敌人，被开除党籍。12月24日，贝利亚被执行死刑。

新的领导集体掌权后，马林科夫提出了一些改革的思路和“新方针”。经济上，提出了均衡发展战略，开始将经济重心转向轻工业和农业，将生产重心调向日用消费品上来，以“迅速提高人民的物质和文化生活水平”，并开始着力解决农民和农业问题。1953年，苏联的消费品增长率第一次超过重工业增长率。外交上，将对外政策重点由消灭帝国主义转为与不同社会制度的国家和平共处上来，主张限制军备。在社会福利上，提出保障失业工人的权益，以使苏联的社会制度更加完善，缓和社会矛盾。

9月7日，赫鲁晓夫在苏共中央全会上当选为苏共中央第一书记，确立了他在党内的最高领导地位。赫鲁晓夫在会上作了《关于进一步发展苏联农业的措施》的报告，认为苏联农业存在着种种严重问题。农业长期落后的主要原因，是违背了物质利益原则，破坏了把集体利益和农民个人利益相结合的原则，农业机器拖拉机站对技术设备的利用也存在诸多问题。会后，赫鲁晓夫开始在各个方面进行有针对性的调整。在国家政治生活方面，开始不点名地批判“个人崇拜”，强调扩大社会主义民主，加强法制，于1954年12月提出要为“列宁格勒案件”等冤案的受害者平反。在对外关系上，开始执行缓和国际紧张局势的政策。1954年，苏联与奥地利签订和约，从奥地利撤军；1955年恢复了与南斯拉夫的国家关系。

为顺应苏联党内外普遍要求调整现行经济政策的要求，苏共中央继《关于进一步发展苏联农业的措施》的决议后，又于1953年9—10月先后通过了《关于进一步发展畜牧业和降低集体农庄庄员、工人和职员所饲养的牲畜向国家义务交售畜产品的定额的决议》《关于在1953年至1955年增加集体农庄和国营农场马铃薯和蔬菜生产量及收购量的措施的决议》《关于进一步改进机器拖拉机站工作的措施的决议》《关于进一步发展苏联贸易的措施的决议》《关于扩大日用品生产并改进其质量的决议》《关于扩大食品生产并改进其质量的决议》等。1953—1954 年，两次降低了食品和消费品的价格，蔬菜和葡萄降幅高达 50%，面包下降 10%，肉类下降 15%，服装下降 14%，皮鞋下降 8%，香水下降 10%。农民的现金分配增加了两倍多，增至 42.2 亿卢布。

赫鲁晓夫为了独揽党政大权，在 1955 年年初无端指责马林科夫关于发展轻工业的观点违背了马克思主义优先发展重工业的原理，同时指责他在领导经济工作时因循守旧，没有改革精神，应承担责任。在 1955 年 1 月 25—30 日召开的中央全会上，赫鲁晓夫强调今后要继续优先发展重工业，号召要同主张加速发展轻工业的人进行坚决斗争。莫洛托夫、伏罗希洛夫、布尔加宁等支持赫鲁晓夫的主张。马林科夫陷入孤立之中，2 月初被迫辞去部长会议主席职务。

1956 年 2 月 14—24 日，苏共第二十次代表大会在莫斯科召开。赫鲁晓夫在大会报告中提出“和平共处”“和平竞赛”“和平过渡”的路线。政治方面强调恢复和加强社会主义法制，为“列宁格勒案件”等冤案平反，加强对保安机关权力的约束。关于国内经济建设，赫鲁晓夫强调优先发展重工业是党的总路线，发展工业头等重要的任务是不断提高生产技术。在这次代表大会上，发布了 1956—1960 年发展国民经济第六个五年计划的指示，通过了进行经济改革的决议。赫鲁晓夫还明确提出反对个人崇拜和恢复集体领导原则。大会选出了新的中央委员会，赫鲁晓夫继续当选苏共中央第一书记。2 月 24 日深夜，赫鲁晓夫又作了题为《关于个人崇拜及其后果》的长篇秘密报告，对斯大林予以严厉批评。

如前所述，苏共二十大给国际共产主义运动带来巨大冲击，许多国家的共产党提出不同意见，国际共运出现分歧和分裂。一些社会主义国家发生了动乱，如 1956 年 6 月波兰的波兹南事件、1956 年 10 月匈牙利事件等。针对苏共二十大后世界局势的深刻变化，中国共产党在 4 月和 12 月先后发表《关于无产阶级专政的历史经验》和《再论无产阶级专政的历史经验》，表明中共对苏共二十大的原则立场。毛泽东说，“苏联过去把斯大林捧得一万丈高的人，现在一下子把他贬到地下九千丈”，“有些人认为斯大林完全错了，这是严重的误解。斯大林是一个伟大的马克思列宁主义者，但是也是一个犯了几个严重错误而不自觉其为错误的马克思列宁主义者。”①

① 《毛泽东文集》第 7 卷，人民出版社 1999 年版，第 42、20 页。

苏共二十大的召开和赫鲁晓夫的“秘密报告”在国际上引起强烈反响。西方掀起了反苏、反共、反社会主义的高潮，西方国家大批共产党人退党。时任美国中央情报局局长的杜勒斯等美国政要认为，苏共大反斯大林，是“空前未有的合乎我们目的”的举动；要利用赫鲁晓夫的报告“作为武器来摧毁共产党运动的威望和影响”，要抓住时机加快苏联的“和平演变”。

苏共二十大后，苏共领导层的矛盾日趋尖锐。1957 年 6 月 16 日，在马林科夫、莫洛托夫、布尔加宁、卡冈诺维奇的策划下，苏共中央借赫鲁晓夫出访芬兰时举行特别会议，主张撤销赫鲁晓夫第一书记的职务。表决结果 7 票赞成，3 票反对，1 票弃权。赫鲁晓夫要求召开中央全会做最后决定。在 6 月 22 日召开的中央全会上，经过激烈斗争，赫鲁晓夫占了上风。苏共中央主席团特别会议“撤销赫鲁晓夫第一书记的职务的决定”被撤销；同时通过了《关于揭发马林科夫、卡冈诺维奇、莫洛托夫反党集团的决议》，将他们从中央委员会和主席团委员会开除。积极支持赫鲁晓夫的勃列日涅夫、福尔采娃（1910—1974）和朱可夫（1896—1974）当选为苏共中央主席团委员。1958 年 2 月，布尔加宁被最高苏维埃解除部长会议主席职务，由赫鲁晓夫兼任。苏共二十大两年后，赫鲁晓夫最终掌握了苏联的党政大权。

赫鲁晓夫在经济管理体制、农业政策等方面进行了改革。农业方面进行改革的主要内容是：增加农业投入，大规模垦荒，扩大播种面积，增加粮食产量；改变农业计划制度，国家不再向农场和农庄下达生产任务，使集体农庄有生产经营自主权；全面改革农产品采购制度，取消义务交售制，提高农产品收购价格；改变农业生产组织形式，撤销机器拖拉机站，合并集体农庄，将一些生产能力薄弱的农庄转变为国营农场；大幅度削减自留地的物产税，鼓励发展个人副业；改革劳动报酬制度，实行物质鼓励政策，提高农民的生产积极性。尽管赫鲁晓夫的农业政策有很多失误，远没有实现预期的目标，但他在改变苏联农业长期停滞状态方面还是取得了明显进展。1951—1955 年，粮食年均产量为 3850 万吨，1961—1965 年时达到 1.303 亿吨。

虽然赫鲁晓夫迫使马林科夫辞职时，指责他发展轻工业的观点违背了马克思主义优先发展重工业的原理，但赫鲁晓夫独揽大权后，在强调优先发展重工业的同时，也强调继续加速发展轻工业和食品工业，加速发展住宅建设，改善人民居住条件。在工业方面，首先从改变高度集中的管理体制入手。1957 年 2 月，赫鲁晓夫在党中央全会上作了《关于进一步改进工业和建筑业的管理组织》的报告，通过体制改组，把工业和建筑业的领导权从中央转到地方。5月，苏联政府做出撤销25个中央部委和113个加盟共和国部委的决定，将全国划分为105个经济行政区，各区设国民经济委员会，原属中央和加盟共和国各部管理的企业一律交给所在地区的国民经济委员会管理。原以为放松中央控制会推动生产发展，但效果并不明显，1958年后，又陆续收回地方管理权。首先是合并地区国民经济委员会，1960年由105个调整为100个，1962年又减为47个，最后又成立最高国民经济委员会和各类工业部门的全国性委员会。到1963年时，管理工业的机构不仅没有精简，反而扩大了两三倍。工业和建筑业管理组织的改革没有取得积极成果。尽管如此，赫鲁晓夫时期苏联工业还是有了明显进展。1953—1964年，钢产量从3810万吨增至8500万吨，煤从3.2亿吨增至5.5亿吨，石油从5280万吨增至2.23亿吨，电力从1340亿度增至4590亿度。

赫鲁晓夫在党的领导体制方面也进行了一些改革，反对个人集权，主张加强党的集体领导，扩大社会主义民主，加强法制等问题。苏共二十大后，对30年代以来的政治性案件做了全面的重新审查，大部分冤案得到平反，释放了90%以上的在押政治犯，西伯利亚2/3的劳改营被取消；缩小了保安机关的权力，并对其进行调整改组，国家安全事务由新设立的隶属于部长会议的国家安全委员会（克格勃）负责，内务部只负责社会治安；颁布了一系列条例、法规，恢复和加强司法制度，使社会管理开始进入法制轨道。

从总体上看，赫鲁晓夫的改革虽然取得一定成效，但并未根本改变苏联高度集中的经济体制。赫鲁晓夫改革急于求成，缺乏正确的理论指导、周密的规划，不可避免地使改革走向失败。赫鲁晓夫对苏联社会发展阶段存有错误认识。1959年1月，他在苏共第二十一次非常代表大会上，宣布苏联社会主义建设已经取得彻底胜利，进入了“全面开展共产主义社会建设的时期”，并贸然决定中止已经执行了三年的“六五”计划，开始执行新的七年计划（1959—1965），宣称苏联在这个阶段，将不仅在总产量方面，而且在按人均计算的产品产量方面，赶上并超过美国。1961年10月，苏共第二十二次代表大会通过的新《苏共纲领》《苏共章程》，又宣布苏联将在“20年内基本建成共产主义社会”。新党纲还宣布：“工人阶级的共产党已经变成了苏联人民的先锋队，成了全体人民的党。”这些理论成为赫鲁晓夫“左”倾冒进、大搞唯意志论的理论基础。赫鲁晓夫在批判斯大林个人崇拜的同时，又大搞对他自己的个人崇拜。赫鲁晓夫被吹捧成“宇宙之父”“一贯创造性地发展马列主义学说”，甚至不惜伪造历史，把他说成是“红军的缔造者”，尽管赫鲁晓夫在十月革命时尚未入党。

赫鲁晓夫无视民主集中制和集体领导原则，在改革中独断专行，随心所欲决定重大问题，一些重要决策仓促出台或仓促改变，消耗了大量国家资财，损害了从中央到地方各级领导人和军队的利益，引起越来越多的人不满。1964年10月，苏共中央主席团召开会议时，批判了赫鲁晓夫犯有主观主义和唯意志论等严重错误，决定解除其苏共中央第一书记和部长会议主席的职务。当时，赫鲁晓夫正在南方的中央别墅度假，由勃列日涅夫电话通知其返回莫斯科，经过一番较量后，赫鲁晓夫被迫递交退休声明。稍后中央全会做出决定，宣布赫鲁晓夫因年龄和健康原因，根据本人“要求”辞去一切领导职务。

## 二、勃列日涅夫时期的政治、经济

1964年10月16日，勃列日涅夫出任苏共中央第一书记。为克服赫鲁晓夫唯意志论造成的混乱局面，他采取了“稳定局势”的方针，纠正了赫鲁晓夫的一些错误措施，同时在某些方面继续进行改革的试验。

勃列日涅夫时期对政治体制进行了调整和改革。1964年10月，苏共中央全会批判了赫鲁晓夫搞个人崇拜、破坏民主集中制、搞唯意志论、任人唯亲等错误，强调集体领导是不可动摇的原则，并通过决议，要求各级党组织严格地遵守集体领导制，加强与人民的联系，保证党对国家生活的领导。勃列日涅夫上台后，组成了“三驾马车”式的集体领导班子，勃列日涅夫任党中央第一书记，米高扬任最高苏维埃主席团主席，柯西金任部长会议主席，主持政府工作。新领导在人事上没有搞大换班，在组织上保持了稳定性和政策连续性。

勃列日涅夫执政初期，重点是加强中央集权、克服地方分散主义，迅速恢复党和国家中央机构的统一领导。1964年11月，中央全会决定将赫鲁晓夫一度分为工业和农业两个系统的地方党组织重新统一起来，恢复了1962年前州和边疆区统一的党委会和统一的苏维埃、工会和共青团等组织。1965年9月，中央全会决定取消经济区和国民经济委员会，恢复工业部门的中央管理体制，恢复了中央和各加盟共和国的专业部。1966年3月，苏共二十三大废除了赫鲁晓夫时期实行的干部定期按比例更新的制度。修改后的党章决定将党中央主席团改名为政治局，设党中央总书记取代原第一书记。1966年成立社会治安部，1968年11月29日，将社会治安部改组为内务部，专门负责社会治安。

勃列日涅夫放弃了赫鲁晓夫在苏共二十二大上提出的苏联在20年内基本建成共产主义的提法，在1967年11月提出苏联已建成“发达的社会主义社会”的论断，强调其特征是“各尽所能，按劳付酬”的原则。在1971年3月苏共二十四大的总结报告中，进一步阐述了“发达社会主义社会”理论，认为发达社会主义社会是向共产主义过渡的一个阶段，是一个很长的历史时期。1977年，这个理论观点被载入修改后的苏联宪法，成为勃列日涅夫执政时期的理论基础。发达社会主义理论是对赫鲁晓夫共产主义“速成论”观点的修正，但对苏联社会所处发展阶段的性质和发展水平仍做了过高估计，对日后苏联社会主义建设的理论和实践也产生了不良影响。

勃列日涅夫在社会主义民主和法制建设方面也采取了一些改进措施。1976年3月召开的苏共二十五大强调“完善社会主义的国家体制，进一步发展社会主义民主，加强国家与社会生活的法律基础，活跃社会组织的活动”。1977年10月7日，苏联第九届最高苏维埃第七次非常会议审议通过了《苏维埃社会主义共和国联盟宪法（根本法）》，这是苏联制定的第三部宪法。新宪法宣布苏联是社会主义全民国家，社会政治制度发展的基本方针是进一步发扬社会主义民主。新宪法公布后，苏维埃的地位和职权有所提高和扩大。1979年11月，苏联最高苏维埃通过了《苏联人民监察法》，从最高苏维埃到各级苏维埃都设立了人民监督机构，形成了比较完整的监督体系。此外，还健全了司法制度，加强了法院和检察院系统的作用。

勃列日涅夫时期，苏联的政治体制有一定的改革调整，但是没有从根本上进行改革，基本恢复到赫鲁晓夫改组之前的那种高度集中的党政领导体制。70年代后期，勃列日涅夫日益将权力集中于自己手中，并开始制造对他的个人崇拜。1977年6月解除了波德戈尔内苏联最高苏维埃主席团主席的职务，由自己兼任最高苏维埃主席团主席和国防会议主席。1980年10月，又解除了柯西金的部长会议主席的职务，由吉洪诺夫继任，从而结束了“三驾马车”式集体领导的局面。从此，勃列日涅夫独揽党政军大权于一身。1976年，勃列日涅夫70岁生日时，掀起了颂扬他的新一轮高潮。《真理报》为他开辟了七天的专栏，贺词中充满了阿谀奉承的词句，称其为“我们时代的伟大人物”。组织他人撰写、以勃列日涅夫名义发表的回忆录性质的中篇小说《小地》《复兴》《荒地》，竟获得了列宁文学奖，其发行量之大也十分惊人，截至1981年年底，平均每两个苏联人就有一册。他拥有的勋章与奖章共达200多枚，私下被人们称为“勋章的盗窃者”。死后在送葬行列中为他捧胸章与奖章的军官达44人之多。与个人崇拜盛行相伴随，理论和体制趋于僵化，官僚主义滋长，营私舞弊现象增多，不正之风日盛。

勃列日涅夫时期是苏联经济发生重大变化的时期。这一时期先后实施了“八五”（1966—1970）、“九五”（1971—1975）和“十五”（1976—1980）三个五年计划①。其经济发展战略可概括为：在优先发展重工业的基础上，保证经济、军事实力的持续增长，注重发展农业和消费品工业，提高人民物质生活和文化水平，推进科技进步，使国民经济向集约化轨道转变。

在农业方面，苏联把发展农业作为重要任务，决定采取一系列新的措施：运用经济杠杆，促进农业生产。修改农产品采购制度，固定收购计划，一般五年不变；奖励超计划交售，超售部分加价50%；提高农产品收购价格，国家每年把100多亿卢布用于提高农产品价格，使农产品价格指数在1964—1977年提高了62%；加大农业投资，1965—1982年，农业投资总额达4708亿卢布，比1950—1963年增长7.39倍；重视农业生产的专业化，注意建设农产品基地，加强农业科研和专业人才的培养与农业科学技术的推广等；放宽对个人副业的限制，鼓励个人副业生产，如放宽私有牲畜拥有数量，扩大拥有宅旁园地的居民范围，放松农庄市场价格等。1965年5月颁布《集体农庄市场新标准条例》，允许个人按市场价出售农副产品。为了解决农民对现金收入的需求，修改了集体农庄报酬制度。从1966年起，集体农庄庄员按国营农场相应的工资标准，按月领取货币报酬，年终根据实际收入进行结算。这些措施有助于调动农民的生产积极性，对提高农业产量和产值有积极的促进作用，特别是在勃列日涅夫执政初期，农业发展很快。1966—1977年的农业总产值增长率达到4.2%，比1961—1965年提高1.9%。1976—1980年间的谷物年均产量达到20500万吨，较1961—1965年增加57%。但是，由于国家管得过多，经营管理不善，生产效率低下等诸多原因，苏联农业落后的状况没有得到根本改变，粮食生产仍不能完全自给，每年都需要进口粮食，1965—1976年净进口粮食达4475万吨，平均每年进口粮食373万吨。

在工业方面，勃列日涅夫主要推行了“新经济体制”。所谓新体制，是以苏联经济学家利别尔曼提出的用“利润”作为核心指标考核企业的政策建议为

① 勃列日涅夫的前期和末期尚有“七五”（1961—1965）和“十一五”（1981—1985）。

指导思想，试图在坚持中央计划经济框架的前提下，适度改革对企业管得过死的状况，通过以“利润”指标为核心的考核制度，使企业在产品的供销和人员编制等方面获得一定的自主权，扩大企业权限，实行完全的经济核算制，以减少亏损。为了调动管理者和劳动者的积极性，还允许企业用利润留成设置奖励基金，强化经济刺激机制。新体制从 1964 年下半年开始试点，1965 年 9 月，苏共中央召开全会，决定在工业发展中推行“新经济体制”。此后，新体制被逐步推广到大部分工业企业和一部分商业企业。

“新经济体制”的推行在计划经济中引入了一些市场调节因素，强调从外延式发展转变为内涵式发展，强调以提高劳动生产率，提高产品质量、经济效益为中心目标。这种改革在一定程度上触及了经济运行的基础——企业的活力问题，而不仅仅停留在计划管理的层次上。所以，在推行新体制的一段时间内，苏联工业发展的经济效益有所提高，60 年代后半期的劳动生产率比 60 年代前半期提高了 2.2%，在同期工业产值增长持平的情况下，国民收入增长率提高了 1.6%。但是如同赫鲁晓夫时期的体制改革中途而止，勃列日涅夫的“新经济体制”改革仍然没有突破高度集权的计划经济体制，由于以勃列日涅夫为首的领导层的思想观念总体上趋于保守，经济形势稍有好转后即停止了新经济体制的实施。1971 年的苏共二十四大后，主张继续深化改革的观点被扣上“市场社会主义”的帽子而受到批判，拒斥市场范畴的传统经济理论又主导了经济政策，于是，一度有所松动的经济体制再次趋于僵化。

勃列日涅夫执政长达 18 年，在其执政的前 10 年，采取稳定渐进的方针，经济改革有所进展，一定程度上推动了国民经济的发展，综合国力明显增强。苏联与美国的差距有所缩小，据苏联官方公布的材料，70 年代末，苏联的国民收入已经相当于美国的 80%，农业产值相当于美国产值的 85%。但到了勃列日涅夫执政的后半期，由于片面追求“稳定”，改革步伐缓慢。党政机关的官僚主义日甚一日，过分集权的领导体制没有受到触动，因循守旧的保守主义蔓延，以权谋私、贪污受贿等腐败现象愈演愈烈，严重阻碍了经济改革的深化。勃列日涅夫的女婿丘尔巴诺夫，原是内务部上尉，1971 年与勃列日涅夫的女儿结婚后，很短的时间内接连被提升为内务部政治部主任、内务部副部长、第一副部长，被授予上将军衔。不久，他又成为苏共中央候补委员和最高苏维埃代表。在 1976—1982 年期间，丘氏总共受贿 656883 卢布（合 110 万美元），超过一名苏联工人 270 年的工资。

自 70 年代中期以后，苏联的经济增长率呈逐年下降趋势，1982 年国民收入增长率仅为 60 年代下半期平均增长率的 44%，工业总产值的增长率也由 8.4%降至 2.8%，农业则维持着 1%左右的低增长。改革也近乎偃旗息鼓，“改革”一词在正式文件和报刊中悄然消失。苏联在表面的繁荣下，经济停滞，社会矛盾尖锐，人民不满情绪增长，国家处于危机前的困境。

1982 年 11 月 10 日，勃列日涅夫病逝，安德罗波夫继任苏共中央总书记，但他执政仅 15 个月后便在 1984 年 2 月病逝，由契尔年科继任，13 个月后，契尔年科于 1985 年 3 月病逝，戈尔巴乔夫出任苏共中央总书记，同年 7 月当选为最高苏维埃主席团委员，成为苏联新的领导人。

## 第二节　东欧各国经济社会的发展与改革

战后，苏联经济体制模式被照搬到东欧国家，这些国家国有经济成分在经济中的比重日益增加；普遍采用计划经济制度；优先发展重工业，盲目追求高速度，用行政命令推行农业集体化。20 世纪 50 年代初，南斯拉夫较早开始实行社会主义自治制度。1956 年苏共二十大后，阿尔巴尼亚、保加利亚、波兰、匈牙利、捷克斯洛伐克、罗马尼亚和民主德国等东欧国家出现了改革浪潮。各国的改革成效不一，但都没有彻底摆脱高度集中的苏联计划经济模式。在取得一些进展的同时，也存在问题和失误。

### 一、南斯拉夫的社会主义自治制度

东欧国家的改革发端于南斯拉夫。“二战”后，南斯拉夫走上了与苏联有别的社会主义发展道路，实行工人自治。1950 年 6 月 27 日，南国民议会正式颁布《关于劳动集体管理国营经济企业和高级经济—联合组织基本法》（通称《工人自治法令》），标志着南斯拉夫自治制度开始确立。从 1950 年到 1980 年铁托逝世，自治制度的发展经历了三个阶段。

1950—1963 年是第一阶段，为工人自治阶段。“自治制度”首先在工厂开展，开始实行生产资料社会所有制，生产资料不再由国家占有和支配，而由劳动组织占有和支配，这成为自治制度的基础。在南斯拉夫的国民经济中，社会所有制经济占主导地位。依据这一法令，在国营企业中广泛建立了工人委员会，实行工人自治。自治制度是针对原来高度集中的政治体制提出的，在分散化、非中央集权化、民主化、多元化等口号下，试图建立一种全新的社会自治制度，扩大工人阶级和人民群众的民主权利。1951 年颁布了《国民经济计划管理法》，把集中的国家计划改成“社会计划”；在经济体制上，初步确定了以工人自治为中心的经济政治管理体制的模式；在政治体制上，确立了“民主化、分散化、非官僚化”的原则，并在精简机构、扩大地方权力、改变党政不分等方面进行了初步尝试。

1963—1971 年是第二阶段，为社会自治阶段。1963 年 4 月，南颁布了《南斯拉夫社会主义联邦共和国宪法》，强调自治是社会主义领域中各种关系的本质。宪法将自治扩大到国家机关和社会事业单位，在全国普遍实行社会自治，同时实行市场经济，国家仅用经济手段调节经济。在国家领导体制上进行了改革，联邦议会既是国家最高权力机关，又是社会自治机关；不断缩小联邦权限，扩大共和国和自治省的权限；议会领导人实行轮换制，联邦共和国总统和政府首脑的职务不再由一人同时担任等。在党的领导体制上，中央最高决策机构与中央行政机构分开。

从 1965 年起，南进行了全面的经济改革，实行“新经济措施”。其主要内容是：弱化国家干预，扩大企业在生产决策和收入分配等方面的权限，增强市场的调节作用；实行价格制度改革，商品价格基本由市场供求关系决定；实行外贸、外汇自由化，取消大部分商品的进口限制，降低关税，允许外商在南直接投资。这样，南斯拉夫的经济模式由计划经济转向了市场经济。

1971—1980 年是自治制度发展的第三阶段，即联合劳动与社会主义民主政治阶段。在经济上，确立了以联合劳动为基础的经济体制；在政治上，各级议会由代议制改为代表团制等。1971 年 5 月，召开了南斯拉夫第二次自治者代表大会，提出将企业改造成劳动者的自治联合体，组织联合劳动组织，实行联合劳动。1974 年 2 月，通过了南斯拉夫联邦新宪法，以法律形式确立了联邦与共和国、自治省的权力关系，即全国重大政治、经济问题必须由各共和国和自治省协商一致后，才能做出最后决定，而联邦政府制定的各种措施和计划，也只有在各共和国和自治省一致同意下才能执行。同年 5 月，南共联盟召开十大，中心议题是总结实行社会主义自治制度的经验教训。南斯拉夫自治制度得到进一步完善和发展。

自治制度从南国情实际出发，在促进国家政治、经济、文化发展，维护社会稳定，提高人民生活水平等方面，做出了积极的贡献。自治制度与全民防御体系、对外奉行不结盟政策，被视为南斯拉夫建设社会主义的三大法宝。但是，在实施自治制度过程中也存在着严重失误，如联邦职权和经济管理体制过于分散，使联邦政府在政治上和经济宏观调控上软弱无力，地方主义严重，民族矛盾不断激化。与此同时，南共联盟也从一个统一的无产阶级先锋队，逐渐向带有各民族色彩的“联邦化”政党演变。20世纪60年代中期，民族矛盾不断加深的同时，各共和国和自治省共盟的民族主义在南共联盟内的“联邦化”也日趋强化。一些人甚至提出为了“维护民族利益”，要取消民主集中制原则，党在政权机关、经济文化和社会组织中的地位和作用从上到下受到严重削弱。

## 二、东欧各国的政治、经济改革

1956年苏共二十大后，东欧国家出现了改革浪潮。1965年起，苏联开始实施新经济体制，进一步促进了东欧国家的改革。东欧各国改革的具体内容虽然不尽相同，但其共同点是，摒弃高度集中的苏联计划经济发展模式，从本国政治经济特点和国情出发，实行计划经济和市场调节相结合的经济发展道路。由于时代条件和国际局势的变化，以及没有处理好学习借鉴苏联模式与结合本国实际的关系，这些改革历经困难和曲折，出现许多失误，普遍没有实现既定目标。但是，改革也解决了各国社会发展中面临的一些实际问题，取得了一些成就。70年代末以后，东欧国家又出现了从经济体制到政治体制的新的改革浪潮。

### （一）波兰的改革

1956年6月波兹南事件后，波兰要求改革的呼声很高。哥穆尔卡重新登上政治舞台，担任党中央第一书记。他认为每个国家实现社会主义存在不同的发展道路，波兰要走自己的建设社会主义的道路。他指出，波兰摆脱当前经济困境的关键是改革过分集中的政治、经济体制；确立工人自治，扩大人民会议权力；发展各种不同的农民自治的经济形式。哥穆尔卡从50年代末开始的改革，受到来自左和右的反对势力的干扰，同时又未充分进行思想和组织动员，缺乏群众基础，所以上述改革目标未能实现。1970年12月12日，波兰政府决定对46种食品和日用工业品提价，致使每个家庭平均开支增加了20%。14日，格但斯克、什切青等沿海城市工人举行抗议示威，高喊打倒哥穆尔卡的口号。政府出动军警进行镇压，死45人，伤1000多人（史称“十二月事件”）。12月

20日，波党中央召开六届七中全会，哥穆尔卡被迫辞职，由盖莱克（1913—2001）接任第一书记。盖莱克上任不久，1971年1月又发生了新的骚动，迫使政府在2月宣布取消提高物价的决定。12月，波党确定了新的社会经济发展战略，即借助外资和西方的技术设备，推行“高速度、高消费、高福利”的三高政策，提出“波兰第二次工业化”的口号，要再建一个新波兰。然而“三高”政策脱离了本国生产力发展的实际水平，过分依赖西方的贷款、技术和国际资源市场，而缺乏对经济体制做相应的深层改革。加之积累率过高，工农业比例失调，波兰很快陷入严重的经济危机。1976年政府又试图通过提高食品税来解决经济困难，结果在6月20—25日导致一些城市再次发生罢工和示威游行，政府被迫再次取消提高食品税的决定。

（二）匈牙利的改革

1956年10月匈牙利事件后，卡达尔出任匈牙利工农革命政府总理、社会主义工人党中央第一书记。12月初，临时党中央宣布要创造性地运用马克思列宁主义，按照匈牙利的特点和当前的历史要求建设社会主义。它不会机械抄袭苏联等社会主义国家的做法，而要考虑到匈牙利的历史经验和成就，从本国实际出发，沿着匈牙利独特的社会主义建设道路前进。以此思想为指导，匈牙利开始实行社会经济改革。1957年开始调整国民经济结构，放弃脱离实际的“建设钢铁国家”的口号，集中力量发展轻工业和农业；调整农业政策，废除农产品义务销售制，坚持在自愿的基础上实行合作化，提高农产品收购价格，发放贷款补贴，改善农民生活，等等。1962年起改组工业组织，建立托拉斯，减少政府的指令性指标，并在企业中实行利润分红。

1962年，匈社会主义工人党第八次代表大会从农业改革入手，揭开了经济改革的序幕。1966年5月，匈党中央全会通过了《关于经济体制改革的决议》，先行试点后，决定在1968年1月全面铺开，后在70年代又进行了两次调整，逐渐形成了加强市场调节、削弱行政管理的新的经济体制。其主要内容是：在生产资料所有制问题上，主张以国有经济为主的多种经济成分并存；把市场经济和计划经济有机地结合起来；明确划分国家与企业之间的决策权；不断扩大企业自主权；取消指令性计划指标；实行国家规定价格、最高价格、自由价格三种混合的价格制度等。1968—1973年的改革比较顺利，被称为匈牙利改革的“黄金时期”。匈牙利的国民收入比50年代增加了4倍，工业总产值增加了7倍；农业人均产粮1.4吨，肉200公斤；居民消费年均递增5%~6%；人均住房面积达21平方米，1/3的居民迁入新居；1/3的家庭拥有小汽车；每年有500万人出国旅游，约占当时全国人口的1/2。此外，匈牙利城乡居民还享有广泛的福利待遇，就业率达到100%。匈牙利的经济发展，已经接近了中等发达国家水平。1978年是匈牙利新经济体制改革十周年，匈牙利社会主义工人党于4月召开中央全会，就继续深化改革做出重要部署。1980年3月，匈牙利党的十二大肯定并通过了1979年以来所制定的经济政策。1983年年初，匈党中央成立了经济体制改革委员会，进一步推进改革，主要是改进计划体制，发挥市场和价值规律的作用，扩大企业自主权，放宽对私有小企业的限制等。但这次改革受国内外环境的制约而进展缓慢。到80年代中期，匈牙利的经济发展出现严重困难，国内生产总值年均增长率在1%上下浮动，人民生活水平明显下降。

卡达尔推行的政治体制改革的主要内容是：团结一切不反对社会主义的集团和个人，积极改善党同农民、知识分子的关系，提出了“谁不反对我们，谁就是同我们在一起”的著名口号。1962年匈牙利党的八大正式宣布“剥削已最终从社会上消失”，匈牙利已没有“反对社会主义建设的社会阶级”。为扩大社会主义民主，实行政治生活民主化，1962年8月，匈党中央通过了《关于结束个人迷信年代违法案件的决议》，为190名党政干部恢复了名誉。国家领导人实行任期制。改善党的领导，健全社会主义法制，用制度确保人民的权利不受侵犯，保证公民受宪法保护，强调政府的各种活动受群众团体的监督等。80年代中期，由于决策失误和矛盾的长期积累，匈牙利经济陷入严重经济危机，社会动荡，匈党领导层内认为要加快政治改革、克服经济危机的意见占了上风。1988年5月，匈党召开全国代表会议，彻底改组党的领导机构，以卡达尔为首的老一辈领导人全部退出政治局，匈牙利改革的重点从此由经济层面转向政治层面，先后提出实行“社会主义多元化”和“多党制”，逐渐偏离了社会主义方向。匈牙利这一时期的改革，曾为其他东欧国家改革起到带头作用，但最终未能取得成功。究其原因，除了没有完全突破苏联高度集中的政治经济体制的束缚，受国际条件的制约和影响外，匈党执政的自身严重失误，也是导致改革失败的重要原因。

### （三）捷克斯洛伐克的改革

1958—1959年诺沃提尼任捷共第一书记时，捷克开始了第一次经济改革。主要内容是把1000多个企业合并为380多个经济单位；各经济单位实行独立的生产和经济核算；加强物质刺激，减少国家下达的指令性计划，扩大企业自主权。因改革后经济状况无明显改善，诺沃提尼又恢复了改革前的经济管理体制。1964 年 1 月，捷共公布了经济学家、国家计委主席奥塔·希克为首的委员会制定的扩大企业权限，更多地运用市场机制的《关于国民经济计划管理新体制的原则草案》，为捷克斯洛伐克的改革明确地提出了新的思路。

1965 年改革呼声再起，1965 年 1 月和 1966 年 4 月，捷共中央先后通过了《关于改进国民经济计划管理工作的主要指示》《关于加速实施新管理体制的原则》等决议，但实行“新体制”的改革，被诺沃提尼等人称为“向资本主义倒退”，是“放任自流”，改革仍寸步难行。1967 年 9—12 月，捷共中央先后召开三次全会，会上以杜布切克为首的改革派对诺沃提尼阻挠改革的做法提出了尖锐批评，要其下台。

1968 年 1 月，捷共中央全会选举杜布切克为第一书记。杜布切克上台伊始推行的改革，在政治、经济、外交等方面，明显地表现出摆脱苏联控制的趋势。1968 年 8 月苏军占领捷克斯洛伐克后，杜布切克改革夭折。胡萨克（1913—1991）在 1969 年 4 月取代杜布切克任捷共中央第一书记，捷克斯洛伐克开始了“正常化”进程。胡萨克认为 1968 年改革时，党的主要领导人“采取反党的修正主义立场”，党已经失去马克思主义政党的性质。他在彻底否定“布拉格之春”的同时，通过更换党证进行了大规模的清党，50 多万党员被清除出党，受到株连的有 200 万人。捷克斯洛伐克的政治和经济重新集中化，经济社会发展又回到了苏联模式上。捷克斯洛伐克在政治体制上重新实行党政合一，胡萨克担任捷共第一书记（后改为总书记）之后，又于 1971 年 1 月担任民族阵线主席，1975 年 5 月又担任共和国总统，集党政大权于一身。

虽然胡萨克对经济管理体制进行了一些调整，但基本无关痛痒。胡萨克强调要不断完善国民经济计划管理体制，把各种经济权力集中在党中央手中，如扩大中央规定的指令性指标等。此外，部门的决定权、投资权和税收、销售制度等也逐步集中在中央。鉴于此时的苏联也在进行自身经济政策的调整，所以胡萨克并没有将捷克斯洛伐克经济的“正常化”，完全退回到 20 世纪 50 年代。1980 年 1 月，捷政府批准了《关于 1980 年以后完善国民经济管理体制的整套措施》，主要内容是：完善计划工作；扩大企业自主权，提高生产单位的利润提成；改革工资制度，扩大奖励工资在工资中的比重；完善价格制度等。这表明捷在经历了 12 年的改革停滞后，开始了新一轮的改革。1987 年 12 月，捷共召开17届7中全会，米洛什·雅克什（1922— ）取代胡萨克出任捷共中央总书记。全会决定加快进行政治、经济、社会、文化的根本性改革。认为这些改革是“具有伟大革命意义的步骤”。

捷克斯洛伐克政治、经济上一系列“正常化措施”的推行收效不大，降低了党的威信，群众中对党和政府的不满情绪不断滋长。80年代以来，捷克斯洛伐克经济开始陷入困境，人民生活水平出现明显的下降趋势。一些反对派组织由秘密走向公开，利用人民的不满情绪加紧反政府活动。

（四）罗马尼亚的改革

1974年11月，罗共十一大通过建设全面发展的社会主义社会和罗马尼亚向共产主义迈进的纲领。为了实现这一目标，齐奥塞斯库（1918—1989）要求通过脱离实际的“三高”（即“高积累、高指标、高速度”）来实现。1978年3月，罗共中央全会决定改革经济体制，通过了《关于完善财经领导工作和计划工作的决议》，自1979年开始全面实施。主要内容是：在保持中央集中领导的同时，扩大企业权限，实行企业独立核算和财务自理；实行职工个人劳动收入与企业的经营成果相联系；在计划管理方面，采用以净产值和实物量为基本指标。

20世纪80年代初，受世界经济形势和国内自然灾害的影响，罗马尼亚经济发展遇到严重困难，人民生活的最基本需求，如食品、煤气、供暖、供电和日用消费品等都无法满足。1981年10月，罗颁布《实行粮食配给制的法令》，规定城市居民每人每年的粮食定量折合150公斤小麦和30公斤玉米，而农村每人每天只有300克面包。1982年6月，罗共召开扩大的中央全会，通过了进一步实行经济体制改革的新措施，主要内容是：将国企的部分固定资产归职工所有，由其入股和分红；农业实行“定额包产制”，联产计酬；外贸实行财务自理和自行管理，企业收入同出口和完成规定的进口任务挂钩。1983年在国民经济各部门普遍推广联产计酬总承包制；1986年颁布了《承包与计件付酬法》。1989年11月，齐奥塞斯库在罗共十四大论及改革时说，一些国家的改革正在走向资本主义。尽管罗马尼亚的经济改革远没有触动高度集中的计划体制，但他认为这已经足够了，拒绝再进行任何改革，导致积压多年的弊病始终得不到根本解决。同时，他大搞集权统治和个人崇拜，许多重大决策不顾群众的利益和呼声，因而逐渐失去民心，社会矛盾日益尖锐。

（五）保加利亚的改革

1953年苏共批判斯大林“个人迷信”时，保加利亚受到影响，党和国家领导人契尔文科夫（1900—1980）受到严厉批评，在1954年3月召开的保共六大上，日夫科夫（1911—1998）出任党中央第一书记，契尔文科夫则担任部长会议主席。1956年苏共二十大后，日夫科夫主持召开“四月全会”，全会指责契尔文科夫犯有“个人迷信”错误，被解除部长会议主席职务，由于哥夫（1904—1991）继任。1962年，于哥夫因“反党宗派活动”，被免去部长会议主席职务，由日夫科夫兼任。这样，日夫科夫开始集党政大权于一身。60年代初，保加利亚开始了旨在完善经济和政治管理体制的改革。主要内容是：扩大社会主义民主，把管理体制从部门原则改为地区原则，撤销主管经济的中央各部，按地区成立经济州。1971年保共召开第十次代表大会时，受勃列日涅夫“发达社会主义理论”的影响，通过了建设发达社会主义纲领，并将向发达社会主义过渡的思想，写入1971年通过的保加利亚人民共和国新宪法。

由于在工作中脱离实际，一些矛盾逐渐显现出来。为应对这些问题，1971—1989年保政府对经济管理体制进行了一系列改革。1981年12月，保政府公布了关于经济体制改革的决议，决定从1982年1月1日起在国民经济和社会发展的所有领域实行新经济机制。2月，正式发表了《关于经济机制章程》。这次经济改革的总原则是“经济核算和自负盈亏”，内容涉及计划制度、行政单位和经济组织的职能、劳动组织、投资和信贷制度、税收与企业收入和分配原则、工资制度、价格和外贸体制等方面。保加利亚的“八五”计划（1981—1985），就是以实行新经济机制为主要内容。

保加利亚的经济改革，在一定程度上缓解了管理高度集中带来的矛盾，促进了经济社会的发展。经济改革的同时，努力改革或完善政治体制，正确处理好党和国家、党和企业、党和群众之间的关系，使人民群众能更多地参加国家管理。从1956年到1985年，保加利亚国内生产总值增长了7倍，国民经济固定资产增长9倍，社会劳动生产率提高7.4倍。1985年，保加利亚人均国内生产总值列全球第30位左右。但从20世纪80年代中期起，当保加利亚决定进一步推进改革时，在戈尔巴乔夫“新思维”的影响和冲击下，社会上反政府活动加剧，党内矛盾和分歧不断加深，保加利亚的政治经济形势趋于恶化。

### （六）民主德国的改革

60年代初，民主德国基本完成了过渡时期的任务，即实现了对农村社会主义生产关系的改造，并对城市私营工商业进行了所有制关系的改造。这时，高度集中的计划经济管理体制的弊端日益显露出来。为适应新形势发展的需要，

1963 年 6 月 25 日，民主德国政府通过了实行经济改革的决议，开始实施《国民经济计划与管理的新经济体制准则》，其主要内容是：扩大地方和企业的自主权，国家对地方和企业不再规定具体生产指标；企业实行自主的经济核算，自负盈亏。这些做法在一定程度上有助于提高劳动生产率，但“新经济体制”并没能解决国民经济发展不平衡的问题。60 年代末 70 年代初，“新经济体制”被迫中止，企业和地方的一部分经营权被政府重新收回。

德国统一社会党认为，各国建设社会主义的方式和道路是不同的，各国应根据自己的条件建设社会主义，没有一种能适用于所有社会主义国家的模式。从 70 年代后半期开始，民主德国政府强调在保证宏观平衡的前提下逐步放权，建立相对独立的经济实体，实行托拉斯式的企业管理体制。1981 年 4 月，德国统一社会党十大提出“80 年代经济战略”。民主德国的政治体制改革，主要表现为加强党的领导的同时，实行党政分开，加强社会主义法制和健全社会主义民主。到 80 年代，民主德国制定的各种法律、法令和规章达 4000 多项。为保证法律实施，还设立了相应的监督机构。

70 年代至 80 年代中期，民主德国的经济稳步增长。到 1988 年，人均国民收入达 8500 美元，人均住房 26 平方米，家庭普遍实现电器化，每百户家庭有小轿车 53 辆，全国粮食能自给，其经济发展水平居东欧国家之首。1989 年，在苏联推行“新思维”政策和东欧各国形势出现剧变的影响下，民主德国政局也开始急剧动荡和变化。

## 第三节　苏东剧变

20 世纪 80 年代末至 90 年代初，苏联和东欧的社会主义国家出现了激烈的社会动荡，政局急转直下，苏联解体，苏联和东欧各国的社会主义制度瓦解。苏东剧变使国际共产主义运动受到严重挫折，对现代世界历史产生了重大影响。

### 一、戈尔巴乔夫“改革”

戈尔巴乔夫执政伊始，即提出要在经济领域进行改革，以消解苏联经济发展的停滞趋势。在 1985 年 4 月苏共中央全会上，戈尔巴乔夫提出了“加速”

经济发展战略。1986 年 2 月，苏共召开二十七大，戈尔巴乔夫在政治报告中进一步强调“加速国家社会经济发展战略方针”，必须对苏联经济机制进行根本改革，为此要有新的思维。1987 年 6 月，苏共中央全会通过了《关于根本改革经济管理的基本原则》，提出了经济改革的完整构想。其主要目的是：“为企业提供广泛的权利，使它们具有以完全经济核算制为基础的真正的经济独立性。”

同年 11 月，戈尔巴乔夫应美国出版商之约撰写并出版了《改革与新思维》一书。在书中，他系统阐述了关于国内政治经济改革和关于国际关系的“新思维”，强调“新思维的核心是承认全人类的利益和价值高于一切”，必须“彻底消除垄断理论的后果”，“使社会政治思维发生急剧的转折”。“苏共第二十七次代表大会和历次中央全会，为创造性思维开辟了广阔的前景，给这种思维的发展以有力的推动”。“新思维”在对苏联历史和现实进行重新评价的基础上，阐述了进行政治经济改革的原因、原则、政策和目标，阐述了对时代的看法和苏联的对外政策。戈尔巴乔夫强调，“新思维不是玩弄新名词，而是理论上和政治上必须遵守的最高原则”。“新思维”在世界上引起极大反响，西方舆论称其“标志着苏联历史上一个新时代的开始”。戈尔巴乔夫对西方的吹捧不仅没有警觉，而且感到满足，更加积极和自觉推进他的所谓“改革”。这预示着，由他主导的“苏联历史上一个新时代”，只能是一场灾难。

戈尔巴乔夫从“新思维”出发，将政治体制改革放在首位，而政治体制改革的核心是“民主化”“公开性”和“舆论多元化”，特别是要把“公开性”放在国家政治生活的首位。戈尔巴乔夫强调“取消意识形态垄断”，使意识形态多元化，否定马克思列宁主义作为指导思想的地位，放任各种思想舆论泛滥。在他看来，坚持以马克思主义为指导即是“精神垄断”，取消这种“垄断”，就要放弃马克思主义的指导地位，最终放弃苏共对国家的领导权。

1988 年 6 月底 7 月初，苏共召开第十九次全国代表会议，大会的决议与戈尔巴乔夫的“新思维”一脉相承，认为现行政治体制已“严重变形”，成了改革的“障碍”；解决苏联问题的关键就是改革苏联的政治体制。戈尔巴乔夫声称，这次代表会议的意义就在于“我们将最终剪掉行政命令体制及一切斯大林主义的遗产的脐带”。在这次会议上，戈尔巴乔夫明确主张以民主社会主义代替科学社会主义，首次提出了“人道的民主的社会主义”概念，表明苏联共产党不再把马克思列宁主义作为党的指导思想。

1989 年 11 月 26 日，戈尔巴乔夫在《真理报》上发表《社会主义思想与革命性改革》，提出“必须根本改造我们的整个社会大厦：从经济基础到上层建筑”，即要改变所有制关系、经济机制、政治体制、社会精神等，形成真正民主的、自治的社会机体。从此，苏联的改革彻底脱离了社会主义方向。社会上一些新成立的组织迅速发展且具有政党性质，为形成多党制打下基础。这些组织在各种场合攻击苏共的政治领导，要求苏共“放弃对权力的垄断”。1990 年 1 月，戈尔巴乔夫在立陶宛发表讲话说：“我认为实行多党制并不是悲剧”，“我们不应该像魔鬼怕烧香那样害怕多党制”。1990 年 2 月，苏共中央公布了准备向苏共二十八大提出的行动纲领《走向人道的、民主的社会主义》，提出党的行动目标是“人道的、民主的社会主义”，苏共“忠于全人类的人道主义的思想”。3 月召开的苏联第三次人民代表大会通过决议，设立总统，修改宪法，正式废除了宪法第六条关于“苏联共产党是苏联社会的领导力量和指导力量，是苏联社会政治制度以及国家和社会组织的核心”等规定，苏共不再有法定的领导地位。

实行多党制后，苏共在不少地区的苏维埃选举中失利。5 月，叶利钦（1931—2007）当选俄罗斯联邦最高苏维埃主席，他的两位密友波波夫和索布恰克分别当选莫斯科和列宁格勒市苏维埃主席。与此同时，立陶宛、拉脱维亚、爱沙尼亚等宣布独立，摩尔多瓦、亚美尼亚通过了独立宣言。6 月，俄罗斯通过了主权宣言，宣布俄罗斯联邦是主权国家，其他加盟共和国也相继发表主权宣言，苏联局势更加动荡不安。

1990 年 7 月 2—13 日，苏共二十八大在莫斯科举行。戈尔巴乔夫代表的“主流派”，叶利钦代表的公开主张放弃马列主义的“民主纲领派”，利加乔夫（1920—　）、雷日科夫（1929—　）代表的反对苏共社会民主主义化的“马克思主义纲领派”等，在会上展开了激烈斗争。大会最后通过了《走向人道的、民主的社会主义》的纲领性声明，正式宣布“结束政治垄断”，实行多党制；强调改革的实质“在于从官僚专制制度向人道的民主的社会主义社会过渡”。这些都表明，苏共的指导思想已经发生了本质变化。7 月 15 日，苏共二十八大刚刚结束，在苏联便发生了数万人参加的反苏反共游行示威和集会，他们的标语口号是：“让我们用大规模退出苏共的行动来庆祝二十八大结束”，“苏共下台”，“打倒共产主义制度”等。

## 二、苏联解体

戈尔巴乔夫“新思维”指导下的改革，特别是大肆推行“民主化”“公开性”之后，苏联经济形势日趋恶化，联盟分裂的倾向不断加剧，社会危机日益严重。1991 年 3 月 17 日，苏联就是否保留联盟的问题进行了全民公决，这是苏联历史上第一次全民公决。当时全国登记的选民共 1.84 亿人，其中参加投票的为 1.47 亿人，赞成保留联盟的占 76%。8 月 14 日，苏联公布了新联盟条约文本。按照新文本，苏维埃社会主义共和国联盟将改名为苏维埃主权共和国联盟，仍简称苏联。新条约规定：“苏联为平等共和国联合组成的联邦制主权民主国家”；“缔约的每个共和国均为主权国家”，“结成联盟的各共和国有权同外国建立直接的外交、领事和贸易关系”；新联盟条约的签署工作将在 8 月 20 日开始，“条约签字之日起生效后，1922 年的联盟条约即同时失效”。

在新联盟条约即将签署的前夜，发生了八一九事件。1991 年 8 月 19 日清晨 6 点，苏联副总统亚纳耶夫发布命令宣布，戈尔巴乔夫由于健康原因已不能履行总统职务，自即日起由他本人代行总统职务。同时宣布成立国家紧急状态委员会，行使国家全部权力，在苏联部分地区实施为期六个月的紧急状态。国家紧急状态委员会由副总统亚纳耶夫（1937—2010）、总理帕夫洛夫（1937—2003）、国防会议第一副主席巴克拉诺夫（1932— ）、国防部长亚佐夫（1923—2020）、内务部长普戈（1937—1991）、国家安全委员会主席克留奇科夫（1924—2007），苏联国营企业和工业、建筑、运输和邮电设施联合会会长季贾科夫（1926— ）和农民联盟主席斯塔罗杜布采夫（1931— ）等八人组成。

8 月 19 日，该委员会发布了《告苏联人民书》，称戈尔巴乔夫倡导的改革已走入死胡同，国家和人民处于极其危险的严重时刻。同日，该委员会发布“第一号命令”说：为了维护苏联各族人民的切身利益、国家的领土完整、恢复法制和克服危机，委员会要求各级政权和管理机关无条件地实施紧急状态。此时正在黑海海滨克里米亚半岛休养的戈尔巴乔夫被软禁在别墅，同莫斯科的联系中断。

俄罗斯联邦总统叶利钦不服从紧急状态委员会的命令，同日，他在俄罗斯议会大厦举行记者招待会，宣读了《告俄罗斯公民书》，宣布国家紧急状态委员会是“非法的”，是“右派反宪法的反动政变”；他在议会大厦前的坦克上发表演讲，指责紧急状态委员会要恢复铁幕统治，号召在俄罗斯全境内举行政治罢工，回击叛乱分子。

在叶利钦的鼓动下，议会大厦前聚集了数万群众，宣称誓死保卫议会。21

日下午，苏联国防部命令军队撤回驻地，国家紧急状态委员会领导人放弃了行动。21 日晚 8 点，戈尔巴乔夫发表声明，宣布已完全控制了局势，并于 22 日凌晨返回莫斯科。22 日上午，叶利钦宣布，亚佐夫、克留奇科夫、季贾科夫和亚纳耶夫已于22 日凌晨被拘留；帕夫洛夫因病住院，已被就地监护，普戈自杀身亡。国家紧急状态委员会的其他两名成员，巴克拉诺夫和斯塔罗杜布采夫由于是人民代表，暂时尚未被拘留。在 22 日的记者招待会上，戈尔巴乔夫声称：苏联已经进入了变革的决定性阶段，权力在变化，所有制关系在变化，联邦在变化。

八一九事件后，反共浪潮急剧升温。8 月 23 日，叶利钦签发命令，“停止俄罗斯共产党的活动”。根据戈尔巴乔夫、叶利钦和莫斯科市长波波夫的命令，苏共中央大楼被查封。23 日 18 时 30 分，苏共中央大楼正面的党旗被十月革命前俄罗斯的红白蓝三色旗代替。24 日，戈尔巴乔夫发表声明，宣布辞去苏共中央总书记职务，要求苏共中央自行解散，各共和国的共产党和地方组织自行决定自己的前途。29 日，苏联最高苏维埃通过决议，停止苏共在苏联全境的活动。苏共在苏联全境的机构均被关闭，所属建筑物全部被查封，银行账户全部被冻结。具有 93 年历史、执政 70 多年、拥有 1500 万党员的苏联共产党毁于一旦。

八一九事件后，各加盟共和国的分离倾向大大加强。截至 9 月底，宣布独立的加盟共和国已达 12 个。1991 年 12 月 1 日，第二大加盟共和国乌克兰也宣布独立。到 1991 年 12 月，除了俄罗斯和哈萨克斯坦外的所有加盟共和国，都已事实上脱离了苏联。

1991 年 12 月 8 日，俄罗斯、白俄罗斯、乌克兰宣布成立独立国家联合体。同时宣称苏联“已不存在”。三国领导人宣布，独立国家联合体的协调机构设在白俄罗斯首都明斯克，苏联前加盟共和国和其他赞同其宗旨的国家均可参加。根据《独联体章程》，独联体不是国家，也不拥有凌驾于成员国之上的权力。它以所有成员国的主权平等为基础，为各成员国加强友好与合作服务。各成员国在国际安全、裁军、军备监督和军队建设方面实行协调，采用观察员小组和集体维持和平部队等手段保证独联体内部安全。当成员国的主权、安全和领土完整、国际和平与安全受到威胁时，各成员国应立即进行协商，协调立场，采取相应措施。

1991 年 12 月 21 日，除波罗的海三国和格鲁吉亚外，阿塞拜疆、亚美尼亚、白俄罗斯、吉尔吉斯斯坦、摩尔多瓦、哈萨克斯坦、俄罗斯、乌兹别克斯坦、乌克兰、塔吉克斯坦、土库曼斯坦11个独立国家领导人在哈萨克斯坦首都阿拉木图举行独立国家首脑会议，通过了《阿拉木图宣言》和《关于武装力量的议定书》等文件，正式宣告建立独立国家联合体，1922年12月30日成立的苏维埃社会主义共和国联盟不复存在。12月25日19时25分，戈尔巴乔夫在电视讲话中宣布辞职，将国家权力移交给俄罗斯总统。19时32分，红旗从克里姆林宫上降落，一面红白蓝三色的俄罗斯国旗取而代之。戈尔巴乔夫的“新思维”和改革，以苏共亡党、苏联解体而终结。

苏联解体是20世纪世界历史中最重大的事件之一，其解体的原因是诸多因素长期综合作用的结果——历史因素和现实因素，外部因素和内部因素，客观因素与主观因素等，但是，这些因素并不是社会主义制度本身的缺陷和不可克服的。苏联解体最直接的关键因素来自苏共自身，即戈尔巴乔夫的“改革”背离以致放弃了社会主义方向。

苏联经济体制的僵化使社会主义失去了生机和活力。苏联模式在经济上是高度集中的计划经济体制，这种经济体制在苏联的工业化与卫国战争中发挥了积极作用，但是它长期忽视价值规律的作用，排斥商品与市场机制，赫鲁晓夫与勃列日涅夫时期的经济改革又未从根本上解决问题，加上其他因素，致使苏联经济的发展速度在六七十年代开始放缓，80年代陷入停滞。苏联倾全力与美国开展军备竞赛与对外扩张（特别是阿富汗战争），给国民经济带来沉重负担，也影响了新科技革命的进程，苏联在综合国力上与西方的差距逐步拉开，人民的生活水平长期得不到明显的提高，不满情绪日益滋长，人民对社会主义渐失信心。

苏联政治体制的僵化导致社会主义民主和法制建设滞后，党内缺乏民主，苏共日益脱离群众。苏共在自身建设和国家建设方面一直裹足不前：以党代政，苏维埃与政府逐渐丧失了治理和应变能力；中央高度集权、少数领导人个人专权日益严重，由此滋生的官僚特权阶层与腐败问题愈演愈烈；苏共长期忽视党建工作与党群、干群关系，党的队伍日益官僚化，各级官僚主义分子不受群众的监督，而是肆意欺凌群众；不再是人民的公仆，而变成人民的老爷。广大人民群众对于苏联社会主义彻底失望，苏共最终失去了人民的信任和支持。

戈尔巴乔夫时期的苏共在推行改革时实行了错误的思想路线、政治路线与组织路线，背离了社会主义原则，改变了党和国家的发展方向。在指导思想上，以戈尔巴乔夫为首的苏共中央以“人道的、民主的社会主义”来代替马克思列宁主义的指导思想，使苏共自动解除了思想武装，摧毁了苏共与苏联社会主义制度的理论基础。在政治与组织路线方面，苏共主动放弃了共产党的领导地位，压制和排斥党内的健康力量，从而引发了全面的政治危机与社会危机。到1991年年初，苏共大部分的基层党组织或解散或停止活动，终于走到了亡党亡国的地步。

导致苏联解体的外部因素也很多。以美国为首的西方国家对苏联长期开展“和平演变”和颠覆活动，不断通过经贸、文化、科技交流与人员往来，运用“民主”“自由”“人权”等“软实力”，将西方的生活方式、意识形态潜移默化地渗透到苏联社会特别是年青一代中来。此外，东欧社会主义国家在同时期的剧变所带来的多米诺骨牌效应，也加速了苏联的解体。

## 三、东欧剧变

1989—1990年间，东欧各社会主义国家，在长期以来国内政治、经济、社会等矛盾不断积累和激化的基础上，在苏联戈尔巴乔夫和苏共的纵容、西方敌对势力的策动和支持下，普遍发生了连锁式的社会剧变，执政的共产党纷纷倒台，社会主义制度发生根本性蜕变，社会主义事业遭到严重挫折。

### （一）波兰剧变

1980年7月1日，波兰政府为应对日渐严重的经济危机，决定提高肉价60%~90%，导致波兰爆发战后规模最大的罢工浪潮。8月14日，格但斯克1.6万名工人罢工，并提出政治性要求。17日，格但斯克工人在瓦文萨（1943— ）的领导下组织了独立自治工会，即团结工会，主张“打碎”现行的“经济组织机构”，“改建国家的机构”，并“在社会生活各个领域内建立独立的自治机构”，开始与执政的波兰统一工人党争夺领导权。

1981年10月18日，波统一工人党召开九届四中全会，雅鲁泽尔斯基（1923—2014）出任第一书记。12月13日，波兰宣布国家处于“战时状态”，成立以雅鲁泽尔斯基为首的救国军事委员会，实行全国军管，并勒令团结工会停止活动，逮捕瓦文萨等工会领导人。1982年元旦，波兰开始进行经济改革，实行企业自主、自负盈亏、工人自治等，同时在计划体制、工资、价格等方面进行了改革，但未见成效。同年10月8日，正式取缔团结工会。1983年7月22日“战时状态”结束后，由于经济形势仍无根本好转，局势继续动荡。1989年2月，波兰政府与团结工会妥协，承认团结工会合法化。6月，团结工会在议会大选中获胜，成立以团结工会为核心的新政府。新政府宣布将彻底改革现行社会体制，用西方的政治思想和价值观念来处理波兰的政治、经济和社会问题。团结工会上台，标志着波兰政治经济制度的剧变。1990 年 1 月，波兰统一工人党召开第十一次代表大会，宣布“停止活动”，波兰作为社会主义国家不复存在。

（二）匈牙利剧变

20 世纪 80 年代，匈牙利经济形势严峻，通货膨胀率高。外债累累，人民实际生活水平下降。1986 年 11 月，匈党中央制定《经济—社会振兴计划》，强调发扬社会主义民主和改进政治体制。1988 年 5 月 20—22 日，匈牙利社会主义工人党召开全国代表会议，就“完善政治体制改革”展开激烈争论。总书记卡达尔等八人退出政治局，原布达佩斯市委第一书记格罗斯（1930—1996）出任总书记。会议做出了加速改革的决定，明确提出实行政治多元化的主张，揭开了匈牙利剧变的序幕。

党代表会议刚刚结束，由纳吉亲属等组成的“历史公正委员会”即要求为“1956 年事件”的受害者恢复名誉；为被处决者举行正式葬礼，竖立国家纪念碑。反对派利用“1956 年事件”大做文章，极力丑化社会主义制度。1989 年 2 月 10—11 日匈社会主义工人党召开中央全会时，在“1956 年事件”和“政治体制改革”等问题上做出了妥协的决定。中央全会认为，“1956 年事件”是真正的“人民起义”，但反动力量混杂了进来。5 月 29 日，中央再次召开全会，就重新安葬纳吉发表公报，认为 1958 年对纳吉案件的“判决是非法”的，是“捏造的政治案件”。6 月 16 日，25 万人参加了为纳吉隆重举行的葬礼。此后，匈牙利社会主义工人党内部的斗争日趋激烈，党的分裂已经不可避免。10 月 6—10 日，第 14 次非常代表大会召开，匈牙利社会主义工人党改为“匈牙利社会党”。18 日，国会通过宪法修正草案，匈牙利人民共和国改名为匈牙利共和国，同时取消了马克思主义政党领导作用的相关条款。1990 年 3 月，匈牙利进行两轮国会大选，反对派大获全胜。

（三）民主德国剧变

1988 年起，民主德国开始发生社会动荡，并逐渐波及社会生活各个领域。从 1989 年 9 月下旬开始，在波兰、匈牙利政局变化的影响和西方的煽动下，反对派纷纷成立政治组织；民主德国居民通过开放的匈牙利、奥地利边界大量逃往联邦德国。1989 年 10 月 10—11 日，德国统一社会党召开紧急扩大会议，决定与群众进行“理智对话”。18日，统一社会党召开十一届九中全会，总书记昂纳克（1912—1994）被迫辞职。原政治局委员克伦茨（1937— ）上台后，对反对派做出一系列让步，开放东西柏林和两德边界；改组政府，由五个党联合执政，民主德国局势进一步恶化。12月3日，统一社会党举行十二中全会，宣布集体辞职。12月8—17日在党的特别大会上，柏林律师居西当选为主席，同时决定将德国统一社会党改名为“德国统一社会党—民主社会主义党”，宣布实行多党制，建设民主社会主义。1990年3月18日，民主德国人民议院举行大选，德国统一社会党—民主社会主义党被排除在新政府之外。1990年10月3日，新政府加入联邦德国，民主德国被联邦德国吞并。

（四）捷克斯洛伐克剧变

捷克斯洛伐克的剧变，从声讨苏联等五国1968年侵捷，要求为“布拉格之春”平反开始。1988年是苏联东欧五国出兵捷克斯洛伐克20周年，在5月和8月，捷反对派组织了20年来最大规模的反政府游行，要求为“布拉格之春”平反。1989年8月21日，苏联东欧五国出兵占领布拉格21周年纪念日，布拉格举行了数万人参加的示威游行。10月28日，在纪念捷克斯洛伐克独立71周年时，再次爆发了大规模反政府示威游行。在国内动荡局势不断加剧的形势下，捷共领导在如何对待“布拉格之春”问题上产生严重分歧。总书记雅克什强调1968年事件的结论不能改变；而总理阿达麦茨（1926— ）则认为1968年事件可以重新评价。

捷共领导层的尖锐对立使国内局势进一步动荡。11月17日，4万名大学生高呼“雅克什下台”“取消一党制”，在布拉格举行了1968年以来最大规模的反政府示威游行，遭到警察镇压。次日，两千名大学生抗议警察暴力镇压学生时，布拉格工人用总罢工两小时对学生表示支持。19日，“七七宪章”等12个反对派组织联合成立了“公民论坛”，成为反政府的核心。20日起有20多万人参加了布拉格的示威游行，并迅速扩散到全国多个城市。在反对派的压力下，以总书记雅克什为首的捷共中央主席团和书记处于11月24日集体辞职，乌尔班内克（1941— ）接任总书记。乌尔班内克上台后满足了反对派的要求：为1968年事件平反，承认“公民论坛”的合法地位。

11月29日，捷联邦议会批准了宪法修正案，取消了捷共领导地位的条款。捷共中央主席团在12月15日做出决定：停止捷共在人民军、内务部队、国家安全机构、司法部门、国家仲裁机关、检察院等部门的活动。在1990年6月的大选中，“公民论坛”在联邦议会的300个议席中获164个议席，以公民论坛为主体的联合政府于6月27日成立，捷共被完全排除在外。11月3—4日，捷共召开十八大。代表大会通过的新的党纲宣言提出：“摈弃通过无产阶级专政维持政权的理论”，“放弃民主集中制”，“彻底同捷共的政治实践和意识形态决裂”，“同布尔什维克化和斯大林主义的一切残余决裂”，走“民主社会主义道路和团结欧洲左派力量的道路”。这次代表大会虽未改变捷共的名称，但捷共实际上已变为西欧式的民主社会党。

（五）罗马尼亚剧变

20世纪80年代以后，罗马尼亚经济连年困难，市场供应日趋紧张，引起社会各界群众的强烈不满，罗国内长期潜伏的危机开始凸显，国家政治、经济形势急剧动荡。1989年12月间，匈牙利电视台多次播放罗马尼亚匈牙利族神父特凯什·拉斯洛在教堂批评罗马尼亚总统齐奥塞斯库的言论。对此，齐奥塞斯库十分恼火。12月15日晚，几名罗马尼亚警察奉命强迫拉斯洛从距匈牙利边界40多公里的蒂米什瓦拉市迁走，结果遭到200多名教徒的强烈反对。16日晚至17日晨，蒂米什瓦拉市数千群众示威，从抗议强迫神父拉斯洛搬迁发展为反对罗马尼亚政府。示威群众高呼“打倒齐奥塞斯库”的口号，冲击市府大楼，与警察发生冲突，造成数百人死亡。蒂市的局势不断恶化，迅速波及首都布加勒斯特和全国其他地区。20日，齐奥塞斯库中断对伊朗的访问回国，谴责蒂米什瓦拉事件是流氓暴徒煽动的恐怖主义行为。21日，齐奥塞斯库出席官方组织的数万人集会，结果集会变成了示威大会。22日，示威者占领了电台、电视台和党中央大厦等重要设施。齐奥塞斯库宣布全国进入紧急状态，但军方拒绝执行命令。国防部第一副部长兼总参谋长、首都卫戍区司令、空军司令等先后在电视台发表讲话，支持示威群众。当日下午，齐奥塞斯库夫妇在距首都约70公里处的特尔戈维什泰被捕，25日被特别军事法庭判处死刑。

在齐奥塞斯库被捕的同一天，罗马尼亚救国阵线成立并接管政权。救国阵线由三人组成，原罗共中央书记扬·伊利埃斯库任主席。救国阵线24日发布公告，声称“同共产主义的政治、经济和社会体制彻底决裂”，将罗马尼亚社会主义共和国改名为罗马尼亚，还更改了国歌。罗马尼亚共产党也随之自行解散，其财产被收归国有。

（六）保加利亚剧变

20世纪80年代中期，保加利亚追随戈尔巴乔夫改革，但在实践中，日夫科夫等保共领导人对苏联改革的成效产生怀疑，引起戈尔巴乔夫的不满。1989年11月10日，日夫科夫在保共中央全会上提出辞职。会议解除了日夫科夫的总书记和政治局委员职务，在苏联的支持下，由外交部长姆拉德诺夫（1936—2000）接任总书记。

保共新领导上台后，极力追随戈尔巴乔夫改革，将“公开性”作为党和国家的基本原则。对日夫科夫的谴责和批判不断升级，并将“日夫科夫分子”清除出政治局和中央委员会。随着苏东局势的演变，保加利亚反对派力量迅速发展起来，向保共施加压力。他们组织规模越来越大的示威游行，要求保共中央和中央政府的领导人辞职。姆拉德诺夫一再做出重大让步，主动提出从宪法上取消共产党的领导地位，允诺自由选举，释放政治犯等。

1990年1月30日至2月2日，保共召开第十四次（特别）代表大会，提出取消党的领导地位，实行多党制；放弃“保共是工人阶级先锋队”的提法；在政治上实行民主社会主义和议会民主，在经济上主张实行所有制多元化和市场经济。4月3日，保共正式改名为社会党。由于反对派民主力量联盟拒绝参加“联合政府”，社会党在9月20日单独成立以卢卡诺夫为首的政府，但只存在三个月即倒台。12月20日，成立了由无党派人士迪·波波夫为首的联合政府。

（七）阿尔巴尼亚剧变

从1944年到1985年，恩维尔·霍查一直担任阿党政军的最高领导人，长达42年之久。在霍查的领导下，阿实行高度集中的政治经济体制，坚持认为阶级斗争是社会主义建设的基本条件和主要动力，并作为各项工作的指导思想。1985年霍查病逝后，阿利雅（1925—2011）任劳动党中央第一书记。他在强调“不许削弱公有制、不许削弱党的领导、不许削弱无产阶级专政、不许削弱民族自由、独立和主权”的同时，开始逐渐调整国家内外政策。从1989年下半年开始，波兰、匈牙利、罗马尼亚、捷克斯洛伐克、民主德国等社会主义国家的政治制度发生剧变，对阿尔巴尼亚产生了很大影响。阿政府也开始进行政治、经济等方面的改革，如规定公民有信仰宗教的自由，允许成立独立的政治组织和团体，释放全部政治犯等。

1990年2月，在地拉那最早出现了示威游行；7月，数以千计的示威者同警察发生冲突，阿政府的镇压政策使矛盾激化，国内局势开始出现动荡。12月8日，地拉那大学的学生为争取“政治民主”罢课，举行示威游行，与军警发生冲突。11 日，阿劳动党召开紧急中央全会，做出实行多党制的决定。12 日，阿第一个反对党——阿尔巴尼亚民主党成立。与此同时，人民议会通过宪法修正案，决定取消宪法中规定的阿劳动党是唯一的政治领导力量的条款。1991 年 2 月 6 日，民主党主席贝里沙撰文批判霍查个人迷信的当天，霍查大学的学生举行罢课、绝食，要求更改校名，地拉那等城市的霍查铜像被示威者推倒，霍查的著作被焚烧。3 月 31 日，阿尔巴尼亚第一个多党议会选举产生，4 月 29 日通过的《宪法主要条款法》规定：阿尔巴尼亚为议会制共和国，阿尔巴尼亚社会主义人民共和国改为阿尔巴尼亚共和国；6 月，劳动党更名为社会党。1992 年 3 月举行议会大选，民主党成为执政党，在以民主党为核心、由多党组成的新政府中，社会党被排除在外。

（八）南斯拉夫剧变

南斯拉夫社会主义联邦共和国是由斯洛文尼亚、克罗地亚、波斯尼亚和黑塞哥维纳（波黑）、塞尔维亚、黑山、马其顿六个共和国以及科索沃、伏伊伏丁那两个自治省联合而成的国家。1980 年 5 月 4 日，南总统铁托病逝后，原来掩盖的一些矛盾开始暴露出来，经济发展出现了严重困难，各共和国的民族主义势力开始抬头，民族矛盾开始激化，加上西方国家的和平演变和东欧剧变和苏联“改革”的影响，南斯拉夫社会日趋动荡。

1990 年 1 月 20 日，南斯拉夫共产主义者联盟召开第 14 次非常代表大会，南共盟主席潘切夫斯基（1935— ）在会上作了《南斯拉夫共盟和社会改革》的报告，提出南共联盟放弃对国家的领导地位；南斯拉夫将实行政治多元化，实行多党议会民主制；南共联盟将为建立民主社会主义而奋斗。与会代表讨论潘切夫斯基的报告时出现了不同的意见，最终解散了南共联盟中央委员会、检察委员会和章程委员会，统一的南共联盟解体，分成了六个政党，同时揭开了南斯拉夫国家解体的序幕。7 月 25 日，南斯拉夫联邦议会通过《政治结社法》，多党制有了法律保障，到 1990 年年底，南斯拉夫成立各种政党 248 个，绝大多数是鼓吹分裂的民族主义政党。

1991 年 6 月，南斯拉夫社会主义联邦共和国开始解体。6 月 25 日晚，斯洛文尼亚议会通过《宪法法令》《独立宣言》等法律文件，宣布斯洛文尼亚独立。同一天晚上，克罗地亚也宣布独立。斯洛文尼亚、克罗地亚宣布独立，在国内外产生了重大反响，加深了南斯拉夫的危机。9 月 8 日，马其顿共和国就独立问题举行全民公决，74% 的人赞成独立。11 月 20 日，马其顿共和国正式宣布独立。

1991年10月15日，穆斯林和克罗地亚族占多数的波黑议会，不顾塞尔维亚族的反对，强行通过了《波黑主权问题备忘录》，宣布波黑是主权国家。1992年3月，因国家的独立地位进行全民公决而触发的波黑穆斯林、克罗地亚族和塞尔维亚族之间的冲突，在外部势力的支持下（波黑塞族得到南联盟塞尔维亚共和国支持，克族得到克罗地亚共和国支持，穆斯林得到各伊斯兰国家支持）愈演愈烈，爆发了波黑战争，这场战争持续了三年多，死亡人数超过25万。1995年11月21日，各方在美国的干预下签署了和平协议。

1992年4月27日，在全民公决后，塞尔维亚和黑山两个共和国宣布组成“南斯拉夫联盟共和国”（简称南联盟）。南斯拉夫联盟共和国在《宪法宣言》中明确表示，它是原南斯拉夫的继承者。《南斯拉夫联盟共和国宪法》宣布：南斯拉夫联盟共和国是一个实行多党民主制的、非中央集权的联邦制国家，实行市场经济制度，定都贝尔格莱德。

波黑战争结束后，科索沃危机成为世人关注的中心。科索沃原为南联盟塞尔维亚共和国的一个省，人口200万，其中90%为阿尔巴尼亚族人。阿族人于1991年单方面成立了“科索沃共和国”，1996年成立武装组织“科索沃解放军”，为争取“独立”而加紧对南联盟开展武装斗争。

1998年，南联盟政府指责科索沃阿尔巴尼亚族武装分子多次发动暴力袭击，派遣军队进入科索沃。美国及其盟国指责南联盟在科索沃制造了“人道主义灾难”。1999年3月24日起，美国为首的北约对南联盟进行了78天的空袭，以南联盟失败而告终，联合国和北约接管了科索沃。

1999年5月8日，北约战机使用导弹悍然袭击了中国驻南联盟大使馆，导致三位中国记者牺牲、多人受伤和馆舍严重毁坏，制造了世界外交史上罕见的事件，严重侵犯了中国的主权，激起中国人民的极大愤慨。

2003年，南斯拉夫联盟共和国议会通过《塞尔维亚和黑山宪章》，组成松散的国家共同体，改名为“塞尔维亚和黑山”。宪章规定，三年后，两个成员国有权通过全民公决，决定是否分别成为独立国家。2006年5月21日，塞尔维亚和黑山就黑山独立问题举行全民公决，结果超过55%的人投票赞成独立。6月15日，塞尔维亚共和国承认黑山共和国。至此，南斯拉夫社会主义联邦共和国分裂为斯洛文尼亚共和国、克罗地亚共和国、马其顿共和国、波斯尼亚和黑塞哥维纳（波黑）、塞尔维亚共和国、黑山共和国，科索沃于2008年2月17

日正式宣布独立。1945 年 11 月成立的南斯拉夫社会主义联邦共和国彻底解体。

### 四、苏东剧变的教训及其对国际共产主义运动的影响

苏东剧变使国际共产主义运动遭受重大挫折，给世界社会主义的发展留下了深刻的历史教训，促进了人们对社会主义的反思。

坚持和发展科学社会主义，必须把马克思主义基本原理同本国实际相结合，探索适合时代条件和本国国情的社会主义建设道路。马克思主义是社会主义革命和建设的指导思想，但它绝不是僵化的教条或终极的真理，而是发展的学说。马克思主义一方面指导着各国的革命和建设，另一方面又在这个过程中不断发展。离开本国的特点和实际去照搬照抄马克思主义，必然导致理论上的失误和实践上的失败。苏联对其所处的社会发展阶段的认识，从赫鲁晓夫的“共产主义全面建设论”到勃列日涅夫的“发达社会主义理论”，都严重脱离了苏联社会发展的现实，他们的改革和调整因而未能实现对僵化体制的突破和创新，导致社会问题不断累积，导致苏共的丧权和苏联的解体。第二次世界大战后，不少东欧国家的社会主义革命和建设脱离本国实际，照搬苏联模式，政治、经济、社会和文化发展方面积累的矛盾长期得不到解决，反而日趋尖锐，造成社会动荡，成为东欧剧变的重要原因之一。苏东剧变的教训说明，任何一种社会主义建设道路或模式都是在特定的历史和国情下产生的，不可能一成不变，要随着形势的发展通过改革不断完善，以充分发挥社会主义的优越性，克服体制、机制中的弊端；要坚持以人民为中心的发展思想，自觉加强和改善民生的执政理念。

社会主义国家要以经济建设为中心，建立社会主义强大的物质基础，满足人民群众不断增长的物质文化需要。不忘不断改善人民生活、增进人民福祉，不断实现人民对美好生活的向往。生产力的高度发展是社会主义国家优越性的真正体现。“如果在一个很长的历史时期内，社会主义国家生产力发展的速度比资本主义国家慢，还谈什么优越性？”① 苏联和一些东欧国家的经济发展长期比例失调，僵化的计划经济体制使企业生产违背基本的经济规律，效益不佳，一些改革又往往带有很大的随意性和盲目性，不能达到预期的效果。结果，农业发展长期落后，农副产品供不应求；轻工业发展缓慢，人民日常生活需要的

---

① 《邓小平文选》第 2 卷，人民出版社 1994 年版，第 128 页。

轻工产品质量差且长期缺乏；重工业、军事工业虽然得到迅速发展，但广大人民的生活水平却始终得不到改善，党和政府多次承诺的“提高人民生活水平”成为一句空话，社会不满情绪增长，政治上的不稳定因素随之增加。“贫穷不是社会主义”①，只有实现符合社会主义社会矛盾运动规律的发展，不断提高人民的生活水平，不断解决人民所关注的问题，才能切实体现出社会主义的优越性，不断增强社会主义的吸引力和凝聚力。

社会主义国家要不断加强社会主义民主建设，健全和完善社会主义法制。从斯大林时代开始，苏联长期盛行个人崇拜，领导人大权独揽，个人专断，缺乏制约和监督，忽视社会主义民主建设，践踏社会主义法制，造成了大量冤假错案，严重伤害了一大批干部群众，也损害了党和国家的声誉，成为国内外反共反社会主义者攻击党和社会主义的借口。历史教训说明，社会主义国家必须重视民主与法制建设，正确处理民主与专政，党与政府、社会的关系，把发扬社会主义民主同坚持和改善党的领导结合起来，坚持走适合本国国情的社会主义民主政治发展道路。

社会主义国家要加强执政党自身的建设，始终保持党和人民的血肉联系，不断增强党的凝聚力和战斗力。苏共作为执政党，一些干部脱离人民、滥用权力、以权谋私、腐化腐败问题，又长期未能解决，这就严重动摇了党的阶级基础和群众基础。邓小平在谈及苏联解体时针对这个问题指出：“说到底，关键是我们共产党内部要搞好。”② 共产党执政后，要使党坚强有力，必须加强和改进党的建设，永葆全心全意为人民服务的本色不变。党的作风建设的核心问题，是党同人民的关系问题，能否始终保持和发展同人民的血肉联系，直接关系到党和国家的盛衰兴亡。

社会主义国家要加强意识形态领域的工作，抵制西方的“和平演变”。“和平演变”是西方国家颠覆社会主义国家的基本战略之一。20世纪60年代以来，西方国家加紧了这一战略在苏联东欧的实施。“和平演变”在苏东剧变中起到了不可忽视的作用。从形式上看，苏联东欧国家相当重视马列主义教育，建立了一套比较完整的思想政治教育体系，通过各种方式对党员干部和人民群众进行意识形态教育。但由于教条主义严重，“本本主义”盛行，忽视思想理论创

① 《邓小平文选》第3卷，人民出版社1993年版，第64页。
② 《邓小平文选》第3卷，人民出版社1993年版，第381页。

新，不能准确把握时代的脉搏和社会的变化，对意识形态领域的复杂形势和矛盾斗争情况认识不清，理论教育缺乏新鲜感和针对性，说服力不强。党员干部对党的路线方针政策、党的建设和发展越来越不关心，共产主义信念淡薄，明辨是非的能力下降，当暴风雨袭来，多数党员和群众不知所措，失去了前进的航标，为西方的“和平演变”提供了可乘之机。历史的教训告诉我们，社会主义国家必须重视意识形态工作，加强马克思主义思想理论的学习、研究和宣传，帮助党员干部和人民群众牢固树立社会主义信念。同时，必须敏锐把握时代发展变化，积极推进理论创新，加强思想教育的针对性，提高意识形态工作的有效性，引导干部群众自觉抵制西方国家“分化”“西化”的“和平演变”图谋。

苏东剧变给世界社会主义力量带来巨大损失，改变了世界社会主义和资本主义的力量对比。苏东剧变后，共产党执政的社会主义国家由15个减少到5个，世界各国共产党和左翼政党的力量也大大削弱，各国共产党都受到了极大冲击，遭到严重挫折，少数小党自动解散，一些政党放弃了共产主义纲领而蜕化变质，大批党员退党。国际共产主义运动和世界社会主义运动进入了低潮。

与此同时，西方利用苏东剧变这一历史事件及其影响，大肆攻击马克思主义，竭力宣扬“历史终结论”和社会主义“失败论”。他们向全世界灌输资产阶级的世界观、人生观、价值观，加强思想渗透和文化输出，新自由主义、民主社会主义等思潮泛滥一时，造成了思想混乱。

历史表明，苏东剧变并未改变人类社会进步的历史趋势，社会主义本身也并没有失败。逆境与低潮促使世界各国共产党人进行反思和调整。正如邓小平所说，“一些国家出现严重曲折，社会主义好像被削弱了，但人民经受锻炼，从中吸收教训，将促使社会主义向着更加健康的方向发展”，“世界上赞成马克思主义的人会多起来的，因为马克思主义是科学”①。认真总结国际共产主义运动的经验教训，深入思考时代变化和社会主义的未来，根据本国实际进行理论和政策的调整，不断探索社会主义的发展与复兴之路，是苏东剧变后各国共产党人的共同任务和必然选择。自20世纪90年代中期始，社会主义结束了“震荡期”，进入“调整期”，并在低潮中出现了局部复兴，世界社会主义继续在发展。马克思恩格斯当年所揭示的资本主义基本矛盾并没有因为社会主义的暂时

---

① 《邓小平文选》第3卷，人民出版社1993年版，第383、382页。

挫折和资本主义的发展而消失，资本主义制度不可克服的内在矛盾，预示着资本主义必然灭亡、社会主义必然胜利的历史结论并没有过时。进入 21 世纪后，特别是 2008 年国际金融危机爆发以来，世界各国再次兴起了“马克思主义热”，社会主义再一次成为人们关注和讨论的问题，左翼力量得到进一步恢复和发展。一些西方国家的共产党和左翼政党以各种方式扩大自己的影响，队伍在不断恢复壮大。中国等社会主义国家坚持共产党的执政地位，并根据时代变化和本国国情，努力探索自己的社会主义发展道路，有力地推动了当代世界社会主义的新发展。

**思考题：**

1. 赫鲁晓夫和勃列日涅夫时期的苏联社会发展有什么特点？
2. 试述东欧各国经济社会的发展与改革。
3. 戈尔巴乔夫“改革”的“新思维”是什么？
4. 苏东剧变的历史教训和影响有哪些？

► 拓展阅读

# 第十九章　社会主义国家改革与当代社会主义发展

20 世纪 50 年代以来，社会主义国家在实践中探索社会主义建设道路，先后进行了程度不同、形式多样的改革。80 年代末 90 年代初，苏联解体、东欧剧变使世界社会主义运动遭遇严重曲折。但这并没有使社会主义道路的探索中断，尤其是中国继续坚持改革开放，坚持中国特色社会主义道路，取得了巨大成就。越南、古巴等社会主义国家也根据自己的国情进行改革，取得了不少成绩。各国人民对社会主义的探索继续发展，并对当代世界产生了重要影响。

## 第一节　中国社会主义建设在探索中曲折发展

1956 年在对农业、手工业和资本主义工商业的社会主义改造基本完成后，社会主义制度在中国确立起来，中国进入了社会主义社会，开始探索自己的社会主义建设道路。在艰辛探索的过程中，中国取得了巨大的发展成就，初步建立起进行现代化建设所必需的基础，培养了经济文化建设等方面的骨干力量，积累了社会主义建设的重要经验，但也经历了一些曲折和失误。

### 一、全面建设社会主义的初步探索

三大改造基本完成以后，中国已经是一个社会主义国家，同时又是一个经济文化落后、人口众多、地域辽阔、发展不平衡，仍处于初级的不成熟阶段的社会主义国家。中国共产党面临的最重要的任务是，迅速发展生产力，逐步探索适合中国国情的社会主义建设道路，为实现国家富强、人民共同富裕的新的历史任务而奋斗。

新中国成立初期，因为没有经验，加上以美国为首的西方国家的封锁，中国在经济建设上只得学习苏联的做法，实行计划经济。到 1956 年，经过七年的实践，中国共产党对苏联经济建设中的一些缺点和失误逐步有所了解，认识到苏联经验并不都是成功的，苏联的不少经验和做法并不完全符合中国的实际，学习苏联终究不能代替对自己道路的探索。1956 年 2 月召开的苏共二十大，暴露了苏联在社会主义建设中存在的缺点和问题，在社会主义阵营和国际共产主义运动内部引起极大震动。中国共产党人决心以苏为鉴，走自己的路，探索符合中国情况的社会主义建设道路。

1956年2—4月，为准备召开中共八大和迎接大规模经济建设，毛泽东等领导人先后听取了国务院工业、农业、运输业、商业、财政、计划等34个部门的工作汇报。4月25日，在中共中央政治局扩大会议上，毛泽东作了《论十大关系》的报告，提出要把国内外一切积极因素全部调动起来，把中国建设成为一个强大的社会主义国家。报告论述的十大关系，是在总结中国建设发展的经验、以苏联经验为鉴戒基础上提出来的，侧重于讨论经济建设问题，同时涉及生产力和生产关系、经济基础和上层建筑各方面，初步形成了中国社会主义建设的若干新方针，反映了中国领导人关于中国社会主义建设道路的基本思路逐步清晰起来。

1956年9月，中国共产党召开第八次全国代表大会。大会正确分析了社会主义改造基本完成后中国社会的主要矛盾和主要任务，指出社会主义制度在中国已经基本建立起来，中国无产阶级同资产阶级之间的矛盾已基本解决，国内的主要矛盾，已经是人民对于建立先进的工业国的要求同落后的农业国的现实之间的矛盾，已经是人民对于经济文化迅速发展的需要同当前经济文化不能满足人民需要的状况之间的矛盾。全国人民的主要任务，就是要集中力量发展社会生产力，实现国家工业化，逐步满足人民日益增长的物质和文化需要，尽快地从落后的农业国变为先进的工业国。

大会确定了经济、政治、文化、外交、党建等方面的方针。在经济建设方面，提出要坚持既反保守又反冒进，在综合平衡中稳步前进的方针，肯定了陈云提出的“三个主体，三个补充”思想，即：国家与集体经营、计划生产和国家市场是主体，一定范围内国家领导的个体经营、自由生产和自由市场作为补充。在政治关系方面，提出扩大社会主义民主、健全社会主义法制，必须做到“有法可依”和“有法必依”。在文化建设方面，确认“百花齐放，百家争鸣”的指导方针，提出要努力创造社会主义的民族的新文化。在对外关系方面，坚持以互相尊重主权和领土完整、互不侵犯、互不干涉内政、平等互利、和平共处五项原则为基础的外交政策。在执政党建设方面，强调要提高全党的马克思主义思想水平，健全党内民主集中制。中共八大是中国共产党取得全国执政地位后召开的一次重要会议，会议制定的路线是正确的，提出了许多富于创造精神的新方针和新设想。

1957 年 2 月，毛泽东在最高国务会议上作了《关于正确处理人民内部矛盾的问题》的报告，指出社会主义社会充满着矛盾，社会主义社会的基本矛盾仍然是生产力和生产关系、经济基础和上层建筑之间的矛盾，不过社会主义社会的这些矛盾同旧社会存在的矛盾具有根本不同的性质和情况，可以通过社会主义制度本身的自我调整和完善，不断地得到解决。他强调，社会主义社会存在着敌我之间和人民内部之间两类性质根本不同的矛盾，前者需要用强制的、专政的方法去解决，后者只能用民主的、说服教育的方法、“团结—批评—团结”的方法去解决，决不能用解决敌我矛盾的方法解决人民内部矛盾。这篇重要讲话，系统地提出了社会主义社会矛盾的学说，对党和社会主义建设事业具有长远的指导意义。

以毛泽东《论十大关系》《关于正确处理人民内部矛盾的问题》的发表和中共八大为标志，探索中国自己建设社会主义道路有了一个良好开端。中共八大以后，按照大会确定的方针，开始调整若干方面的经济关系和编制 1957 年经济计划，并准备进行全党整风。调整经济关系和全党整风，实质上都是要妥善处理人民内部矛盾，调动一切积极性来建设社会主义。同时，社会主义改造基本完成后，由于对新的社会制度还不能马上适应，再加上党和政府的一些部门存在着主观主义、官僚主义作风，引起了一些群众的不满。1956 年下半年，一些地区出现了工人罢工、学生罢课、农民退社等情况。此外，国际上出现的波兰波兹南事件、匈牙利事件，也在国内引起一些人的思想波动。因此，如何正确认识和处理中国社会的各种矛盾，成为当时中共中央着重思考的重大问题。

## 二、社会主义建设的探索和曲折

中国对建设社会主义道路的探索是开创性的，经历了艰辛曲折的过程。虽然中国共产党对什么是社会主义和怎样建设社会主义取得了初步的理论成果，但是理论准备仍然不足，由于对在中国这样一个经济文化落后、人口众多的大国建设社会主义的艰巨性和复杂性估计不足，中国在发展的道路上不可避免地经历了曲折。

### （一）整风运动与反右派斗争扩大化

根据党的八大指示和关于正确处理人民内部矛盾的基本精神，结合国内外党内外出现的新情况、新问题，中共中央决定从整顿党的作风开始，克服自身存在的官僚主义、宗派主义和主观主义，以解决中共干部特殊化和脱离人民群众的问题。1957 年 4 月 27 日，中共中央下发《关于整风运动的指示》，决定在全党开展一次反对官僚主义、宗派主义和主观主义的整风运动，以正确处理人民内部矛盾为主题，提倡以座谈会和小组会的形式，开展一次恰如其分的批评和自我批评。7 月，毛泽东在整风运动中还提出，要造成一个又有集中又有民主，又有纪律又有自由，又有统一意志、又有个人心情舒畅、生动活泼的政治局面。这是对八大路线的继续和发展。在整风运动中人们提出的各种意见，绝大多数是诚恳的。中共中央对此也有清醒的认识，认为党外人士的批评，基本上是诚恳的、正确的，对于我党整风，改正缺点，大有利益。但同时，也有极少数资产阶级右派分子乘整风之机向中共和中国社会主义制度发动进攻。5 月中旬后，各种批评意见急剧升温，有的人把共产党在国家政治生活中的领导地位看成是“党天下”，公然提出共产党退出机关、学校，公方代表退出合营企业，要求“轮流坐庄”，妄图取代共产党的领导，有人极力抹杀社会主义改造和建设的成绩，把人民民主专政制度说成是产生官僚主义、宗派主义和主观主义的根源，等等。这不能不引起中共中央的警觉。随后，一场全国规模的群众性反右派运动全面展开。

对极少数右派分子的进攻实行坚决反击，是完全正确和必要的。但反右派斗争被严重地扩大化了，全国有 55 万多人被划为右派，其中绝大多数是错划，许多党的干部和有才华的知识分子以及他们的家属由此受到长期压抑和打击。反右派斗争严重扩大化的一个重要影响，是动摇和修改了中共八大关于中国社会主要矛盾的正确判断。1957 年 9 月至 10 月召开的中共八届三中全会开始改变中共八大关于社会主要矛盾的正确判断，认为当时国内的主要矛盾仍然是无产阶级和资产阶级、社会主义道路和资本主义道路的矛盾。这一指导思想上的失误给中国探索社会主义建设道路造成了严重后果。

### （二）“大跃进”的探索和失误

1957 年“一五”计划的提前完成，极大地激发了中国人民彻底改变国家“一穷二白”面貌的斗志。但在胜利面前，毛泽东以及中央和地方不少领导干部开始头脑发热，相继发动了“大跃进”和人民公社化运动，酝酿并提出了社会主义建设总路线。总路线、“大跃进”和人民公社，在当时被称作“三面红旗”。它们的提出和推行，反映了曾经长期遭受帝国主义欺凌的中国人民在站起来之后迫切希望尽快强大和富裕起来的强烈愿望，但由于这些口号和运动的提出和推动，是建立在脱离实际的主观主义、急躁冒进以及对社会主义建设的长期性、艰巨性及其客观规律认识不足的基础上的，也由于决策本身产生的失误和执行过程中发生的偏差，导致了经济建设和社会发展不仅没有达到预期目的，反而遭受到重大的挫折。

1958 年 5 月中共八大二次会议后，以追求工农业生产和建设的高速度、大幅度地提高计划指标为标志的“大跃进”运动在全国开展起来。在工业方面，主要是钢产量指标不断提高；在农业方面，主要是对农作物产量的估计严重浮夸。生产发展上的高指标和浮夸风，推动着在生产关系方面急于向所谓更高级的形式过渡，主观地认为农业合作社的规模越大，公有化程度越高，就越能促进生产。1958 年 8 月，中共中央政治局在北戴河举行扩大会议，正式决定将当年钢产量指标比上年翻一番，即从 1957 年的 535 万吨提高到 1958 年的 1070 万吨；作出了《中共中央关于在农村建立人民公社问题的决议》。这次会议把“大跃进”和人民公社化运动迅速推向高潮，以高指标、瞎指挥、浮夸风和“共产风”为主要标志的“左”的错误严重泛滥开来。会后，为完成钢产量当年翻番的任务，在全国城乡掀起了全民大炼钢铁的群众运动。到 1958 年年底，北戴河会议确定的任务虽然勉强完成，但给国民经济发展造成的破坏却相当严重，极大地浪费了人力、物力和财力，造成农村劳动力的匮乏，加剧了水土流失等一系列生态环境问题。

在推动“大跃进”的同时，还开展了农村人民公社化运动。人民公社化运动最初是出于兴修水利、搞农田基本建设的需要，但在“大跃进”的背景下，却演变成不顾客观条件、争相推动农业集体生产组织向所谓更高级的形式过渡的普遍的群众性运动。大办人民公社的过程，实际上成为大刮“一平二调”（平均主义和无偿调拨）“共产风”的过程。人民公社化运动没有经过认真试验，短短几个月时间就在全国农村基本实现了公社化，严重挫伤了广大农民的生产积极性。

“大跃进”和人民公社化运动的发动，虽然反映了中国共产党力图抓住 20 世纪 50 年代中期出现的有利于国内和平建设的不可多得的历史机遇，在中国社会主义建设上开创一个跨越式发展局面的意图和努力，但由于脱离了中国社会生产力发展水平不高的现实，在建设速度上急于求成，违背了经济和社会发展的客观规律，造成了在探索建设中国社会主义道路过程中的严重失误。

### （三）国民经济的调整和政治上“左”的错误的发展

国民经济的调整从认识“大跃进”的失误开始。在“大跃进”造成的严重困难面前，全党上下决心认真调查研究，纠正错误，调整政策。毛泽东在1960年6月写的《十年总结》一文中说，对于社会主义时期的革命和建设，还有一个很大的未被认识的必然王国，要以十年时间去调查研究它。11月，中共中央发出《关于农村人民公社当前政策问题的紧急指示信》，要求全党用最大努力来坚决纠正各种“左”的偏差。

1961年1月，中共八届九中全会正式决定对国民经济实行“调整、巩固、充实、提高”的八字方针。这表明三年来造成严重后果的“大跃进”运动实际上已被停止，国民经济开始转入调整的新轨道。为了贯彻八字方针，中共中央发布了《国营工业企业工作条例（草案）》（即“工业七十条”）。条例实行后，国营企业逐步恢复和建立一系列规章制度，工业调整初显成效。

科学、教育、文化等各个领域也开始进行调整。中共中央先后批准试行《关于自然科学研究机构当前工作的十四条意见（草案）》（简称“科学十四条”）、《教育部直属高等学校暂行工作条例（草案）》（简称“高教六十条”）、《关于当前文学艺术工作若干问题的意见（草案）》（简称“文艺十条”，以后改为“文艺八条”），核心内容是调整党和知识分子的关系、贯彻落实“百花齐放，百家争鸣”的方针。在1962年3月召开的全国科技工作会议和文艺工作会议上，周恩来发表讲话，肯定中国知识分子的绝大多数已经是属于劳动人民的知识分子，而不再是资产阶级的知识分子。

1962年1月11日至2月7日，中共中央在北京召开扩大的工作会议（通常称七千人大会）。会议对待缺点和错误比较实事求是，发扬民主和自我批评的精神，增强了全党团结奋斗、战胜困难的信心。会议虽然从原则上仍然肯定“三面红旗”，没有能从根本指导思想上认真清理“大跃进”和“反右倾”的错误，但由于会后采取果断措施对国民经济进行了调整，到1962年年底，中国国民经济开始好转，并在1963—1965年取得了重要成就。这不仅在很大程度上扭转了“大跃进”造成的工农业生产中的混乱局面，而且推动了产业结构的合理化和优化，为下一阶段的发展打下了基础。在1964年12月至1965年1月召开的三届全国人大一次会议上，周恩来宣布调整国民经济的任务已经基本完成，提出把中国建设成为一个具有现代农业、现代工业、现代国防和现代科学技术的社会主义强国的目标。

但是，这一时期政治上“左”的错误得到了继续发展。1961年苏共二十二大以后，国际共产主义运动中的分歧和争论愈演愈烈。随着中苏两党之间的分歧扩大和中美之间的斗争加剧，中国周边的国际形势日趋紧张。中国坚持独立自主原则，顶住来自苏联的巨大压力，维护了国家主权和民族尊严，但是也产生了一些不符合实际的认识。1962年9月中共八届十中全会，把社会主义社会中仍存在一定范围的阶级斗争作了扩大化和绝对化的论述，断言在整个社会主义历史阶段中资产阶级都将存在，并存在资本主义复辟的危险，强调阶级斗争必须年年讲、月月讲、天天讲，标志着政治思想上"左"倾错误的严重发展。会后，针对农村干部中存在的多吃多占、账目不清等现象，在部分农村和城市开展社会主义教育运动。1965年年初，中共中央制定了《农村社会主义教育运动中目前提出的一些问题》，强调这次运动的性质是解决社会主义和资本主义的矛盾，运动的重点"是整党内那些走资本主义道路的当权派"，使政治上"左"的错误继续发展。与此同时，在意识形态领域也开展了错误的批判和斗争，破坏了"百花齐放，百家争鸣"的方针。"左"的错误的发展，最终导致了"文化大革命"的发生。

（四）"文化大革命"的严重挫折

1966年5月到1976年10月的"文化大革命"，是全局性、长时间的"左"倾严重错误，使中国共产党、国家和人民遭到新中国成立以来最严重的挫折和损失。

毛泽东发动这场"大革命"的出发点是防止资本主义复辟、维护党的纯洁性和寻求中国自己建设社会主义的道路，但由于对党和国家政治状况的错误估计，他认为中央出了修正主义，中国面临资本主义复辟的现实危险；只有采取断然措施，公开地、全面地、由下而上地发动广大群众，才能揭露党和国家生活中的阴暗面，把所谓被"走资派篡夺了的权力"夺回来。由于党的权力过分集中于个人，毛泽东的"左"倾错误的个人领导实际上取代了党中央的集体领导，对他的个人崇拜到了狂热的程度，这就使党和国家难于防止和制止"文化大革命"的发动和发展。

1966年5月中央政治局扩大会议和同年8月中共八届十一中全会的召开，是"文化大革命"全面发动的标志。这两次会议相继通过了《五·一六通知》（即《中国共产党中央委员会通知》）和《关于无产阶级文化大革命的决定》。1969年4月，中共九大使"文化大革命"的错误理论和实践合法化，加强了林彪、江青、康生等人在党中央的地位。1970年至1971年发生了林彪反革命集团阴谋夺取最高权力、策动反革命武装政变的事件，客观上宣告了"文化大革命”的理论和实践的失败。但1973年8月，中共十大仍继续九大的“左”倾错误，使江青、张春桥、姚文元、王洪文在中央政治局内结成“四人帮”，江青反革命集团的势力得到加强。1974年，毛泽东发现江青等人进行篡权活动以后，对他们做了严厉批评，宣布他们是“四人帮”。1975年，周恩来病重，邓小平在毛泽东支持下主持中央日常工作，着手对许多方面的工作进行整顿，使形势有了明显好转。但是毛泽东不能容忍邓小平系统地纠正“文化大革命”的错误，继而发动了所谓“批邓、反击右倾翻案风”运动，全国再度陷入混乱。1976年1月周恩来的逝世，引起了全党和全国各族人民的无限悲痛。4月间，在全国范围内掀起了以天安门事件为代表的悼念周总理、反对“四人帮”的“四五运动”，为后来粉碎江青反革命集团奠定了重要的群众基础。9月9日，毛泽东逝世，江青反革命集团加紧夺取党和国家最高领导权的阴谋活动。10月上旬，中共中央政治局执行党和人民的意志，毅然粉碎了江青反革命集团，结束了“文化大革命”这场灾难。

历史证明，“文化大革命”不是也不可能是任何意义上的革命或社会进步，而只是一场由领导者错误发动，被反革命集团利用，给中国共产党、中国和各族人民带来了严重灾难的内乱。长期动乱使国家政权遭到极大削弱，民主法制遭受践踏，大批干部、群众遭到迫害，全国陷入严重的政治动乱和社会危机。社会主义中国偏离了正确的发展方向，同世界经济和科学技术发展的时代潮流相脱节，拉大了同西方大国在经济社会发展方面的差距。在这十年中，虽然指导思想上的“左”倾错误占据主导地位，社会动乱严重发展并长期持续，但中共领导层、党内外广大干部群众对“文化大革命”进行不同程度、不同形式的抵制和抗争始终存在，也使它的破坏受到一定程度的限制。粉碎“四人帮”的胜利，结束了“文化大革命”这场灾难，从危难中挽救了中国的社会主义事业，为中国共产党和国家进入新的历史时期创造了前提。

### 三、社会主义建设探索的成就与教训

新中国成立后，中国共产党领导全国各族人民从1956年年底开始全面建设社会主义到1978年改革开放以前的22年，对社会主义建设进行了艰辛探索，虽然经历了严重曲折，但仍然取得了巨大的成就，并为中国共产党探索建设中国特色社会主义提供了宝贵经验和深刻教训。

### （一）社会主义建设的成就和国际地位的提高

经济保持了较快的发展速度。尽管中国社会主义建设在探索中曲折发展，但这个时期中国经济的发展速度仍然是比较快的，从 1952 年到 1978 年，工农业总产值平均增长率为 8.2%，国家经济实力明显增强，基本建立起独立的、比较完整的工业体系和国民经济体系，不仅为国家安全提供了保障，也为后来的发展奠定了坚实基础。

人民生活水平逐步提高。通过兴修水利、开展农田基本建设、培育推广良种、提倡科学种田，较大幅度地提高了粮食生产水平和抵御自然灾害的能力，初步满足了占世界四分之一人口的基本生活需要，在当时被世界公认是一个奇迹。全国人口死亡率从 1949 年的 20‰下降到 1976 年的 7.25‰；人均预期寿命，从 1949 年的 35 岁提高到 1975 年的 68.18 岁。

文教卫生事业得到发展。扫除文盲、加快发展基础教育和高等教育、大力推广普通话等为中国的发展提供了重要的人才支撑，积累了丰富的人力资源。戏剧、电影、音乐、舞蹈、小说、散文和诗歌等都涌现出大量优秀作品，郭沫若、茅盾、范文澜、翦伯赞、巴金、老舍、曹禺、赵树理、徐悲鸿、齐白石、梅兰芳等一批社会科学家和文学艺术家，为繁荣国家哲学社会科学研究和文化事业做出了重要贡献。屠呦呦率领团队发现青蒿素，挽救了无数人的生命，对中国和世界医药卫生事业作出了重大贡献。①

一批重要的科技成果面世。中国在核技术、航空、航天技术领域都取得了突破性进展。1964 年 10 月，成功爆炸了中国第一颗原子弹；1967 年 6 月，成功爆炸了第一颗氢弹；1970 年 1 月，第一枚中远程导弹发射成功；同年 4 月，第一颗人造地球卫星发射成功；1975 年，可回收人造地球卫星试验成功。生物物理学、分子物理学、地球化学、射电天文、高等物理以及喷气技术、计算机技术、半导体技术、自动化技术、无线电技术等重要的现代科学分支和新兴应用技术逐步发展起来。华罗庚、李四光、茅以升、竺可桢、童第周、钱三强、

---

① 1972 年，屠呦呦带领研究团队经过前期艰辛探索，终于在青蒿中提取到了一种分子式为 $C_{15}H_{22}O_5$ 的无色结晶体，一种熔点为 156℃—157℃的活性成分，他们将这种无色的结晶体物质命名为青蒿素。青蒿素是一种具有“高效、速效、低毒”优点的新结构类型抗疟药，可以有效降低疟疾患者的死亡率。2015 年 10 月 5 日，瑞典卡罗琳医学院在斯德哥尔摩宣布，中国女药学家、中国中医科学院中药研究所首席研究员屠呦呦与威廉·坎贝尔和大村智获 2015 年诺贝尔生理学或医学奖。这是中国科学家因为在中国本土进行的科学研究而首次获诺贝尔科学奖，是中国医学界迄今为止获得的最高奖项。

钱学森、邓稼先、郭永怀、陈景润、袁隆平等一批科学家为科学技术发展做出了重要贡献。

思想道德水平明显提高，极大地振奋了民族精神。中国高速度、高水平地探明和建设了大庆油田，以王进喜为代表的石油工人、科技人员和干部，表现出了中国工人阶级的时代风貌。在三年困难时期，中国人民展开了一场同自然灾害和物质匮乏的斗争，大寨人自力更生、艰苦奋斗发展农业是其中杰出的代表，体现了用自己的双手争取美好生活、支援国家建设的精神风貌；人民解放军官兵与人民群众一起共渡难关，积极投身于国家建设和抗灾救灾工作。在这一时期，还涌现出许许多多的先进人物和模范集体，雷锋和焦裕禄全心全意为人民服务的奉献精神，鞠躬尽瘁、死而后已的高贵品质，教育了几代人；王杰、欧阳海、南京路上好八连、草原英雄小姐妹许多英雄模范人物，在各自平凡的生活和工作中创造出了不平凡的业绩，以自己的理想、信念和价值观，给中国社会以深刻影响。

国际地位明显提升，国际环境的改善。中国在和平共处五项原则的指导下，妥善处理同周边国家的关系，支持亚非拉地区的民族解放运动，并给予了力所能及的援助，与这些发展中国家建立了友好关系。1971 年 10 月，中国恢复了在联合国的合法席位，从而为在国际事务中发挥更大作用提供了舞台和条件。1972 年 2 月，美国总统尼克松访华，中美在上海发表《中美联合公报》，美国承认只有一个中国，台湾是中国的一部分，并确认了从台湾地区撤出全部美国武装力量和军事设施的最终目标。随着中美关系正常化，1972 年出现了西方国家对华建交热潮，到 1976 年，同中国建交的国家已经达到 113 个。这不仅大大改善了中国当时所处的国际环境，也为后来实行对外开放创造了有利条件。

### （二）关于建设社会主义的探索成果和深刻教训

以毛泽东为主要代表的中国共产党人在创建新中国和探索适合中国情况的社会主义道路过程中，逐步形成了具有中国特点的社会主义基本制度，并作出了一系列重要理论创造。

在全面的大规模的社会主义建设的过程中，形成了一系列正确的认识成果。中共八大制定的正确路线和一系列方针政策，使中国探索建设社会主义道路有了良好开端。毛泽东提出必须正确区分和处理社会主义社会两类不同性质社会矛盾的学说，“百花齐放，百家争鸣”“长期共存，互相监督”的方针和实现中国工业化等思想；提出要把党和国家的工作重点转到技术革命和社会主义建设上来，并在领导纠正“大跃进”和人民公社化运动中的错误时，提出不能剥夺农民，不能超越阶段，反对平均主义，强调发展商品生产、遵守价值规律和做好综合平衡，以农轻重为序安排国民经济计划等观点；60年代中共中央在调整国民经济过程中陆续制定的农村人民公社、工业、商业、教育、科学、文艺等方面的工作条例草案和具体政策，等等。所有这些探索中积累的正确认识、基本经验和政策思想，都是在中国共产党和中国人民的集体奋斗中取得的。这些成果中的相当一部分直到“文化大革命”时期仍然在广大干部群众中发挥指导作用，并对“文化大革命”结束后进行指导思想上的拨乱反正，对实行改革开放和进行社会主义现代化建设，具有重要意义。

社会主义探索经历曲折甚至发生像“文化大革命”那样的严重挫折，为人们提供了深刻的历史教训。正如邓小平后来总结的那样，“问题是什么是社会主义，如何建设社会主义。我们的经验教训有许多条，最重要的一条，就是要搞清楚这个问题”①。“文化大革命”的历史表明，离开本国实际或漠视时代发展而空谈所谓社会主义理想和原则，静止地、片面地理解经典作家关于社会主义的一些个别观点和论断，必然会违背实事求是的思想路线，也不可能解答中国社会主义建设中的现实问题。需要指出的是，毛泽东是伟大的马克思主义者、伟大的无产阶级革命家、战略家和理论家，就他的一生来看，功绩是第一位的，错误是第二位的。毛泽东思想是马克思列宁主义在中国的运用和发展，是被实践证明了的关于中国革命和建设的正确的理论原则和经验总结，是中国共产党集体智慧的结晶。

## 第二节　改革开放与中国特色社会主义的形成与发展

1978年12月中共十一届三中全会的召开拉开了中国改革开放的序幕，中国社会主义建设和发展跨入新的历史时期。中国共产党坚持解放思想、实事求是，提出“一个中心，两个基本点”的基本路线，开辟了一条中国特色社会主

① 《邓小平文选》第3卷，人民出版社1993年版，第116页。

义的发展道路，并逐步形成了包括邓小平理论、“三个代表”重要思想和科学发展观等在内的中国特色社会主义理论体系，坚持和发展了中国特色社会主义制度。中国特色社会主义的形成和发展，不仅极大地改变了中国历史的发展进程，也深刻地影响了世界历史的进程，丰富了人类对社会主义发展规律和发展道路的认识。

## 一、中共十一届三中全会与中国特色社会主义的开创

“文化大革命”结束以后，中国面临向何处去的重大历史抉择。真理标准问题大讨论带来的思想解放，不仅推动了各条战线的拨乱反正，而且促使人们对中国社会主义建设的历史经验和今后的发展道路进行全面思考。1978 年 12 月，中共召开十一届三中全会，认真总结社会主义建设的历史经验，作出了把党和国家工作中心转移到经济建设上来、实行改革开放的历史性决策，实现了新中国成立以来具有深远意义的伟大转折。

### （一）伟大的历史性转折

粉碎“四人帮”后，中国各条战线积极展开揭发批判“四人帮”的斗争，努力进行思想上、政治上、组织上的拨乱反正。但“两个凡是”方针的推行，使彻底纠正“文化大革命”错误的愿望遇到严重阻碍，党和国家的许多工作出现了在徘徊中前进的局面。1978 年 5 月 11 日，《光明日报》发表了特约评论员文章《实践是检验真理的唯一标准》，从马克思主义基本原理出发，对“两个凡是”予以彻底否定。这篇文章引起了强烈反响，既得到广泛赞扬和支持，也遭到一些非议和责难。在邓小平等的引导和支持下，关于真理标准问题的讨论冲破了层层阻力在全国广泛展开，形成了一股解放思想、实事求是的潮流，为实现党和国家的历史性转折作了思想准备。

1978 年 11 月 10 日至 12 月 15 日，中共中央在北京召开工作会议，作出了为“天安门事件”等冤假错案平反的决定，解决了一批重大的历史遗留问题。会议就真理标准问题讨论中的意见分歧进行了讨论，批评了“两个凡是”的错误方针。12 月 13 日，邓小平在闭幕会上作了题为《解放思想，实事求是，团结一致向前看》的讲话，指出解放思想是当前一个重大的政治问题，只有思想解放了，我们才能正确地以马列主义、毛泽东思想为指导，解决过去遗留的问题，解决新出现的一系列问题。他还提出改革经济体制的任务，强调再不实行改革，现代化事业和社会主义事业就会被葬送。这篇讲话实际上成为随后召开

的中共十一届三中全会的主题报告。

1978 年 12 月 18 日，具有划时代意义的中共十一届三中全会在北京隆重召开。全会取得了一系列具有深远历史意义的重大成果，彻底否定了“两个凡是”的方针，重新确立了解放思想、实事求是的指导思想，实现了思想路线的拨乱反正；停止使用“以阶级斗争为纲”的口号，作出“把全党工作的着重点和全国人民的注意力转移到社会主义现代化建设上来”的战略决策，实现了政治路线的拨乱反正；强调实事求是和民主集中制的原则，形成了以邓小平为核心的中共中央领导集体，实现了组织路线的拨乱反正；审查和解决历史上遗留的一批重大问题和一些重要领导人的功过是非问题，开始了系统清理重大历史是非的拨乱反正；作出实行改革开放的伟大抉择，开始了中国特色社会主义建设道路的新探索。中共十一届三中全会作出的这一系列重大决策，标志着中国共产党从根本上冲破了长期“左”倾错误的严重束缚，全面恢复和确立了马克思主义的正确路线，是中华人民共和国成立以来的一次历史性伟大转折。

（二）改革开放的起步

中共十一届三中全会后，中共中央在总结正反两方面历史经验的基础上，开始了中国特色社会主义道路的新探索。

面对思想、政治、组织等领域的诸多问题，拨乱反正工作迅速展开，妥善调整了社会关系，有效调动了社会各阶层的积极性，为社会主义现代化建设准备了力量。1979 年 3 月 30 日，邓小平在理论工作务虚会上作了题为《坚持四项基本原则》的讲话。1981 年 6 月，中共十一届六中全会通过了《关于建国以来党的若干历史问题的决议》，实事求是地评价毛泽东的历史地位，肯定毛泽东思想的指导作用；彻底否定“文化大革命”，对新中国成立以来的一系列重大历史问题作出了基本的结论；肯定了十一届三中全会以来中国社会主义建设的正确道路，明确中国已经逐步确立了一条适合自己情况的社会主义现代化建设道路。

鉴于国民经济中仍然存在的比例关系严重失调的状况和经济工作中急于求成的现象，1979 年 4 月中共中央召开工作会议，集中讨论和解决了调整国民经济和思想理论工作方面的一些重大问题，制定了“调整、改革、整顿、提高”的新八字方针。在调整国民经济的同时，改革开放也迈开了步伐。安徽、四川等省率先实行包干到户、包产到户。1980 年 9 月中共中央肯定了包产到户的社会主义性质，1982 年 1 月 1 日再次明确肯定包产到户、包干到户等各种形式的生产责任制，都是社会主义集体经济的生产责任制，为家庭承包经营在全国范围大面积推开扫清了障碍。此后，家庭联产承包责任制迅速在全国农村推广开来，为经济体制改革迈出了扎实的一步。

1979 年 4 月，在农村改革步步推进之时，城市经济体制改革试点也从扩大企业自主权开始。这些改革措施给试点企业增加了前所未有的活力，对全国工业企业产生了极大震动。企业扩权试点的深入也带来了如何处理好企业责、权、利关系的问题，为此，企业探索出了经济责任制这种管理形式，并很快得到推广。这一时期，就业制度的改革也成效显著，国家允许个体经营，拓宽就业渠道，从而初步解决了多年积累的城镇待业青年就业问题，也为进一步改善所有制结构奠定了良好基础。

随着改革的推进，对外开放也开始起步。1979 年 7 月，中共中央和国务院决定对广东、福建两省的对外经济活动给予更多的自主权，扩大对外贸易，决定在深圳、珠海试办出口特区。1980 年，将“出口特区”改名为“经济特区”，决定在深圳、珠海、汕头和厦门开设经济特区。经济特区作为试验田，在改革开放的历史上有着重要的地位。

在这一时期，改革党和国家领导体制，使民主制度化、法律化为主要内容的政治体制改革也提上了日程。1979 年 7 月，全国人大五届二次会议通过了《关于修正〈中华人民共和国宪法〉若干规定的决议》和《地方各级人民代表大会和地方各级人民政府组织法》等法律法规，对地方政权组织和选举制度作了重要改革。中共十一届五中全会探讨了如何坚持党的领导，改善党的领导，提高党的战斗力问题，迈出了干部人事制度改革的重要一步。1980 年 8 月，邓小平发表《党和国家领导制度的改革》的重要讲话，充分论证了政治体制改革的必要性，明确了政治体制改革的方向，奠定了中国的政治体制改革的思想理论基础。

### （三）改革开放全面展开

到中共十二大召开前夕，全面拨乱反正和改革开放取得初步成果，社会主义建设积累了一些新的经验。为适应形势发展的要求，1982 年 9 月，中共召开第十二次全国代表大会，首次提出“建设有中国特色的社会主义”的重要命题，中国的改革开放由此全面展开，建设中国特色社会主义成为当代中国的主题。

在农村，随着家庭联产承包责任制迅速推向全国，不仅农业生产摆脱了长期停滞的困境，困扰国民的温饱问题得到解决，而且带动了乡镇企业异军突起，一批新型中小城镇随之出现。农村改革的巨大成就激发了广大人民群众的改革热情，也坚定了全党全国对改革的信心，改革从经济领域到政治、科技、教育、文化等领域全面、深入展开。1984 年，提出社会主义经济是“公有制基础上的有计划的商品经济”后，中国缩小了指令性计划，扩大了指导性计划，价格、税收、金融等经济杠杆在宏观调控中的作用日益增强；国有企业实行承包经营责任制、租赁制、股份制等多种经营管理形式，生产经营自主权进一步扩大；所有制结构逐步得到改善，集体经济、个体经济与中外合资、中外合作和外商独资的“三资”企业得到迅速发展。

对外开放也逐步形成由沿海地区向内地发展的格局。1984 年，沿海城市进一步开放，从大连到北海的 14 个沿海港口城市获得了经济特区的部分优惠政策，经济得到快速发展。1985 年起，又相继在长江三角洲、珠江三角洲、闽东南地区和环渤海地区开辟经济开放区，批准海南建省并成为经济特区。从经济特区到沿海开放城市，从沿海经济开放区到内地，对外开放逐步形成了多层次、有重点、点面结合的格局。

对外开放和对内搞活有力推动了社会主义有计划的商品经济快速发展，也提出了加强社会主义精神文明建设的要求。1986 年 9 月，中共十二届六中全会明确了精神文明建设的战略地位、基本指导方针和根本任务。此后，全国广泛开展了社会主义思想道德教育、民主法制教育，促进了各项文化事业蓬勃发展，“两个文明一起抓”取得了显著成效。

在改革开放取得全面进展、国家面貌发生深刻变化的形势下，1987 年 10 月，中国共产党召开了第十三次全国代表大会，系统地阐述了关于社会主义初级阶段的理论，明确概括了党在社会主义初级阶段的基本路线。大会确定了经济发展三步走的战略部署：第一步，1990 年实现国民生产总值比 1980 年翻一番，解决人民的温饱问题；第二步，到 20 世纪末，使国民生产总值再增长一倍，人民生活达到小康水平；第三步，到 21 世纪中叶，人均国民生产总值达到中等发达国家水平，人民生活比较富裕，基本实现现代化。

中共十三大后，全国人民沿着有中国特色的社会主义道路继续前进，建设和改革都取得了新的成就。但与此同时，前进中的问题和困难也日趋突出。这些问题和困难，有些是多年积累下来短时期不可能完全解决的，有些则是在前进过程中产生的。

## 二、中国特色社会主义在重大考验中推进

从1989年中共十三届四中全会到2002年中共十六大的13年，国际形势风云变幻，中国改革开放和社会主义现代化建设的进程波澜壮阔。中国共产党紧紧依靠全国各族人民，坚持中共十一届三中全会以来的路线方针政策不动摇，从容应对来自各方面的困难和风险，在极其复杂的情况下妥善处理和解决了涉及党和国家工作全局的许多重大问题，坚持并发展了中国特色社会主义。

### （一）在治理整顿、深化改革中继续前进

1984年至1988年，中国经济经历了加速发展的时期，但也出现了物价波动较大、通货膨胀加剧、重复建设严重等问题。1988年9月，中国相继采取一系列治理整顿的措施，整顿经济生活的各种混乱现象，取得了初步效果。1989年春夏之交，北京等地发生了政治风波。在邓小平等老一辈无产阶级革命家坚强有力的支持下，中共中央采取果断措施，平息了这场政治风波，捍卫了社会主义国家政权，维护了人民的根本利益。

1989年6月23—24日，中国共产党召开十三届四中全会，选举江泽民为中共中央总书记，并对中央领导机构部分成员进行调整。全会旗帜鲜明地指出，要继续坚决执行党的十一届三中全会以来的路线、方针和政策，继续坚决执行党的十三大确定的“一个中心、两个基本点”的基本路线。四项基本原则是立国之本，必须毫不动摇、始终一贯地加以坚持；改革开放是强国之路，必须坚定不移、一如既往地贯彻执行，绝不回到闭关锁国的老路上去。全会不仅对稳定全国局势具有重大作用，而且对保证十一届三中全会以来党的路线、方针、政策的连续性产生了深远影响。

1989年11月，一度被延误的治理整顿工作重新提上日程。通过压缩社会总需求、调整产业结构等政策措施，到1991年年底，过热的经济明显降温，经济基本恢复正常增长；投资和消费需求双膨胀的局面有所缓解，通货膨胀得到有效控制；基础产业得到加强，产业结构“瓶颈”矛盾有所缓解；流通领域混乱现象得到整顿，经济秩序有所好转；国家外汇储备大量增加，对外开放取得新进展。治理整顿取得了显著成效，国民经济在很困难的条件下逐步而又迅速地走上了健康发展的轨道。此外，在金融、财税、社会保险、住房、医疗等方面的改革试点工作也取得了一定成效，为进一步推进改革开放奠定了较好的基础。

在这一时期，中国还打破了西方国家的“制裁”，成功开辟了外交工作的新局面。1989年北京政治风波后，以美国为首的西方国家对中国实行“制裁”，多方施加压力。面对复杂、严峻的国际形势，中国在国际上坚持原则，顶住压力，多做工作，有力地维护了国家的主权和尊严，不断开拓对外工作的新局面，朝着全方位外交方向发展。到1992年，中国已同154个国家建立了外交关系，同200多个国家和地区发展了贸易、科技、文化交流与合作，为改革开放赢得了更加有利的国际环境和周边环境。

### （二）南方谈话与社会主义市场经济体制目标的确立

20世纪90年代初，尽管治理整顿和深化改革取得了显著成就，西方国家的“制裁”也被打破，但中国特色社会主义建设依然面临严峻挑战。复杂的形势使一些人对改革开放缺乏信心，甚至对党的基本路线产生了动摇。

1992年1月18日至2月21日，邓小平先后视察武昌、深圳、珠海、上海等地。途中，他多次发表谈话强调，党的基本路线要管一百年，动摇不得。改革开放胆子要大一些，敢于试验；判断改革开放得失成败的标准，应该主要看是否有利于发展社会主义社会的生产力，是否有利于增强社会主义国家的综合国力，是否有利于提高人民的生活水平；计划多一点还是市场多一点，不是社会主义与资本主义的本质区别；社会主义的本质，是解放生产力，发展生产力，消灭剥削，消除两极分化，最终达到共同富裕。邓小平的南方谈话，科学地总结了中共十一届三中全会以来改革开放的实践和基本经验，从理论上深刻回答了长期困扰和束缚人们思想的许多重大认识问题，是把改革开放和现代化建设推向新阶段的又一个解放思想、实事求是的宣言书，为中共十四大的召开作了重要的理论准备。

6月9日，江泽民在中央党校省部级领导干部进修班上作了重要讲话。他提出要确立邓小平建设有中国特色社会主义理论的指导地位，强调要贯彻党的基本路线，解放思想，实事求是，放开手脚，大胆试验，排除各种干扰，抓住有利时机，集中精力把经济建设和改革开放搞得更快更好。他指出，建立新经济体制的一个关键问题，是要正确认识计划与市场问题及其相互联系，要在国家宏观调控下，更加重视和发挥市场在资源配置上的作用。针对关于新的经济体制的集中提法，江泽民明确表示他“比较倾向于使用‘社会主义市场经济体制’这个提法”①。这篇重要讲话进一步统一了全党的思想，为中共十四大的

① 《江泽民文选》第1卷，人民出版社2006年版，第202页。

召开作了充分准备。

1992年10月，中国共产党召开第十四次全国代表大会。大会重申了“一个中心、两个基本点”的基本路线，确立了邓小平建设有中国特色社会主义理论在全党的指导地位，明确中国经济体制改革的目标是建立社会主义市场经济体制，要求围绕社会主义市场经济体制的建立，抓紧制定总体规划，有计划、有步骤地进行相应的体制改革和政策调整。以邓小平“南方谈话”和中共十四大为标志，中国改革开放和社会主义现代化建设事业进入新的发展阶段。

（三）面向21世纪的中国特色社会主义

中共十四大以后，中国继续沿着中国特色社会主义道路阔步前进。在实现由社会主义计划经济体制向初步全面建立社会主义市场经济体制转变进程中，改革开放取得了突破性进展，成功地把中国特色社会主义事业推向了21世纪。

1993年11月，中共十四届三中全会将十四大提出的经济体制改革目标和基本原则系统化、具体化，进一步勾画出社会主义市场经济体制的基本框架。1996年，中国经济成功实现了从发展过快到“高增长，低通胀”的“软着陆”，避免了经济发展的大起大落。在对外开放领域，陆续开放了一批沿江城市、省会城市、内陆市县，一个由沿海到内地，从东部到中部、西部的全方位、多层次、宽领域的对外开放格局逐步形成。

在着力推进社会主义市场经济发展的同时，中共中央坚持“两手抓、两手都要硬”的方针，采取了一系列措施和办法推进社会主义精神文明建设。1996年10月，中共中央对新形势下的精神文明建设作出了规划和部署，社会主义精神文明建设的新高潮在中国大地涌动，为继续深化改革，加快发展，创造了良好氛围。

1997年9月，中国共产党召开第十五次全国代表大会，强调要高举邓小平理论伟大旗帜，把建设有中国特色社会主义事业全面推向21世纪。大会对中国跨世纪发展的战略部署、社会主义初级阶段的所有制结构和公有制实现形式、推进政治体制改革、依法治国、建设社会主义法治国家等问题进行了阐释，明确回答了中国的改革开放和现代化建设继续向前发展的一系列重大理论问题和政策问题，从思想上、政治上、组织上为中国的跨世纪发展提供了根本保证。邓小平理论阐明了在中国建设社会主义、巩固和发展社会主义的基本问题，是中国特色社会主义理论体系的开篇之作。

在这一时期，中国共产党领导人民战胜了一系列困难和挑战，取得了一系列重大胜利：战胜了1997年亚洲金融危机的冲击，经受住了1998年特大洪涝灾害的考验，与台湾地区领导人李登辉抛出的“两国论”等分裂祖国的活动进行了坚决斗争。2001年12月，中国正式加入世界贸易组织，标志着对外开放进入了新阶段。

按照“一国两制”的方针，1997年7月1日、1999年12月20日，香港、澳门先后回归祖国。这不仅使中国的统一大业迈出重要一步，而且也为国际社会以和平方式解决国家间历史遗留问题提供了新的范例。

2000年2月，江泽民提出“三个代表”重要思想，进一步回答了什么是社会主义、怎样建设社会主义的问题，创造性地回答了建设什么样的党、怎样建设党的问题。“三个代表”重要思想反映了当代世界和中国的发展变化对党和国家工作的新要求，是加强和改进党的建设、推进中国社会主义自我完善和发展的强大理论武器，为随后召开的中共十六大作了充分的思想和理论准备。

## 三、中国特色社会主义新局面的开拓

进入21世纪，中国步入了全面建设小康社会、加快推进社会主义现代化的新的发展阶段。中共十六大以来，面对国际形势风云变幻，国内改革发展稳定任务繁重，中国共产党团结带领全党全国各族人民，紧紧抓住和用好中国发展的重要战略机遇期，奋力把中国特色社会主义推向前进。

### （一）全面建设小康社会的起步

2002年11月，中国共产党召开第十六次全国代表大会，大会高度评价了“三个代表”重要思想的历史地位和重要作用，总结概括了党领导人民建设中国特色社会主义的基本经验，提出了全面建设小康社会的奋斗目标和行动纲领。

2003年3月，“非典”疫病灾害突然袭来，冲击着中国经济社会发展。胡锦涛先后提出了要“坚持全面的发展观”“坚持全面发展、协调发展、可持续发展的发展观”“牢固树立科学发展观”等思想观点，科学发展观等一系列重大战略思想逐步形成，并在实践中不断丰富和完善。

为了解决现实发展中存在的经济结构不合理、分配关系尚未理顺、就业矛盾突出、资源环境压力加大等问题，2003年10月，中共十六届三中全会通过了《中共中央关于完善社会主义市场经济体制若干问题的决定》，为全面建设小康社会提供强有力的体制保障。

在科学发展观的引领下，全面建设小康社会的实践走出了一条新路子。从2003年下半年开始，针对经济发展中某些部门盲目投资、低水平重复建设等问题，中共中央及时作出加强宏观调控的决策和部署。保持了国民经济平稳较快增长的势头。

在城乡、区域、经济社会发展等领域，国家先后采取了一系列措施切实解决存在的矛盾和问题。从2004年到2006年，中共中央连续下发“中央一号文件”，分别就增加农民收入、提高农业综合生产能力、建设社会主义新农村等出台了一系列政策措施，努力从制度上根本解决城乡二元结构和统筹发展问题。在中共十六大提出实现社会更加和谐的目标的基础上，中共十六届四中全会将构建社会主义和谐社会确立为中国现代化建设的一项重大战略任务，中共十六届六中全会将“和谐”与“富强民主文明”并列为建设社会主义现代化国家的内在要求，使中国特色社会主义事业的总体布局由经济、政治、文化建设“三位一体”发展为经济、政治、文化、社会建设“四位一体”，全面建设小康社会的奋斗目标更为充实和丰富。

在这一时期，以“八荣八耻”为主要内容的社会主义荣辱观、建设社会主义核心价值体系、坚持走中国特色自主创新道路、建设创新型国家、建设社会主义新农村、深化行政管理体制和机构改革、坚持走和平发展道路等重大战略思想的提出和贯彻，丰富了中国特色社会主义理论体系的内涵，有力推动着中国经济社会的全面进步。

### （二）全面建设小康社会的新篇章

中共十六大后，中国加快推进和深化各项改革，积极扩大对外开放，不断加强和改善宏观调控，切实转变经济发展方式，努力克服各种困难，在全面建设小康社会的道路上迈出了坚实的第一步。面对改革开放以来中国和世界发生的广泛而深刻的变化，中共十七大在新的历史起点上，为夺取全面建设小康社会的新胜利制定了新的发展部署。

2007年6月25日，胡锦涛在中央党校发表的讲话中强调：中国特色社会主义是当代中国发展进步的旗帜，是全党全国各族人民团结奋斗的旗帜，必须始终不渝地坚持以邓小平理论和“三个代表”重要思想为指导，深入贯彻落实科学发展观，毫不动摇地坚持和发展中国特色社会主义。

2007年10月，中国共产党第十七次全国代表大会召开。会议总结了改革开放的历史进程和基本经验，提出了全面建设小康社会奋斗目标的新要求。中共十七大对科学发展观做出了更为全面、深刻的阐述，强调它是发展中国特色社会主义必须坚持贯彻的重大战略思想。科学发展观是马克思主义关于发展的世界观和方法论的集中体现，是马克思主义中国化重大成果。

2008 年，由美国次贷危机引发的国际金融危机全面爆发。为了应对危机，保持经济平稳较快发展，中国采取果断措施，全面实施了一系列经济政策和产业振兴计划，在世界率先实现经济回升向好。

在推动经济发展的同时，2009 年 9 月，中共中央提出了加强和改进党的建设的总体要求、目标任务和重要举措。为了进一步繁荣发展社会主义文化，提高国家文化软实力，2011 年 10 月中共中央作出关于深化文化体制改革的决定，明确提出建设社会主义文化强国的奋斗目标，提出了新形势下推进文化体制改革的指导思想、重要方针、目标任务和政策举措，为中国文化的进一步发展指明了方向。

在这一时期，中国成功举办了北京奥运会、上海世博会、广州亚运会，战胜了四川汶川地震等一系列重大自然灾害，载人航天、超级计算机等尖端科技领域实现重大跨越，节能减排和生态环境保护扎实推进，医药卫生、财税金融等领域改革取得新突破，中国特色社会主义事业扎实推进。

总之，经过改革开放 30 多年的发展，中国成功实现了从高度集中的计划经济体制到充满活力的社会主义市场经济体制的伟大历史转折，成功实现了从封闭半封闭到全方位开放的历史性转折，综合国力显著提升，人民生活总体上达到小康水平。中国人民大踏步赶上了时代潮流，中华民族巍然屹立于世界东方。实践充分证明，中国特色社会主义既坚持科学社会主义基本原则，又坚持以实践为依据；既坚持立足中国，又坚持面向世界，适应中国和世界发展的进步要求，有力推动我国各项事业蓬勃发展；十一届三中全会以来，中国共产党团结带领人民开辟的中国特色社会主义道路、形成的理论和路线方针政策是正确的。

## 第三节　中国特色社会主义进入新时代

当今世界正经历着百年未有之大变局，当代中国正处于近代以来最好的发展时期，我国发展站到了新的历史起点。中共十八大以来，以习近平同志为核心的党中央，团结带领全党全国各族人民，推进中国特色社会主义进入新时代，并围绕新时代坚持和发展什么样的中国特色社会主义、怎样坚持和发展中国特色社会主义这一重大时代课题进行探索，取得了改革开放和社会主义现代化建设的历史性成就。

## 一、中国共产党第十八次全国代表大会胜利召开

2012 年 11 月 8—14 日，中国共产党第十八次全国代表大会在北京召开。大会贯穿始终的主线是坚持和发展中国特色社会主义，提出了夺取中国特色社会主义新胜利必须牢牢把握的基本要求，对新的时代条件下推进中国特色社会主义事业作出了全面部署。

大会强调中国特色社会主义道路、中国特色社会主义理论体系、中国特色社会主义制度，是党和人民奋斗、创造、积累的根本成就，必须倍加珍惜、始终坚持、不断发展。大会阐明中国特色社会主义的总依据是社会主义初级阶段，总布局是经济、政治、文化、社会、生态文明建设“五位一体”，总任务是实现社会主义现代化和中华民族伟大复兴。大会提出了“两个一百年”的奋斗目标，即在中国共产党成立一百年时（2021 年）全面建成小康社会，在新中国成立一百年时（2049 年）建成富强民主文明和谐的社会主义现代化国家。大会通过关于《中国共产党章程（修正案）》的决议，把科学发展观同马克思列宁主义、毛泽东思想、邓小平理论、“三个代表”重要思想一道确立为党的行动指南并载入党章。11 月 15 日，中共十八届一中全会产生了新一届中央政治局，选举习近平为中共中央总书记，决定习近平为中共中央军事委员会主席。

2012 年 11 月 29 日，习近平在参观《复兴之路》展览时首次提出为实现中国梦而奋斗。习近平指出：实现中华民族伟大复兴，就是中华民族近代以来最伟大的梦想。这个梦想，凝聚了几代中国人的夙愿，体现了中华民族和中国人民的整体利益，是每一个中华儿女的共同期盼。2013 年 3 月 17 日，习近平在十二届全国人大一次会议上进一步阐明了中国梦的本质，指出：“实现中华民族伟大复兴的中国梦，就是要实现国家富强、民族振兴、人民幸福”，“中国梦归根到底是人民的梦，必须紧紧依靠人民来实现，必须不断为人民造福”。[①] 实现中国梦必须走中国特色社会主义道路，必须弘扬以爱国主义为核心的民族精

① 《习近平谈治国理政》，外文出版社 2014 年版，第 39、40 页。

神和以改革创新为核心的时代精神，必须凝聚中国各族人民团结的力量。实现中华民族伟大复兴的中国梦，是以习近平同志为核心的党中央对全体中国人民的庄严承诺，是党和国家面向未来的政治宣言，充分体现了中国共产党高度的历史担当和使命追求，为新时代坚持和发展中国特色社会主义注入了崭新内涵。

## 二、统筹推进“五位一体”总体布局

中共十八大提出全面落实经济建设、政治建设、文化建设、社会建设、生态文明建设五位一体总体布局。以习近平同志为核心的党中央从坚持和发展中国特色社会主义出发，高度重视统筹推进“五位一体”总体布局，使社会主义建设事业更具有全面性、丰富性和协调性，开创了中国经济建设、政治建设、文化建设、社会建设、生态文明建设新局面。

以新发展理念引领经济高质量发展。面对世界经济持续低迷，以及国内经济发展处于增长速度换挡期、结构调整阵痛期和前期刺激政策消化期“三期叠加”阶段等复杂形势，党中央果断作出中国经济发展进入新常态的重大判断，鲜明提出创新、协调、绿色、开放、共享的新发展理念，提出“使市场在资源配置中起决定性作用和更好发挥政府作用”的重大理论观点，强调坚持和完善我国社会主义基本经济制度，毫不动摇地巩固和发展公有制经济，毫不动摇地鼓励、支持、引导非公有制经济发展，坚定不移推进供给侧结构性改革，实施一系列改革举措，推动中国经济由高速增长阶段转向高质量发展阶段，向着更高质量、更有效率、更可持续的方向发展。

发展社会主义民主政治。坚定不移走中国特色社会主义政治发展道路，党的领导、人民当家作主、依法治国有机统一的制度建设全面加强，民主法治建设迈出重大步伐。党的领导体制机制不断完善，党总揽全局、协调各方的领导核心作用日益凸显。中共十八届六中全会正式确立习近平同志的核心地位，对于维护党中央权威、维护党的团结和集中统一领导具有十分重大的意义。坚持和完善人民代表大会制度、中国共产党领导的多党合作和政治协商制度、民族区域自治制度、基层群众自治制度，用制度体系保证人民当家作主，发展更加广泛、更加充分、更加健全的人民民主。明确社会主义协商民主，统筹推进政党协商、人大协商、政府协商、政协协商、人民团体协商、基层协商、社会组织协商，充分展现“中国式”协商民主的独特优势。全面贯彻党的民族政策、宗教政策，巩固和发展最广泛的爱国统一战线。

着力推动社会主义文化繁荣兴盛。鲜明提出文化自信，强调文化自信是“更基本、更深沉、更持久的力量”，坚定中国特色社会主义道路自信、理论自信、制度自信说到底是要坚定文化自信。牢牢掌握意识形态工作领导权和主导权，意识形态工作更加主动，马克思主义在意识形态领域的指导地位更加鲜明。高度重视培育和践行社会主义核心价值观，中华优秀传统文化广泛弘扬，公民素质和社会文明程度明显提高，社会主义文艺创作持续繁荣，文化事业和文化产业蓬勃发展，互联网空间更加清朗，国家文化软实力大幅提升，为建设社会主义文化强国，实现“两个一百年”奋斗目标和中华民族伟大复兴中国梦奠定更加坚实的思想文化基础。

坚持在发展中保障和改善民生。深入贯彻以人民为中心的发展思想，一大批惠民举措落地实施，人民获得感显著增强。以前所未有的力度推进脱贫攻坚取得决定性进展，促进贫困地区和贫困人口共享发展。教育事业全面发展，中西部和农村教育明显加强。实施就业优先战略和积极就业政策，就业状况持续改善。规范收入分配秩序，保护合法收入，增加低收入者收入，调节过高收入，取缔非法收入，中等收入群体持续扩大。基本建成覆盖城乡居民的社会保障体系，筑牢民生保障底线。

坚实推进美丽中国建设。把生态文明建设摆在全局工作的突出地位，加快生态文明体制改革，实行最严格的生态环境保护制度。全面节约资源有效推进，能源资源消耗强度大幅下降。着力解决人民群众反映强烈的突出环境问题，全面推进蓝天、碧水、净土保卫战，开展农村人民环境整治行动，取得显著成效。积极参与全球生态文明建设，引导应对气候变化国际合作。经过努力，“绿水青山就是金山银山”的理念深入人心，引领中国迈向生态文明新时代。

### 三、协调推进“四个全面”战略布局

党中央从坚持和发展中国特色社会主义全局出发，提出并形成了全面建成小康社会、全面深化改革、全面依法治国、全面从严治党“四个全面”的战略布局，确立了新形势下党和国家各项工作的战略目标和战略举措，为实现“两个一百年”奋斗目标、实现中华民族伟大复兴的中国梦提供了理论指导和实践指南。

全面建成小康社会，是全体中国人民的共同期盼。中共十八大提出确保到2020年实现全面建成小康社会宏伟目标以及新的要求。2015年10月，十八届五中全会第二次全体会议进一步强调：全面小康，是“五位一体”全面进步的小康，是惠及全体人民的小康，是城乡区域共同的小康。全面建成小康社会是包括各领域全面发展进步的庞大系统工程，中国共产党下大气力破解制约如期全面建成小康社会的重点难点问题，取得重大进展，正朝着人民认可、经得起历史检验的全面建成小康社会目标迈进。中国人民将在解决温饱的基础上，普遍过上殷实宽裕的生活，这将是中国历史上亘古未有的伟大跨越，也是中国对人类社会的伟大贡献。

改革开放是党在新的历史条件下领导人民进行的新的伟大革命，是决定当代中国命运的关键抉择。中共十八大提出全面深化改革开放的要求。2013年11月，十八届三中全会对全面深化改革的战略重点、优先顺序、主攻方向、工作机制、推进方式和时间表、路线图进行了总部署，启动了60条、300多项改革举措，发出了全面深化改革的总动员。从十八大到十九大的5年间，中央全面深化改革领导小组先后召开38次会议，审议通过365个重点改革文件，确定357个重点改革任务，推出1500多项改革措施，重要领域和关键环节改革取得突破性进展，全社会发展活力和创新活力明显增强。

全面依法治国是中国特色社会主义的本质要求和重要保障。中共十八大提出全面推进依法治国的要求。2014年10月，十八届四中全会对全面推进依法治国进行部署，提出总目标是建设中国特色社会主义法治体系、建设社会主义法治国家，并把坚持中国共产党的领导作为实现全面推进依法治国总目标的首要原则，明确坚定不移走中国特色社会主义法治道路。2014年11月1日，全国人大常委会表决通过《关于设立国家宪法日的决定》，2014年12月4日成为中国首个国家宪法日。2015年12月，中共中央、国务院印发《法治政府建设实施纲要（2015—2020年）》，确立了到2020年基本建成法治政府的奋斗目标和行动纲领，法治政府建设展现出“加速度”的态势。经过努力，科学立法、严格执法、公正司法、全民守法深入推进，法治国家、法治政府、法治社会建设相互促进，中国特色社会主义法治体系日益完善，全社会法治观念明显增强。

中国共产党以自我革命的勇气，坚定推进全面从严治党。把党的政治建设摆在首位，各级党组织和党员牢固树立“四个意识”，坚决做到“两个维护”，凝聚成更加坚强有力的领航力量。开展群众路线教育实践活动和“三严三实”专题教育，推进“两学一做”学习教育常态化制度化，党的政治建设得到加强。坚持和落实党的领导，不断增强各级党组织管党治党意识和能力。颁布实施《中国共产党廉洁自律准则》《中国共产党纪律处分条例》《中国共产党问责条例》，形成全面从严治党“一扣接着一扣拧、一锤接着一锤敲”格局。出台《党政领导干部选拔任用工作条例》《关于防止干部“带病提拔”的意见》等文件，着力整治用人上的不正之风，选人用人状况和风气明显好转。出台中央八项规定，着力解决过去被认为解决不了的问题，推动党风政风不断好转。坚持反腐败无禁区、全覆盖、零容忍，开展“打虎”“拍蝇”“猎狐”等行动，清除了一大批腐败分子，形成反腐败斗争压倒性态势。

## 四、中国共产党第十九次全国代表大会胜利召开

2017 年 10 月 18—24 日，中国共产党第十九次全国代表大会在北京举行。习近平总书记作了题为《决胜全面建成小康社会，夺取新时代中国特色社会主义伟大胜利》的报告。这个报告，是中国共产党在中国特色社会主义进入新时代关键时期制订的最新的政治宣言和行动纲领。

大会强调，经过长期努力，中国特色社会主义进入了新时代，这是我国发展新的历史方位。中国特色社会主义进入新时代，我国社会主要矛盾已经转化为人民日益增长的美好生活需要和不平衡不充分的发展之间的矛盾。我国社会主要矛盾的变化是关系全局的历史性变化，对党和国家工作提出了许多新要求。

大会强调，围绕回答新时代坚持和发展什么样的中国特色社会主义、怎样坚持和发展中国特色社会主义这个重大时代课题，“我们党以全新的视野深化对共产党执政规律、社会主义建设规律、人类社会发展规律的认识，进行艰辛理论探索，取得重大理论创新成果，创立了习近平新时代中国特色社会主义思想”。习近平新时代中国特色社会主义思想，是对马克思列宁主义、毛泽东思想、邓小平理论、“三个代表”重要思想、科学发展观的继承和发展，是马克思主义中国化最新成果，是党和人民实践经验和集体智慧的结晶，是中国特色社会主义理论体系的重要组成部分，是全党全国人民为实现中华民族伟大复兴而奋斗的行动指南，必须长期坚持并不断发展。

大会提出，从现在到 2020 年，是全面建成小康社会决胜期。要按照全面建

成小康社会各项要求，突出抓重点、补短板、强弱项，特别是要坚决打好防范化解重大风险、精准脱贫、污染防治的攻坚战，使全面建成小康社会得到人民认可、经得起历史检验。大会指出，从十九大到二十大，是“两个一百年”奋斗目标的历史交汇期；从2020年到2035年，在全面建成小康社会的基础上，再奋斗15年，基本实现社会主义现代化；从2035年到21世纪中叶，把中国建成富强民主文明和谐美丽的社会主义现代化强国。

大会通过了关于《中国共产党章程（修正案）》的决议，在党章中把习近平新时代中国特色社会主义思想同马克思列宁主义、毛泽东思想、邓小平理论、“三个代表”重要思想、科学发展观一道确立为党的行动指南。10月25日，中共十九届一中全会召开，习近平当选为中共中央委员会总书记。

### 五、开启全面建设社会主义现代化强国的新征程

在以习近平同志为核心的党中央领导下，在习近平新时代中国特色社会主义思想指引下，全体中华儿女凝聚起同心共筑中国梦的磅礴力量，不断奋进，努力开启全面建设社会主义现代化强国的新征程。

经济建设取得重大成就。经济保持中高速增长，在世界主要国家中名列前茅。2013—2018年，中国对世界经济增长的年均贡献率为28.1%，居世界第一位，是世界经济增长的第一引擎。全国经济总量连续跨越70万亿、80万亿和90万亿元大关，稳居世界第二。2018年，全国人均国民总收入达到9732美元，高于中等收入国家平均水平。2018年末，外汇储备余额为30727亿美元，连续13年稳居世界第一。供给侧结构性改革深入推进，现代化经济体系建设稳步推进。区域发展协调性增强，京津冀协同发展、长江经济带发展、粤港澳大湾区建设、长三角一体化发展按下快进键，黄河流域生态保护和高质量发展成为国家战略，雄安新区规划建设扎实推进。

科技发展实现大跨越。全国研发人员总量在2013年超过美国，已连续6年稳居世界第一。研发经费规模和强度实现历史性突破，中国已成为仅次于美国的世界第二大研发经费投入国家，为科技事业发展提供了强大资金保证。原始创新不断取得新突破，第一架国产商用大飞机C919试飞成功，鲲龙AG600国产大型水陆两栖飞机试飞成功，“蛟龙号”载人深潜器成为海洋科学考察新的前沿与制高点，世界最大500米单口径球面射电望远镜（FAST、简称“天眼”）开始运行，“悟空号”暗物质粒子探测卫星、“墨子号”量子科学实验

卫星成功发射，“天舟”一号货运飞船与“天宫”二号空间实验室顺利完成自动交会对接，“嫦娥”四号探测发射成功，人类首次月球背面巡视探测任务顺利进行。

“一带一路”建设取得丰硕成果。2013 年，习近平总书记提出共建“一带一路”重大国际合作倡议，得到国际社会高度关注。到 2019 年 4 月底，中国政府已经与 127 个国家和 29 个国际组织签署“一带一路”合作协议，互联互通合作网络正在形成。共建“一带一路”倡议及其核心理念已写入联合国、二十国集团、亚太经合组织以及其他区域组织有关文件中。“一带一路”不仅有力提高了各国民众的生活质量，而且解决了部分国家困扰多年的公路、铁路、电力等短缺问题，为推动联合国 2030 年可持续发展议程作出了重要贡献。

民主法治建设迈出重大步伐。2013 年开始实行城乡按相同人口比例选举人大代表，提高基层人大代表尤其是工人、农民代表比例，降低党政领导干部代表比例，确保人民当家作主。中国特色社会主义法律体系更加完备，从 2013 年至 2018 年，十二届全国人大共制定法律 25 部，修改法律 127 件次，通过有关法律问题和重大问题的决定 45 件，作出法律解释 9 件，弥补了国家安全、生态环保等领域的法律缺位。法治政府建设稳步推进，2018 年启动党和国家机构改革，其中政府机构改革设置国务院组成部门 26 个，正部级机构减少 8 个，副部级机构减少 7 个，使政府机构职责边界清晰化，为建设法治政府完善了“硬件”基础。

国家文化软实力提升。文化事业繁荣兴盛，全国文化事业费增速每年都超过 10%，覆盖城乡的现代公共文化服务体系基本建成，“三馆一站”公共文化服务设施全部免费开放。文化产业规模持续扩大，2013—2018 年文化产业对国内生产总值增量的年平均贡献率提高到 5. 5%。文化新业态发展势头强劲，数字内容、动漫游戏、视频直播、视听载体、手机出版等基于互联网和移动互联网的新兴文化业态成为文化产业发展的新动能和新增长点。文化交流、文化贸易和文化投资并举的“文化走出去”、推动中华文化走向世界的新格局已经逐渐形成，中华文化影响力日益增强。

生态文明建设取得显著成效。环境污染治理大力开展，生态环境质量稳步改善，2018 年全国 338 个地级及以上城市中有 121 个城市的空气质量达标，占 35. 8%，比 2015 年提高 14. 2 个百分点。推动形成绿色发展方式和生活方式，

2018 年全国单位国内生产总值能耗、用水量分别比 2012 年下降 23.3%和 27.5%。2016 年 4 月，率先签署全球合作应对气候变化的《巴黎协定》，同世界各国携手共建生态良好的地球美好家园。将绿色生态理念贯穿于共建“一带一路”，与联合国环境规划署签署关于建设绿色“一带一路”的谅解备忘录，与 30 多个沿线国家签署生态环境保护的合作协议。

强军兴军开创新局面。始终坚持党对人民军队的绝对领导，铸牢听党指挥的强军之魂。全面实施强军战略，大刀阔斧全面深化国防和军队改革，打破了长期实行的总部体制、大军区体制、大陆军体制，把总部制改为多部门制，调整省军区系统，调整组建 84 个军级单位和 13 个集团军，形成了军委管总、战区主战、军种主建的领导指挥体制新格局，并且强化了中央军委的战略指挥、战略管理功能。科技兴军步伐加快，突破和掌握了一批核心关键技术，国产航母、歼-20 等一批高新技术武器装备建设取得重要进展，人民军队现代化水平不断提升。

港澳台工作取得新进展。全面准确贯彻“一国两制”方针，牢牢掌握宪法和基本法赋予的中央对香港、澳门全面管治权，深化内地和港澳地区交流合作。港珠澳大桥正式通车，广深港高铁香港段正式通车运营并实现西九龙站“一地两检”，内地与香港澳门基础设施互联互通不断加强；内地与香港、澳门签署《〈关于建立更紧密经贸关系的安排〉货物贸易协议》，发放港澳居民居住证、取消港澳居民就业许可审批等举措，使要素流动更加便捷高效，市场一体化水平不断提升。坚持一个中国原则和“九二共识”，实现两岸领导人历史性会晤，巩固国际社会坚持一个中国原则的格局，取得一系列反“台独”、反分裂斗争的重大胜利。

推动构建人类命运共同体。当今世界的变局百年未有，变革会催生新的机遇，但变革过程往往充满着风险挑战，人类又一次站在了十字路口。2013 年，习近平首次提出构建人类命运共同体的倡议，此后有多次论述。人类命运共同体的理念，摒弃丛林法则、不搞强权独霸、超越零和博弈，开辟了一条合作共赢、共建共享的文明发展道路，被越来越多的国家接受。2017 年 2 月 10 日构建人类命运共同体理念首次载入联合国决议，3 月 17 日首次载入联合国安理会决议，3 月 23 日首次载入联合国人权理事会决议。中国积极打造合作共赢的全球伙伴关系，已经与 100 个国家、地区和地区组织建立起不同层次的伙伴关系，推进构建新型国际关系的进程。中国提出共商共建共享的全球治理观，促进全球治理体系变革，通过举办北京亚太经合组织领导人非正式会议、二十国集团杭州峰会、“一带一路”国际合作高峰论坛、厦门金砖峰会、青岛上合组织峰会、中非合作论坛北京峰会、亚洲文明大会等，在国际上的影响力、感召力、塑造力显著提高，中国与世界的互动关系发生了历史性演变，中国正前所未有地走近世界舞台中央。

把党建设得更加坚强有力。中国特色社会主义最本质的特征是中国共产党领导，中国特色社会主义制度的最大优势是中国共产党领导。在全面从严治党已经取得卓著成效的基础上，中国共产党这个世界上最大的政党，全面推进党的政治建设、思想建设、组织建设、作风建设、纪律建设，把制度建设贯穿其中，深入推进反腐败斗争，不断提高党的建设质量，把党建设成为始终走在时代前列、人民衷心拥护、勇于自我革命、经得起各种风浪考验、朝气蓬勃的马克思主义执政党。

事实雄辩表明，中国特色社会主义道路是实现中华民族伟大复兴的必由之路，是人类文明史上的伟大创举，以辉煌成就彰显了社会主义制度的优越性，为世界社会主义发展积累了重要经验。中国特色社会主义创造了世界现代历史发展中的奇迹，拓展了发展中国家走向现代化的途径，给世界上那些既希望加快发展又希望保持自身独立性的国家和民族提供了全新选择。

## 第四节　越南等社会主义国家的改革和当代社会主义发展

20世纪80年代末90年代初苏联解体、东欧剧变后，越南、古巴、朝鲜、老挝等国家继续坚持社会主义制度，坚持共产党的领导，推行各种形式的改革。这些国家的改革有不同程度的发展，其共同点是从变化了的国际形势和本国的实际出发，形成自己的理论和政策，在经济建设上提出了具有本国特色的社会主义发展目标。同时，世界各国人民对社会主义的追求并未因苏东剧变而停止，而是在警醒和反思之后，迈出了更加坚定的步伐。

### 一、越南、古巴的社会主义改革

受中国改革成功的启发和鼓舞，并从苏东剧变中汲取教训，越南、古巴等社会主义国家也进行了自己的政治经济改革，并取得一定进展。

### （一）越南的社会主义改革与发展

1976年，越南实现全国统一。1986年12月，越共召开第六次全国代表大会，成为越南社会主义革新开放的起点。越南的社会主义改革（越南称为“革新”）大致可分为三个阶段：第一阶段是学习苏联戈尔巴乔夫式的改革，第二阶段是抛弃苏联的改革模式，主要向中国学习，并在90年代进行了较为全面的体制改革，第三阶段则是2006年越共召开的十大，决定加大改革的力度和步伐，全面推进革新事业。

越南的经济革新很重视中国改革的经验。其革新也是从农业开始的，而且最初也是从基层自发搞起来的。70年代海防、永富等地自发分田到户。对此，越共领导层批判、处分地方干部，但难以压制，后不得不接受。1980年在海防市郊进行生产承包试点，取得成绩后在全国推广。1988年越共中央政治局通过了“10号决议”，正式实行农户承包责任制。1993年6月，越共中央召开七届五中全会，集中讨论了深化农业和农村改革的问题，提出了摆脱传统农业经济结构、实现农业现代化和农村工业化等重要方针，并决定进一步调整土地政策。同年7月，越南国会通过了新的土地法，规定农户使用土地的期限由15年延长到20年至50年，在使用期间享有转让、交换、出租、继承和抵押的权利。农业改革大大调动了农民的生产积极性，推动了农业的恢复和发展。1989年是全面推行承包制后的第一年，粮食由原来的不足变为自给有余，首次出口大米140万吨。此后，越南每年出口大米200万吨左右，成为居泰国、美国之后的第三大大米出口国。

1991年6月，越共在河内召开第七次全国代表大会，大会通过了《社会主义过渡时期国家建设纲领》和《2000年前经济、社会的稳定和发展战略》，提出坚持“党的领导、社会主义方向、马列主义和胡志明思想、无产阶级专政、国际主义”等五项基本原则，反对“政治多元化”和“多党制”，以保持国内政局的稳定；同时提出了建立社会主义方向、多种经济成分、由国家管理的市场机制的经济体制的方针，以废除长期实行的官僚、集中的统包制体制。

1996年6月28日至7月1日，越共第八次全国代表大会在河内召开。大会对实行革新路线10年来取得的成就作了总结，确定了到2000年和2020年的目标，提出了建设符合新时期要求的党的任务。大会指出，到2020年，要使越南基本上成为一个工业化国家。

2006年4月18日至25日，越共第十次全国代表大会在河内召开。这次大会总结了20年革新开放的情况，提出了未来五年经济社会发展的任务和目标，要求继续加快经济革新的速度；明确了党建任务和方向，强调要提高党的领导和战斗能力，发挥全民族的力量，全面推动革新事业，使国家尽早摆脱欠发达状况。

2007年1月，越南正式加入世界贸易组织，成为第150个成员，加快了融入国际社会的步伐。据统计，2011年，越南国内生产总值增长率为5.89%。越南为刺激经济发展，进行巨额政府投资。2012年越南全社会投资总额占国内生产总值的40%。2016年1月，越南共产党召开第十二次全国代表大会。2017年6月，越共中央委员会颁行《有关将私营经济发展成为社会主义定向市场经济体制的重要动力》的决议。

（二）古巴的社会主义改革与发展

古巴是西半球唯一的社会主义国家。为了适应国际和国内环境的需要，适时应对各种复杂多变的问题，古巴政府先后进行了多次改革，大胆探索和尝试建设社会主义的模式和方法。

20世纪80年代末90年代初，苏联的动荡解体使古巴失去了对外经济和政治关系的主要依托。古巴和苏联的贸易额从1989年至1993年下降了92%，苏联对古巴的各种经济和军事援助也基本停止。同时，美国国会在1992年通过了《托里切利法案》，对古巴实行全面禁运，并阻挠古巴在国际投资、金融领域获得援助的努力，企图从经济上扼杀古巴。古巴经济陷入空前危机。

1990年年初，古巴宣布准备进入“和平年代的特殊时期”，并提出改变过去依靠外援实现工业化的战略，代之以自力更生来保证生存和发展的战略。1991年10月古共四大召开，提出了改革开放的初步构思，并陆续出台了一系列改革措施。在政治方面，1992年经第三届全国人代会讨论通过，修改了1976年宪法，为古巴即将实行的新的政治经济改革提供法律依据；实行了人大代表的直接选举制；对国家和地方的经济机构进行了改组。在经济方面，实行古巴公民持有美元的合法化；放宽对个体经营的限制；将国营农场的土地采取合作的形式交给私人经营，调动私营业主的积极性；通过新的《外资法》，放宽对外资的限制，将包括糖业在内的所有生产部门都向外资开放，并将经济发展的重点由制糖业转移到旅游、医疗器材和生物制品的生产和出口上；改革外贸体制，扩大非传统出口产品的生产，实现对外贸易对象多元化。1997年，古共召开了五大，强调“坚持党的领导是关键”，确立了改革要坚持马列主义、社会主义和共产党的领导，坚决反对多党制和西方民主制。通过改革，古巴经济从危机中得到逐步恢复。

2006年7月底，菲德尔·卡斯特罗因身体原因将其所担任的最高行政职务暂时移交给劳尔·卡斯特罗等。劳尔在2007年7月26日的讲话中，提出古巴应该进行“必要的结构变革和观念的变革”。2008年2月24日，劳尔正式就任国务委员会主席和部长会议主席。同时，世界经济危机导致国际市场上古巴主要出口产品镍的价格下跌，到古巴旅游的人数锐减，古巴侨民的侨汇也减少，而需要大量进口的粮食价格上涨。此外，2008年古巴经历了三次飓风，损失约100亿美元。为缓解发展困境，古巴党和政府下决心深化经济改革。

2008年7月，劳尔签署第259号法令，允许农民承包闲置土地，给农业生产者以更大的自主权，以增加农业生产、减少粮食进口。古巴84%的劳动人口在国有部门就职，为了减少财政支出和鼓励私人创业，2010年，古巴宣布要在三年内精简国有部门的冗员150万人，使约一半冗员从事个体户工作。2011年4月16日，古共六大召开，会议取得了两项主要成果，一是确立了以劳尔为第一书记的新的党中央领导班子，宣布实行党和国家最高领导人的任期制；二是通过了《经济和社会政策的纲要》。纲要明确指出，古巴将坚持社会主义方向，不断完善和“更新”经济和社会模式，发展国民经济，提高人民生活水平；古巴将在坚持以计划经济为主导的前提下，考虑市场的因素；在坚持以公有制为主的前提下，扩大个体户、承包、租赁、合作社、外资等其他所有制形式，使所有制多元化。这一纲领性文件确定了古巴此后经济改革的方向和方针政策。古共六大的召开标志着古巴启动了新一轮的改革。

2016年4月古巴共产党第七次全国代表大会召开，劳尔·卡斯特罗代表古共中央向大会作中心报告，大会回顾了古共六大以来经济社会模式更新的进展，讨论并通过了2011—2015年的五年经济发展总结和2016—2021年新纲要、古巴社会主义发展模式的理论化、第一次全国党代会任务和中央第一书记的指示等指导性文件。

## 二、朝鲜、老挝的经济社会建设

### （一）朝鲜的经济社会建设

1953年7月停战协定签订后，朝鲜提出优先恢复和发展重工业，同时发展轻工业和农业的经济建设的基本路线。1955 年 12 月，金日成第一次提出“主体思想”。60 年代下半期，金日成完成了主体思想体系化工作，使其成为指导朝鲜社会主义革命和建设的理论基础。金日成的主体思想，主要是强调革命和建设的主人是人民群众，推动革命和建设的力量也在于人民群众；要独立地根据本国的实际情况并且主要依靠自己的力量，解决革命和建设中的一切问题。1972 年 12 月，《朝鲜民主主义人民共和国宪法》明确提出，“把马克思列宁主义创造性地运用于我国现实的朝鲜劳动党的主体思想作为自己活动的指针”。80 年代，朝鲜从国内外实际出发，强调彻底坚持自主和创造性的立场，坚决贯彻思想、技术、文化三大革命路线。

90 年代初，随着苏联解体和东欧剧变，朝鲜与苏联东欧社会主义国家之间的经济协作关系不复存在，朝鲜重要战略物资的进口渠道和主要商品出口市场都受到严重影响，为此朝劳动党提出通过“朝鲜式社会主义”道路来应对挑战。1991 年，朝鲜决定建立罗津—先锋自由经济贸易区，允许外国人在此建立合作、合资和独资企业。仅 1992 年和 1993 年，即先后公布了《外国人投资法》《外国独资企业法》《合作法》《自由经济贸易区法》《外汇管理法》《外国投资企业及外国人税收法》《土地租赁法》《外资银行法》和《外国人出入自由经济贸易区规定》等法律法规。

1994 年 7 月，金日成去世。1997 年 10 月，金正日出任朝鲜劳动党中央委员会总书记，他继承和发展了金日成创立的主体思想。1995 年、1996 年，朝鲜连续两年发生严重水灾，1997 年又遭受旱灾和海啸。连年灾害导致粮食生产大幅度减少，经济陷入严重困境。朝鲜在号召全国人民发扬抗日游击队“艰难行军”精神的同时，在 1998 年提出了建设“主体的社会主义强盛大国”的发展战略。朝鲜优先发展电力、煤炭、冶金和铁路运输业，并通过种子革命等措施发展农业，同时大力发展轻工业。1999 年，朝鲜的经济困难得到缓解。

2002 年 7 月，朝鲜为活跃国家经济生活，开始实施“社会主义经济管理改善措施”，对经济生活进行改善和调节，主要内容包括：大幅度调整物价和工资，缩小配给制；扩大企业经营自主权，强化企业的独立核算制；取消外汇券，调整汇率；加强对农业的鼓励措施等。2002 年 9 月，朝鲜设立新义州开发区，向中国开放；10 月设立开城工业园区和金刚山旅游园区，向韩国开放。2003 年，朝鲜把“农民市场”改为“综合市场”，允许销售轻工业产品，充分肯定了农贸市场在社会主义商品流通方面所起的补充作用。自 2004 年 1 月起，农业部门开始了“以家庭为单位的农业经营方式”试点，工业部门开始了“企业改革”的试点，允许按自身业绩提高工资等。这些措施提高了人民的生产积极性和企业的积极性，1999—2005年，朝鲜经济连续七年保持增长。2008年，朝鲜经济增长3.1%，主要得益于农林渔业和建筑业的发展。2011年，金正恩执政后提出，2012年将成为“开启了强盛大国的胜利之年”。努力发展电力、煤炭、铁路、化学、金属工业，建设朝鲜式的知识经济强国。

2016年5月，朝鲜劳动党在时隔36年之后，举行第七次全国代表大会，提出要加强科学技术强国、经济强国和文明强国建设等明确的发展目标。

（二）老挝的经济社会建设

老挝人民革命党是20世纪30年代印度支那共产党的成员之一，1955年独立建党，称老挝人民党，1972年改称现名。自30年代到1975年，老挝人民革命党的活动长期处于秘密状态。1972年2月，老挝人民革命党召开第二次全国代表大会，明确提出走社会主义道路的政治路线：在全国完成民族民主革命，为不经过资本主义发展道路直接进入社会主义准备一切必要条件，把老挝建成一个和平、独立、民主、统一和繁荣的国家。

1975年5月，老挝人民在越南、柬埔寨抗美救国战争不断取得重大胜利的大好形势影响下，积极开展夺取全国政权的斗争。10月，老挝人民革命党通过和平方式夺取政权，老挝国王西沙旺·瓦塔纳11月宣布退位。12月，老挝首届全国人民代表大会在万象召开，宣布废除长达600余年的君主制，成立老挝人民民主共和国，老挝人民革命党成为执政党。政府总理凯山·丰威汉宣布：老挝已经完成了民族民主革命，开始了走向独立、自由和社会主义的新纪元。

1975—1979年，老挝进行社会主义改造时，全面照搬苏联的办法，强调生产关系的变革，即对原有的私营工厂和企业实行国有化或公私合营，国家垄断商业，禁止私商买卖。在农村推行农业合作化运动，强迫所有的农民都要加入农业合作社。这一切严重脱离了老挝实际，阻碍了社会生产力的发展。1979年11月，老挝党召开二届七中全会，提出管理经济要懂得和掌握运用各项经济规律，开始纠正偏差。1986年11月，老挝党召开四大，检讨了在条件尚不具备的情况下，搞工业国有化、农业合作化的错误。1989年10月，老挝党四届八中全会分析了犯错误的主要原因，是对老挝国情的估计不符合实际，犯了急躁冒进、超越阶段、取消非社会主义经济成分的错误，阻碍了生产的发展。

90年代初的苏东剧变，对老挝的政治、经济、社会、文化等各方面造成严重冲击。原社会主义国家停止了对老挝的经济、军事援助；西方国家则乘机向老挝施压；一些干部和党员对社会主义前途产生怀疑。与此同时，流亡国外的反政府武装趁机窜回国内进行武装骚扰。老挝党和政府提出革新开放必须坚持的基本原则是：坚持社会主义，坚持马列主义是党的思想基础，党的领导是一切胜利的决定因素，坚持在集中原则上发扬民主，增强人民民主专政的力量和效力，坚持真正的爱国主义与纯洁的国际主义相结合；强调无论世界局势还会发生多么严重复杂的变化，决不放弃社会主义革命和建设的目标。

随着革新开放的逐步展开，老挝国内经济和政治取得很大的成就。经济保持了较高的增长速度，人民生活有所改善，国内政局稳定，社会安定。2006 年 3 月老挝党召开八大。会议认为，为了最终实现社会主义目标，根据老挝的国情特点，老挝需要用很长的时间，经历很多的发展过程。目前老挝的革命建设仍处于向社会主义过渡期的初期。在经济领域，建立多种所有制和多种规模的商品经济结构；在政治领域，推行政治体制革新，要为经济社会发展创造有利的政治环境。老挝必须扩大对外合作关系，将老挝的经济融入世界经济环境中，在国际合作中争取资金和技术援助，吸收国外的先进管理经验。老挝党八大的召开，对老挝社会主义建设有了进一步的认识，为老挝的革新开放和社会主义探索指明了方向。

2011 年 3 月，老挝党召开九大，强调老挝将坚持走社会主义道路，加强执政党自身的建设，推进革新视野，扩大对外交往，建设社会主义法治国家，为实现 2020 年摆脱国家欠发达状态奠定坚实的基础。2016 年 1 月，老挝人民党召开第十次全国代表大会，总结过去五年的发展成就和 30 年革新开放事业的实践经验，描绘了未来经济社会发展蓝图。

### 三、世界其他国家共产党和社会主义力量的新发展

苏联解体、东欧剧变，对亚非拉广大发展中国家社会主义政党造成了冲击，给这些国家和地区的社会主义力量带来严重影响。但是，经过一段时间的震荡和调整，当代社会主义力量开始复兴。

20 世纪 90 年代初，印度共产党（马克思主义）对苏联和东欧国家背离社会主义的“改革”进行了严厉批判，重申坚持马克思主义和社会主义信念。1995 年，印共（马）党员人数发展到 63 万，并在西孟加拉、特里普拉和喀拉拉三个邦的议会选举中获胜。印共（马）领导的群众组织有印度工会中心、全

印农民协会、印度民主青年联合会、印度学生联合会和全印民主妇联等，其成员总数超过 4 000 万人。目前，印共（马）党员有 80 多万人，管辖着 1 亿多人口。2004 年 5 月大选中，印共（马）获得人民院 43 席，成为第三大党。

1992 年 2 月，尼泊尔共产党发表《关于苏联解体的决议》，明确表示要把马列主义作为自己的指导思想，并将其基本原理与尼泊尔的实际相结合，独立地制定自己的政策。尼共曾在 1994 年的议会选举中获胜，一度成立了由党的主席曼·莫汗·阿迪卡里任首相的尼泊尔共产党（联合马列）政府。

2017 年 10 月 3 日，尼共（联合马列）和尼共（毛中心）宣布组成竞选联盟，并表示在选举获胜后两党将合并。2018 年 5 月 17 日，尼泊尔联合执政的两大共产党尼共（联合马列）和尼共（毛中心）正式宣布合并，原尼泊尔共产党（联合马列）主席奥利和原尼泊尔共产党（毛中心）主席普拉昌达将共同出任新成立的尼泊尔共产党联合主席。新组建的尼泊尔共产党将拥有下议院 275 个议席中的 174 个，占比达 63.5%，成为尼泊尔有史以来最强大的政党。

南非共产党经过长期斗争，在 1990 年取得合法地位。1991 年苏东剧变发生后，南非共指出，这决不表明社会主义已经“寿终正寝”。同年 12 月，南非共召开八大，宣布南非共是工人阶级的领导力量，长远目标是建立社会主义社会，实现共产主义。在 1994 年、1999 年的大选中，南非共先后获得国民议会 400 个席位中的 50 多个和 80 个，共有四人出任内阁部长，南非共在“未来属于社会主义，建设自今日开始”的口号下稳步发展，在国家政治经济生活中的影响日渐扩大。

巴西共产党、智利共产党等拉美社会主义政党，继续旗帜鲜明地坚持马克思列宁主义的理论指导，坚持对社会主义、共产主义的信仰，强调社会主义是人类的希望。1995 年 8 月，巴西共八大报告中指出：建设社会主义不仅仅是意志的表现和革命的动力，而且还是对历史发展规律的科学认识。1998 年，巴西共产党党员人数由冷战前的 9 万增至 20 万；在联邦众议院中的席位由 5 个增至 10 个。智利共产党在 1990 年成为合法政党，1991 年 11 月，智共纲领草案指出，苏联解体、东欧剧变“不是社会主义的失败”。1992 年 4 月，智共通过了新党章，强调智共是信仰马列主义学说的工人阶级革命政党。1996 年与 1993 年的大选相比，智共得票率由 4.5%增至 5.92%，并获得了两个市长的席位。苏东剧变后，拉美共产党召开多次区域性会议，重申对马克思主义科学社会主义的信仰。此外，拉美左翼力量也在迅速发展。委内瑞拉总统查韦斯的“21 世纪社会主义”、玻利维亚总统莫拉莱斯的“社群社会主义”和巴西劳工党的“劳工社会主义”等社会主义思潮纷纷出现，扩大了世界社会主义的影响。

90年代，西欧国家的社会主义政党受到苏东剧变的严重冲击，但仍有12个共产党和社会主义组织坚持不改党名，不放弃社会主义、共产主义奋斗方向。法国、希腊、卢森堡、奥地利共产党和挪威工人共产党（马列）相继召开了党代表大会，他们认为，苏东剧变是“发展中的危机”，而非“制度危机”；“在当今形势下，只有依靠共产党才能对资本主义社会进行改造，只有社会主义才能实现人人平等”。目前，西欧有20余个共产党组织，50余万名党员。法国共产党、葡萄牙共产党、西班牙共产党、希腊共产党和意大利重建共产党，都是有较广泛影响的政治力量。葡萄牙共产党、希腊共产党均为国内第三大党，西班牙共产党为国内第四大党。

西欧各国共产党虽有不同的思想文化渊源，观点各异，话语系统彼此不同，但在意识形态也有相通之处。1992年，法共、葡共、西共、希共和意重建共在里斯本召开“西欧左翼论坛”首次会议，研讨新形势下西欧各国共产党的主要任务，此后，又先后在米兰、马德里、雅典、赫尔辛基和柏林等地召开了十余次会议。当前，西欧左翼论坛有16个成员党。1998年是科学社会主义的经典著作《共产党宣言》发表150周年，在法共的支持下，5月在巴黎召开了主题为“如何取代资本主义，如何实现人类解放”的国际会议，来自60个国家的1500余人出席了会议，显示了当代社会主义的力量。

美国共产党是美国左翼政党中人数最多、影响最大的政党，现登记在册的党员约有5000名。苏东剧变后，美共坚持不改党名、不变党性，从组织和思想上保全了党。经过多年的重建努力，已从低谷中复苏并有所发展。2001年5月，美共对党章进行了修改。新党章再次肯定了“美国共产党是工人阶级的，为工人阶级服务的政党”，首次明确提出了“党的指导思想是马克思列宁主义的科学原理”。美共坚信“社会主义是资本主义制度的最佳代替物”，其基本主张是，未来美国的社会主义将按美国的传统、历史和文化条件来建立，因此它将不同于其他社会主义国家。美共强调，社会主义在美国的实现将是长期的，但必须立足于现实斗争。

日本共产党是发达国家中人数最多、影响较大、参政时间较长的共产党。在2004年，日共召开了二十三大，提出了在资本主义框架内实现改革的日本式社会主义路线，根据日本是发达资本主义国家的情况，提出要把计划经济和市场经济结合起来，搞“市场经济社会主义”。这些主张在日本的政治、经济和社会生活中具有相当影响。

苏联解体后，在俄罗斯境内，先后出现了俄罗斯联邦共产党（1990）、俄罗斯共产主义工人党（1991）、劳动人民社会党（1991）、共产党人联盟（1991）、全联盟布尔什维克党（1991）、俄罗斯共产党人党（1991）、俄罗斯农业党（1993）等社会主义政党或组织。

俄罗斯联邦共产党（俄共）人数最多，90 年代初有 55 万人。俄共曾被禁止活动，经过艰苦斗争，在 1993 年恢复了合法地位，并发展成为国家杜马中的大党，具有 2000 余个地区组织和 20000 个基层组织。俄共总结了苏联解体的教训，从实际出发制定了自己的纲领，明确提出它的基本原则和目标是：社会主义和共产主义；集体主义、社会公正和真正的人道主义；爱国主义和国际主义；反对复辟资本主义，反对现行的政治制度，反对强制性的私有化和掠夺式的“自由价格”；要求恢复苏联。

1994 年，俄罗斯共产主义工人党、俄罗斯共产党人党、全联盟布尔什维克党联合成立“俄罗斯共产主义联盟”，公开宣布它将坚持和维护苏联模式或斯大林模式的社会主义，忠于马克思列宁主义原则，对现政权采取不承认态度，在经济上坚决反对市场经济或混合经济。

俄罗斯社会主义运动的特点，是多党并存，各党对苏联解体和解体后现实生活中出现的诸多重大理论问题有不同的理解，因此立场各异，俄共是俄罗斯社会主义运动的主要力量。1995 年年初，俄共三大召开，有 60 多个共产党、社会党、社会民主党等左翼党的代表团与会，大会通过了《关于进一步加强共产党员的团结和统一的决定》《维护人民对列宁的怀念》《反对在苏俄领土上各国对共产党的镇压》等文件，对俄罗斯社会主义运动的发展产生了积极的影响。同年 7 月 1 日，“共产党联盟——苏共”三十大召开。俄罗斯境内的所有共产党组织都出席了大会。大会通过了联盟纲领。纲领总结了 20 世纪的资本主义和社会主义，以及社会主义在一些国家失败的原因和教训。纲领明确提出恢复人民代表苏维埃、恢复生产资料公有制、恢复社会主义民主，并明确提出党的纲领性战略方针。该方针是：第一阶段，作为反对党，争取恢复劳动者的权利；第二阶段，劳动者取得政权后，恢复社会主义原则和国民经济，恢复苏联。当前，恢复社会主义原则、重建苏联，成为俄共等社会主义政党的行动纲领。

与此同时，东欧国家的共产党也得到恢复、重建和发展。在这些共产党中，力量较大的有摩尔维亚共产党人党、捷克—摩拉维亚共产党和乌克兰共产党等。

**思考题：**

1. 中国社会主义建设如何在探索中曲折发展？
2. 试析中国特色社会主义理论体系的形成与伟大实践。
3. 朝鲜、越南、老挝、古巴等国家是如何进行改革的？
4. 当代社会主义运动有哪些主要特点？

# 第二十章　经济全球化和世界多极化的发展

两极格局终结后，世界处于大发展、大变革、大调整时期。一方面，经济全球化和世界多极化深入发展，求和平、谋发展、促合作成为不可阻挡的世界潮流，人类的相互依存在上升，国际力量对比更趋平衡；另一方面，霸权主义和强权政治仍然存在，保护主义、孤立主义、民粹主义不断滋长，局部战争和地区冲突持续不断，恐怖主义、网络安全、重大传染性疾病、气候变化等非传统安全威胁持续蔓延，南北贫富差距继续扩大，人类面临的共同挑战有增无减。面对国际环境的深刻变化，各国都在进行一系列的战略调整，以使自己在新的国际竞争中居于主动地位。全球化是历史大势，一些逆全球化动向，阻挡不住全球化大潮。中国是全球化最坚定的倡导者和维护者之一，在推进世界多极化，构建人类命运共同体，推动全球治理体系改革，为世界的和平、繁荣、稳定作出了重要贡献。

## 第一节　经济全球化与区域经济一体化

冷战结束后，经济全球化与区域经济一体化发展步伐明显加快，两者相互影响、相互促进，深刻改变着世界的经济政治格局和人类生活的面貌。经济全球化和区域经济一体化是大势所趋，但也面临诸多问题和曲折，尤其是2008年国际金融危机以来，一些国家和地区保护主义、孤立主义、民粹主义和逆全球化思潮上升，成为干扰经济全球化和区域经济一体化趋势的消极因素。

### 一、经济全球化的迅猛发展

经济全球化，是指以新科技革命为条件，以跨国公司为载体，通过国际贸易、国际金融、国际投资和技术与人员的国际流动，世界各国各地区的经济越来越紧密地结合成一个高度融合、相互依存的有机整体的过程。经济全球化在过去很长时期里由西方大国所推动、所主导，但其发展也有自身的规律。全球化反映了世界分工的不断深化和全球产业链、价值链的不断发展，反映了世界各国、各地区相互依赖的不断加深，以及追求合作与发展的强烈意愿。今天，经济全球化的推动力量已经不再完全由西方所主导。以中国为代表的新兴国家崛起，引导全球化从资本主义世界市场的扩张向着互利、共赢的人类命运共同体方向转化和发展。中国正在成为新型全球化理念的贡献者和实践的引领者。

经济全球化是一个逐步形成的历史发展过程，是当今人类历史发展的基本趋势。早在15—16世纪新航路开辟以后，世界各地因欧洲殖民者的扩张和殖民贸易日益紧密地联系在一起。由于资本主义生产方式在欧洲出现，资本无限扩张的要求驱动着早期殖民主义者以开拓殖民市场的形式向全球拓展，逐渐打破了农业经济时代的地方狭隘性，表现出一种外向的、走向全球的经济发展趋向。19世纪后半期到20世纪初，资本主义从自由竞争资本主义阶段进入垄断资本主义阶段发展，旧的经济格局更加不能容纳资本积蓄的巨大能量，向全球扩展的内在冲动更加强烈。在垄断资本大规模扩张的冲动和第二次工业革命的推动下，世界经济规模迅速扩张，国际贸易迅速发展，出现了资本的大规模国际性流动和生产的国际分工等。但是，这一时期尚未建立起国际经济运行的统一机制。

从第二次世界大战结束到20世纪80年代，美国等西方主要发达资本主义国家凭借其绝对经济优势，主导建立了国际货币基金组织、世界银行和关贸总协定，初步形成了国际金融和国际贸易体制。在这一时期，大批发展中国家进入国际经济体系，而发达资本主义国家之间的贸易往来和相互投资获得巨大发展。

20世纪90年代，在科技革命、全球范围的市场化改革、跨国公司的全球扩张、区域经济一体化和冷战结束等因素的综合作用下，经济全球化呈现加速发展趋势，各国经济相互联系、相互作用、相互依存的关系不断加强，世界经济进入了经济全球化的新阶段。

冷战结束后，资本主义已经进入国际金融垄断资本主义阶段，资本国际化趋势的迅速发展，成为当代资本主义发展的显著特征。生产力发展的水平不仅要求物资、资本的全球性流动，而且要求信息的全球性流动，以信息技术为核心的新一轮技术革命为经济全球化提供了物质基础和现实可能，成为经济全球化的主要推动力量。但是，这些并不能得出全球化就是“资本主义生产方式的全球化”、是“全球资本主义时代”到来的结论。经济全球化虽然一度是资本主义占主导地位的全球化，但经济全球化并没有消除资本主义的固有矛盾，反而使这一矛盾进一步加深。随着资本在全球的扩张，资本主义的各种矛盾扩大到全球。经济全球化开启了世界历史的新阶段，使人类共同的利益愈加凸显，而人类共同利益的实现，只能是社会主义、共产主义。

在经济全球化加速发展的过程中，国际分工日益深化，生产的国际化大大加强。20 世纪 90 年代以来，随着现代科技的迅速发展和跨国公司全球产供销网络的形成，国际分工的形式和格局发生了显著变化，推动国际分工立体化，形成高度发展的全球分工体系。这种全球范围的国际分工体系，使各国各地区的生产成为全球生产体系的一部分。例如，美国波音公司制造的 B-747 型喷气客机共有 450 万个零部件，分别由六个国家的 11000 家大公司和 15000 家中小企业合作生产。

经济全球化促进国际贸易空前发展，全球贸易体系形成。在经济全球化的推动下，国际贸易自由化程度不断提高，全球贸易额一直快于全球生产的增长。20 世纪 80 年代以来，国际贸易增长速度更快，规模更大，贸易结构也在经历重大变化，服务贸易、技术贸易和产业内贸易、跨国公司内部贸易在全球贸易中的比重不断上升。90 年代以后，随着国际贸易自由化的深度和广度不断拓展，国际贸易规则进一步完善，有力促进了国际贸易的发展。经过多年谈判，1995 年 1 月 1 日世界贸易组织正式成立，取代 1947 年成立的关贸总协定。世界贸易组织使贸易和投资日趋规范化、机制化，极大促进了世界贸易的发展，世界贸易规模从 1990 年的 34380 亿美元扩大到 1998 年的 52250 亿美元。

经济全球化推动国际投资迅速增加，投资范围遍及全球。全世界每年对外直接投资额在 20 世纪 80 年代初约为 1000 亿美元，到 90 年代初期已超过 2000 亿美元，1997 年达到 4000 亿美元，1999 年高达 8000 亿美元。90 年代以来，发达国家在重点进行相互投资时，投向发展中国家的资金数量增加，比重上升。1990—1997 年间，流入发展中国家的资金额度增长了 5 倍，年均流入量达 2650 亿美元，促成了新兴资本市场的崛起。经济全球化导致国际金融市场异常活跃，资金在全球范围内流动加速，金融市场化程度日益提高。据国际货币基金组织估计，20 世纪 90 年代中期，游离于国际金融市场的短期资金至少达 7.2 万亿美元，相当于全球经济总产值的 20%。

20 世纪 80 年代始，中国进行经济改革和对外开放，由计划经济体制逐步转型为社会主义市场经济体制；印度等一大批发展中国家也开始实行市场经济体制，新的世界统一的大市场加快形成，促使经济全球化的发展出现了新的变化。如世界经济增长功能的转变、全球发展方式的转变、经济全球化进程的转变、全球经济治理体系的转变等。在经济全球化的影响下，中国、印度、俄罗斯、拉美地区和南非等新兴经济体形成。这些新兴经济体的经济总量和对世界经济贡献率逐年上升，其中尤其以中国最为突出。2013—2017 年，中国对世界经济增长的平均贡献率超过 30%，超过美国、欧元区和日本贡献率的总和。中国、印度、巴西三个发展中国家已经跻身 2017 年世界经济总量前十位。

经济全球化是 20 世纪 90 年代以来世界经济运行的一种状态，更是世界经济发展的一种趋势，它的内涵和外延仍将不断拓展、变化。历史地看，经济全球化是社会生产力发展的客观要求和科技进步的必然结果，不是哪些人、哪些国家人为造出来的。经济全球化为世界经济增长提供了强劲动力，促进了商品和资本流动、科技和文明进步、各国人民交往，推动世界生产力发展。

经济全球化也是一把“双刃剑”，当世界经济处于下行期的时候，全球经济的增长和分配、资本和劳动、效率和公平的矛盾就会更加凸显。这就要引导好经济全球化，消解经济全球化的负面影响。为此，需要世界各国充分利用一切机遇，合作应对一切挑战，让经济全球化进程更有活力、更加包容、更可持续。让经济全球化的正面效应更多释放出来，实现经济全球化进程再平衡。新一轮科技和产业革命正孕育兴起，国际分工体系加速演变，全球价值链深度重塑，这些都给经济全球化赋予新的内涵。各国要顺应大势、结合国情，正确选择融入经济全球化的路径和节奏；要讲求效率、注重公平，让不同国家、不同阶层、不同人群共享经济全球化的好处。

经济全球化，必然会伴随着资本主义基本矛盾在全球范围内的深化，对发达国家的内部经济结构和社会结构带来影响。在一些发达国家激发了以反全球化为诉求的经济民粹主义思潮，并转化为右翼民族主义（主要表现在欧洲）和贸易保护主义（主要表现在美国的“逆全球化”思潮）。美国 2016 年的总统大选成为逆全球化思潮的一次集中表达，商人出身的共和党候选人特朗普迎合美国社会中的经济民粹主义和中下层民众对国内制造业衰落导致的经济地位下降的不满，鼓吹“美国优先”，以重振美国国内产业和贸易保护主义为竞选纲领，取得大选胜利，登上总统宝座。特朗普就任总统后宣布退出前任政府签署的旨在推进全球化的《巴黎气候协定》①

---

① 《巴黎气候协定》于 2015 年 12 月 12 日在联合国召开的巴黎气候变化大会上通过，2016 年 4 月 22 日在纽约联合国总部正式签署，共有 178 个国家加入。该协定是继 1992 年《联合国气候变化框架公约》和 1997 年《京都议定书》后第三个应对气候变化的国际公约，对 2020 年后全球气候变化行动作出安排，明确了减少温室气体排放、控制全球平均气温升高的具体指标和各国承担的义务。2017 年 6 月 1 日，美国特朗普政府宣布退出该协定。

和《跨太平洋伙伴关系协定》(TPP)① 谈判，认为这些协定束缚了美国的手脚，使美国承担了过多的义务，而没有得到相应的利益。他还要求修改与日本、韩国、加拿大和墨西哥等国的双边和多边贸易协定，认为它们导致了美国与这些国家的贸易不平衡，损害了美国国内产业。特朗普对中美贸易的不平衡尤为不满，强烈要求减少中国对美贸易顺差。总之，特朗普政府表现出明显的贸易保护主义色彩，并将美国经济结构缺陷造成的诸多国内矛盾，归咎于全球化带来的外部因素，使经济逆全球化趋势愈演愈烈。

美国为代表的逆全球化思潮的上升，反映了西方主要国家对经济全球化所推动的国际力量平衡化趋势的不满和抵制。此外，发展中国家在国际分工中的劣势地位和遭遇的不公平，反映了经济全球化进程与全球治理体系发展的不同步，全球治理的滞后引发了诸多矛盾和冲突。因此，在经济全球化的发展过程中，如何建立以平等为基础，以开放为导向，以合作为动力，以共享为目标的经济全球化的原则和目标，还有待世界各国人民的不懈努力。

## 二、区域经济一体化

在经济全球化进程中，区域经济一体化也在迅速发展。区域经济一体化就是指两个或两个以上的国家或地区，为了达到对内加强合作，对外增强竞争能力，促进经济发展的目的，通过达成某种承诺或签订条约和协议，在成员间逐步取消贸易壁垒和生产要素流动障碍，形成区域经济合作的过程。

第二次世界大战后的区域经济一体化始于1949年苏联和东欧国家建立的经互会。此后，众多区域经济组织相继建立，但直到80年代前期，大部分区域经济组织一体化发展缓慢。从80年代后期开始，随着国际分工深化、经济国际化加速和经济竞争的加剧，区域经济一体化的发展趋势加强，成为世界经济发展中一股重要的、不可逆转的潮流。一方面，原来已经建立的区域性经济组织在已有的基础上进一步发展，经济一体化程度不断加深；另一方面，新的区域经济一体化组织大量涌现。据世界贸易组织的报告，到90年代中期，全球已建立

① 《跨太平洋伙伴关系协定》(TPP)由新西兰、新加坡、智利和文莱于2002年发起，旨在建立亚太自由贸易区。后美、日、澳等国相继加入谈判。2015年10月谈判基本完成。2016年2月4日，美国、日本、澳大利亚、文莱、加拿大、智利、马来西亚、墨西哥、新西兰、秘鲁、新加坡和越南12国在奥克兰正式签署协定。2017年1月23日，美国总统特朗普签署命令，启动退出TPP的进程。

起区域性组织109个，其中1/3是在1990年以后建立的。几乎所有国家都参加了某项、甚至多项区域经济一体化计划。

根据一体化程度与层次的不同，区域经济一体化组织的类型主要有特惠关税区、自由贸易区、关税同盟、共同市场、经济联盟等形式。它们的共同特征是，对内实行程度不同的自由贸易，对外实行差别待遇，目的都是在经济竞争加剧的背景下，提高自身在世界经济中的地位，促进成员国经济的发展。

在90年代以来的区域经济一体化发展潮流中，比较突出的区域经济一体化组织有欧洲联盟（简称欧盟）、东南亚国家联盟（简称东盟）、亚太经济合作组织、北美自由贸易区、南美洲国家联盟（简称南美联盟）等。

欧盟被认为是当今世界最具典型意义的、一体化程度最高的区域经济组织。1993年11月1日欧盟成立后，为了实现经济货币联盟目标，正式启动了单一市场的建设。经过几年努力，欧洲单一市场逐步形成并不断完善，实现了人员、资本、服务和商品的自由流通。1998年10月1日，欧洲中央银行正式开始运作。1999年1月1日，欧元正式启动。2002年1月1日，欧元正式流通。2002年7月1日，欧元成为欧元区正式法定货币。统一货币是欧洲经济一体化过程中迈出的关键一步，标志着欧盟成为一个拥有单一市场、统一贸易政策、统一货币的相对独立的经济共同体。1995—2000年，欧盟经济年增速3%，经济总量从1993年的约6.7万亿美元增至2002年的近10万亿美元。

1967年8月，印度尼西亚、泰国、菲律宾、新加坡、马来西亚发表了《东南亚国家联盟成立宣言》（即《曼谷宣言》），东盟正式成立。其宗旨是，本着平等与合作的精神，共同促进本地区的经济增长、社会进步和文化发展，建立一个和平、繁荣的东南亚国家共同体。1984年文莱加入。1995—1999年，越南、老挝、缅甸和柬埔寨先后加入，东盟成为一个总面积444万平方公里、人口5.76亿的区域性国际合作组织。1992年1月东盟首脑会议决定，从1993年1月1日起，15年内建立东盟自由贸易区，关税降至5%以下。2002年1月1日，东盟自由贸易区正式启动。2007年1月，东盟第12次首脑会议决定，在2015年建成以安全、经济和社会文化共同体为支柱的东盟共同体①。截至2010年年底，文莱、印度尼西亚、马来西亚、菲律宾、新加坡和泰国之间99.11%

---

① 2007年11月第13次东盟首脑会议通过《东盟宪章》，明确写入建立东盟共同体的战略目标。2009年3月第14次东盟首脑会议发表《东盟共同体2009—2015年路线图宣言》。2015年12月31日，东盟轮值主席马来西亚外长阿尼法代表东盟发表声明，宣布东盟共同体正式成立。

的商品关税已取消，柬埔寨、老挝、缅甸和越南98.86%的商品关税降至5%以下。1997年12月，东盟与中日韩（10+3）、东盟分别与中日韩（10+1）的合作机制启动。2010年1月1日，中国—东盟自由贸易区建立，成为涵盖11个国家、19亿人口的第三世界最大的自由贸易区。

亚太经济合作组织是亚洲太平洋地区级别最高、影响最大、机制最完善的经济合作组织。1989年11月，澳、美、加、日、韩、新西兰和东盟六国在堪培拉举行亚太经济合作首届部长级会议，标志着亚太经济合作组织成立。亚太经济合作组织的宗旨是为本地区人民创造稳定和繁荣的未来，建立亚太经济大家庭。作为一个开放的多边区域经济集团化组织，亚太经济合作组织发展迅速，1991年中国、中华台北和中国香港同时加入亚太经济合作组织，到2003年该组织共有成员21个，遍及北美、南美、东亚和大洋洲。亚太经济合作组织的运作机制包括每年一次的领导人非正式会议、部长级会议、高官会议，各级会议商议的核心问题是区域内的贸易投资和经济技术合作。亚太经济合作组织作为区域性的官方经济论坛，给亚太地区的经济合作提供了一个平台。这符合亚太地区各国社会政治经济体制多样、文化传统多元、利益关系复杂的现实情况。这种“软”合作，容易使成员国求同存异，通过平等互利的经济合作共同发展。

北美自由贸易区是世界上第一个由发达国家和发展中国家组成的区域性经济集团。20世纪80年代，在经济全球化和欧洲经济一体化进程的冲击下，美国筹组以它为核心的北美自由贸易区，进而组建西半球经济共同体。1986年6月，美、加开始进行自由贸易谈判；1988年1月，正式签署了《美加自由贸易协定》。于次年生效的协定规定，十年内取消彼此间的关税和非关税壁垒，取消对服务业的关税限制，在投资方面两国都提供“国民待遇”。1992年2月，美、加开始与墨西哥进行北美自由贸易谈判，并于8月达成《北美自由贸易协定》，强调在10—15年时间里，逐步取消关税和非关税壁垒，适当和有效地保护知识产权；设立部长级贸易委员会管理自由贸易区并解决彼此争端。1994年1月1日协定生效，北美自由贸易区成立，成为拥有2130万平方公里面积、3.7亿人口、国内生产总值达6.5万亿美元的世界最大规模自由贸易区。北美自由贸易区建立后，三国之间经济互补，贸易额增长迅速，从1993年的3060亿美元增至2002年的6210亿美元。当然，由于三国发展水平差距较大，贸易摩擦和争端也时有发生。

南美洲国家联盟是南美洲的地区性经济组织，由南美洲国家共同体发展而成。2004 年，由玻利维亚、哥伦比亚、厄瓜多尔、秘鲁、委内瑞拉五个安第斯共同体成员国，阿根廷、巴西、乌拉圭、巴拉圭四个南方共同市场成员国，智利、圭亚那和苏里南共 12 个南美国家组成南美洲国家共同体，这是一个拥有人口 3.61 亿、面积 1700 万平方公里、国内生产总值突破 1 万亿美元的地区性组织，其综合实力居世界第五位。2005 年 9 月，第一届南美洲国家共同体首脑会议通过了《主席声明及优先日程》《行动计划》和《基础设施一体化声明》等文件。2007 年 4 月，南美洲国家共同体改名为南美洲国家联盟。该联盟优先推动的三项目标是建立政治统一体、基础设施一体化、南美自由贸易区，最终目标是建成像欧盟那样的共同体。

综合而言，区域经济一体化的发展对成员国经济的增长，本地区经济地位的提升，世界经济的发展都有极大推动作用，一些区域经济一体化组织在世界多极化进程中亦发挥了重要作用。同时，也应该看到，区域经济一体化发展加剧了世界经济发展的不平衡，区域经济一体化组织的排他性和贸易保护主义引发了一些新的地区对抗，而对国家主权的让渡要求则是区域经济一体化进程中无法回避的棘手问题。

2008 年国际金融危机以来，随着反全球化思潮和贸易保护主义的抬头，区域经济一体化的发展也遇到较大的阻力。美国特朗普政府宣布退出跨太平洋伙伴关系协定并要求修改北美贸易协定即表现了这种与区域经济一体化趋势相悖的一国利益至上的政策取向。在区域经济一体化程度最高的欧洲，也出现了反向度的“脱欧”运动，其具体表现为英国举行脱离欧盟的全民公投，并开始了“脱欧”进程。

英国作为西方资本主义大国在欧洲事务中具有举足轻重的地位，但在与欧洲大陆国家的关系中经常表现出若即若离的姿态。1973 年英国加入欧共体，成为欧洲经济一体化的成员。1993 年欧盟成立后为实现经济货币联盟目标实施统一货币政策，于 2002 年发行欧元，但英国没有加入欧元区，仍然保持独立的货币——英镑。英国在欧盟中相对独立的经济地位既有利于其维护自主的财政货币政策，减少受欧元区经济动荡的影响，同时也限制了它对欧盟发挥领导作用，削弱了它对欧洲事务的影响力。

2009 年，受国际金融危机影响，希腊、葡萄牙、西班牙、爱尔兰、意大利等国先后发生财政危机，并影响欧元区的其他国家，酿成欧盟范围的主权债务危机。在危机背景下，英国国内对欧盟政策不满的势力兴起“脱欧”思潮，试图以此避免债务危机的拖累并最终摆脱欧盟的羁绊。2013 年 1 月 23 日，英国首相卡梅伦就英国欧盟关系前景发表讲话，承诺如果他赢得预定于 2015 年举行的大选，会在一年内批准所需法律，制定与欧盟关系的新原则，然后就脱欧问题举行全民公投，让人民有机会选择继续留在或退出欧盟。卡梅伦此举本是为了赢得“脱欧派”的选票以巩固保守党政权，而结果却助长了“脱欧派”的势力。2016 年 6 月 23 日，英国举行脱欧公投，投票结果是：52%的投票者支持脱欧，支持留欧的票数为 48%。尽管有 400 多万人签名请愿要求举行第二次投票来改变这一结果，但英国政府拒绝了这一要求。随后，英国议会于 2017 年 2 月 1 日通过政府提交的“脱欧”法案，授权新任首相特蕾莎 · 梅启动“脱欧”程序。3 月 29 日，英国正式向欧盟提交“脱欧”申请，由此双方开始了解决如何“分手”具体问题的“脱欧”谈判。

英国“脱欧”是世界经济和国际政治中的一件大事，在经济全球化和区域经济一体化遭遇阻力和挫折的形势下，它反映了区域经济一体化道路的曲折性，也进一步凸显了国家主权与区域经济一体化的矛盾。如同经济全球化面临全球治理体系滞后的难题，区域经济一体化也面临区域治理机制不完善的难题。

## 第二节　世界多极化的发展

多极化最初是指在冷战时代的美苏两极格局下，两大阵营内部出现结构性调整和分化，崛起了新的力量中心，而“第三世界”也日趋活跃，使国际格局呈现的一种突破两极的发展趋势。这一时期的多极化是与美苏两极格局相对而言的。冷战结束后，两极格局瓦解，世界各种力量不断发展壮大，美国的单极霸权图谋受到越来越大的制衡，世界多极化就是指在这样的国际局势下世界上具有重要影响的主要政治力量的实力和相互关系变化导致的多种力量并存的趋势。

### 一、从多极化的萌发到“一超多强”

国际政治格局由两极向多极化的演变是“二战”后世界历史运动的一种基

本趋势，这种历史趋势起始于20世纪50年代末60年代初，具体表现为三个并行发展的历史进程：由于美国力量的相对衰落，资本主义阵营由美国一家独大演变为美、欧、日三足鼎立，欧、日开始追求相对自主外交；社会主义阵营从意识形态论战走向分裂，中国实行独立自主外交政策；战后新独立的“第三世界”国家以不结盟运动的形式反对美苏两霸，在国际政治舞台上发挥出制衡两极的作用。这些因素共同推动着多极化趋势的发展。

1991年12月，苏联解体，两极格局结束，世界格局进入了一个大转型时期。对冷战后初期世界格局较为普遍的描述是“一超多强”。“一超”指美国，“多强”既包括俄罗斯、欧盟、日本和中国，也泛指正在崛起的地区性大国，如印度、巴西等。

20世纪90年代，美国拥有世界最强的经济、政治、军事和科技实力，综合国力居于首位。从1991年4月起，美国经济保持了117个月的增长，到2000年国内生产总值已近10万亿美元，占世界的比重从1990年的24.2%上升到30%。在军事领域，美国有着绝对优势，1999年美国实际军费高达2879亿美元，相当于俄罗斯、欧盟、日本和中国军费总和的1.5倍。此外，美国在高科技方面也处于领先地位，占据着新技术革命主要领域的制高点。凭借强大的经济、军事实力和科技优势，美国成为名副其实的世界唯一超级大国。

俄罗斯作为苏联遗产的主要继承者，20世纪90年代经历了“休克疗法”的阵痛期，到2000年国内生产总值为2000亿美元，占世界比重约2.6%，经济发展水平与美国差距巨大，但俄罗斯幅员广阔，人口众多，资源丰富，科技发达，经济复兴有着雄厚的基础。尤为重要的是，俄罗斯军事力量强大，特别是战略核武器在世界上居领先地位，是仅次于美国的军事强国。

冷战结束时，欧洲一体化进程进入新阶段。1993年11月1日《欧洲联盟条约》生效，欧盟正式成立。1995年欧盟成员国扩大到15个，人口增至3.7亿，总面积增至323万平方公里。2000年欧盟国内生产总值已大体与美国相当，成为在经济领域唯一能与美国抗衡的经济体。①

在90年代，日本经济尽管持续低迷，但2000年国内生产总值仍达到4.75万亿美元，占世界15%左右，外汇储备居世界第一位，日本仍是仅次于美国的

① 1995年后欧盟继续扩大，至2013年，欧盟成员国扩大到28个，人口超过5亿，总面积近438万平方公里，国内生产总值达到17.36万亿美元。

世界第二经济大国。日本的科技实力排名亦保持世界第二位，诸多领域的科技水平领先世界。

中国改革开放以后，经济发展成就世人瞩目。1978 年中国国内生产总值只有 3645 亿元，排名世界第十位；到 2000 年，国内生产总值突破 1 万亿美元，跃升至世界第七位，居发展中国家首位，综合国力也有了很大提高。

另外，第三世界的一些地区大国（如印度、巴西）和集团（如东盟）的发展也很迅猛。

从总体上看，20 世纪 90 年代是世界向新格局过渡的起始阶段。在“一超多强”的态势下，诸种力量竞相争夺新格局的主导权，世界多极化在新的历史条件下展开了新的发展进程。

## 二、世界多极化趋势的发展

两极格局解体后，美国仰仗其经济、军事和科技力量的巨大优势，凭借唯一超级大国所拥有的综合实力，利用自己在世界格局中的有利地位，在世界各地趾高气扬，竭力宣扬并极力构筑由它领导下的单极世界，表现出充当“世界领导者”“全球警察”的强烈野心和欲望。与此同时，发端于两极格局时期的多极化趋势也在继续发展，多极化成为表现国际社会多数成员意志的世界性潮流。如果说冷战时期多极化趋势主要表现为通过对美苏两霸的抑制促进两极格局的瓦解，那么，冷战后多极化趋势主要表现在阻止单极霸权的形成，为一个更具合理性、力量分布更为平衡的世界新格局提供建设性力量。

美国统治集团顽固坚持领导世界的战略意图，对外推行了一系列霸权主义或“单边主义”的政策，如不顾整个国际社会的反对，拒绝签署和执行 1997 年通过的《京都议定书》；1999 年 3 月以美国为首的北约未经联合国安理会授权，对南联盟进行持续 78 天的狂轰滥炸；2001 年悍然退出《反导条约》，执意研发和部署导弹防御体系；2002 年抛出“无赖国家”和“邪恶轴心”论；2003 年 3 月绕开联合国安理会的授权和国际法，发动了伊拉克战争……

但是，美国建立单极霸权的企图遭到世界各种力量的抵制，俄罗斯、欧盟、日本和中国等都以各自的方式在国际关系中发挥作用，美国的霸权主义受到越来越大的制衡，美国的单极图谋不断受到来自世界各方面的抵制和反对。

从叶利钦时代起，俄罗斯就开始了重塑大国地位的努力。苏联解体之初，俄罗斯曾实行向西方“一边倒”外交，力图消除与西方的对抗并融入西方，争取更多西方援助。但是，西方所应允的援助口惠而实不至，并在车臣问题上向俄罗斯施加巨大压力，北约东扩和欧盟扩张也在一步步挤压俄罗斯的战略发展空间。1993 年，俄罗斯开始调整外交政策，对美国在波黑问题上的政策和对利比亚的制裁提出不同意见，明确反对北约向东欧国家扩展；要求西方承认俄罗斯对维护独联体国家地区的和平与稳定“负有特殊责任”；利用俄罗斯地处东西方之间的地缘优势，强化“东方外交”，重新定位与中、印、朝、蒙、越等国的关系。1996 年，俄罗斯正式把建立多极化的国际关系体系作为对外政策的目标。俄罗斯在加速推进独联体一体化的同时，通过 1996 年中、俄、哈、吉、塔五国在上海形成的元首会晤机制，后发展为上海合作组织以维护中亚的和平、安全与稳定，并与欧盟、东欧国家、中国、印度、拉美、非洲展开了全方位外交活动。1997 年，俄罗斯加入亚太经合组织，积极参与亚太区域经济一体化进程。2000 年普京就任总统，明确提出重振俄罗斯的国家战略，积极谋求发挥大国作用，力图更大地拓展发展空间。

欧盟成立后努力加强外交、安全方面的独立自主。1997 年 7 月欧盟成员国签署了《阿姆斯特丹条约》，赋予欧盟理事会决定欧盟“共同战略”的权力，同时设立欧盟理事会秘书长一职，作为欧盟共同外交和安全政策的高级代表。1999 年 3 月科索沃危机爆发时，欧盟曾打算出面解决，但战争打响后，还是以美国为主导。这暴露了欧洲的“软弱无力”，深深刺激了欧盟。6 月 4 日，欧盟科隆首脑会议发表了《加强欧洲共同安全和防务政策的声明》，声称欧盟要承担起与欧洲共同安全与防务有关的责任，欧洲的防务能力应该在北约框架之外采取行动。2000 年 12 月欧盟签署《尼斯条约》，通过《欧洲安全和防务报告》，决定 2003 年前组建一支欧盟自己的“6 万人的快速反应部队”。欧洲的共同防御已从象征性阶段，进入实际建设阶段。

冷战结束后，日本积极谋求政治大国地位，以达到其称霸东亚和东南亚等地区的目的。为此，日本极力要获得联合国安理会常任理事国席位，同时大力重整军备，强化同美国的同盟关系，推行“多极外交”和“大国外交”。1991 年 9 月，在联大第 46 次会议上，日本正式提出要求成为联合国安理会常任理事国的申请，但一直未得到批准。20 世纪 90 年代以来，日本多次突破“二战”后《日本国宪法》第 9 条的规定，向海外派出自卫队执行任务，如参加海湾战争的扫雷行动和向柬埔寨、莫桑比克、中东等地派出自卫队。日本以日美关系为基础，加强日欧关系，试图构筑美、欧、日三极结构。在亚太地区，日本积极发展与中国、韩国及东南亚国家的经济关系，介入朝鲜核危机的解决，积极参加亚太经合组织和东盟地区论坛的活动。

中国的和平崛起，是冷战后世界多极化趋势中的最重要因素。20 世纪 90 年代中国经济持续增长，并于2001 年正式加入世贸组织，向世界表明了进一步改革开放的决心和信心。从 90 年代中期开始，中国进一步开展全方位外交，在不结盟、不对抗、不针对第三方的原则下，与俄罗斯、美国、欧盟、东盟、日本、加拿大等建立了不同层次的合作关系。与此同时，作为安理会常任理事国，中国认真履行有关职责，为维护国际和平与安全，为推动重大地区冲突公正合理地解决做了大量工作，展现了大国风范。在 1997 年亚洲金融危机期间，保持人民币不贬值，显示了中国在世界经济领域的高度负责与合作态度。在解决朝核危机问题上，中国发挥了独特而重要的作用，进一步树立了负责任的大国形象。中国在国际事务中的话语权和发言权也因此逐步增强，国际地位不断提升。

90 年代中期以来，印度、巴西经济迅速发展，与中国、俄罗斯一起，被称为“金砖四国”。印度和巴西都是地区大国，都反对霸权主义和强权政治，主张建立公正、合理的国际新秩序，在地区和国际事务中发挥着越来越大的影响。

进入 21 世纪以后，世界多极化趋势更加清晰，进程也在加快。

美国“一超”的地位虽然还没有受到根本挑战，但“9・11”事件、阿富汗战争、伊拉克战争、2008 年爆发的国际金融危机等削弱了美国的综合实力，使其软硬实力呈现走弱态势，霸主地位衰落明显。美国占世界经济的比重不断下降，2008 年美国国内生产总值占世界比重降至 23%。美元在国际金融体系中的地位也开始下降，在全球外汇储备中，美元比重从 1999 年的 72. 7%降到 2008 年的 64%，而欧元则由 16. 7%上升到 25. 6%，美元已无法再占据“二战”后唯一世界货币的地位。随着经济地位的不断下降，美国在许多国际事务中的影响力也大打折扣，美国的许多主张甚至遭到其盟友的拒绝，比如 2003 年美国发动伊拉克战争，遭到法、德等国的坚决反对；2006 年后美国一再呼吁北约国家向阿富汗增兵，但响应者寥寥无几，法、德、意更明确表态不会再增兵。

与美国霸主地位趋于衰落形成鲜明对比的是，以中、俄、印、巴西为代表的一批新兴国家迅速发展。2011 年中国国内生产总值位列世界第二位，巴西位列第六位，俄罗斯、印度分列第九位、第十一位，这些国家的经济实力同美国的差距越来越小，国际地位明显提高。1999 年二十国集团成立，成员除西方七国以外，包括中、俄、印、巴西、南非等新兴国家。2008 年 11 月、2009 年 4 月和 9 月，二十国集团连续在华盛顿、伦敦、匹兹堡举行峰会，发达国家与发展中国家共商应对全球金融危机之计，这是前所未有的。

此外，一些小国、弱国在新世纪的舞台上也努力坚持独立自主，依托地区性国际组织联合发声，反对霸权主义和强权政治。这些国家在世界多极化趋势中无疑是一支充满活力和潜能的重要力量。

## 第三节 冷战后世界上争取和平发展与合作的历程

冷战结束后，国际格局严重失衡，国际经济政治秩序的严重不合理、不平等现象依旧存在，霸权主义侵害各国的独立与发展、威胁世界和平与稳定，地区冲突和热点问题此起彼伏。但经济全球化、世界多极化深入发展，新兴市场国家的崛起改变着国际力量的对比，世界人民为建立公正合理的国际新秩序进行了不懈的努力，和平崛起的中国为世界的和平与进步事业作出了重要贡献。

### 一、冷战后的国际热点问题

冷战结束后，由于意识形态差异而引起的国际矛盾有所缓和，但曾被冷战所掩盖的宗教矛盾、民族矛盾更加凸显，加上美国推行霸权主义和单边主义，加强了对发展中国家的干涉、控制，激化了这些矛盾，导致世界各地区冲突不断。较为典型的主要有以下几个事例。

一是海湾战争。海湾战争是由伊拉克的地区扩张政策引起的。20 世纪 70 年代以来，伊拉克政局稳定，石油收入猛增，经济和军事力量发展较快，1979 年出任总统的萨达姆·侯赛因为了追求地区霸权，于 1980 年挑起两伊战争。伊拉克与科威特早就在油田、河流管辖等问题上存在争执，1988 年两伊战争结束后矛盾进一步激化，伊拉克于 1990 年 8 月出动十万军队入侵并宣布吞并科威特。伊拉克的入侵遭到了阿拉伯国家和世界舆论的普遍谴责。联合国安理会通过多项决议，要求伊拉克立即无条件从科威特撤军，要求各成员国对伊实施经济制裁和禁运，并授权它们“采取一切必要手段”执行安理会决议。

美国认为伊拉克的地区霸权主义是对它建立“世界新秩序”的挑战，为了维护美国在中东的石油利益和战略地位，1990 年 8 月 7 日，布什总统签署命令，决定对伊拉克实施名为“沙漠盾牌”的军事行动。美国在海湾地区集结了 42.8 万兵力，并以联合国名义，组织了有英、法、埃及等 41 国军队参加的多国部队。1991 年 1 月 17 日，以美国为首的多国部队发动了代号为“沙漠风暴”的海湾战争。伊拉克很快战败，于 2 月 27 日宣布无条件接受安理会决议，从科威特撤军。另外，联合国安理会通过了一系列有关销毁和限制伊军备的决议，联合国对伊武器核查团监督销毁了大量生产生化武器和研制核武器的设施及大批中远程导弹。美国则在海湾保留了常驻军队，并在伊南、北方设立了“禁飞区”，支持库尔德和什叶派反政府力量，大大加强了美国在海湾的力量存在。海湾战争是冷战后美国在中东进行的第一场战争，美国因此进一步加强了自己在中东的地位。

二是以美国为首的北约利用南联盟民族矛盾对南实施的军事打击，以肢解南联盟和控制东欧，进一步削弱俄罗斯在南联盟的影响，达到北约东扩的目的。

波黑战争结束后，南联盟发生了科索沃危机，并不断激化。1991 年 9 月 30 日，科索沃的阿族举行全民公决，宣布科索沃为独立的自由国家，南联盟坚决捍卫国家主权，反对科索沃独立。科索沃危机为北约东扩提供了借口。

1999 年 2 月 6 日，在法国举行了解决科索沃问题的和平谈判。在谈判中，南联盟反对科索沃独立，反对北约部队进驻科索沃，而科索沃阿族则坚持要获得独立地位。经过一个多月的谈判，未能达成协议。3 月 19 日，西方国家宣布谈判破裂。北约随即宣布将对南联盟实施空中打击。以美国为首的北约部队，从 24 日起对南联盟持续空袭 78 天，给南联盟造成了许多无辜平民的伤亡和重大财产损失与环境破坏。北约的战争行动没有得到联合国安理会的授权，违反了《联合国宪章》，在国际关系史上开创了一个危险的先例。北约对南联盟实施军事打击，南联盟战败。6 月，南联盟总统米洛舍维奇接受和平协议，联合国和北约接管科索沃。

三是阿富汗战争。这场战争始于阿富汗内战，后演变为美国和北约其他国家对“基地”组织和阿富汗塔利班的战争。

1989 年苏联撤军后，阿富汗抵抗组织内部的矛盾日趋激化，内战爆发。1996 年，信奉宗教激进主义的学生武装组织塔利班占领首都喀布尔，并逐渐控制了全国 90%的领土，由多支少数民族武装组成的北方联盟退居北方，但内战并未结束。阿富汗成为世界宗教激进主义的大本营，以本·拉登为首的基地组织的总部就设在阿富汗。2001 年“9·11”事件发生后，美国要求塔利班交出本·拉登，遭到拒绝。10 月，美国以“反恐”为名发动了阿富汗战争，推翻了塔利班政权，美军和其他北约国家的军队控制了阿富汗。阿富汗战争标志着美国全球性“反恐战争”的开始。

美国虽然推翻了塔利班政权，却陷入了阿富汗战争的泥沼。塔利班和基地组织的不断袭击造成美军和阿富汗政府军的大量伤亡，军费开支巨大，引起美国民众的反对，后者强烈要求从阿撤军。在各种压力下，2011 年 6 月，奥巴马总统宣布当年开始撤军，计划于 2014 年年底完成撤军行动。但因局势动荡，美国政府多次推迟了从阿富汗的最终撤军。

四是伊拉克战争。海湾战争结束后，萨达姆继续执政，执行反美政策。为了推翻萨达姆政权，美国捏造证据，声称伊拉克秘密拥有大规模杀伤性武器，并与基地组织有密切联系。在争取联合国授权失败的情况下，美国绕开联合国，组建了包括 45 国在内的“志愿者联盟”，于 2003 年 3 月 20 日发动伊拉克战争，推翻了萨达姆政权。在美国的操纵下，2004 年 3 月，伊各派政治力量签署临时宪法，实行联邦制。2005 年 1 月 30 日，举行了过渡国民议会选举。9 月 18 日，过渡议会批准了新宪法草案，10 月 15 日的全民公决通过了宪法草案，成立了新政府。伊拉克战争激化了伊国内的宗教和种族矛盾，给伊拉克人民带来了深重灾难，使伊拉克政局激烈动荡。从 2006 年 2 月开始，伊拉克爆发了大规模教派冲突。到 2007 年年初，约有 200 万伊拉克人逃到邻国。2011 年 12 月 18 日，美军撤离伊拉克，但伊拉克政局至今仍在动荡之中。

五是巴以冲突。冷战结束后，巴以进入和平谈判解决冲突的阶段，但其间经历了艰难的曲折。

1991 年 10 月底，马德里中东和会启动了阿以双边谈判和多边谈判，但进展甚微。经过挪威的斡旋，巴以秘密谈判获得突破，1993 年 9 月 13 日，巴以在白宫正式签署了《临时自治安排原则宣言》，规定巴自治过渡分自治安排和永久地位谈判两个阶段。1994 年 7 月，巴自治机构开始在加沙和西岸的杰里科行使权力。1995 年以色列总理拉宾遇刺和利库德集团上台使巴以和平进程受挫。1996 年 1 月，巴解组织领导人阿拉法特当选为巴民族权力机构主席。同年 5 月，利库德集团领导人内塔尼亚胡担任总理，他上台后拒绝了“以土地换和平”的原则，几乎推翻了 1993 年后巴以双方签订的所有和平协议。1999 年，巴拉克取代内塔尼亚胡出任总理，巴以双方又开始谈判，并签订了一些协定。但双方在巴勒斯坦建国问题、耶路撒冷地位问题和巴勒斯坦难民等问题上，依然分歧严重。

2000 年 9 月，以色列利库德集团领袖沙龙强行“参观”阿克萨清真寺，引发了巴勒斯坦人的第二次起义，和平进程陷于停顿。次年 3 月上台的沙龙政府将巴自治政府列为恐怖主义的支持者，对巴激进组织主要人员进行“定点清除”，巴以和谈中止。2001 年 12 月，以军将阿拉法特围困在拉姆安拉的官邸。同时，沙龙着手实施确保本国安全的单边主义政策。2002 年 6 月，开始修建将本土和西岸巴自治区分开的隔离墙。在美国的压力下，2003 年 6 月，美、巴、以三方正式启动中东和平“路线图”计划，以色列承认巴建国权利，巴自治机构宣布停止武装起义。但此后巴以关系再度陷入僵局。2004 年 11 月，阿拉法特逝世；2005 年 1 月，阿巴斯当选巴民族权力机构主席。同年 8—9 月，以色列撤出加沙的全部定居点和西岸的部分定居点。此后，尽管各方做出种种努力，但巴以谈判一直没有真正恢复。

六是印巴冲突。冷战结束前后的一段时期，印巴关系曾出现缓和迹象，但对抗一直未停。冲突主要体现在三个方面。首先是克什米尔的归属问题，双方因此先后爆发了三次战争（1947—1949，1965，1971—1972）。其次是锡亚琴冰川地区争端。该冰川位于巴控克什米尔、印控克什米尔和中国之间，海拔 6700 米以上，许多地方没有明确划界。1985 年印巴两国军队在这里发生冲突，造成 100 人死亡。1999 年 5 月，印巴在该地区爆发激烈战斗，共持续 48 天，死伤达千余人，也有人称此次军事冲突为“第四次印巴战争”。第三是愈演愈烈的印巴核竞赛。印度为了进入世界大国行列，主导南亚地区，并与中国抗衡，大力发展核武器；巴基斯坦为了国家安全，也开始发展核武器。从 1988 年开始，印度先后试射了“大地”和“烈火”等中短程导弹，巴基斯坦则试射了“高里”中程导弹。1998 年 5 月，印度突然进行了五次核试爆，巴基斯坦随后进行了六次核试爆，印巴核竞赛愈演愈烈。美国在核问题上对印度的偏袒，使印巴关系和南亚局势更加复杂。

印巴的长期对峙消耗了两国大量的人力物力，并蕴含着战争的危险。由于双方都拥有核武器，因此双方冲突的潜在破坏性极大。尽管双方在 1998 年核试爆后也曾多次进行双边高层对话和谈判，但紧张局势与谈判的交织使双方关系的缓和步履维艰。

七是动荡的非洲。冷战结束后，非洲许多国家实行多党制，原有的矛盾更加突出；一些国家的政局出现动荡、冲突，甚至内战。非洲国家的动荡大致可分成以下几种类型。

第一类，冷战时期遗留下来的悬而未决的政治派别之争，如安哥拉内战等。1975 年安哥拉独立后，在争取民族独立过程中形成的三支主要政治力量——安哥拉人民解放运动、安哥拉民族解放阵线和争取安哥拉彻底独立全国联盟之间，发生了武装冲突。由于苏联、古巴、美国和南非等国相继卷入，安哥拉局势更加复杂。冷战结束后，内战依然未能结束。

第二类，部族或种族冲突引发的政变和内战，这是非洲动荡最主要的表现形式。如 1994 年前后卢旺达、布隆迪两国胡图族和图西族之间的部族大屠杀，使上百万人丧生；2003 年开始的苏丹达尔富尔地区黑人与阿拉伯人的冲突；1998 年开始的刚果（金）内战等。

第三类，宗教或教派冲突引发的政局动荡，如索马里境内的伊斯兰教派之争，尼日利亚基督教徒与穆斯林之间的武装冲突等。

第四类，领土之争引发的地区冲突。如 1998—2000 年埃塞俄比亚与厄立特里亚的边界冲突。还有些冲突的原因非常复杂，如苏丹南北方从 1989 年至 2011 年重开内战，涉及种族、宗教矛盾和以石油为主的资源之争。

非洲国家的动荡和内战给非洲人民带来了巨大灾难。为了本地区的和平与发展，非洲联盟和其他非洲区域性组织进行了不懈的努力。进入 21 世纪后，它们的努力取得了成效，再加上国际社会的调解，非洲大陆的动荡局势得到扭转，呈现出总体稳定和局部动荡的特点。例如，安哥拉和塞拉利昂在 2002 年结束了内战，经济逐步恢复并得到快速发展；利比里亚在 2003 年结束了长达 14 年的内战，并于 2005 年成功举行了总统和议会选举；1998 年爆发的刚果（金）内战，一度将乌干达、卢旺达、布隆迪、安哥拉、津巴布韦和纳米比亚等邻国卷入，2003 年国内各派成功地组成过渡政府，2006 年又顺利举行了全国大选；苏丹政府与南方反政府武装于 2005 年年初签署和平协议。2011 年 7 月，南苏丹共和国宣告独立并得到苏丹政府的承认，苏丹内战终于结束。

当前，非洲的局部动荡主要发生在马里北部、南苏丹和索马里等地，因恐怖主义或部族矛盾的影响，这些地区的安全形势依然比较脆弱。2014 年 7 月以来，马里政府与北方图阿雷格族武装经过多轮谈判，于 2015 年 6 月正式签署和平协议，但马里北部安全形势仍然比较严峻。同年 11 月 20 日，马里首都巴马科丽笙酒店发生人质劫持事件，造成包括3名中国公民在内的共21人遇难。在南苏丹，支持总统基尔的政府军与支持前副总统马沙尔为首的反对派之间的武装冲突时断时续。在索马里，恐怖组织“索马里青年党”（沙巴布）经常发动恐怖袭击，并蔓延到邻国肯尼亚等地。

八是恐怖主义问题。恐怖活动作为人类冲突的一种表现形式，有着悠久的历史。“二战”后，国际恐怖主义开始形成和发展。恐怖主义形成的主要原因包括民族宗教与教派矛盾、分裂主义诉求、外来干预和压迫、国际政治与意识形态冲突、极端的环保主义、反堕胎观念以及毒品买卖、武器走私、贩卖人口等有组织的跨国犯罪等。20世纪60年代，在一些国家的恐怖事件中，已经出现了劫机、爆炸、绑架与劫持人质等多种手段，袭击目标和活动范围超出了国界。70年代以后，恐怖主义组织之间形成了松散的国际联系。进入90年代以后，一些老的恐怖组织开始逐步淡出，而基地组织式的全球性恐怖主义组织开始出现。从地域上看，80年代以前恐怖主义的主要活动地区是西欧、拉美和中东，著名的恐怖组织有联邦德国的“红色旅”、英国的“北爱尔兰共和军”、西班牙的“埃塔”、日本的“赤军”等；此后，南亚、北非、北美、亚洲其他地区、独联体国家、东欧等地也先后成为恐怖主义的高发区，著名的恐怖组织有中东的基地组织和“伊斯兰国”等。从手段上看，已经从传统的绑架、劫持人质与暗杀等发展到使用爆炸、自杀式袭击，甚至生化武器和网络（包括网络攻击和宣传、发展人员）等。从打击范围看，已经从传统的外交、军事、政府机构等“硬目标”发展到商业机构、一般平民和公共设施等“软目标”，后者在1970—2013年间占到恐怖事件总数的60%左右，大大增加了预防难度。从伤亡人数看，虽然“9·11”事件后恐怖组织和发生恐怖活动的国家数量在减少，但造成的伤亡人数却在持续增长。因此，恐怖主义对世界和平与稳定造成了严重威胁。

九是国际难民潮。难民是国际社会的一个独特群体，是因为战争、种族迫害、宗教或教派矛盾、部族矛盾、边界变动、政治避难、自然灾害、环境变迁、经济恶化等各种原因形成的一个不能或不愿返回原籍国的群体。因此，难民分为经济难民、战争难民、种族与宗教难民、政治难民、自然灾害难民等类型。进入20世纪后，世界难民问题日益突出，“二战”前的难民主要产生于欧洲，“二战”后则集中在亚非地区。80年代末，世界难民总数达1300多万，主要集中在西亚、非洲和印度支那地区。联合国呼吁难民收容国给予难民基本人权，并设立难民高级专员负责监督难民公约的执行。此外，联合国还于1949年设立了近东巴勒斯坦难民救济和工程处负责巴难民的救助事宜。联合国难民事务高级专员办事处认为，从根本上解决难民问题的方式包括自愿遣返、就地安置和重新安置三种，而第一种是最理想的方式。然而，由于各种原因，难民问题的解决面临着重重困难。联合国难民署报告显示，截至2014年年底，世界范围内流离失所的人数达5950万，2014年成为“二战”后年度难民数量增长最快的一年，其中，全球难民人数增长最快的地区是欧洲，共增加近22万人。

## 二、发展中国家为建立国际经济政治新秩序进行的努力

经济全球化在促进世界经济总量增长的同时，也加大了贫富差距。据统计，发达国家与发展中国家人均国内生产总值的差距从1983年的43倍增至1994年的62倍。2000年，占全球人口20%的发达国家，拥有全球生产总值的86%。经济全球化创造的财富，绝大多数为发达国家所占有，世界经济发展处于严重不平衡状态，南北矛盾突出。

所谓“南北矛盾”，是指由于世界经济体系结构的不平等所导致的发展中国家与发达国家之间由来已久的差异和对立。随着冷战后经济全球化的加速发展，南北差距继续扩大，南北矛盾更加尖锐。据美国《外交季刊》1995年冬季号报道，世界上“最不发达国家”由1989年的42个增至1995年的48个，其对外贸易额在世界贸易额中占的比例从20年前的0.8%降至0.4%。发达国家的年人均国内生产总值已达2万美元，而最不发达国家的年人均国内生产总值只有319美元。另据统计，1988年南方国家外债总额为13750亿美元，1998年增至24650亿美元，南方债务负担有增无减。对经济实力薄弱和科学技术落后的发展中国家来说，面对全球性的激烈竞争，所遇到的风险、挑战将更加严峻。

造成发展中国家在世界经济中处于不平等地位和落后境地的根本原因，在于不合理的国际贸易体系和经济秩序。冷战后的国际经济秩序仍然是由西方发达国家主导制定的，对发展中国家来说是不平等、不公正、不合理的，主要体现在发达国家与发展中国家之间国际分工的依附式关系、进出口的不等价交换、市场开放的不平衡、在国际金融组织中的地位不平等、在国际货币体系中收益与风险的不对等等方面。

解决南北矛盾的根本途径是改造现有的世界经济体系，建立有利于发展中

国家的国际经济新秩序。90 年代以来，南方国家建立国际经济新秩序的斗争已经从经济领域扩展到国际政治经济领域，斗争的焦点也由要不要建立国际经济新秩序转到建立什么样的国际新秩序问题上。南方国家主张建立有助于促进世界和平与发展的国际政治经济新秩序，在经济领域应主权平等、公平合理、互利合作、共同发展。但是，国际经济旧秩序是北方国家能够始终保持优势的基础，也是它们今后维持领先地位的前提，它们绝不会轻易放弃，建立国际经济新秩序的斗争复杂而艰难。

经过发展中国家的不懈努力和全世界主持正义力量的支持，建立国际经济新秩序的斗争克服重重阻力，取得了一定的进展。世界贸易组织允许发展中国家对外国企业实行必要的限制、监督和管理；发展中国家与发达国家就设立商品共同基金问题达成协议；发达国家对发展中国家实行普惠制。在 2009 年 9 月在美国举行的二十国集团首脑第三次峰会上，在中国的推动下，与会各国领导人就国际金融体系改革等一系列问题达成了共识，承诺将发展中国家在国际货币基金组织中的份额提高到 5%以上，发展中国家在世界银行将至少增加 3%的投票权；共同反对贸易保护主义，致力于在 2010 年前完成多哈回合谈判；在 2010 前制定为各国都能接受的规章制度，改善银行资本的数量和质量。这次峰会还决定以二十国集团首脑会议代替八国集团首脑会议。二十国集团首脑会议成为国际经济合作与协调的首要全球性论坛，凸显了新兴市场国家中国、印度、巴西和其他发展中国家的重要性。2009 年 11 月，在国际货币基金组织的重要机构“新借款安排”（NAB）华盛顿会议上，经过新兴市场国家的坚决斗争和艰苦努力，该机构同意将“金砖四国”吸纳为 NAB 的新成员，以换取这四国在抵御危机贷款中出资 1000 亿美元，这意味着“金砖四国”在国际货币基金组织中的投票权超过了 16%，拥有了集体否决权。但总体上，仍然控制着世界经济命脉的发达国家，不甘心失去旧秩序下的优势地位和超级利润，在全球性南北对话与合作中态度僵硬，使建立国际经济新秩序陷入僵持面。

与此同时，在广大发展中国家的积极争取和斗争下，区域性南北对话与合作关系发展较快，发达国家为此作出了一定让步。美国于 1993 年首次倡议召开了亚太经济合作组织非正式首脑会议。1998 年 4 月，美洲 34 国（除古巴外）举行第二届首脑会议，宣布正式启动建立美洲自由贸易区的谈判。1998 年、2000 年，美国总统克林顿两次访问非洲，试图“建立跨世纪的美非新型贸易伙伴关系”。欧盟与亚洲十国在1996年、1998年和2000年先后三次举行了亚欧会议①，共同探讨建立面向21世纪的亚欧新型伙伴关系问题。2000年3月，欧盟与非（洲）加（勒比海）太（平洋）地区的78个国家正式签署了新的贸易和援助协定——《科托努协定》，规定欧盟在八年过渡期中向非加太国家提供135亿欧元的援助，非加太国家97%的产品可以免税进入欧盟市场。该协定还包括双方进行全面政治对话，扩大经贸合作，实行贸易自由化等。

在积极争取建立国际经济新秩序的过程中，构建国际政治新秩序的努力也从未停止。国际政治旧秩序以霸权主义、强权政治为基本特征，在国际关系中以大欺小、以强凌弱、以富压贫，大国、强国依仗优势的经济军事实力，推行“炮舰政策”，无视国际法和国际关系基本准则，干涉别国内政，践踏他国主权，追求控制、支配其他国家的权力，其实质是维护超级大国的霸权地位。冷战结束后，美国凭借强大的政治、经济和军事实力，推行霸权主义和单边主义，极力维护国际旧秩序，并发动了多次对外战争。世界上的地区冲突和热点问题，大多处于美国的干预或影响之下。美国到处插手的做法不仅恶化了国际形势，而且严重侵犯了发展中国家的主权，也损害了一些发达国家的利益，因而遭到许多国家的反对。霸权主义和强权政治已成为世界和平与发展的主要障碍，世界人民面临着反对霸权主义的艰巨任务，解决这一问题，既要靠世界多极化趋势的发展，也依赖世界整体和平力量的增长。

世界和平力量的增长，首先表现为反对美国霸权主义力量的增长和美国的空前孤立。“反美主义”已不分种族与政治背景，不再专属于某个团体、国家或地区，并在社会各个阶层广泛传播。美国发动伊拉克战争后，不仅广大发展中国家民众的“反美主义”运动持续高涨，就连美国传统盟国的民众对美国外交政策也越来越反感。这些情况表明，世界上一切主张和平的力量，都必然会把坚持霸权主义的美国看成是世界的主要威胁，并持续地开展反对强权政治的斗争。广大发展中国家都遭受过殖民统治和掠夺，有些国家虽然取得了政治上的独立，但经济上仍处于对发达国家的依附地位，不断遭受着发达资本主义国家和国际垄断资本的掠夺和剥削，是超级大国扩张、渗透、控制的对象，容易

① 亚欧会议是亚洲和欧洲国家共同举办的政府间论坛，由政府首脑出席，并举行外长会议和其他部长会议。1996年首届亚欧会议在泰国曼谷举行，此后每两年举行一次，至2018年共举行12届会议，其中2008年第七届亚欧会议在北京举行。亚欧会议初始成员26个，后扩大到53个（2014年）。

受到侵害。因此，它们都面临着巩固独立，加速发展，改革旧的国际秩序，反对帝国主义和霸权主义，维护世界和平的历史任务。正是这些根本的共同点，把发展中国家紧密联系在一起。发展中国家在反对霸权主义、强权政治斗争中发挥着主力军的作用，是促进世界多极化的主体，广大发展中国家的崛起动摇着西方主导的国际政治经济旧秩序。

### 三、经济全球化与世界多极化下的中国

随着中国的快速发展及其在国际事务中的积极贡献，中国与世界的关系发生了历史性的变化，中国在联合国、世界贸易组织、二十国首脑峰会、金砖国家领导人峰会、亚太经合组织、上海合作组织等国际组织中的地位和影响越来越大，成为推动经济全球化和世界多极化健康发展的重要力量。

中国始终不渝走和平发展道路，始终不渝奉行互利共赢的开放战略，积极参与经济全球化进程，充分利用国外的资本、技术、市场和管理经验来加快经济发展。特别是在 1992 年中共十四大明确了社会主义市场经济的改革目标后，中国进一步扩大了对外开放。从 1992 年到 2011 年，尽管受到了 1997 年亚洲金融危机和 2008 年世界金融危机的影响，中国对外贸易总额仍从 1655 亿美元增至 36421 亿美元，国内生产总值于 2005 年超过英法，2008 年超过德国，2010 年超过日本，成为仅次于美国的世界第二经济大国，2011 年国内生产总值突破 40 万亿元人民币，外汇储备居世界第一位。中国的综合国力连续迈上大台阶，与发达国家的差距不断缩小，在科技、教育、医疗、社会保障等领域都成就辉煌。

中国在自身经济繁荣发展的同时，以更加积极的姿态参与国际经济合作与竞争。截至 2011 年，中国已经同 163 个国家和地区建立了双边经贸合作机制，签署 10 个自由贸易区协定，同 129 个国家签署双边投资保护协定，同 96 个国家签署避免双重征税协定，成为贸易和投资自由化便利化的积极实践者。2001 年 2 月由中国主导并发起成立了“博鳌亚洲论坛”，致力于通过区域经济的进一步整合，推进亚洲国家实现发展目标，它为政府、企业和专家学者等提供了一个共商经济、社会、环境及其他相关问题的高层对话平台。2001 年 11 月，中国经过长达 15 年的艰苦谈判，正式加入世界贸易组织，为中国的发展赢得了广阔的空间和强劲的动力，也为推动世界经济发展增添了重要力量。自加入世界贸易组织以来，中国切实履行入世承诺，平均关税水平从 2001 年加入世界

贸易组织前的15.3%降到了2010年的9.8%，积极参与世界贸易组织的各项活动，赢得了世界贸易组织成员和国际社会的广泛赞赏和肯定。2008年11月，中国参加了在华盛顿召开的二十国集团首次首脑峰会。2009年6月，中国参加了“金砖四国”领导人首次峰会，共谋合作发展。

中国积极参加亚洲国家的经济合作活动，为亚洲经济的发展作出了积极贡献；通过中非合作论坛、中阿合作论坛、中国—太平洋岛国经济发展合作论坛、中国—加勒比地区经贸合作论坛等机制，中国与亚、非、拉国家进行全方位经济合作。中国认真落实联合国千年发展目标，成为全球唯一提前实现贫困人口减半的国家，并根据自身能力积极开展对外援助。截至2009年年底，中国累计向161个国家、30多个国际和区域组织提供了2563亿元人民币的援助，减免了50个重债穷国和最不发达国家债务380笔，金额达255.8亿元人民币，为发展中国家培训人员12万人次，累计派出2.1万名援外医疗队员和近1万名援外教师。中国积极推动最不发达国家扩大对华出口，并已承诺对所有同中国建交的最不发达国家95%的输华产品给予零关税待遇。截至2011年年底，已经对38个最不发达国家实施了超过60%的产品零关税待遇。作为最大的发展中国家，中国为解决南北差距问题，促进世界经济发展，特别是发展中国家的经济发展，作出了应有的贡献。

在1997年东南亚经济危机中，中国保持人民币不贬值，对亚洲和整个世界经济的恢复与发展发挥了积极作用。特别是在2008年的世界金融危机中，中国在努力保持自身经济健康快速发展的同时，积极参与二十国集团等全球经济治理机制建设，推动国际金融体系改革，参与各国宏观经济政策协调，参与国际贸易融资计划和金融合作，组织大型采购团赴海外采购，向陷入困境的国家伸出援手，为各国应对危机，为发展中国家和世界经济的恢复作出了重大贡献。中国已经成为推动世界经济发展的重要力量。

中国坚定奉行独立自主的和平外交政策。中国需要和平的国际环境来发展自己，同时愿意以自身的发展来维护世界和平，促进世界各国的共同发展，特别是致力于缩小南北差距，支持发展中国家增强自主发展能力。1999年3月，江泽民首次提出了中国的新安全观。他指出：新安全观的核心，应该是互信、互利、平等、协作；建立在平等基础上的对话、协商和谈判，是解决争端、维护和平的正确途径。2005年9月，胡锦涛再次阐述了中国的新安全观，强调要摈弃冷战思维，建立互信、互利、平等、协作的新安全观，建立公平、有效的集体安全机制，共同防止冲突和战争，维护世界和平与安全。2005 年 9 月，胡锦涛在联合国第一次系统阐述了中国的和谐世界理念：坚持多边主义，实现共同安全；坚持互利合作，实现共同繁荣；坚持包容精神，共建和谐世界；坚持积极稳妥方针，推进联合国改革。中共十七大、十八大将推动建设和谐世界的战略思想写入了政治报告。和平发展是中国特色社会主义的必然选择，中国以和平的方式崛起，对世界政治具有开创性的伟大意义，必将对世界的和平、发展产生深远的历史影响，推动世界多极化的深入发展。

中国坚决反对霸权主义和强权政治，主张建立新型的国际关系和国际秩序，以和平共处五项原则、联合国宪章的宗旨和原则以及其他公认的国际关系准则作为新秩序的基础。这符合各国人民的根本利益，有利于世界和平与发展。在维护地区稳定、解决热点问题、创造和平环境方面，中国作出了自己的努力，为维护世界和平与稳定作出了卓越贡献。

中国积极参与反恐、防扩散领域国际合作，向遭受严重自然灾害的国家提供人道主义援助并派出救援队，为打击海盗行为向亚丁湾、索马里海域派遣海军护航编队。中国参加了 100 多个政府间国际组织，签署 300 多个国际公约，成为国际体系的参与者、建设者和贡献者。中国是最早制定并实施《应对气候变化国家方案》的发展中国家，也是近年节能减排力度最大、新能源和可再生能源研发速度最快的国家之一。中国为应对国际和地区热点问题发挥了建设性作用，在朝核问题、伊朗核问题等热点问题上坚持劝和促谈，推动形成朝核问题六方会谈机制。在中国的积极斡旋下，2003 年 8 月在北京举行了美、朝、中、韩、日、俄六方会谈，达成了通过对话解决朝核问题等六点共识。到 2008 年 6 月，先后举行了六轮六方会谈，达成了有关朝鲜半岛无核化和美朝改善关系等内容的协议。中国同 12 个陆地邻国解决了历史遗留的边界问题，坚持通过对话谈判处理同邻国领土和海洋权益争端。

中国主导建立的上海合作组织在维护地区稳定方面发挥了很好的作用。上海合作组织的宗旨是，加强成员国之间的互信与睦邻友好；鼓励政治、经济、科技、文化、教育、能源、交通、环保和其他领域的合作；联合维护地区的和平、安全与稳定；共同打击恐怖主义、分裂主义、极端主义、毒品走私和非法贩运武器等跨国犯罪；建立民主、公正、合理的国际政治经济新秩序。上海合作组织成立后，运行良好，受到世界许多国家和地区的普遍称赞。

作为联合国安理会常任理事国之一，中国一贯支持并积极参与符合《联合国宪章》精神的维和行动。1988年，正式申请加入联合国维和特别委员会，这是中国参加联合国维和行动的开端。1990年，首次向中东地区派遣了军事观察员。1992年，正式组建了第一支维和部队，前往柬埔寨执行任务。截至2011年，中国累计向联合国30项维和行动派出各类人员约2.1万人次，是派出维和人员最多的联合国安理会常任理事国。中国军队在参加联合国维和行动的过程中，积极参与当地社会重建，无私给予人道主义援助，得到了联合国维和总部以及各任务区政府和人民的称赞。

2012年中国共产党第十八次全国代表大会以来，中国的发展取得了举世瞩目的新成就。面对世界经济复苏乏力、局部冲突和动荡频发、全球性问题加剧的外部环境，在以习近平同志为核心的党中央的领导下，通过全面深化改革，“十二五”规划胜利完成，“十三五”规划顺利实施，党和国家事业全面开创新局面。至2017年12月，中国国内生产总值超过82.7万亿元，稳居世界第二，对世界经济增长贡献率超过30%。经济结构不断优化，数字经济等新型产业蓬勃发展，开放型经济新体制逐步健全，对外贸易、对外投资、外汇储备稳居世界前列。

在中国特色社会主义进入新时代的历史条件下，中国形成了全方位、多层次、立体化的外交布局，为中国的发展营造了良好的外部条件，也为构建人类命运共同体，促进全球治理体系变革作出了新的重大贡献。

2013年9月和10月，习近平主席先后在哈萨克斯坦和印度尼西亚提出共同建设丝绸之路经济带和21世纪海上丝绸之路倡议，合称“一带一路”倡议，很快得到沿线60多个国家积极响应。“一带一路”建设秉持共商共建共享原则，目的就在于推动实现沿线国家政策沟通、设施联通、贸易畅通、资金融通、民心相通，促进各国合作共赢、共同发展。2017年5月，首届“一带一路”国际合作高峰论坛在北京举行，来自各大洲29个国家的国家元首和政府首脑及联合国等主要国际机构负责人参加，130多个国家派团出席，达成270多项具体成果。“一带一路”倡议和建设是在国际秩序深刻复杂变化、经济全球化遭遇波折的大背景下提出和付诸实践的，它给矛盾和迷惘中的世界指明了前景，给困惑和犹疑中的人们带来了希望，这不仅是新时代中国经济外交和对外开放的主要抓手，而且已经成为当今世界最具潜力和影响力的国际公共产品。

2013年10月，习近平主席提出筹建亚洲基础设施投资银行（亚投行）的主张，获得相关国家的积极响应。2014 年 10 月 24 日，首批 21 个意向创始成员国代表在北京签约。2015 年 6 月 29 日，亚投行 57 个创始成员国正式签署协定，12 月 25 日亚投行宣告成立，总部设在北京。到 2017 年亚投行发展到 84 个成员国，成员数仅次于世界银行。

中国还倡导构建“金砖国家”机制，提出了“金砖国家”在金融、智库、工商业、科技等领域交流合作的具体任务和路径。2017 年 9 月在厦门举行的“金砖国家”峰会上，习近平主席总结了“金砖国家”走过的十年路程，提出了今后的发展方向。会议就此发表了《厦门宣言》。

2014 年 11 月在北京召开的亚太经合组织领导人非正式会议、2015 年 12 月在乌镇召开的第二届世界互联网大会、2016 年 9 月在杭州举行的二十国集团峰会等一系列中国外交主场上，习近平主席都提出了引领全球治理、推进经济全球化的“中国方案”，对世界产生了重大影响。

2015 年 9 月，习近平主席在联合国大会提出共同构建“人类命运共同体”的主张，表达了中国人民追求和平、发展、合作、共赢的心愿和胸怀，得到各国领导人热烈响应。2017 年 1 月，习近平主席在达沃斯世界经济论坛和联合国日内瓦总部的演讲中系统阐述了中国关于推动构建“人类命运共同体”的具体设想，在保护主义、孤立主义、民粹主义和反全球化思潮上升的背景下为国际社会指明了正确的前进方向，得到全世界的广泛赞誉，也进一步提高了中国的国际影响力。走向国际舞台中心的中国正在发挥引领人类社会发展的核心作用。

2017 年 10 月召开的中国共产党第十九次全国代表大会是中国特色社会主义进入新时代的里程碑。在十九大报告中，习近平总书记指出：“世界正处于大发展大变革大调整时期，和平与发展仍然是时代主题。世界多极化、经济全球化、社会信息化、文化多样化深入发展，全球治理体系和国际秩序变革加速推进，各国相互联系和依存日益加深，国际力量对比更趋平衡，和平发展大势不可逆转。同时，世界面临的不稳定性不确定性突出，世界经济增长动能不足，贫富分化日益严重，地区热点问题此起彼伏，恐怖主义、网络安全、重大传染性疾病、气候变化等非传统安全威胁持续蔓延，人类面临许多共同挑战。……我们不能因现实复杂而放弃梦想，不能因理想遥远而放弃追求。没有哪个国家能够独自应对人类面临的各种挑战，也没有哪个国家能够退回到自我封闭的孤岛。……世界命运握在各国人民手中，人类前途系于各国人民的抉择。中国人民愿同各国人民一道，推动人类命运共同体建设，共同创造人类的美好未来！”①

**思考题：**

1. 试析经济全球化的动因。
2. 怎样理解世界多极化的发展趋势？
3. 中国怎样应对经济全球化与世界多极化？

▶ 拓展阅读

① 习近平：《决胜全面建成小康社会，夺取新时代中国特色社会主义伟大胜利——在中国共产党第十九次全国代表大会上的报告》，人民出版社2017年版，第58、60页。

# 第二十一章　20世纪下半期的科技与文化

第二次世界大战后，世界范围内掀起了以原子能、空间技术和电子计算机为主要内容的新科技革命浪潮。① 新科技革命不仅促进了生产方式的巨变和经济社会的飞速发展，而且渗透到国际政治、社会生活和精神文化等领域，对战后世界历史进程产生了深远影响。20世纪下半期，文化发展所产生的影响也是空前的。科技和经济发展使人类控制自然和人类自身的能力大大提高，但人类也面临新的风险与压力，这些都促使人们更深入地反思人与自然的关系、人与社会的关系，因此各种新思想、新观念不断涌现。与此同时，电视和网络等新文化形态迅猛发展，对人类社会产生日益广泛而深远的影响。

## 第一节　新科技革命的兴起

第二次世界大战后兴起的新科技革命，适应了战后经济社会发展的需要，深化了20世纪以来人类在科学技术领域取得的突破，具有丰富的新内容，呈现出鲜明的特点。

### 一、新科技革命兴起的背景

新科技革命兴起于20世纪六七十年代，有着深刻的社会历史背景。

首先，第二次世界大战以来经济社会发展的客观需要，是新科技革命兴起的最深刻根源。1951—1970年的20年间，资本主义处于发展“黄金时期”。在这期间，西方主要资本主义国家的经济发展持续上升，年均增长率达5.3%。人们越来越重视科技的作用，增加对科技的投入，使科技呈现出加速发展的趋势，科技对经济发展的贡献率不断增大。自70年代初以来，西方经济开始出现衰退。1973年10月第四次中东战争后，阿拉伯国家将石油价格从3.01美元/桶提高到11.65美元/桶。石油成为武器，给欧美资本主义国家沉重打击。

---

① 这是继第二次世界大战前发生的两次科技革命后的第三次科技革命，因此也有人把新科技革命称为第三次科技革命。

1974—1981年，西方主要资本主义国家的工业增长，年均不到1%。以罗马俱乐部为代表的一些人提出“增长的极限”，认为“人类前景黯淡”，应采取“限制增长”的办法，来面对社会危机。美国学者赫尔曼·卡恩、阿尔温·托夫勒等人则认为，危机是由“工业化阶段”向“后工业化阶段”过渡引起的，随着“过渡期”的结束，危机也将摆脱。他们特别强调科技在“过渡期”中的作用，认为正在到来的新科技革命表明，“世界并没有面临末日，人类的历史才刚刚开始。世界的混乱骚扰底下，蕴藏着惊人的希望和前景”①。这种观点在西方日益产生广泛影响。1982年，在凡尔赛召开的西方国家首脑会议上，“适应新科技革命的潮流发展未来的经济”，成为与会国家的共识。各国利用强大的行政和物质力量，组织规模大、耗资多、利润低、风险高的尖端科研项目和基础研究项目，不断研发出新产品，促进科学技术发展，奠定了新科技革命的重要社会基础。

其次，战争的需要加速了核技术、空间技术和电子计算机等高科技项目的研制。在“二战”后形成的冷战格局中，美国和苏联为了抢占新的制高点，加紧进行军事科技竞赛。美苏的第一轮军事科技竞赛，主要围绕核武器的研制进行，在客观上促进了核能的开发和利用。第二轮军事科技竞赛主要围绕投射核弹的运载工具进行，火箭技术和导弹技术被推向一个新的发展阶段，为空间技术的发展打下坚实基础。此后，军事科技竞赛主要围绕反导防御系统展开。制导武器的小型化、智能化和精确化，使杀伤力和命中率不断提高，推动了电子学、自动控制理论和计算机科学的发展。此外，飞机、舰艇、坦克、火炮等常规武器的高科技含量也迅速增长。从“二战”到冷战，军事科技的发展日新月异，大大促进了新科技革命的产生和发展。

最后，基础科学领域的许多重大突破为新科技革命的到来开辟了宽广的道路。1948年，自然科学、工程技术、社会科学和思维科学相互渗透与交融，产生了系统论、控制论和信息论等新科技理论，为科技的飞速发展提供了有力指导。系统论为人们认识各种系统的组成、结构、性能、行为和发展规律提供一般方法论的指导；控制论揭示事物联系的反馈原理，用以实现对系统的有效控制；信息论通过数理统计方法来研究信息的度量、传递和变换的规律，揭示人

---

① ［美］阿尔温·托夫勒：《第三次浪潮》，朱志焱、潘琪、张焱译，生活·读书·新知三联书店1983年版，第3页。

类认识活动产生飞跃的实质。人类对宏观世界、微观世界认识的新发展，催生了许多新的科技领域。20 世纪 50 年代，天体物理、大气物理、等离子物理、地球物理、材料物理和化学反应动力学的发展，为空间技术的兴起奠定了基础。1948 年，英国科学家经过研究、观测，提出了稳恒态宇宙理论，宇宙能量守恒、质量守恒定律被否定，物质不灭遭到质疑。在人类认识领域向宏观世界拓展的同时，对微观世界的认识也更加深入。50 年代，美国学者沃森、英国学者克里克发现并建立了脱氧核糖核酸（DNA）分子双螺旋结构，标志着生物科学和遗传科学研究已深入到分子层次，分子生物学也由此建立。此外，高分子合成技术、化工技术、新材料技术、新能源技术等也得到进一步发展。

## 二、新科技革命的主要内容

20 世纪下半期发生的新科技革命，使人类在原子能、空间技术、电子计算机、分子生物学和新材料等领域取得了前所未有的突破。

### （一）核技术

第二次世界大战后，越来越多的人认识到，核武器相互残杀会使整个人类毁灭。因此，核技术继续用于军事领域的同时，也开始用于民用领域。1951 年，美国国家工程实验室建立了一座实验性增殖反应堆，并成为首座发电的核反应堆。1954 年，苏联在奥布宁斯克建成世界上第一座核电站，1958 年在西伯利亚建造了大规模的核电厂网。1956 年，英国在凯尔德豪尔建成第一座商业性核电站，并投入使用。1957 年 12 月，美国第一座商用核电站在宾夕法尼亚州落成。1959 年，英国启动了快速增殖反应堆。20 世纪 50 年代，各国核电站的发展基本上是实验性的。60 年代后，核电站进入实用阶段。核聚变能是 21 世纪人类最有希望的能源之一。到 20 世纪末，全球已有近 500 座核电站，核发电量约占世界总发电量的 20%，节约石油约 5 亿吨，引起了人类社会生产和生活的深刻变化。核技术还用于交通运输。1958 年，苏联第一艘核动力破冰船“列宁号”起航；1962 年，美国第一艘核动力货轮“萨瓦纳号”下水。

### （二）空间技术

空间技术是探索、开发和利用地球以外天体的综合性、高尖端现代科学技术，是一个国家现代科技综合发展水平的重要标志。1957 年 10 月 4 日，苏联成功发射世界上第一颗人造地球卫星。1961 年 4 月 12 日，宇航员加加林乘坐苏联第一艘载人宇宙飞船“东方号”，在太空遨游 108 分钟、绕地球一周后安全返回地面，开辟了人类航天的新纪元。从 1961 年 4 月到 1963 年 6 月，苏联共发射了六艘“东方号”飞船。1963 年 6 月 16 日，“东方”六号飞船首次把女宇航员捷列什科娃送上太空，飞船环绕地球飞行了 48 圈，三天后安全返回地面，开创了女性航天的先河。1964 年 10 月 12 日，可以容纳三名宇航员的苏联“上升”一号飞船首次进行载人飞行。1965 年 3 月 18 日，“上升”二号飞船进行了第二次载人飞行，宇航员列昂诺夫走出舱外，在舱外活动 23 分 41 秒，成为世界上第一个进行太空行走的宇航员。1980 年，乘坐“联盟”三十五号宇宙飞船的苏联航天员，创造了在空间站“礼炮”六号停留 186 天的纪录。1986 年 2 月 20 日，苏联“和平号”空间站发射升空，这是世界上第一个长期有航天员的长久性空间站。服役期间，“和平号”空间站总共绕地球飞行 8 万多圈，行程 35 亿千米。1986—1999 年，先后有 28 位航天员长时间生活在此空间站，另外还有 104 位宇航员造访。美国航天飞机与其对接过 9 次。

在苏联迅速发展空间技术的同时，美国也不甘示弱。1958 年 1 月 31 日，美国“探险者”一号人造卫星发射成功。到 2000 年年底，美国发射了 70 多颗“探险者”系列人造卫星。1962 年 2 月 20 日，美国首次将载有宇航员约翰·格伦的水星“友谊”七号飞船送上太空，成为世界上第二个具有载人轨道飞行实力的国家。从 1961 年 11 月至 1966 年 11 月，美国还实施了“双子星座号”载人飞船计划。为了缩短与苏联的差距，1965 年 5 月，美国开始实施“阿波罗登月”计划。1969 年 7 月 16 日，“阿波罗”十一号宇宙飞船由人操控降落在月球表面，成功地将宇航员阿姆斯特朗、奥尔德林送上月球。1981 年，美国研制出第一架航天飞机“哥伦比亚号”，首次进行了太空飞行。之后又研制出“挑战者号”（1983）、“发现号”（1984）、“亚特兰蒂斯号”（1985）、“奋进号”（1992）等航天飞机。

随着航天技术的发展，人类在用探测器探测太阳系行星方面也取得了长足进步，美国和苏联对除冥王星外的其他各行星都发射过探测器。1957—2007 年，世界各国共发射各类航天器 6614 个，包括通信卫星、气象卫星、导航定位卫星、地球资源卫星等。

中国在空间技术上也取得长足发展。1970 年 4 月 24 日，中国成功发射第一颗人造地球卫星“东方红”一号；1984 年 4 月 8 日，成功发射第一颗地球静止轨道通信卫星“东方红”二号；1988 年 9 月 7 日，“风云”一号升空，中国跻身世界上第三个自行研制和发射极轨气象卫星的国家。截至 1998 年年底，中国用自行研制的运载火箭发射了49颗本国研制的人造卫星和29颗国外研制的人造卫星。1999年11月20日6时30分，“神舟”一号飞船发射升空，11月21日凌晨3点41分顺利降落在着陆场。这次试验飞行验证了有关创新技术，为中国载人飞船的研制和空间站规划打下重要基础，成为中国航天史上的里程碑。进入21世纪，中国航天技术进入高速发展阶段，“神舟”五号、“神舟”七号、“神舟”九号、“神舟”十号、“神舟”十一号载人飞船发射成功，中国成为继苏、美后第三个有能力独自将人送上太空，并进行太空行走、顺利完成与空间实验室对接的国家。

（三）信息技术

电子计算机在20世纪下半期的新科技革命中发展最快、影响最大。为了解决战争中出现的弹道表计算问题，1946年2月，美国研制成功世界上第一台计算机——电子数字积分器与计算器（Electronic Numerical Integrator And Calculator，简称ENIAC），这部机器使用了18800个真空管，长15米多，宽9米多，占地近140平方米，重达30吨（大约是一间半的教室大，6只大象重）。它计算速度快，每秒可进行5000次加法运算。

20世纪50年代，随着半导体出现，第二代计算机问世。60年代，集成电路诞生，第三代计算机出现。70年代，大规模集成电路诞生，计算机出现了明显的微型化趋势，一些美国科学家提出“把电脑搬回家”的口号。1975年，体积小、价格便宜的个人电脑在美国问世。此后，多种体积小、功能强的便携式计算机相继研制成功。1991年，世界上第一台多媒体个人电脑问世。90年代后，微型计算机迅速发展，深入人类生活的各个领域，成为人们生活中普遍使用的一种工具。现在，人们很难想象，如果没有电脑，世界将会变成什么样子。

计算机的发展引起了信息技术革命。计算机作为信息技术的载体和工具，通过网络化大大提高了其价值。国际互联网成为名副其实的“信息高速公路”，日益体现出重大的经济、社会和文化价值。

1993年，美国提出“信息高速公路”计划，即在美国建设一个贯穿全国、以光纤网络和超级电脑为主干的“国家信息基础设施”（NII）。这是一个高速度、大容量、多媒体的信息传输网络。计划提出后，其他国家纷纷效仿，推动互联网飞速发展起来，逐步形成可以共享的信息数据库。世界各地的用户不仅可以获得数以千万计的数据信息，而且只需轻松地点击鼠标就可以实现即时的交流。互联网带来了比工业革命更为深刻的影响，不仅改变了人们的学习、工作和生活，极大地拓展了人的存在方式，使网络电话、电子商务等兴起，而且改变了人类世界，使世界的联系更加紧密。在计算机、互联网技术发展的同时，控制技术、通信技术、多媒体技术也在高速发展，并互相融合。信息技术的大发展，信息知识的大爆炸，使信息垄断被打破，话语权开始分散。人类由工业社会逐步迈入信息社会。

（四）生物技术

在生命科学中，科学家们在免疫学领域取得重大突破。继 20 世纪 50 年代分子生物学建立后，60 年代，科学家发现了构成 DNA 的 64 个遗传密码。1972 年，美国生物化学家、现代基因工程的创始人保罗·伯格（1926— ）把两种病毒的 DNA 用同一种限制性内切酶切割后，再用 DNA 连接酶把这两种 DNA 分子连接起来，于是产生了一种新的重组 DNA 分子，首次实现两种不同生物的 DNA 体外连接，获得了第一批重组 DNA 分子，这标志着基因工程技术的诞生。伯格因此获得了 1980 年诺贝尔化学奖。1992 年，人类基因组计划启动。这项计划由英国和美国领导，并有多个国家的科学家参与完成。2001 年，人类全部基因组图谱草图问世，2003 年，完整的基因组序列测序完成。

1973 年，美国分子生物学家科恩和博耶成功将两个不同的质粒（一个是抗四环素质粒，另一个是抗链霉素质粒）拼接在一起，组成嵌合质粒，并将其导入大肠杆菌，当该重组质粒进入大肠杆菌体内后，这些大肠杆菌能抵抗两种药物，而且这种大肠杆菌的后代都具有双重抗药性。这表明“杂合质粒”在大肠杆菌的细胞分裂时也能自我复制。这标志着自然界不同物种间在亿万年中形成的天然屏障被打破了，人类可以根据自己的意愿定向地改造生物的遗传特性，甚至创造新的生命类型，现代生物技术由此进入实际运用阶段。1996 年，绵羊“多利”在爱丁堡罗斯林研究所被克隆出来，2 年后，多利通过正常途径产下一只羊羔，意味着人类具有了大规模复制动物优良品种、批量生产转基因生物的能力，生命科学翻开崭新一页。然而，人类在享受现代生物技术带来的福祉时，也在为它的滥用而担忧。

（五）新材料技术

新材料技术在“二战”后蓬勃发展起来。新材料技术大体上可分为三类：信息材料技术、新能源材料技术和在特殊条件下使用的结构材料和功能材料技术。

信息材料技术是指开发用于电子计算机、微电子及通信材料的技术。在这类技术中，硅材料、砷化镓材料被广泛开发，由它们作材料制成的集成电路已应用于信息领域。美国成功研制出光纤材料，并于1977年将其用于通信领域。

新能源材料技术是指研制用于开发新能源或节能材料的技术。这类材料技术目前有三大热点：新型陶瓷技术、非晶态硅技术、超导材料技术。

结构材料技术是指开发利用材料的力学和理化性能，来生产满足高强度、高刚度、高硬度、超高温、超高压、超低温、耐磨、耐蚀、抗辐射等性能要求的材料技术。功能材料技术是指开发利用某些材料气动弹性好，具有电、磁、声、光、热等性能，可实现产品某种特定功能的技术。

1959年，美国物理学家理查德·费曼提出了“纳米”技术的概念，即建造和使用只有纳米尺寸的装置或设备。纳米是长度计量单位，1纳米相当于1米的十亿分之一。在纳米尺度上按需要来制造具有特定功能的产品，称纳米技术。纳米技术问世后，纳米材料发展迅速。自20世纪90年代始，对纳米材料的研究成为热点。

### （六）人工智能

在新科技革命的推动下，人工智能得到迅速发展，被认为是21世纪三大尖端技术（基因工程、纳米技术、人工智能）之一。1956年，美国麻省理工学院教授约翰·麦卡锡第一次提出了“人工智能”概念。此后，人工智能引起越来越多的人的关注。所谓人工智能，是指研究人类智能活动的规律，从而让机器来模拟，使其拥有学习能力，甚至能够像人类一样去思考、推理、规划等。人工智能的发展并非一帆风顺，迄今主要经历了以下三个阶段：20世纪50年代至70年代，人工智能力图模拟人类智慧，但算法过于简单，进展缓慢。20世纪80年代，人工智能主要是基于规则的专家系统得到发展，却很难捕捉专家的隐性知识，进展依然缓慢。这两个阶段，是人工智能研究的低潮期。

20世纪90年代后，随着神经网络、大数据、云计算和高性能计算等信息通信技术快速发展，智能技术也取得突破性进展，人工智能的发展进入了新的阶段。人工智能涉及的学科包括哲学、语言学、心理学、数学、神经心理学、计算机科学和信息论、控制论、不定性论等。人工智能的“算法”，可以深度学习模仿人脑的结构，具有强大的推理能力，可有效地解决诸多复杂的智能问题。例如，1997年计算机“深蓝”战胜国际象棋世界冠军，2011年IBM超级计算机“沃森”在美国电视答题节目中战胜两位人类冠军，2016年和2017年人工智能程序“阿尔法狗”战胜人类围棋高手等。

经过 30 多年的发展，人工智能已经取得了巨大的进步，其研究领域不断扩大，如自然语言处理、自动定理证明、感知问题、智能搜索、模式识别、专家知识系统、知识获取、逻辑程序设计、软计算等。人工智能产品在医疗、商业、通信、社会发展和城市管理等方面广泛应用，并取得了丰硕成果。人工智能创新创业蓬勃发展，全球最值得关注人工智能企业达 100 家以上，其中包括中国的腾讯、阿里云、百度等。

### 三、新科技革命的主要特点

与以往的科技革命相比，新科技革命主要有以下五方面特点。

第一，科学技术加速发展。主要表现在：（1）科学技术新成果的高速增长。第二次世界大战后，科学发现和技术发明的数量大约每 10 年翻一番。近 30 年来人类的知识，大概等于过去 2000 年的总和，未来 10 年还将翻一番。预计到 2020 年，人类的知识比现在将增加 3—4 倍；到 2050 年，现今运用的科技知识可能只占那时所拥有的知识的 1%。（2）学科交叉融合加快，新兴学科不断涌现。20 世纪以来，特别是“二战”以后，科技发展的跨学科性日益明显，现在的一些举世瞩目的重大科学问题，几乎都是跨学科问题；科学和技术的融合成为当今科技发展的重要特征，许多学科之间的边界将变得更加模糊，未来重大创新更多地出现在学科交叉领域，学科之间、科学与技术之间的相互融合、相互作用和相互转化更加迅速，逐步形成统一的科学技术体系。（3）科技信息的增长速度更为惊人。据估测，世界科技知识在 19 世纪是每 50 年增加 1 倍，20 世纪中叶是每 10 年增加 1 倍，当今是 3—5 年增加 1 倍。1665 年出版了世界第一本科技杂志，1865 年增加到 1 000 种，而到 1965 年已经突破了 10 万种。不仅是现代科技成果、科技信息以加速度发展，而且任何一项计量指标（国家科研经费投入、科学家人数、科技论文数量等）的计算，都是按指数规律发展的。20 世纪 60 年代以来，世界各国用于科研经费的总和，增加了约 400 倍。

第二，科学技术应用于生产的周期越来越短，高科技群体化、产业化。科技成果商品化周期在 18 世纪为 100 年，19 世纪为 50 年，“二战”后为 7 年，现在甚至只需 2—3 年。新科技革命中，各种新发展起来的科技之间、新科技与传统科技之间、软技术与硬技术之间的横向关联性、综合性、交叉性极为突出，信息科学、信息技术与其他科学、技术间的互动发展就是很好的说明。现代科技的纵深和跨越交叉式发展，已促成许多高新技术群体崛起，且迅速产业化，它们成为各国经济和世界经济跨越式发展的重要动力。

第三，科学技术化，技术科学化，两者间的结合、转化加快，科技自身的发展速度加快。科学与技术之间的结合、转化尽管在 19 世纪 70 年代的第二次科技革命中就已出现，但那时仅仅只是开始。新科技革命则不然。新科技革命是理论上的新突破，很快就带来技术上的新发展，技术上的新发展又加速了理论的新突破。在这种良性循环中，科技知识创新、传播的速度越来越快，科技知识应用的规模越来越大，科技知识量呈爆炸式增长，科技几乎在所有领域都出现了新的飞跃。当然，在科学与技术的结合、转化中，科学仍起着主导作用。

第四，新科技革命所形成的新的技术能力，对人类社会产生空前巨大的影响。“三 A”① “三 C”② “三 D”③ 是推动人类文明发展的伟大力量。现代信息技术、材料技术、能源技术、生物技术、空间技术、海洋技术，是人类共同的精神财富。新科技革命的发展改变了世界的面貌，超越国界的市场体系、金融体系和生产体系的形成，使世界现代历史的发展进入全球化的新阶段。

第五，新科技革命具有真正的世界规模和可持续发展性。新科技革命的科技含量高，难度大，费用极其昂贵，以个人力量或某个部门力量难以胜任，需联合攻关，科技研究发展为集体、区域、国家乃至国际行为。人类历史上已经发生过两次重大的科技革命，在这两次科技革命中，欧美资本主义国家自始至终是主力，其他落后国家只是被动地受波及。凭借着强大的科技力量，西方获得对东方几百年的优势而居于支配地位。而新科技革命虽从美国肇始，发达资本主义国家凭借经济实力、人才实力仍然保持着优势，但发展中国家和地区也在积极参与并贡献力量，在新科技革命中的作用不容忽视。这不仅使新科技革命真正具有了世界规模，使新科技革命更加波澜壮阔，而且还推动了世界多极化和经济全球化发展趋势。在以往发生的科技革命中，人类一味地向大自然索

① “三 A”：工厂自动化（Factory Automation）、办公自动化（Office Automation）、家庭自动化（Home Automation）。

② “三 C”：通信（Communication）、计算机（Computer）、控制（Control）。

③ “三 D”：数字传输（Digital Transmission）、数字交换（Digital Switching）、数字处理（Digital Processing）。

取，而这次新科技革命则不同，人类首次密切关注到了科技发展中的人与自然的和谐统一和人文关怀，这使新科技革命具有了可持续发展的特征。

## 第二节 20世纪下半期的世界文化

20世纪下半期，人类的精神创造在哲学、经济学、心理学、历史学、文学等领域不断深化，新思潮、新流派迭出。与此同时，影视艺术和网络文化作为新兴文化形态，在世界范围内日益产生广泛而深远的影响。

### 一、哲学社会科学

#### （一）哲学

在20世纪上半叶，逻辑实证主义是欧美最繁荣、最强大的哲学思潮。然而在其繁荣与强大背后，逻辑实证主义理论自身却也潜藏着日后陷入困境的一系列问题。正是由于这些问题，逻辑实证主义外部遭到人文主义者的批评，内部也受到历史主义的挑战。所以从50年代起，逻辑实证主义开始衰落，历史主义科学哲学兴起。对逻辑实证主义给予致命一击的是英国科学哲学家卡尔·波普尔。波普尔提出可证伪性而不是可证实性是科学和非科学划界的标准，并因此建立起他的证伪主义科学哲学，或批判理性主义的科学哲学。对逻辑实证主义的另一个致命打击来自以库恩为代表的所谓历史主义。历史主义学派对逻辑实证主义的核心信念——意义证实理论作了彻底的颠倒。不是经验通过证实赋予理论以意义，相反倒是科学理论给经验事实以解释。这便是历史主义学派的核心信念：范式意义论。图尔敏、拉卡托斯、库恩等人是这一学派的著名代表，他们都把科学理论看作具有复杂结构的整体，这个理论整体有着自己的核心原则。这种原则，图尔敏称其为“自然秩序的理想”，拉卡托斯称其为“研究纲领”，库恩称其为“范式”。其中，库恩的范式论最为典范。在库恩看来，科学不仅仅是一个逻辑范畴，而是一个逻辑—心理—社会—历史范畴，科学的发展就是新范式不断代替旧范式的历史。然而库恩认为，新范式取代旧范式是没有规律可循的非理性的过程，主要取决于科学共同体的社会心理因素，是科学共同体的信仰改变。所以新旧范式之间在本质上是不可通约的。费耶尔阿本德把库恩的这种相对主义推到了极致，主张非理性主义和无政府主义。至此，历史主义由于费耶尔阿本德而走向了死胡同。随着后现代主义思潮的兴起，后现代主义的科学哲学家，像罗蒂等人，对传统哲学的价值提出公然的否定，提出了“后哲学文化”的理论，提倡一种“后哲学的哲学”。“后哲学的哲学”不是以建构知识体系和普遍原则为己任的“体系哲学”，而是陶冶自我、教化自我的“陶冶哲学”或“教化哲学”。

“二战”后，资本主义社会的深刻危机，引起人们对西方传统思想文化特别是人在急剧变化的社会中的命运、地位进行多方面的反思，由此形成西方哲学中人本主义流派百家争鸣的局面，存在主义、结构主义、解构主义（亦称后结构主义）等派别轮番登场。1946 年，法国文学家、哲学家保罗·萨特（1905—1980）提出“存在先于本质”的著名口号，强调个人只有处于烦恼、畏惧、死亡等心理状态下才能体验到本真的存在，标志着存在主义诞生。存在主义的兴起反映了人们对资本主义危机、帝国主义战争和各种社会弊病的不满，反映了西方世界对个人前途命运的忧虑和迷惘。20 世纪五六十年代，以法国哲学家列维-斯特劳斯（1908—2009）为代表的结构主义向萨特的存在主义提出挑战。结构主义是一种分析语言、历史、文学与社会的研究方法，作为一种哲学思潮，它强调人类行为是由各种各样的结构组织所决定的。在结构主义形成不久就产生了解构主义，解构主义不仅批判结构主义，而且对整个西方哲学传统都提出质疑，但又提不出明确的哲学主张，把西方哲学引向了新迷惘。

十月革命的胜利和社会主义国家的兴起，使西方许多左翼学者对马克思主义产生了强烈的理论兴趣，他们把马克思主义与形形色色的西方哲学流派结合起来，试图找出高度发达的资本主义社会阻碍理论与实践相统一的原因，形成了“西方马克思主义”哲学思潮，并于 20 世纪六七十年代达到高潮。主要流派有法兰克福学派、“存在主义的马克思主义”、“结构主义的马克思主义”、“弗洛伊德主义的马克思主义”、“新实证主义的马克思主义”等。这些流派的一些研究工作，剖析和批判了现代资本主义社会中出现的各种现实问题，通过研读马克思、恩格斯原著的文本，深入思考解决资本主义现实问题、摆脱危机的出路。西方马克思主义缺乏一定的社会实践基础，不可能提出具体的行动纲领来引导人民大众从事革命实践。它的一些观点对发展马克思主义具有借鉴意义，但许多观点是片面地、错误地理解马克思主义，甚至在发展马克思主义的名义下离马克思主义越来越远。

“二战”后，苏联和东欧各国的哲学家开展了马克思主义哲学基本理论和体系的研究探讨，积极同各种反马克思主义哲学思潮作斗争，为宣传、普及和研究马克思主义哲学作出了重要贡献。中国共产党人始终高度重视马克思主义哲学，特别是1949年中华人民共和国成立后，对马克思主义哲学的学习、宣传和研究在全国蔚然成风。以毛泽东为代表的中国共产党人在运用马克思主义哲学基本原理，指导中国社会主义革命与建设过程中，形成了毛泽东哲学思想，进一步丰富和发展了马克思主义哲学。1978年改革开放以后，中国重新确立了实事求是的马克思主义思想路线，运用马克思主义哲学基本原理，思考和解决当代中国的重大理论和实践问题，对马克思主义哲学的许多重要领域进行了深入研究探讨，形成了中国特色社会主义理论体系哲学思想，这一哲学思想的历史主题，是实现中华民族伟大复兴，实现国家的强盛和人民的幸福，这就赋予了马克思主义哲学新的时代内容，为中国特色社会主义的形成和发展发挥了重要的指导作用。实践没有止境，理论创新也没有止境。我们必须在理论上跟上时代。习近平新时代中国特色社会主义思想，深得马克思主义哲学的滋养，闪烁着辩证唯物主义和历史唯物主义的理论光辉，开辟了马克思主义中国化和中国特色社会主义事业发展的新境界。

（二）经济学

20世纪30年代中期，“凯恩斯革命”开创了西方经济学的新时代。“二战”后的20多年里，凯恩斯的追随者不断对其理论与政策加以补充与完善，形成了新凯恩斯主义（或称后凯恩斯经济学派）。该学派又分为以美国经济学家萨缪尔森、托宾等为代表的“新古典综合派”，以英国经济学家罗宾逊、卡尔多等为代表的“新剑桥学派”。20世纪五六十年代，以美国经济学家米尔顿·弗里德曼（1912—2006）为代表的货币学派发起了对“凯恩斯革命”的挑战。根据弗里德曼的理论体系，资本主义经济体系的不稳定缘于货币因素的扰动，抑制通货膨胀的根本措施就是控制货币供应量的增长率，使其同经济增长率大致相适应。60年代末，以罗伯茨、费尔德斯坦和蒙德尔为代表的供给学派也否定凯恩斯的“需求决定供给”这一核心命题，强调财政政策的作用应该影响供给而不是影响需求，以促进私人储蓄和投资。货币学派和供给学派均以新自由主义作为思想基础，主张全盘私有化，迷信市场自行调节。20世纪80年代初，货币学派和供给学派的理论和政策主张成为英国撒切尔政府和美国里根政府制定经济政策的理论基础。进入90年代以后，新自由主义经济学理论在西方广受质疑。2008年爆发的国际金融危机，使以新自由主义为基础的西方经济理论和政策遭到更大质疑，西方经济学也遭遇前所未有的信任危机，人们开始进行反思并寻找新的出路。

在西方经济学的思潮和流派中，除了上述主流经济学外，还有其他的经济理论与经济学思想，比如熊彼特的经济理论体系、罗斯托的经济成长阶段理论和新制度学派、发展经济学、激进经济学派等。另外，西方经济学还在研究方法和研究角度方面取得了长足发展，例如分析工具的数理化趋势，即计量经济学的崛起、统计学在经济学中的大规模运用、引入博弈论研究方法等。

十月革命胜利和苏联的建立，使马克思主义经济学在理论与实践方面得到了双重发展。“二战”结束后，一批国家走上社会主义道路，马克思主义经济学得到广泛传播，但也在发展过程中出现了挫折。苏联在继承马克思列宁主义经济思想的同时，探讨了一系列社会主义经济理论问题，在实践探索中形成了苏联的社会主义经济理论，指导苏联经济取得了很大成就。社会主义国家纷纷学习苏联经济理论和计划经济体制。20 世纪五六十年代以后，这些国家逐渐认识到苏联经济理论和经济模式中存在某些片面性和严重弊端，开始根据各自社会主义建设的实践进行探索和改革。苏联也对自身的经济体制进行了一些探索和改革。这些探索和改革虽然取得了一定的成效，积累了一些经验，但在总体上没有根本突破。20 世纪 80 年代末 90 年代初，在各种因素的影响下，苏联和东欧社会主义国家的改革探索迷失了方向，放弃了马克思主义的指导地位和社会主义制度，马克思主义经济学、社会主义经济理论的探索也在这些国家就此中断。

中国共产党人把马克思列宁主义的经济思想与中国国情相结合，实现了马克思主义经济学的创新发展。从 50 年代起，中国共产党人就提出并成功实践了社会主义改造理论，探索了社会主义基本矛盾理论、社会主义工业化和现代化理论等经济理论，丰富和发展了马克思主义经济学。1978 年改革开放以后，中国不断深化对中国特色社会主义经济发展规律的认识，致力于建立并不断完善社会主义市场经济体制，逐步形成和发展了中国特色社会主义经济理论，在社会主义经济体制改革、对外开放、经济发展、所有制、分配制度和宏观调控等方面作出了独创性贡献，极大地丰富和发展了马克思主义经济学，指导中国取得了举世瞩目的巨大成就。2012 年中共十八大以来，党坚持观大势、谋全局、干实事，成功驾驭了中国经济发展大局，在实践中形成了以新发展理念为主要内容的习近平新时代中国特色社会主义经济思想。

（三）史学

“二战”后世界的急剧变化，使史学家的视野、观念与研究方法也发生转变。首先，突出了历史学家作为认识主体在历史研究中的重要作用。其次，史学研究的范围扩充到人类生活的各个领域，如家庭史、人口史、妇女史、社区史、社会生活史等。战后“全球史观”的逐步确立，进一步疏离了欧洲中心论。最后，史学研究方法日益借鉴和吸收其他学科的新方法。如电子计算机的运用，为历史研究中的计量方法开辟了新的前景；心理方法深入精神层面，让人们对历史和文化有了更为深层的了解；比较方法为进一步综合分析提供了途径；口述方法成为历史学家与非历史学家之间沟通的桥梁。这些新方法的引入打破了史学与其他学科间的隔膜，推动了历史学跨学科研究的发展。

“二战”后，在国际史坛产生广泛影响的学派，是法国的年鉴学派和美国的新社会史学派。年鉴学派第二代代表布罗代尔在《菲利普二世时代的地中海和地中海世界》中论述了长时段、中时段和短时段三层历史构架及其重要性，这种重结构、轻规律的研究方法也备受诟病。1968年法国“五月风暴”之后，年鉴学派的第三代代表打出“新史学”的旗帜，因此又被称作“年鉴—新史学派”，代表作有勒高夫和诺拉合编的《创造历史》、勒高夫主编的《新史学》等，向局部历史、微观历史转变，注重数量分析方法，开辟了以精神状态史为主的深层历史学。新社会史是60年代末在美国出现的史学流派，以哈佛大学、加利福尼亚大学（伯克利分校）、普林斯顿大学、约翰·霍普金斯大学和卡内基-梅隆大学为基地。除新城市史外，新社会史还包括许多新的分支学科，如劳工史、企业史、家庭史等。新科技革命，特别是计算机文化的普及，使历史研究中的计量分析方法，逐渐发展成为现代意义的计量史学。1958年哈佛大学的迈耶与康拉德出版了《内战前南部奴隶制经济学》，成为计量史学的奠基之作。

“二战”后，苏联史学研究中的教条主义、公式化和沙文主义倾向开始得到克服，苏共党史、国家垄断资本主义等研究“禁区”不复存在。苏联历史研究的主要任务明确为：揭示人民群众在历史上的决定性作用和工人阶级伟大的解放使命；阐明争取国际共产主义运动的统一斗争；分析民族解放运动和反对新殖民主义的斗争等。这一时期有一些重要的成果问世，如10卷本《世界通史》、5卷本《苏联历史科学史纲》、12卷本《苏联通史》、12卷本《第二次世界大战史》、8卷本《国际工人运动史》等。1985年戈尔巴乔夫开始“改革”

后，历史虚无主义盛行，苏联社会主义革命和建设的历史、苏联卫国战争的历史，都按照“公开性”和“在历史和文献上不应该有空白点”的原则重新改写。1991 年 12 月苏联解体后，俄罗斯经济衰退，社会动荡，使其史学发展步履艰难。世纪之交，历史研究和俄罗斯的复兴开始密切联系在一起，出现了一些对苏联重大历史事件和历史人物重新评价的新观点。

1949 年中华人民共和国成立以后，中国马克思主义史学进入了新的发展时期。中国史学界对一些重大历史理论问题，如中国历史分期、农民战争、历史人物评价、中国资本主义萌芽等问题展开讨论；对历史典籍、资料进行系统的整理与采集。改革开放以后，中国史学家对马克思主义唯物史观的理解与认识更加全面，突破了所谓的学术“禁区”，史学研究领域拓宽，与国外史学界的交流更频繁，史学理论创新与研究方法创新不断推进，一批优秀的马克思主义史学成果问世。如范文澜修订的《中国通史简编》、郭沫若主编的《中国史稿》、翦伯赞主编的《中国史纲要》、侯外庐主编的《中国思想通史》、谭其骧主编的《中国历史地图集》、白寿彝主编的《中国通史》、吴于廑和齐世荣主编的《世界史》等。

20 世纪 80 年代，中国重返“国际历史科学大会”，中国世界史学科的国际学术交流进入了新的历史发展阶段。2015 年 8 月，第 22 届国际历史科学大会在济南召开。这是国际历史科学大会第一次在亚洲举办。习近平在贺信中说：历史研究是一切社会科学的基础，承担着“究天人之际，通古今之变”的使命。重视历史、研究历史、借鉴历史，可以给人类带来很多了解昨天、把握今天、开创明天的智慧。所以说，历史是人类最好的老师。习近平强调，中国有着 5000 多年连续发展的文明史，观察历史的中国是观察当代的中国的一个重要角度。不了解中国历史和文化，尤其是不了解近代以来的中国历史和文化，就很难全面把握当代中国的社会状况，很难全面把握当代中国人民的抱负和梦想，很难全面把握中国人民选择的发展道路。中国人民正在为实现中华民族伟大复兴的中国梦而奋斗，需要从历史中汲取智慧，需要博采各国文明之长。①

## 二、文学

### （一）西方文学

“二战”后，动荡的社会、政治、经济生活与战争的创伤一起猛烈冲击着

① 《习近平致第二十二届国际历史科学大会的贺信》，《人民日报》2015 年 8 月 24 日。

文学家，作为对社会变化的反映，大多数西方文学就是遭受社会压抑的情感和思想的爆发。

存在主义文学。20世纪30年代，存在主义文学兴起于法国，深受存在主义哲学思潮的影响，其代表作家是萨特和加缪。萨特的文学作品长篇小说《恶心》《自由之路》和戏剧《苍蝇》《肮脏的手》，加缪的《局外人》《鼠疫》，波伏瓦的《女宾》，都是存在主义文学的重要作品。存在主义文学的特征在于把文学作为哲学的“展示”和“体现”，因而主张文学干预或介入生活。在存在主义作家看来，世界没有意义，自由是人的本质，而存在的世界是一个荒诞、丑恶、没有前途的世界，它使人厌恶、痛苦和迷惘。萨特说：“我们出生是荒诞，我们死亡也是荒诞”，面对荒诞的世界，人便产生了恶心的感受。存在主义文学力求打破传统的手法，创造了“环境剧”，不讲究剧情的曲折复杂，不讲究突出人物性格的匠心设计，而是把人物性格在哲理辩论中展开，并伴有许多隐喻、寓意等手法。

荒诞派戏剧。荒诞派戏剧诞生于50年代的法国，广泛流行于西方。荒诞派的主要作品是舞台剧，主要代表作品有法国剧作家欧仁·尤奈斯库的《秃头歌女》《椅子》《犀牛》，获得1969年诺贝尔文学奖的法国作家塞缪尔·贝克特的《等待戈多》等。荒诞派戏剧的产生，反映了西方知识界对战后世界的悲观认识，反映了缺乏安全感、惶惑和悲观失望的心态。荒诞派的思想特征与存在主义哲学有直接的联系，认为人生是荒诞的，现实是令人恶心的。无情节或情节荒诞是荒诞派戏剧的典型特征，采用了荒诞的舞台形象、语无伦次的语言或干脆就是哑语等艺术形式。

新小说派文学。20世纪五六十年代，新小说派文学出现在法国文学界，该流派认为，19世纪的现实主义文学不能反映事物的“真实”面貌，并公开宣称与传统文学决裂。新小说派在思想上受弗洛伊德精神分析学、柏格森生命哲学和直觉主义、胡塞尔的现象学的影响，淡化小说反映社会现实的功能，强调读者的参与，拒绝作家干预生活、情节、人物，也反对以人物为核心、塑造人物形象，而主张从自我的意识中寻求“真实”。新小说派的主要代表作有罗布-格里耶的《橡皮》《窥视者》，娜塔丽·萨洛特的《生死之间》《金果》，米歇尔·比托尔的《变化》，曾经荣获1985年诺贝尔文学奖的克洛德·西蒙的《弗兰德公路》等。

“垮掉的一代”和“黑色幽默派”。这两个文学流派都是美国文坛的重要文学流派，它们最突出的共同点就是对美国社会的失望、讽刺和背叛。“垮掉的一代”是因美国文学理论家肯尼斯·雷克思罗斯的《离异：垮掉的一代的艺术》而得名，它更加彻底地否定现实与传统，由此表现出来的社会行为就是否定一切，显得更加绝望、迷惘、随波逐流。“垮掉的一代”的代表人物有杰克·克鲁亚克和阿仑·金斯堡，前者的代表作是小说《在路上》，后者的代表作是诗歌《嚎叫》。“黑色幽默”以美国作家弗里德曼编辑的小说集《黑色幽默》得名。黑色幽默派最著名的代表作是约瑟夫·海勒的《第二十二条军规》和库尔特·冯尼格的《第五号屠场》。

后现代思潮和后现代主义文学。后现代思潮，即西方人文社会科学中的“后现代主义”思潮，是一种反传统、反逻各斯中心主义、反宏大叙述、怀疑一切的哲学思潮，它也主张多元、多变、多维、多样和解构的思潮，强调反对僵化、秩序、规则，张扬自由与活力，力主一切都没有确定性，而只有偶然、模糊性、断裂、无序、混乱和反叛等，解构主义典型地体现了后现代主义哲学的精神取向。20 世纪 50 年代以后，出现了后现代主义文学思潮，体现在小说、诗歌、戏剧等方面，并于七八十年代达到高潮。作家们激烈地反传统、反现代主义、反精英文学，甚至反对小说、戏剧和诗歌的传统叙事模式。后现代主义文学最基本的特征是：削平深度，追求偶然、随机，随波逐流；反对精英文学，破除精英文学与大众文学的鸿沟；倡导“零度写作”，反对独创，注重复制、模仿；打破文学门类的界限，有意使用混杂的文体。此外，后现代主义文学还提倡无意义论和创作的无动机论，把作品看成是作者意识的自由表露，不受传统理论的束缚，作品里充满了非理性主义、虚无主义、颓废主义和悲观绝望的情绪。狭义的后现代主义文学包括元小说、超小说、寓言小说等类别，广义的后现代主义文学则指西方 50 年代以后出现的绝大多数文学，可以囊括荒诞派、新小说派等流派。

“二战”后，日本文学发展很快，先后涌现出川端康成、井上靖、大江健三郎、村上春树等一批世界知名的作家。获得 1968 年诺贝尔文学奖的川端康成，在对民族文化重新认识的基础上，挖掘日本传统文化深层次的东西和东西方文化普遍性的东西，使它们交融汇聚，形成了自己独特的审美意识，《雪国》体现了其审美风格。担任过日中文化交流协会会长的井上靖热爱中国文化，他的中篇小说《斗牛》深受读者喜爱。大江健三郎在一系列作品中表达了对社会和政治问题的思考，他把传统与现代、日本与西方的文学理念和方法融于一体，创造出一个别具特色的文学世界，他还以其代表作《万延元年的足球队》《个人的体验》获得 1994 年的诺贝尔文学奖。村上春树的作品细腻地反映了日本人（尤其是青年人）的精神世界，其《挪威的森林》就很具代表性。

（二）发展中国家文学

非洲国家独立后，文学创作也以崭新面目出现于世人面前，在世界文坛产生广泛影响。如象牙海岸作家贝尔纳·达迪耶写作了诗集《昂然挺立的非洲》(1950)、《时日的交替》(1956)，这些诗歌号召非洲人民团结起来，主宰自己的命运。塞内加尔作家乌斯曼·索塞的《黑非洲的故事和传说》(1962)、喀麦隆作家班雅曼·马蒂普的《在美丽的星空下》(1962) 等，都表现了历史悠久的黑非洲文化的优秀传统。几内亚作家卡马拉·莱伊的自传体作品《黑孩子》(1953)，生动地反映了反对种族歧视、反对殖民主义等社会现实问题。肯尼亚作家恩古吉·西翁奥的《孩子，你别哭》(1964) 讲的是肯尼亚人民反殖民斗争的故事。尼日利亚作家钦努阿·阿契贝享有世界声誉，被誉为现代非洲文学之父。他的代表作有《瓦解》(1958)、《人民公仆》(1966) 和《热带草原蚁山》(1987) 等。埃及作家迈哈福兹的作品题材广泛，基于现实，讲究技法，他创作的小说《开罗三部曲》等影响广泛，并于 1988 年获得了诺贝尔文学奖。此外，尼日利亚作家沃莱·索因卡、南非作家纳丁·戈迪默和约翰·马克斯维尔·库切分别于 1986 年、1991 年和 2003 年获得诺贝尔文学奖。

在文学上同样取得杰出成就的阿拉伯语作家的作品，有叙利亚哈纳·米奈的代表作《蓝灯》、伊拉克阿尤布的代表作《手、土地和水》、巴勒斯坦达尔维希的长诗《巴勒斯坦情人》等。战后撒哈拉以南非洲文学同样蓬勃发展，涌现了诸如尼日利亚的奇努阿·阿契贝、沃雷·索因卡，南非的纳丁·戈迪默、约翰·库切等一批世界闻名的作家。印度文学有悠久的历史，印度当代作家继承了其传统，关注社会现实与人的命运，奈保尔的《游击队》、萨尔曼·拉什迪的《午夜之子》、阿兰达蒂·洛伊的《微物之神》等作品，都是优秀之作，并引发了世界性的关注和影响。

拉美地区同样产生了一批有世界影响的作家。智利诗人聂鲁达 1950 年出版的《诗歌总集》，既有对南美风光的讴歌，又有对压迫者的谴责，其中，《马丘比丘高地》致力于唤醒被殖民者抹杀了的民族记忆。拉美文学最引人注目的成就是 50 年代之后兴起的魔幻现实主义文学，它以丰富的想象和夸张的手法反映现实生活，代表作有哥伦比亚作家马尔克斯的《百年孤独》，这部著作描绘了风云变幻的哥伦比亚和整个南美大陆的神话般的历史。该书的问世震动了世界文坛，很快被译成了英文、法文、中文。他的代表作还有《霍乱时期的爱情》。此外，危地马拉作家阿斯图里亚斯的《总统先生》、墨西哥作家鲁尔弗的《佩德罗·巴拉莫》等，以其现实性和高超的艺术技巧获得了世界性的声誉，20世纪就有四位拉美作家获得诺贝尔文学奖。

（三）苏联文学

“二战”后初期，苏联文艺界曾一度出现了粉饰现实、漠视现实矛盾的“无冲突论”。斯大林逝世后，苏联很快提出文学要“积极干预生活”，出现了以爱伦堡的小说《解冻》命名的“解冻文学”。勃列日涅夫时期重新加强了对文化和意识形态的控制，但已不可能重新恢复斯大林逝世前的状况。一批有影响的作品陆续问世，如奥维奇金的《区里的日常生活》、肖霍洛夫的《一个人的命运》、西蒙诺夫的《生者和死者》、瓦西里耶夫的《这里的黎明静悄悄》等。80年代中期，戈尔巴乔夫提出“民主化”和“公开性”后，揭露和批判性的文学风行一时，如帕斯捷尔纳克的《日瓦戈医生》、索尔仁尼琴的《古拉格群岛》等曾经被禁的作品纷纷在国内出版，这些作品反映了苏联某种社会现实，反思了诸多悲剧产生的原因，至今尚有一定的影响。

（四）新中国文学

新中国成立后，文学创作取得了重大成就。在社会主义改造和社会主义建设时期，产生了一批反映中国社会现实和人民生活的优秀的社会主义现实主义作品，诸如丁玲的《太阳照在桑干河上》、赵树理的《三里湾》、周立波的《山乡巨变》、柳青的《创业史》等长篇小说。《保卫延安》《红旗谱》《铁道游击队》《红日》《林海雪原》《青春之歌》《野火春风斗古城》《敌后武工队》《三家巷》《红岩》等革命历史小说，不但反映了艰苦卓绝的中国革命史，还鼓舞着一代代新人成长。此外，艾青的诗歌、老舍的戏剧作品、杨朔与秦牧的散文等也都产生了很大的影响。

改革开放以后，中国文学迸发出巨大的创造活力，许多有中国特色的优秀作品问世。长篇小说取得了非常大的成就，诸如周克芹的《许茂和他的女儿们》、古华的《芙蓉镇》、张洁的《沉重的翅膀》、李准的《黄河东流去》、路遥的《平凡的世界》、霍达的《穆斯林的葬礼》、王蒙的《活动变人形》、铁凝的《玫瑰门》、陈忠实的《白鹿原》、莫言的《生死疲劳》、张炜的《古船》、贾平凹的《秦腔》、阿来的《尘埃落定》、王安忆的《长恨歌》等长篇小说，塑造了一批丰满生动的人物形象，全面而深刻地反映了中国社会现实的变革，细腻地描绘了中国人在现代社会转型中的命运、情感体验，尤其是其中包含的希望、困惑等复杂情感，堪称中国人的“心灵史”。中篇小说也取得了很大的成绩，鲁彦周的《天云山传奇》、谌容的《人到中年》、刘醒龙的《凤凰琴》等作品，也深刻反映了当代中国人的精神世界。报告文学以迅速反映社会现实生活著称，穆青等作家的《县委书记的好榜样——焦裕禄》、黄宗英的《大雁情》、徐迟的《哥德巴赫猜想》、陈祖芬的《祖国高于一切》等作品，都及时地反映了中国的现实，并以其主人公高尚的情操鼓舞了国人。此外，短篇小说、诗歌、散文、戏剧戏曲等文学门类也都取得了较大的成绩。

### 三、影视艺术

“二战”以后，影视艺术作为直观的综合性媒体艺术形式发展迅速，成为一种影响广泛的全球文化现象。迄今为止，尽管各国都在努力发展各自的影视产业，然而美国影视产业的全球影响力和影视产业链最为庞大和强势，不仅为美国赢得了丰厚的经济收益，也成为西方意识形态渗透的重要工具。当代西方电影以北美和欧洲各大影展为风向标，其中美国、加拿大、法国、意大利、德国和日本的最具影响力。紧随其后，中国、俄罗斯、韩国、印度等国近年大力发展影视产业，开展影视传媒文化活动。

#### （一）西方电影

第二次世界大战后，西方电影艺术继“形成时期”“经典时期”后，进入了带有鲜明的时代印痕的“现代时期”。意大利的新现实主义电影和法国的“新浪潮”电影，是这一时期的代表。意大利新现实主义电影的代表作是：罗西里尼的《罗马，不设防的城市》（1945）、德·西卡的《偷自行车的人》（1948）、德·桑蒂斯的《罗马十一时》（1951）、马里奥·莫尼切利的《警察与小偷》（1951）、佩特里的《对一个不受怀疑的公民的调查》（1970）、罗伯托·贝尼尼的《美丽人生》（1998）等。新现实主义电影表现出鲜明的社会性，主要题材是反对战争，反对饥饿，反对贫困和失业，反对家庭解体和道德堕落；其特征表现为关注现实，表现普通人的日常生活，以普通人如失业工人、农民、家庭主妇和游民为主人公，叙事风格朴实无华。

法国“新浪潮”电影产生于1958年，是继意大利新现实主义以后，具有世界影响的电影运动，它深受西方现代哲学的影响，要求以现代主义精神彻底改造电影艺术，它的出现将西欧现代主义电影运动推向了高潮。“新浪潮派”受到法国电影理论家安德烈·巴赞的影响，倡导打破好莱坞式的戏剧性结构，特别是早期作品有着较为明显的纪实风格。“新浪潮”对于电影史最重要的贡献是提出了“作者电影理论”，提出导演应该成为决定影片风格和样式的核心，并在作品中显示出鲜明的个性特征。“作者电影理论”影响深远，成为世界电影史的一个重要的评价标准。法国“新浪潮”电影的主要代表作有夏布罗尔的《漂亮的塞尔其》（1958）、戈达尔的《筋疲力尽》（1959）和《芳名·卡门》（1983）、特吕弗的《四百击》（1959）、莱奥·卡拉克斯的《坏血》（1986）、吕克·贝松的《杀手莱昂》（1994）与《第五元素》（1997）等。

第二次世界大战后，美国影视业在发展明星制和扩大影视工业化生产方式的同时，在内容和题材的创造上也更加追求丰富性和现实性，发展出“新好莱坞电影”，并推出了诸如科波拉、斯科西斯、斯皮尔伯格、乔治·卢卡斯等使艺术与商业相结合的知名导演。美国影视的成功之处在于丰富的题材、灵活的模式、严谨的结构和先进的技术，并力求以质朴的方式表达对现实的强烈关注、对性格和心理的深刻展示，从而凸显人与社会、人与自然的关系。美国电影的主要类型有西部片、喜剧片、强盗片、歌舞片、战争片、道德伦理片、政治片、惊险片、科幻片、恐怖片等。美国电影主要代表作有：《无因的反抗》（1955）、《搜索者》（1956）、《音乐之声》（1965）、《日瓦戈医生》（1965）、《邦妮与克莱德》（1967）、《毕业生》（1967）、《逍遥骑士》（1969）、《教父》（1972）、《星球大战》（1977）、《铁面无私》（1987）、《与狼共舞》（1990）、《阿甘正传》（1994）等。90 年代之后，美国电影顺应大众文化潮流，凭借最先进的数字技术手段，将拍摄灾难片、恐怖片和科幻片打造成为好莱坞获取全球票房的一项主要手段，如《终结者 2》（1991）、《侏罗纪公园》（1993）、《泰坦尼克号》（1997）、《世界末日》（1998）、《黑客帝国》（1999）、《后天》（2004）、《阿凡达》（2010）等。

随着战后日本经济的迅速恢复和发展，日本的电影事业在 20 世纪 50 年代进入迅速发展时期，影片数量迅速增加，题材多样化。1951 年黑泽明导演的《罗生门》获得威尼斯电影节金狮奖和奥斯卡最佳外语片奖。60 年代初日本电影出现了挑战传统影片的“新电影运动”，主要代表人物是导演大岛渚。“新浪潮”影片强调“冷静质询历史，锐利审视现实”，主要代表作有《爱与希望的街》《秋津温泉》等。受经济利益的驱使，日本电影在 70 年代后，武士、黑帮、软性色情片大量充斥银幕。七八十年代，在艺术剧院同业公会的扶持下，森田芳光、相米慎二、大林宣彦、伊丹十三、小栗康平、北野武、周防正行、岩井俊二等导演发展“日本新电影”，带动了日本新生代电影的崛起。

20 世纪 90 年代，世界电影呈现全面振兴之势。除美国、日本、法国、意大利、英国等国之外，西班牙、荷兰和澳大利亚在此期间也出现较为成功的影片，获得过各大国际电影节的重要奖项。

（二）发展中国家电影

“二战”后，世界电影发展史上的重要内容之一，就是发展中国家电影的勃兴。印度和拉美、非洲一些国家具有典型地域民族风情的电影，在国际影坛上日益产生广泛的影响。

1947 年 8 月印度的独立为印度电影开辟出了广阔的发展道路。1951 年，拉杰·卡普尔自导自演的《流浪者》被认为是印度电影史上具有里程碑意义的作品，获第六届戛纳国际电影节最佳影片。1952 年印度举办了第一届国际电影节，参展的意大利电影《偷自行车的人》对印度电影产生了积极影响，反映社会现实的影片纷纷问世，如比麦尔·洛依导演的《两亩地》和《已婚的女人》等。70 年代，新实验性影片的出现加强了影片的社会内容，如帕塔皮拉姆·雷迪导演的《改革》，雷伊导演的《仇敌》《不负责任的伴侣》等。从此，印度电影不再单纯依靠大型歌舞支撑。

20 世纪 50 年代末，巴西出现“新电影”运动，旨在打破好莱坞电影的影响，创立扎根于民族文化土壤的作品。1962 年，杜亚尔特导演的影片《诺言》获戛纳电影节大奖。1963 年，桑托斯拍摄完成《干涸的土地》，令巴西影坛耳目一新。70 年代中期，巴西政府实行限制外国影片放映的政策，推动了巴西新电影的发展。如安布拉影业公司年产影片 80 余部，其中不乏由布鲁诺·巴瑞特摄制的《多娜和她的两个丈夫》、狄盖特摄制的《再见巴西》等精品。“二战”后，墨西哥电影发展迅速，在西班牙语国家电影输出中位居榜首。1950 年问世的《被遗忘的人》，取材于拉美的现实生活，被称为“墨西哥式的新现实主义电影”。60 年代，移民到墨西哥的西班牙著名导演路易斯·布努埃完成了《毁灭天使》和《沙漠的西蒙》，以突出的超现实主义精神在国际影坛享有盛誉。阿根廷是拉美电影大国，60 年代初，里奥波多·托瑞·尼尔松拍摄的《圈套中的手》，被公认为是拉美艺术影片的代表。60 年代军人政府被推翻后，阿根廷“政治电影”开始盛行，1968 年，多名著名导演加盟的“解放电影团体”

完成了巨片《酷炼时刻》，努力体现出“电影作为解放的武器”的理念，使其在拉美电影史上具有里程碑的意义。1959年古巴革命胜利后，电影事业有了真正的发展，到70年代初期，已经生产出500多部新闻片、300多部纪录片和50多部故事片，《低度开发的记忆》《露西亚》和《智利的歌谣》等，是享有国际声誉的优秀作品。

20世纪60年代，随着非洲民族解放运动的胜利发展，非洲的电影事业开始兴起。70年代以后，一些国家开始拍摄故事影片。塞内加尔的奥斯曼·森贝纳于1963年拍摄的《马车夫》，被公认为非洲第一部本土电影。在北部非洲，埃及电影取得骄人的成绩，拍摄出《开罗，1930》《伊斯兰的黎明》《土地》和《浪子归来》等优秀影片。1970年，由30个国家组成的“泛非电影制片人联合会”成立，其宗旨是寻求国际合作，促进共同发展。1975年，阿尔及利亚导演穆罕默德·拉克达·哈密纳拍摄的《炭年纪事》一举成名。

（三）苏联和东欧国家电影

“二战”后，苏联的电影创作也取得了重要成就，反映现实和谴责个人崇拜的影片广受欢迎，如丘赫莱依导演的《晴朗的天空》、巴索夫导演的《农庄主席》。与“二战”有关的影片层出不穷，如《雁南飞》《一个人的命运》和《士兵之歌》等。1972年，莫斯科电影制片厂耗时四年拍摄了五集电影《解放》，反映的内容从1943年夏天库尔斯克战役开始，直至1945年5月攻克柏林。导演尤里·奥泽洛夫强调，《解放》是一部全景式战争史诗片。它从哲学的高度强调，战争对于全人类永远是一场悲剧。1979年，弗·梅尼绍夫导演的《莫斯科不相信眼泪》大获成功，影片着力刻画中年人的命运，涉及人们普遍关心的道德、幸福、人生价值等，给各国观众留下深刻印象。1985年戈尔巴乔夫的“改革”，使苏联政治、经济和文化发展处于严重的混乱无序状态，凶杀、讹诈、吸毒和卖淫等充斥银幕。

60年代，波兰、捷克斯洛伐克等东欧国家的电影在“新浪潮运动”的影响下迅速发展。在波兰，以波兰斯基为代表的青年导演在60年代崭露头角，1962年，他拍摄的故事片《水中刀》获得成功。70年代中期以后，波兰电影随着社会形势的变化也发生了较大变化，先后出现了“道德焦虑电影”和“社会批判电影”，代表作是瓦依达拍摄的《大理石人》和《铁人》，影片对波兰政府进行了前所未有的深刻批判。克里斯托夫·基耶斯洛夫斯基90年代拍摄的《蓝白红》三部曲，深刻地表现出政治变革中人的复杂社会心理。1962年，以什特凡·乌赫尔拍摄的《网中的太阳》为标志，开始了捷克电影的“新浪潮运动”，其特点是对社会现实的嘲讽和尖锐批判。“新浪潮”的主要代表作是1963年维拉·希蒂洛娃拍摄的《尝试新鲜》和加罗米尔·吉瑞斯拍摄的《哭泣》。捷克的美术电影自20世纪30年代始，经过几十年的发展，在战后逐渐形成了“美术电影学派”,《仲夏夜之梦》《捷克古老传说》《一千零一夜》等，都在国际上享有盛誉。

（四）新中国电影

新中国成立后，民族自觉意识的增长和民族自豪感的弘扬，对中国电影的发展产生了深远的影响，这首先表现为革命历史题材成为重要内容。歌颂革命斗争的影片有《平原游击队》《红旗谱》《红色娘子军》《暴风骤雨》等；控诉旧社会罪恶统治的影片有《白毛女》《祝福》《农奴》等；歌颂社会主义新生活的影片有《李双双》《我们村里的年轻人》《五朵金花》等。此外，历史片《林则徐》，根据文学名著改编的《林家铺子》《早春二月》等都是享有盛誉的精品。改革开放以后，除了一些革命历史题材的影片如《南昌起义》《开国大典》《大决战》《建党伟业》外，反映社会现实生活的影片也相继问世，如《庐山恋》《人到中年》《青春祭》《芙蓉镇》等。1988年，张艺谋导演的《红高粱》获得柏林电影节金熊奖。

90年代之后，内地与港澳台在电影领域的合作日益加深，《霸王别姬》《春光乍泄》《花样年华》《卧虎藏龙》《图雅的婚事》等合作影片都在国际上获得大奖。港台电影作为中国电影的一个重要组成部分，与大陆电影一起共同推动华语电影走向国际影坛。

特别值得一提的是中国的纪录片。由于制作精良、视角独特，中国纪录片近年来获得的成就令人瞩目，其中有贾樟柯的《东》《海上传奇》《无用》，赵大勇的《南京路》，杜海滨的《伞》《1428》，陈为军的《请为我投票》《好死不如赖活着》，王兵的《铁西区第一部分：工厂》等，先后获得威尼斯电影节纪录片奖、蒙特利尔电影节纪录片单元奖、美国广播电视文化成就奖、英国国家最佳纪录片奖等国际纪录片大奖。

（五）电视艺术

1925年，苏格兰电气工程师贝尔德扫描出第一张电视图像。1929年，英国广播公司（BBC）开始商业电视播出。1950年，美国无线电公司首先制成实验晶体管电视机。20世纪60年代以后，电视对人类社会的影响越来越大。电视并非仅仅带来娱乐，它还在社会生活中起到革命性的重大作用，电视蕴藏着改变社会生活方式的强大动力。70 年代，有线电视和电视卫星频道迅速发展起来，电视进入家庭，发生在世界各地的政治、经济、军事、文化、体育事件，能通过电视在同一时间进入千家万户。电视传播，为人们制造了一个超时空的“电视世界”。西欧和日本率先开始制作电视剧，种类多种多样，如情景喜剧、言情剧、警匪剧、青春剧、校园剧、家庭剧和历史剧等。60 年代，电视连续剧最早在美国出现，80 年代美国电视剧制作进入繁荣时期，《迈阿密飞虎队》《成长的烦恼》等美剧拥有广大观众。1980 年，中国第一部电视连续剧《敌营十八年》摄制完成，其后《今夜有暴风雪》《红楼梦》《渴望》《三国演义》《激情燃烧的岁月》《人间正道是沧桑》等诸多优秀的电视剧如雨后春笋般不断涌现。今天，电视剧依然是世界各国电视的主流节目形态，与此同时，其他电视娱乐节目也有了长足发展，还有丰富多彩的音乐、舞蹈、戏剧、体育实况直播等节目形式，进一步推动了世界电视产业和影视艺术的繁盛发展。

### 四、网络文化

20 世纪 80 年代末以来，互联网已经覆盖近 200 个国家和地区，深入经济和社会生活的各个领域。社会网络如水电、煤气、航空、高速路一样，已经成为现代社会的基础设施。互联网让世界变成了“鸡犬之声相闻”的地球村。世界因互联网而更多彩，文化因互联网而更丰富。互联网的迅速发展大大地改变了人类历史，也孕育了具有信息时代特征的网络文化，进一步丰富了人类社会的文化形态。

所谓网络文化，既是一种文化观念，也是一套网络制度，是指建立在计算机技术、信息网络技术和网络经济基础上的精神创造活动及其产品，是人们在虚拟的网络空间中，进行工作、学习、交往、沟通、休闲、娱乐等所形成的活动方式及其所反映的价值观念和社会心态等方面的总称。网络文化的即时传输，极大地缩短了知识和信息的传播时间和更新周期，成为连接世界上不同民族文化的媒介和桥梁。网络文化对人们的思想观念、价值取向、道德意识和行为方式产生了重大和深远的影响。

网络文化主要有两大特点。一是外在特点，主要指虚拟性、符号化；二是传播特点，主要指匿名性、广泛性、时效性和多样性。此外，网络文化还具有交互性、开放性等特点。网络文化的交互性，是指人们在信息交流系统中发送、传播和接收各种信息时表现为实时交互的操作方式。在网络中每一个网民都不仅是信息资源的消费者，而且也是信息资源的生产者。

网络文化作为一种全新的文化形态，促使不同国家、不同民族之间的思想文化交流与沟通速度大大加快，文化的传播速度加快，信息流量成倍增长。文化精品的数字化、网络化传播，有力地推动了世界各国网上图书馆、网上博物馆、网上展览馆和网上剧场建设。世界各国的网络文化产业迅猛发展，网络游戏、网络动漫、网络音乐、网络影视、网络教育、网络媒体、网络广播、网络出版、网络文学和网剧创作等迅速崛起，呈快速发展态势，大大增强了世界文化产业的总体实力，也使网络文化发展具有了重要载体。

自 90 年代初开始，美国国会图书馆的国家数字图书馆，在馆内或通过联机检索向用户提供文献全文（包括图像、语言、音响）信息的服务。1999 年度，国会图书馆 250 万件藏品和其他合作机构的 85000 件藏品可供联机使用或进入了数字化馆藏。2000 年该馆网站一年点击量近 10 亿次。针对儿童及家庭的图书馆新网站“美国图书馆”启用 8 个月，点击量就达 6000 万次。美国最大的互联网搜索供应商谷歌（Google）计划成立大规模环球化网络书库，把英文世界里最具权威的 5 所图书馆里超过 1500 万册藏书和文件储存为网络资源，供全球阅览，将有整整 45 亿页内容。法国凡尔赛宫、国立图书馆等多家博物馆、美术馆，英国大英博物馆，纽约布鲁克林博物馆，德国联邦资料馆和荷兰的多家博物馆，都与知名网络平台合作，借其资源共享的特性传播与推广艺术知识。

网络文化是现代科学技术和文化融合的结果。在中国，网络文化是社会主义文化建设的重要组成部分。中国正处在信息化快速发展的历史进程之中，到 2016 年，中国有 6.7 亿网民，413 万多家网站。网络深度融入经济社会发展，融入人民生活。中国正在从网络大国走向网络强国，中国宽带网络基本覆盖所有行政村，打通网络基础设施“最后一公里”。国家的大数据战略、“互联网+”行动计划，惠及 13 亿多中国人民，让更多的人共享网络文化。网络文化作为人类在网络环境下的一种生存方式、知识形态和价值观念的总和，给世界政治、经济、文化的发展带来了广泛影响，但网络文化并不能代替传统文化。由于网络汇聚了全球各个角落、各种民族、不同文化的人们参与，网络文化的最终发展必然是多元的、共生的。

网络文化的主要语言是英文，网上信息 95%以上都是英文信息，法语约占

3%，中文信息还不到1%。互联网上访问量最大的100个网络站点中，有94个在美国境内。网络文化的迅猛发展，使许多发展中国家面临着如何维护民族国家的文化安全和文化主权问题。马克思曾指出："火药把骑士阶层炸得粉碎，指南针打开了世界市场并建立了殖民地，而印刷术则变成新教的工具，总的来说变成科学复兴的手段，变成对精神发展创造必要前提的最强大的杠杆。"①人类历史上任何一次科学技术发展的重大成果，都会使社会政治、经济和文化发生深刻变革，构建网络空间命运共同体日益成为国际社会的广泛共识。如何顺应历史的潮流，充分享用新科技革命的成果，发展健康、先进的网络文化，是需要从理论与实践的结合层面回答的时代课题。

## 第三节　新科技革命和文化对经济社会发展的影响

20世纪下半期兴起的新科技革命，不可避免地使生产方式、生活方式发生深刻变化，同时也影响了世界经济政治格局的形成，使世界多极化和经济全球化趋势越来越明显。与此同时，世界文化发展也表现出新的特点，文化多样性成为不可逆转的历史趋势，对现代世界历史的发展愈益产生深远的影响。

### 一、新科技革命与生产方式、生活方式

科技革命推动了社会生产力的巨大发展，引起生产方式的深刻变革。

一是新科技革命使社会生产力的各个要素发生了巨大改变。在劳动工具方面，由于新科技革命的成果直接具体物化为"三A""三C""三D"，劳动工具的巨变，使社会生产力的发展加速。在劳动对象方面，新科技革命所带来的信息技术、生物工程技术、新材料技术、新能源技术和空间技术、海洋技术，已经使劳动对象的范围空前拓展。在劳动者方面，新科技革命加速了科技教育的发展，使人的知识和技能有了极大的提高。

二是新科技革命引起的经济结构变化、管理变化直接促进了社会生产力的发展。新科技革命促使各国的经济结构、世界的经济结构向科技含量高、知识含量高的层次转轨升级。在新科技革命中，作为直接物质生产部门的第一产业

① 《马克思恩格斯文集》第8卷，人民出版社2009年版，第338页。

（农、林、牧、渔业）和第二产业（采矿、制造、建筑业）的产值和就业人数在整个国民经济中所占的比重相对下降，而非物质生产领域的第三产业的产值和就业人数急剧上升。20 世纪末，以信息产业为代表的高新技术产业已成为经济发展的主导产业。

三是科技成果商品化周期缩短，加快了科技进步向社会生产力转化的速度。科技进步和社会生产力的关系，与科技成果商品化的周期有密切联系。一般来说，科技成果商品化的周期越短，其向社会生产力转化的速度就越快。随着教育的发展，公众的科技意识增强，各国政府对科技也越来越重视，这推动了科技成果商品化周期的不断缩短。

生活方式是人类社会生活的总形式，包括劳动生活、消费生活、社会生活和精神生活等。科技革命使人类生活方式发生了深刻变化。在人类历史上，曾先后出现了渔猎经济时代的流动生活方式，农业经济时代的自然经济生活方式，工业经济时代的商品经济的生活方式。新科技革命创造了新的生产力，创造了丰富的物质产品和巨大的商品市场，同时也创造了信息化时代的生活方式。

现代高科技广泛应用于人类社会生活各领域，电子技术和信息技术的发展，使笔记本电脑、移动电话、高清电视、数码相机等成为日常生活用品。计算机文化的普及和覆盖全球的互联网的使用，极大地丰富了人们的精神文化生活，改善了人们的生活条件和工作条件。办公自动化使信息的收集、储存、使用、传输的自动化成为现实。产品的开发、生产、销售及售后服务等都可以在网络上进行。20 世纪 70 年代以后，一些国家先后出现了“灵活工时制”的新工作方式。20 世纪末，美国已有 1500 万人不在办公室上班，英国也超过 200 万人。

网络扩大了人类活动的空间，通过互联网，人的活动半径也超越了许多时空限制。互联网打破了地理限制，是人类社会一种新的交往方式和服务方式。电子邮件、电子新闻、电子图书馆、电子货币等，迅速地改变着人们的生活习惯和行为方式，地球名副其实地变成了“地球村”。

20 世纪 70 年代，由计算机辅助设计、计算机辅助工程、计算机辅助制造综合而成的计算机集成系统问世，从而实现了在中央计算机的控制下，实行无图纸生产，将工程师在电脑上设计的飞机、汽车及复杂的机器制造出来。从产品的设计到加工完成，包括对产品的管理，甚至搬运、装卸等，都由计算机和机器人完成。21 世纪初，鉴于“数据”迅速膨胀，已经渗透到诸多行业和社会生活各领域，“大数据”应用成为一种趋势，庞大的数据资源使得各个领域开始了量化进程。当前，大数据已全方位进入经济社会和人们生活当中。有人据此认为，大数据时代已经降临。大数据为科学研究带来了新的方法论，它的价值在于获得洞察力，帮助人们用全新的模式实现科学发现。它不仅能提升人们生活的便捷度，让生活更加智能化、智慧化，而且还将深刻影响人际交往方式，并有可能引起社会结构的变化。

家庭生活系统实现数字化，机器人成为“虚拟助手”，不仅可用于娱乐、治疗等方面，而且可以直接用于家庭服务。网上购物使电子商务逐渐普及。网上学习日益发挥出远程教学的积极功能，足不出户即可完成相关专业知识的学习。

闲暇时间的多少，是衡量社会劳动生产率高低的重要标志。在新科技革命的影响下，人们的闲暇时间不仅增多了，而且在内容上也更丰富多彩。现代科技极大地提高了闲暇时间的质量。电视机、摄像机、录音机、激光唱机、多媒体电脑和电子游戏机等，进一步丰富了人们的文化生活。在高科技的推动下，交通工具迅速发展，为人们利用闲暇时间旅游，特别是为国际旅游提供了方便。20 世纪末以来，不少国家的旅游业发展迅速，已成为国民经济的支柱产业。

闲暇时间的增加，使人们在很大程度上摆脱了对经济因素的依赖，将更多的时间用于学习，不断更新知识，更充分地发挥自己的才能。在现代科技革命的影响下，世界各国的继续教育都得到长足发展。现在，电视教育、网络学校、讲习班、培训班等成为终身教育的重要场所。人们的闲暇时间不再用于恢复劳动所消耗的体力，而用于自身的发展。

家庭自动化将人们从繁杂的家务劳动中解放出来。洗衣机、洗碗机、微波炉、电饭煲、电热水器、面包机、研磨机、除尘器等各种技术含量高、质量好的家用电器产品源源不断地问世，成为人们生活的好帮手。

## 二、新科技革命与世界经济政治格局

在世界经济中，新科技革命发挥着越来越重要的作用。高科技的开发、应用和占有，已成为衡量一个国家综合实力和国际地位的重要标准。各国都加大资金、人力和物力的投入，大力发展科学技术。科技兴国成为许多国家发展战略的重要组成部分。例如，改革开放后，中国在“科学技术是第一生产力”的理论指导下，实施科教兴国战略，大力发展科学技术，在很短时间内就取得国民经济的迅猛发展，中国特色社会主义建设取得了举世瞩目的成就。

在当代社会，科学技术是衡量一个国家实力的最重要指标，科学技术的竞争非常激烈。例如，美国推出“信息高速公路”工程，西欧各国共同合作推出了“尤里卡”计划，日本开展“人类新领域研究”项目，苏联大力推行加速发展战略。中国则实施了“863”计划。这些工程项目或计划的实施，使大国在国际经济格局中占有越来越重要的地位。

新科技革命直接影响了世界经济格局的形成。在当代资本主义世界体系中，新科技革命开展较早、科技水平高、经济实力强的西方国家，在世界经济中处于主导地位。发达国家大力发展高精尖技术产业，而把劳动密集型产业转移到发展中国家。新兴市场国家加速发展技术密集型产业。广大发展中国家则主要发展劳动密集型产业。这使得国际经济分工出现明显的不平衡，扩大了“南”“北”差距。经济全球化所创造的财富，绝大部分涌入发达国家。

新科技革命对国际政治格局也产生了重大影响。由于各国在新科技革命中取得的成就不一，导致各国政治经济发展不平衡，从而使各国在国际政治中的地位、作用及其影响也不相同。美国通过新科技革命，经济发展迅速，继续保持世界超级大国的地位。欧盟、日本在世界政治中仍然发挥着重要影响，而中国、印度、俄罗斯、巴西、南非等新兴市场国家，则以强劲的势头发展。这使得世界多极化趋势越来越明显。

新科技革命对当今国际关系的变化发挥着双重作用。一方面，新科技革命的开展，适应了世界和平、发展和合作的潮流，有利于世界各国的和平交往与合作。例如，2006年11月，中国、欧盟、印度、日本、俄罗斯和美国达成共识，共同参加国际热核聚变实验堆项目，来自世界各国的4 000多名科学家参加了这个项目。这些交流有助于国际关系的改善。另一方面，在国际关系中，新科技成果往往为一些国家所利用，来谋取自己的国家利益。例如，美国利用核武器、声波武器、化学武器和细菌武器等推行霸权主义。它还依仗强大的科技能力和军事实力，在国际关系中推行单边主义。冷战结束后，北约轰炸科索沃，美英等国发动阿富汗战争和伊拉克战争，在世界各地实施强权政治，破坏了世界和平与地区稳定。

### 三、文化多样性与现代世界经济社会发展

当今世界，文化赖以发展的物质基础、社会环境、传播条件发生了深刻变

化，世界文化发展呈现出新的特点。文化在综合国力竞争中的作用日益凸显，文化多样性对世界经济社会发展产生着深远影响。

联合国教科文组织在《文化政策促进经济发展行动计划》中提出："发展最终以文化概念来定义，文化的繁荣是发展的最高目标。"文化是人类社会不可缺少的构成部分，它标志着社会的进步状况和文明程度，又直接影响着社会发展的方向。任何一个国家的发展、民族的振兴，不仅需要强大的物质力量，更需要强大的文化力量。文化是民族凝聚力和创造力的重要源泉。作为一个国家和民族品格的集中表现，文化是一个民族区别于其他民族的主要标志。不同民族之间的文化、各异质文化之所以能够交流、交融，表明文化具有同质性，而且文化的同质性又是和文化的多样性联系在一起的。任何一种文化，都是世界性和民族性的辩证统一。不同文化之间的交流，是推动人类社会前进的重要动因之一。文化多样性与生物多样性一样必不可少。无论是人口过亿的民族，还是人口只有数万人的民族，每个民族都有自己的"民族性"，在自己的民族文化中鲜明地表现出来。民族文化是一个民族生命的灵魂和民族身份的标识。

当今世界处在大发展、大变革、大调整时期，文化与经济、政治相互交融，文化的作用进一步增强。在经济全球化时代，经济与文化融为一体，文化对经济的影响越来越深，经济发展中的文化因素越来越重要。从世界经济发展的整体来看，经济发展越来越有赖于文化的支撑。欧美国家文化产业在其经济中占有重要地位，文化产业是美国的第二大支柱产业，而韩国的文化产业2010年达到国民生产总值的6.2%。发达国家的文化产值正以惊人的速度保持迅猛增长势头。

文化是国家的根脉，面对激烈的国际竞争，只有认识文化的价值，重视文化建设，才能坚持可持续发展。增强国家文化软实力不仅是中国文化建设的一个战略重点，更是实现中华民族伟大复兴的重要前提。大力发展社会主义文化，不断提高中国文化的总体实力和国际竞争力，不仅是经济全球化条件下增强国家经济实力的重要任务，也是文化多样化背景下提高国家文化软实力的工作重点。只有形成与中国经济社会发展和国际地位相适应的文化优势，中国才能在各种思想文化的相互激荡和碰撞中掌握主动权，有效应对来自各方面的挑战。同时，只有进一步提升文化软实力，才能坚持以经济建设为中心，促进中国经济持续又好又快发展。一方面，要增加商品和服务的文化含量，努力打造具有核心竞争力的文化产品和文化品牌。另一方面，在国际金融危机的冲击下，大力发展文化产业，形成以民族文化为主体、吸收外来有益文化的文化市场格局。在坚持社会主义先进文化前进方向的前提下发展文化产业，也是社会主义市场经济发展和社会主义先进文化建设的双重要求。社会主义市场经济不仅是物质生产领域资源配置的有效手段，而且是精神生产领域资源配置的有效手段。作为市场经济的组成部分，文化产业的成长和发展有助于进一步提高国家的经济实力；作为一种以文化为内容的现代产业，文化产业的拓展和提升则有助于中华文化走向世界，加强国家形象的国际亲和力和中华文化的国际影响力。

**思考题：**

1. 新科技革命兴起的背景有哪些？
2. 新科技革命的主要内容和特点是什么？
3. 新科技革命如何影响人类经济社会发展？
4. “二战”后世界文化发展的主要趋势和特点有哪些？

# 阅读文献

■ 马克思：《〈政治经济学批判（1861—1863 年手稿）〉摘选》，《马克思恩格斯文集》第 8 卷，人民出版社 2009 年版。

■ 恩格斯：《波克罕〈纪念 1806—1807 年德意志极端爱国主义者〉一书引言》，《马克思恩格斯文集》第 4 卷，人民出版社 2009 年版。

■ 列宁：《我们的纲领》，《列宁专题文集 论马克思主义》，人民出版社 2009 年版。

■ 列宁：《重要论述摘编》，《列宁专题文集 论马克思主义》，人民出版社 2009 年版。

■ 列宁：《帝国主义是资本主义的最高阶段》，《列宁专题文集 论资本主义》，人民出版社 2009 年版。

■ 列宁：《亚洲的觉醒》，《列宁专题文集 论资本主义》，人民出版社 2009 年版。

■ 列宁：《论无产阶级在这次革命中的任务》（节选），《列宁专题文集 论社会主义》，人民出版社 2009 年版。

■ 列宁：《关于俄共策略的报告提纲》（节选），《列宁专题文集 论社会主义》，人民出版社 2009 年版。

■ 列宁：《就布哈林对关于党纲的决议的修正所作的发言》，《列宁专题文集 论社会主义》，人民出版社 2009 年版。

■ 列宁：《关于修改党纲和更改党的名称的报告》，《列宁专题文集 论社会主义》，人民出版社 2009 年版。

■ 列宁：《论粮食税》（节选），《列宁专题文集 论社会主义》，人民出版社 2009 年版。

■ 列宁：《新经济政策和政治教育委员会的任务》，《列宁专题文集 论社会主义》，人民出版社 2009 年版。

■ 列宁：《俄国社会民主党人的任务》，《列宁专题文集 论无产阶级政党》，人民出版社 2009 年版。

■ 列宁：《共产主义运动中的“左派”幼稚病》（节选），《列宁专题文集 论无产阶级政党》，人民出版社 2009 年版。

■ 毛泽东：《论反对日本帝国主义的策略》，《毛泽东选集》第 1 卷，人民出版社 1991 年版。

■ 毛泽东：《新民主主义论》，《毛泽东选集》第 2 卷，人民出版社 1991 年版。

■ 毛泽东：《论人民民主专政》，《毛泽东选集》第 4 卷，人民出版社 1991 年版。

■ 毛泽东：《关于三个世界划分问题》，《毛泽东文集》第 8 卷，人民出版社 1999 年版。

■ 邓小平：《中国的对外政策》，《邓小平文选》第 2 卷，人民出版社 1994 年版。

■ 邓小平：《维护世界和平，搞好国内建设》，《邓小平文选》第 3 卷，人民出版社 1993 年版。

■ 吴于廑、齐世荣主编：《世界史 · 现代史编》（上下），高等教育出版社 2011 年版。

■ 金重远主编：《20 世纪的世界——百年世界回溯》（上下），复旦大学出版社 2000 年版。

■ 齐世荣主编：《世界史 · 现代卷》，高等教育出版社 2006 年版。

■ 齐世荣主编：《世界史 · 当代卷》，高等教育出版社 2006 年版。

■ 王斯德主编：《世界当代史 1945—2000》（第三版），高等教育出版社 2008 年版。

# 人名译名对照表

| | | |
|---|---|---|
| [危地马拉] | 阿本斯 | Jacobo Arbenz Guzmn |
| [巴勒斯坦] | 阿拉法特 | Yasser Arafat |
| [美] | 阿姆斯特朗 | Neil Alden Armstrong |
| [玻利维亚] | 埃斯登索罗 | Vector Paz Estenssoro |
| [德] | 艾伯特 | Friedrich Ebert |
| [英] | 艾德礼 | Clement Richard Attlee |
| [英] | 艾登 | Robert Anthony Eden |
| [美] | 艾伦·杜勒斯 | Allen Welsh Dulles |
| [美] | 艾森豪威尔 | Dwight David Eisenhower |
| [英] | 爱德华·希思 | Edward Heath |
| [美] | 爱因斯坦 | Albert Einstein |
| [埃及] | 安瓦尔·萨达特 | Mohammed Anwaras Sadāt |
| [美] | 奥本海默 | Julius Robert Oppenheimer |
| [意] | 奥兰多 | Vittorio Emanuele Orlando |
| [法] | 白里安 | Aristide Briand |
| [法] | 贝当 | Henri Philippe Pétain |
| [意] | 贝卢斯科尼 | Silvio Berlusconi |
| [波] | 贝鲁特 | Boleslaw Bierut |
| [捷] | 贝奈斯 | Edvard Benes |
| [美] | 贝塔朗菲 | Ludwig Von Bertalanffy |
| [美] | 比尔·克林顿 | Bill Clinton |
| [西] | 毕加索 | Pablo Picasso |
| [阿根廷] | 庇隆 | Juan Domingo Perón |
| [丹] | 玻尔 | Niels Henrik David Bohr |
| [墨] | 波菲利奥·迪亚斯 | Porfirio Diaz |
| [德] | 勃兰特 | Willy Brandt |
| [苏] | 勃列日涅夫 | Леонид Ильич Брежнев |
| [苏] | 布哈林 | Николай Иванович Бухарин |

| | | |
|---|---|---|
| [美] | 查尔斯·道威斯 | Charles Gates Dawes |
| [委] | 查韦斯 | Hugo Rafael Chávez Frías |
| [以] | 大卫·本-古里安 | David Ben-Gurion |
| [法] | 戴高乐 | Charles de Gaulle |
| [捷] | 杜布切克 | Alexander Dubcek |
| [美] | 杜鲁门 | Harry S. Truman |
| [奥地利] | 恩格尔伯特·陶尔斐斯 | Engelbert Dollfuss |
| [加纳] | 恩克鲁玛 | Kwame Nkrumah |
| [阿尔巴尼亚] | 恩维尔·霍查 | Enver Hoxha |
| [古] | 菲德尔·卡斯特罗 | Fidel Castro |
| [西] | 佛朗哥 | Francisco Franco |
| [埃及] | 福阿德一世 | King Fuad I |
| [奥匈] | 弗兰茨·斐迪南 | Archduke Franz Ferdinand of Austria |
| [墨] | 弗兰西斯科·马德罗 | Francisco Ignacio Madero Gonzālez |
| [法] | 弗朗索瓦·密特朗 | François Mitterrand |
| [奥地利] | 弗洛伊德 | Sigmund Freud |
| [法] | 富尔 | Edgar Faure |
| [印度] | 甘地 | Mohandas Karamchand Gandhi |
| [苏] | 高尔基 | Максим Горький |
| [澳] | 高夫·惠特拉姆 | Edward Gough Whitlam |
| [俄] | 戈尔巴乔夫 | Михаил Сергеевич Горбачёв |
| [德] | 戈林 | Hermann Göring |
| [波] | 哥穆尔卡 | Wladyslaw Gomulka |
| [捷] | 哥特瓦尔德 | Klement Gottwald |
| [德] | 格哈德·施罗德 | Gerhard Schroeder |
| [英] | 哈罗德·麦克米伦 | Harold Macmillan |
| [美] | 哈里·怀特 | Harry White |
| [埃塞俄比亚] | 海尔·塞拉西一世 | Haile Selassié I |

| | | |
|---|---|---|
| [美] | 海明威 | Ernest Hemingway |
| [德] | 海森堡 | Werner Karl Heisenberg |
| [美] | 赫伯特·胡佛 | Herbert Clark Hoover |
| [苏] | 赫鲁晓夫 | Никита Сергеевич Хрущёв |
| [伊朗] | 霍梅尼 | Ayatollah Ruhollah Khomeini |
| [苏] | 基洛夫 | Сергей Миронович Ки ров |
| [新] | 吉姆·博尔杰 | Jim Bolger |
| [保] | 季米特洛夫 | Georgi Dimitrov Mikhailov |
| [苏] | 季诺维也夫 | Григорий Евсеевич Зиновьев |
| [法] | 吉斯卡尔·德斯坦 | Giscard d'Estaing |
| [苏] | 加加林 | Юрий Гагарин |
| [埃及] | 加麦尔·阿卜杜勒·纳赛尔 | Gamal Abdel Nasser |
| [法] | 居里夫人 | Marie Curie |
| [匈] | 卡达尔 | Kadar Janos |
| [墨] | 卡德纳斯 | Moxige Kadenasi Gaige |
| [德] | 卡尔·本茨 | Karl Benz |
| [英] | 卡尔·波普尔 | Karl Raimund Popper |
| [德] | 卡尔·李卜克内西 | Karl Liebknecht |
| [阿根廷] | 卡洛斯·梅内姆 | Carlos Saúl Menem |
| [赞] | 卡翁达 | Kenneth Kaunda |
| [英] | 凯恩斯 | John Maynard Keynes |
| [美] | 凯洛格 | Frank Billings Kellogg |
| [德] | 康拉德·阿登纳 | Konrad Adenauer |
| [厄] | 科雷亚 | Rafael Correa Delgado |
| [法] | 克列孟梭 | Georges Clemenceau |
| [美] | 肯尼迪 | John Fitzgerald Kennedy |
| [匈] | 库恩·贝拉 | Kun Bela |
| [奥地利] | 库尔特·许士尼格 | Kurt Schuschnigg |
| [以] | 拉宾 | Yitzhak Rabin |
| [匈] | 拉科西 | Rakosi Matyas |

| | | |
|---|---|---|
| [法] | 莱昂·勃鲁姆 | Leon Blum |
| [法] | 赖伐尔 | Pierre Laval |
| [英] | 劳合·乔治 | David Lloyd George |
| [德] | 里宾特洛甫 | Joachim Von Ribbentrop |
| [美] | 里根 | Ronald Wilson Reagan |
| [俄] | 列宁 | Владимир Ильич Ленин |
| [法] | 列维-斯特劳斯 | Claude LéviéStrauss |
| [德] | 隆美尔 | Erwin Rommel |
| [刚果（金）] | 卢蒙巴 | Patrice Lumumba |
| [英] | 卢瑟福 | Ernest Rutherford |
| [法] | 吕西安·费弗尔 | Lucien Febvre |
| [德] | 伦琴 | Wilhelm Conrad Rontgen |
| [法] | 罗曼·罗兰 | Romain Rolland |
| [美] | 罗斯福 | Franklin Delano Roosevelt |
| [美] | 马丁·路德·金 | Martin Luther King, Jr. |
| [哥伦比亚] | 马尔克斯 | Gabriel García Márquez |
| [法] | 马克·布洛赫 | Marc Bloch |
| [荷] | 马林 | Maring |
| [苏] | 马林科夫 | Георгий Максимилианович Маленков |
| [法] | 马赛·加香 | Marcel Cachin |
| [苏] | 马雅可夫斯基 | ВладимирМаяковский |
| [美] | 麦卡锡 | Joseph Raymond McCarthy |
| [美] | 麦克阿瑟 | Douglas MacArthur |
| [英] | 蒙哥马利 | Bernard Law Montgomery |
| [南斯拉夫] | 米洛舍维奇 | Slobodan Miloševic′ |
| [美] | 摩尔根 | Thomas Hunt Morgan |
| [玻利维亚] | 莫拉莱斯 | Evo Morales |
| [法] | 莫里斯·多列士 | Maurice Thorez |
| [意] | 墨索里尼 | Benito Mussolini |
| [土] | 穆斯塔法·凯末尔 | Mustafa Kemal |
| [伊朗] | 穆扎法尔丁 | Muzaffardin Shah |

| | | |
|---|---|---|
| [南非] | 纳尔逊·曼德拉 | Nelson Rolihlahla Mandela |
| [匈] | 纳吉·伊姆雷 | Nagy Imre |
| [英] | 内斯特·贝文 | Ernest Bevin |
| [德] | 尼采 | Friedrich Nietzsche |
| [印度] | 尼赫鲁 | Jawaharlal Nehru |
| [美] | 尼克松 | Richard Milhous Nixon |
| [美] | 尼米兹 | Chester William Nimitz |
| [智] | 聂鲁达 | Pablo Neruda |
| [捷] | 诺沃提尼 | Antonín Novotný |
| [俄] | 普京 | Владимир Владимирович Путин |
| [德] | 普朗克 | Max Karl Ernst Ludwig Planck |
| [俄] | 普列汉诺夫 | Георгний Валентинович Плеханов |
| [巴西] | 普列斯特斯 | Luis Carlos Prestes |
| [罗] | 齐奥塞斯库 | Nicolae Ceausescu |
| [美] | 乔治·赫伯特·沃克·布什 | George Herbert Walker Bush |
| [美] | 乔治·凯南 | George Frost Kennan |
| [美] | 乔治·马歇尔 | George Catlett Marshall |
| [法] | 乔治·蓬皮杜 | Georges Pompidou |
| [美] | 乔治·沃克·布什（小布什） | George Walker Bush |
| [罗] | 乔治乌-德治 | Gheorghe Gheorgniu-Dej |
| [阿根廷] | 切·格瓦拉 | Ernesto Che Guevara |
| [英] | 丘吉尔 | Winston Churchill |
| [法] | 让·莫内 | Jean Monnet |
| [巴西] | 热图利奥·多内莱斯·瓦加斯 | Getúlio Dorneles Vargas |
| [保] | 日夫科夫 | Todor Zhivkov |
| [智] | 萨尔瓦多·阿连德 | Salvador Allende |
| [英] | 撒切尔夫人 | Margaret Hilda Thatcher, Baroness Thatcher |
| [法] | 萨特 | Jean-Paul Sartre |

| | | |
|---|---|---|
| [几内亚] | 塞古·杜尔 | Ahmed Sekou Toure |
| [尼加拉瓜] | 桑地诺 | Augusto Cesar Sandino |
| [德] | 施宾格勒 | Oswald Spengler |
| [德] | 施陶丁格 | Hermann Staudinger |
| [德] | 叔本华 | Arthur Schopenhauer |
| [法] | 舒曼 | Robert Schumann |
| [苏] | 斯大林 | Иосиф Виссарионович Сталин |
| [印尼] | 苏加诺 | Achmed Sukarno |
| [德] | 台尔曼 | Ernst Thälmann |
| [印度] | 泰戈尔 | Rabindranath Tagore |
| [英] | 汤因比 | Arnold Toynbee |
| [意] | 陶里亚蒂 | Palmiro Togliatti |
| [印度] | 提拉克 | Bal Gangādhar Tilak |
| [南斯拉夫] | 铁托 | Josip Broz Tito |
| [苏] | 托洛茨基 | Лев Давидович Троцкий |
| [英] | 托尼·布莱尔 | Tony Blair |
| [波] | 瓦文萨 | Lech Watesa |
| [美] | 威尔逊 | Thomas Woodrow Wilson |
| [德] | 威廉二世 | Wilhelm II |
| [德] | 威廉·皮克 | Wilhelm Pieck |
| [美] | 维纳 | Norbert Wiener |
| [德] | 希特勒 | Adolf Hitler |
| [英] | 萧伯纳 | George Bernard Shaw |
| [德] | 兴登堡 | Paul von Hindenburg |
| [法] | 雅克·希拉克 | Jacques Chirac |
| [波] | 雅鲁泽尔斯基 | Wojciech Jaruzelski |
| [捷] | 雅罗斯拉夫·哈谢克 | Jaroslav Hasek |
| [德] | 雅斯贝斯 | Karl Jaspers |
| [巴基斯坦] | 叶海亚·汗 | Yahya Khan |
| [俄] | 叶利钦 | Борис Николаевич Ельцин |
| [印度] | 英迪拉·甘地 | Indira Gandhi |
| [瑞典] | 英瓦尔·卡尔松 | Ingvar Carlsson |

| | | |
|---|---|---|
| [澳] | 约翰·霍华德 | John Winston Howard |
| [美] | 约翰·柯立芝 | John Calvin Coolidge |
| [英] | 约翰·梅杰 | John Major |
| [瑞典] | 约兰·佩尔松 | Goran Persson |
| [法] | 约里奥-居里 | Joliot-Curie |
| [英] | 张伯伦 | Arthur Neville Chamberlain |
| [苏] | 朱可夫 | Георгий Константинович Жуков |

# 第一版后记

《世界现代史》教材是马克思主义理论研究和建设工程重点教材。在编写过程中，得到了马克思主义理论研究和建设工程咨询委员会的指导，得到了中央有关部门和有关专家学者的帮助和支持。同时，广泛听取了高校世界现代史课程教师和大学生的意见和建议。

本教材由首席专家于沛主持编写。参加教材写作和修改的有：于沛、胡德坤、李世安、徐蓝、孟庆龙、黄民兴、许平、王红生、韩琦、高国荣、张经纬、武力、沐涛、洪庆明、胡才珍、韩永利。张广翔、刘乃亚参加了教材框架设计的前期准备工作。胡德坤、徐蓝、黄民兴参加了部分章节的统稿工作。于沛、李世安、孟庆龙参加了全书的统稿和定稿工作。张磊主持了工程办公室组织的审改和统稿工作。张宏毅、王斯德参加了全部书稿审看和修改工作。邵文辉、何成、宋凌云、李振广、陈安全、毛锐、张民军、任李明、李秉忠、詹娜、贾珺、田岩、王昆、汤荣光、曹小文、李建会、李世涛、宋蒙、李玉峰、姜辉、周亚权、曾骞、孟鹏、魏学江、唐棣宣、戚向阳、王勇、陈东琼、王燕燕、宋义栋、邢云文、山郁林、任文启、范为等参加了具体审改和统稿工作。参加审看并提出修改意见的有：刘德斌、郑寅达、朱卫斌、陈志强、侯建新、吴伟、梁茂信、陈晓律、李剑鸣、沈坚、黄正柏、刘永谋、王宜文、周星等。

2013 年 5 月

# 第二版后记

组织全面修订马克思主义理论研究和建设工程重点教材，是推动习近平新时代中国特色社会主义思想和党的十九大精神进教材、进课堂、进头脑的重要举措。《世界现代史》（第二版）是在第一版教材基础上修订而成的。在教材修订过程中，得到了马克思主义理论研究和建设工程咨询委员会的指导，得到了中央有关部门和有关专家学者的帮助和支持。同时，也广泛听取了高校专业课程教师和学生的意见和建议。

教材修订课题组由于沛、孟庆龙、黄民兴任首席专家，于沛主持修订，金海、张忠祥、曹小文、余伟民、卢玲玲、王爱云作为主要成员参加修订。何成主持了工程办公室组织的审改定稿工作。王昆、王勇、石文磊、田岩、冯静、曹守亮、刘一、聂大富、刘志刚、张明等参加了审改。参加集中审阅并提出修改意见的有：张宏毅、白建才、王新刚、于向东、纪胜利、郭家宏等。

2020 年 6 月